圖1　聖馬可顯靈。威尼斯人及總督訝然看著聖馬可教堂的一根柱子奇蹟般裂開，露出失去的聖人遺骸。這幅十三世紀的鑲嵌畫是早期描繪威尼斯人作品中倖存者之一。威尼斯聖馬可教堂。

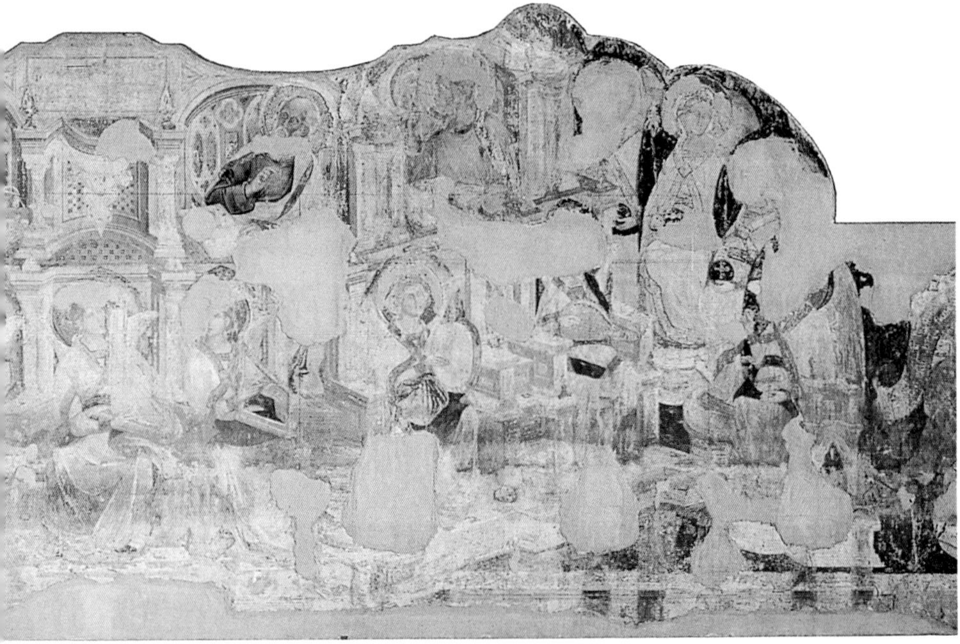

圖2　聖母加冕圖。這幅中世紀壁畫一度遍覆大議會廳的主壁，歷年來受到了濕氣、火災和歲月侵蝕。其生動姿態及寫實表達正是十四世紀文藝復興第一波中典型的威尼斯風格，如今大部分已消失。亞波的瓜里恩托繪，威尼斯總督府。

圖3　聖馬可廣場上真十字架的遊行隊伍。敘事手法的威尼斯繪畫風格往往也展示出其城與其民。此畫大約繪製於一四九六年，華麗地描繪出聖若望會堂的白袍成員伴著聖物真十字架列隊遊行經過聖馬可廣場。真蒂萊·貝里尼繪，威尼斯學院美術館。

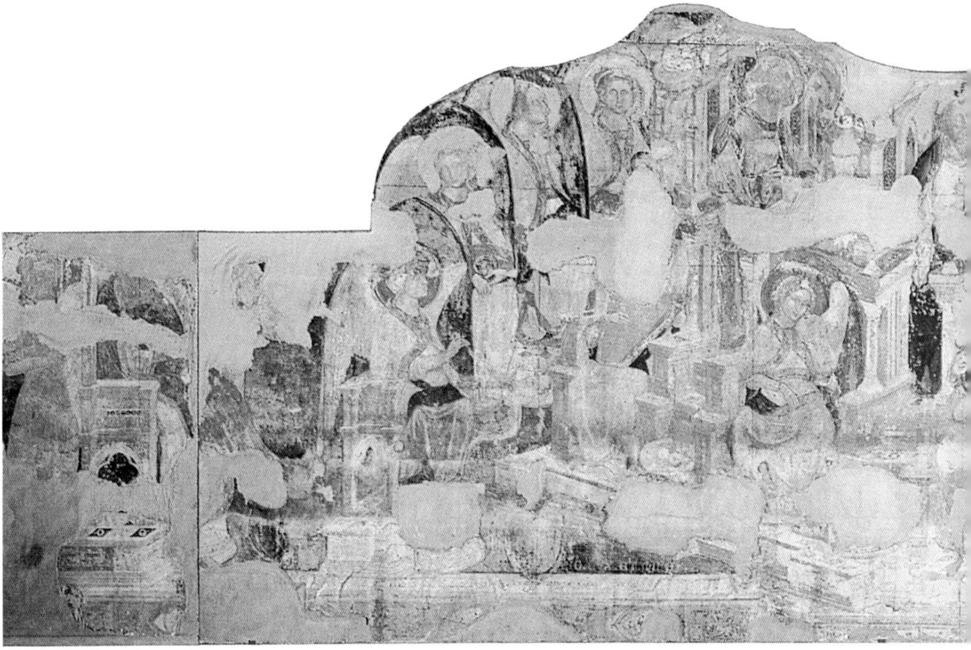

圖4　聖母升天圖。提香大約在一五一八年為方濟會榮耀聖母堂主祭壇繪了這幅畫，至今依然在原處。這些栩栩如生的宗教人物，諸如下方的使徒，中間的聖母與天使，以及上面的上帝，很快就成為威尼斯藝術的特色。提香繪，威尼斯方濟會榮耀聖母堂。

圖5　治癒瘋子。雖然此畫是要描述一名瘋子被左上角的真十字架聖物所治癒的奇蹟，但這幅敘事畫整體卻像張照片拍出了一四九四年的里奧托區情景。背景裡的里奧托老木橋（有部分還是吊橋）矗立在擠滿貢多拉的大運河之上。維托雷・卡巴喬繪，威尼斯學院美術館。

圖6　聖馬可之獅。維托雷．卡巴喬描繪的這幅威尼斯共和國象徵很快就成為最有名的一幅。可以在畫裡見到傳統上代表聖馬可的翼獅一掌置於一本書上，書上的文字「賜你平安，我的福音使徒馬可」並非摘自馬可福音書，而是天啟預言，威尼斯人相信這是預告了聖馬可遺體會永遠安息在威尼斯。卡巴喬以古典的威尼斯敘事風格將繁忙的聖馬可灣做為這幅寓意畫的背景。維托雷．卡巴喬繪，威尼斯總督府。

圖7　勒班陀戰役（上圖）。此畫描繪了兩個情景，兩者對於一五七一年在勒班陀大勝土耳其人都很重要。下方是光榮的海軍激戰，而同時十字軍的主保聖人們則正在請求聖母保佑打勝仗。從左至右為：聖彼得（教宗國的主保聖人）、聖雅各（哈布斯堡帝國的主保聖人）、聖朱斯蒂尼娜（開戰那天正是她的聖日），白布裹身的人物代表宗教信仰，還有聖馬可（威尼斯的主保聖人）。右方則有一名天使正對著下方的土耳其人射出燃火之箭。保羅·委羅內塞繪，威尼斯學院美術館。

圖8　海神向威尼斯獻上海洋財富（右圖）。海洋女王威尼斯斜倚著，左臂擱在聖馬可之獅上，右臂則指揮著海神，海神在她面前傾倒出海洋財富。這幅寓意畫充分表現出威尼斯的海上霸主地位，然而到了一七四五年左右提埃坡羅繪此畫時，一切都只成了追憶。喬凡尼·巴提斯塔·提埃坡羅繪，威尼斯總督府。

圖9　嘆息橋之天空。二〇〇九年，威尼斯政府與建築翻修公司多特集團為了總督府門面以及新監獄的修復工作，將著名的嘆息橋一併化為巨大的廣告看板平台，以此募集資金來資助修復工程。名牌公司如希思黎（Sisley）、寶格麗（Bulgari）還有蕭邦鐘錶珠寶（Chopard）等，很快就在這「嘆息橋之天空」買下看板廣告權，因為每天會有成千上萬名遊客看到並拍照。放置廣告看板來遮住修復用的鷹架，此舉在威尼斯非常引起爭議。羅賓・雷克曼（Robyn Lakeman）攝影。

VENICE

威尼斯共和國

A New History

稱霸地中海的海上商業帝國千年史

Thomas F. Madden

湯瑪士・麥登——著　黃芳田、王約——譯

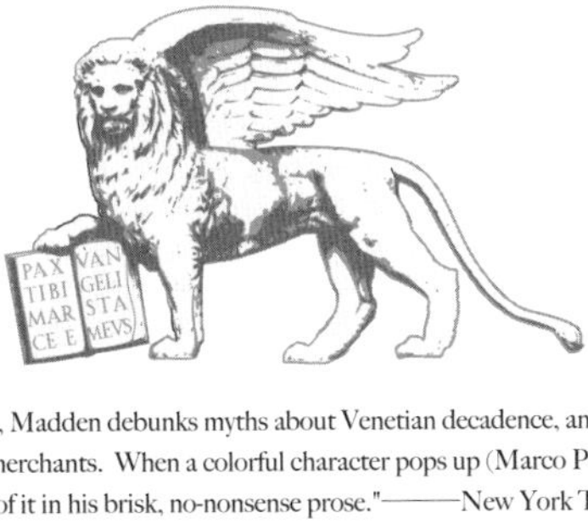

"Breezy, cheerful, evenhanded, Madden debunks myths about Venetian decadence, and brushes aside ugly whispers about greedy, unscrupulous merchants. When a colorful character pops up (Marco Polo, Casanova), he makes the most of it in his brisk, no-nonsense prose."——New York Times

獻給佩姬、海蓮娜與梅琳達

目次

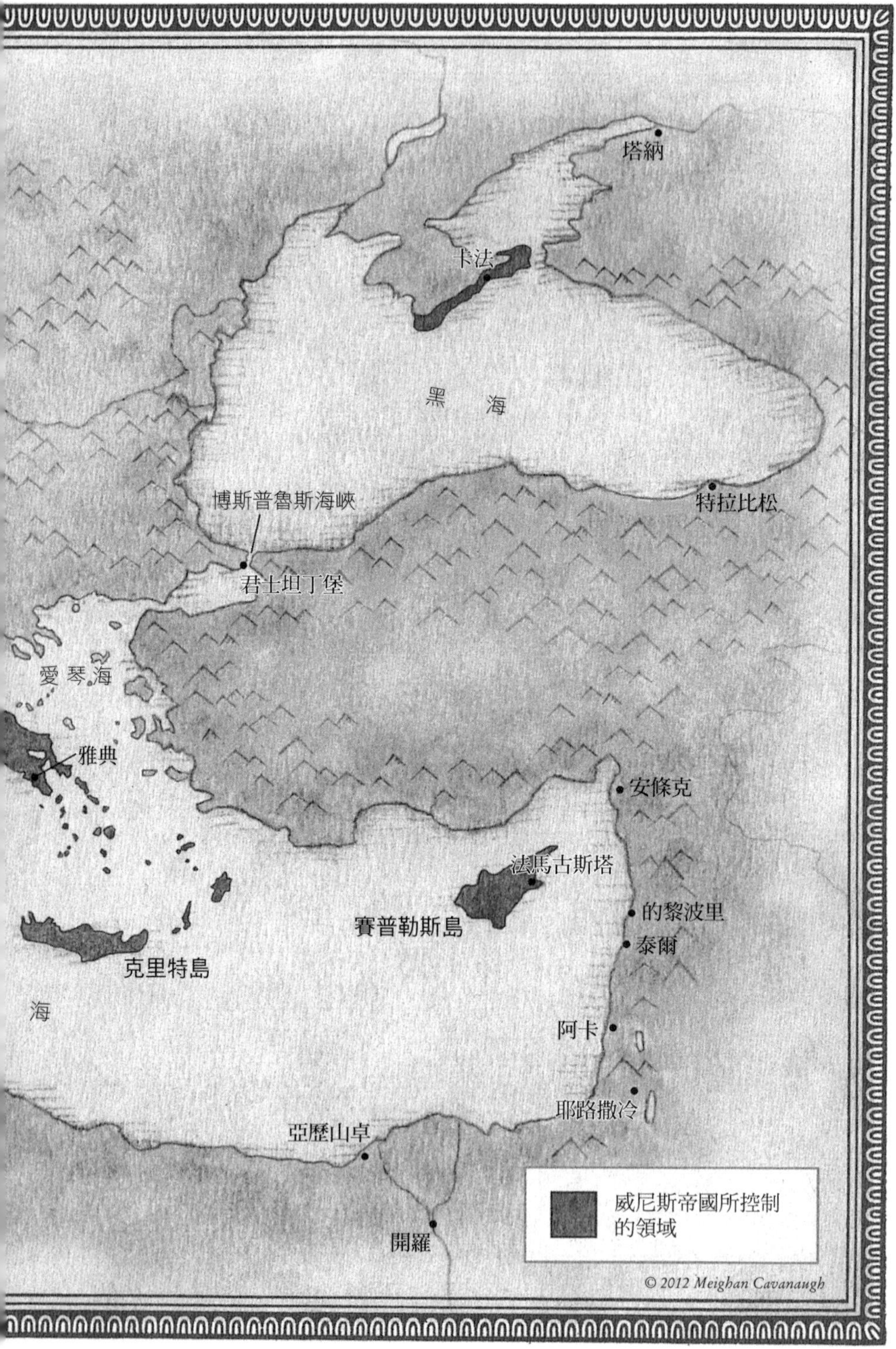
塔納
卡法
黑　海
博斯普魯斯海峽
君士坦丁堡
特拉比松
愛琴海
雅典
安條克
法馬古斯塔
賽普勒斯島
的黎波里
泰爾
克里特島
海
阿卡
耶路撒冷
亞歷山卓
開羅
威尼斯帝國所控制的領域
© 2012 Meighan Cavanaugh

米蘭
維洛納
第里雅斯特
波　河
威尼斯
熱那亞
拉文納
佛羅倫斯
札拉
安科納
多瑙河
拉古薩
科西嘉島
羅馬
杜拉佐
巴里
帖撒羅尼迦
那不勒斯
塔蘭托
薩丁尼亞島
科孚島
西西里島
莫東
柯隆
的黎波里
地
中

威尼斯人的世界

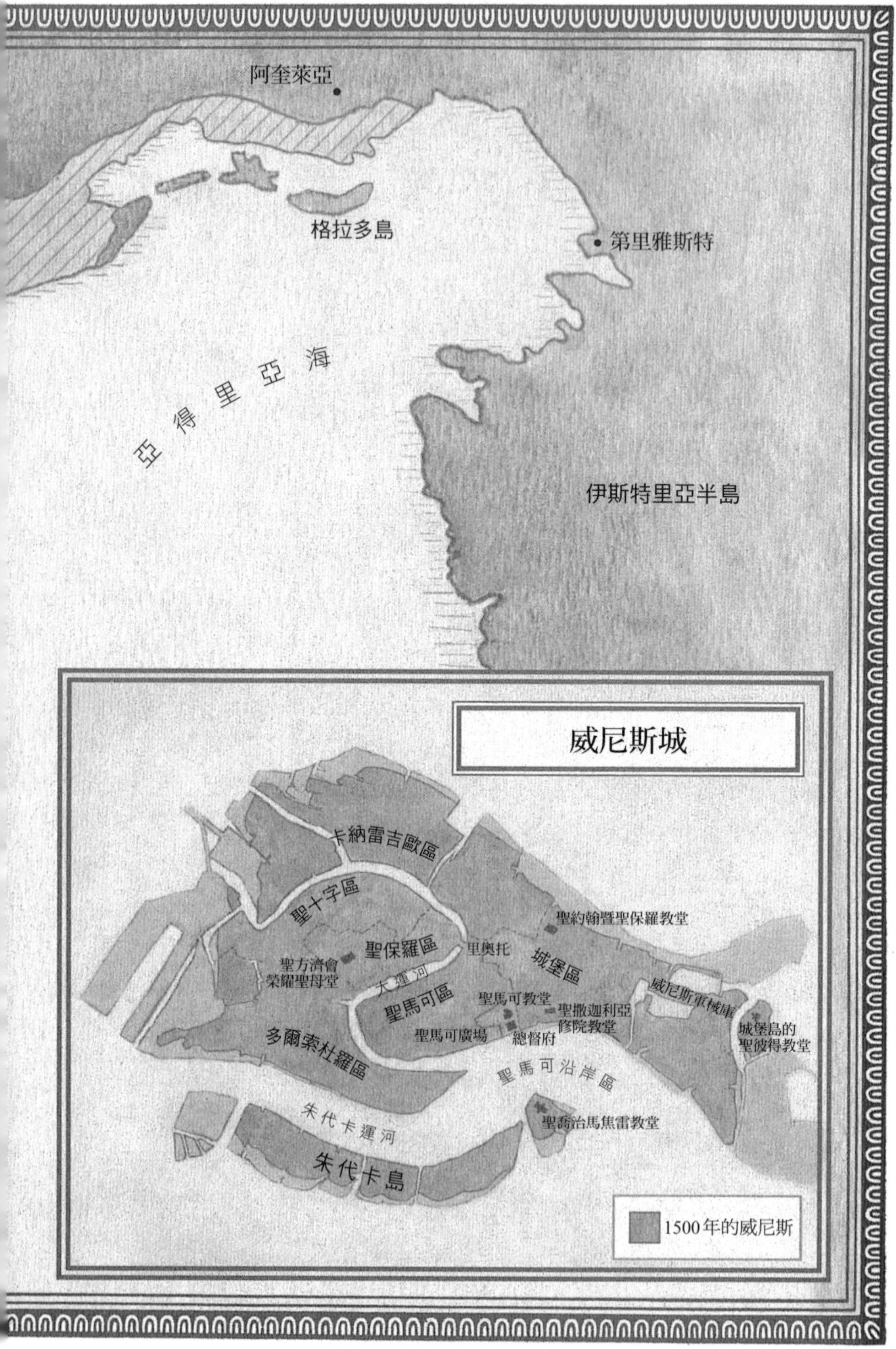
阿奎萊亞
格拉多島
第里雅斯特
亞得里亞海
伊斯特里亞半島
威尼斯城
卡納雷吉歐區
聖十字區
聖約翰暨聖保羅教堂
聖保羅區
里奧托
聖方濟會
榮耀聖母堂
城堡區
大運河
聖馬可區
聖馬可教堂
聖撒迦利亞
修院教堂
威尼斯軍械庫
城堡島的
聖彼得教堂
聖馬可廣場
總督府
多爾索杜羅區
聖馬可沿岸區
朱代卡運河
聖喬治馬焦雷教堂
朱代卡島
1500年的威尼斯

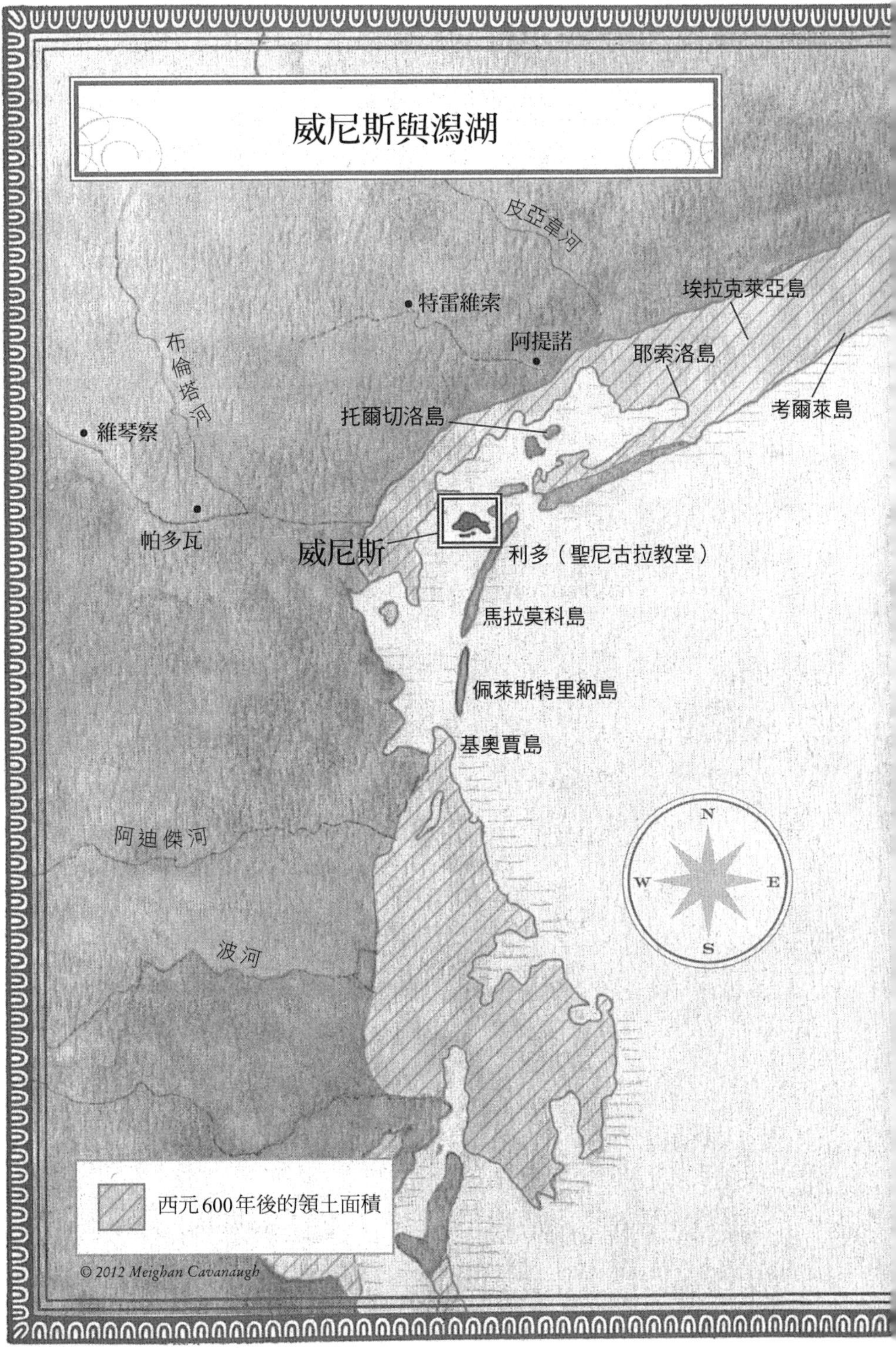
威尼斯與潟湖
皮亞韋河
埃拉克萊亞島
特雷維索
阿提諾
耶索洛島
布倫塔河
托爾切洛島
考爾萊島
維琴察
帕多瓦
威尼斯
利多（聖尼古拉教堂）
馬拉莫科島
佩萊斯特里納島
基奧賈島
N
W
E
S
阿迪傑河
波河
西元600年後的領土面積
© 2012 Meighan Cavanaugh

前言

我們會真誠無欺地為威尼斯人民的利益與榮譽著想、專心致力。

——威尼斯總督就職宣言，一一九二年

西元四五二年，世界即將宣告結束。

幾世紀以來一直為其公民帶來繁榮、權力與安全感的羅馬帝國正在分崩離析中。很久以前，帝國大道曾經熙來攘往充斥著富商、有紀律的士兵以及生活優裕的公民，經過太平富饒的大地景觀前往其目的地。而今，這些大道卻成了打家劫舍的蠻人以及無情征服者的入侵途徑。

位在亞得里亞海之首的威尼托[1]境內尤其受到重創，因為這些土地位於分裂成東西兩半的帝國之間的十字路口上，在羅馬治世的日子裡，此地曾是最美麗又富裕的地區之一。帕多瓦（Padua）

1 編按：威尼托（Veneto）是現代義大利東北部的一個行政區，其中威尼斯是威尼托的首府。

以擁有富裕公民而洋洋得意，這些人靠著蔥鬱的鄉間所生產的羊毛與葡萄酒而獲取了厚利。高貴的阿奎萊亞（Aquileia），也就是「鷹城」，是個富麗堂皇之地，有加強防禦工事的城牆圍繞壯麗的集會廣場、府邸、紀念碑以及港灣。一個幅員廣大帝國裡可以供得起的每樣奢華精品，擺滿了阿奎萊亞的市場上和住家裡。

但是在西元四五二年，匈人阿提拉（Attila）來到了阿奎萊亞，由於帝國棄守此城，這座偉大城市的百姓自行配備人手駐守城牆，反抗這位征服者及其烏合之眾。阿奎萊亞百姓是很堅決的民族，鼓起很大勇氣對抗，三個月之後，阿提拉仍在城牆之外，還是沒辦法攻下此城，他的手下開始發出怨言。一天早上，阿提拉在考慮下一步行動時，圍著那些固若金湯的防禦工事散步，留意到了一件不同尋常的事。

鸛鳥焦躁不安。

城牆的另一邊，待在阿奎萊亞民居屋頂上的是白色鸛鳥，這些鳥已經在那裡築巢幾個月了，但這天早上牠們卻不大對勁。這些鸛鳥不再平靜棲息並從棲息處居高臨下輕蔑望著匈人，反而銜起牠們的雛鳥朝地平線飛去。阿提拉見到徵兆時立刻就明白那是預兆，於是馬上命手下攻城。結果證明鸛鳥是對的，那天傲然的阿奎萊亞就淪陷了，很快此城就成為焦土，遍地死屍的廢墟。這故事也同樣發生在康科迪亞（Concordia）、阿提諾（Altino），以及匈人阿提拉所經之處的每座羅馬城市。

歷劫之後的少數生還者尋找避難所，但卻找不到。羅馬本身都岌岌可危了，他們還能往哪裡逃呢？大陸區已無安全撤退之處，於是成群結隊的襤褸難民只好往附近潟湖的沼澤區去，那是介於陸地與亞得里亞海之間的鹹水隱匿處。他們把家人以及能蒐集到的一切東西都裝上船，划往一處新的水上世界裡的沙洲上，在那裡找到安全，可以避開野蠻人。他們希望能在世界末日裡生存下去。

這些孤舟上走投無路的男女老幼正是日後歷史上最出色城市之一的創始人，雖然他們永不可能知道這一點。他們會為這些只有沙灘、樹木和沼澤的列島帶來非凡的美麗，這就是威尼斯，一座跟世上任何城市迥異的城市，但這並非即時就發生的事。在好幾個世紀裡，潟湖一直停留在連串的島上群居社群狀態，即使在里奧托（Rialto）周圍開始有了殖民定居點，威尼斯卻仍是個用木頭和泥土興建的地方。不過這點也會改變。到了十三世紀，威尼斯已不僅只是個建造在水上的城鎮，而是西歐第二大城市了，有個稱霸海上的帝國，橫跨整片地中海，威尼斯與財富成了密不可分的概念，威尼斯人就用這財富興建了壯麗的城市，這石頭與水的驚人組合至今仍令人驚嘆。

⁂

威尼斯及其歷史向來都讓各行各業的人著迷。這是個充滿矛盾的地方，一座沒有土地的城市，沒有領土的帝國。大家都知道威尼斯，但很少有人知道「為什麼」它成為威尼斯，或者它是「怎麼」成為威尼斯的。它不僅只是個藝術品而已，而且也是現代資本主義的發源地。中世紀時期的里奧托市場攤位是中樞神經，其複雜的商業網絡涵蓋千里，債券市場、責任保險，以及金融業務（其中包括的一項）都是從這裡發展出來的。正當中世紀歐洲其他部分都在國王與世襲大地主之下呻吟時，威尼斯人已形成一個自由的共和國，而且是個將會持續千年的共和國。

在過去四分之一個世紀裡，威尼斯史的學術研究盛況空前。一年之中任何時候都可去威尼斯國立檔案館，或聖馬可國家圖書館禁聲的閱覽室，並見到十幾個來自全球各地的專業學者正仔細研究著昔日的手稿和文件。這一切研究成果呈現在數以千計的期刊文章和學術專著中。結果，我們現在對於威尼斯的認知，比以往任何時候都要多。然而就性質而言，這些研究都很專門，沒有廣泛的背景知識的話，是很難看得懂的。更何況，只有少數是用英文寫成的。

身為專業史學家，我花了不少時間在威尼斯的閱覽室裡，並寫下了我那份學術研究。不過在我看來，這過程中的某個時刻需要有個人，從一切學術研究中抽身出來，另寫一本威尼斯新史，以便讓每個想了解它的人可以入門，這就是本書的目的。

寫威尼斯史本身就是很自豪、古老的傳統，但也經常涉及某種程度的破格運用資料。聖馬可國家圖書館藏有成千份幾世紀悠久的手稿，發黃的羊皮紙頁上包含有用拉丁文或威尼斯方言記載的威尼斯豐富史料。但大部分只算是當地傳說、珍愛的傳統以及純屬杜撰的大雜燴，不過偶爾還是有些真正準確的常識，例如總督安德烈亞．丹多洛（Andrea Dandolo）在十四世紀寫成的《大事記》，就是根據扎實的歷史文件寫成，真心誠意想要道出一個真實的故事。但是龐大的威尼斯國家歷史檔案儲藏庫，卻並非隨便什麼人都可以使用，這情況在一七九七年之後有了改變，當時威尼斯共和國垮台，這些歷史檔案也就都打包送到方濟會修道院，直到今天仍留在那裡。現代的歷史書寫大概可追溯到皮耶爾．達呂（Pierre Darù）於一八一九年出版的多卷《威尼斯共和國史》。達呂曾擔任拿破崙的助手，從威尼斯歷史檔案中廣泛抽取材料，為威尼斯共和國描繪出一幅大致上直言不諱的畫像。威尼斯學者們很快就反擊，根據對歷史檔案以及手稿收藏的精心研究，而提出他們自己更大、更全面、析理也更好的歷史書寫。其中最了不起的一部是薩穆埃萊．洛曼寧（Samuele Romanin）長達十卷的《威尼斯紀錄史》，出版於一八五三至一八六一年間。要誇大此著作的重要性很難，因為它既有廣泛的歷史敘述，又有編輯過的歷史檔案來支持它。洛曼寧的著作成了根據，十九與二十世紀期間，據此而為一般讀者寫出的較簡短史書就有十幾本或幾百本，包括英文、法文以及德文。

不過，自從一九〇〇年以來，自行研究而寫出全面性威尼斯史的就比較少見了，其中最佳者有海因里希·克立施麥爾（Heinrich Kretschmayr）的《威尼斯史》（1905-1934），羅貝托·切希（Roberto Cessi）所著《威尼斯共和國史》（1944-1946），還有佛雷德利·連恩（Frederic C. Lane）的《威尼斯：一個海上共和國》（1973）。然而，沒有一部是可以稱為容易閱讀的。因此之故，二十世紀出現了各種受歡迎作家撰寫的歷史故事，成果斐然，例如戈爾·維達爾（Gore Vidal）、珍·莫里斯（Jan Morris）、彼得·艾克羅伊德（Peter Ackroyd），以及約翰·朱利葉斯·諾里奇（John Julius Norwich），但是專業史學家卻很慢才接受根據現有最佳研究，去寫出一本新的威尼斯全史的挑戰。伊莉莎白·霍羅多維奇（Elizabeth Horodowich）的《威尼斯簡史》（2009）開了個好頭。然而，這本書的目的卻是要更全面道出威尼斯的故事，並著重於塑造出其獨特歷史的人物與事件。要談威尼斯卻不提其所產生的藝術與文化寶藏是不可能的，這些也都在此書中。但是此書更重要的目標卻是將威尼斯放在它的時代裡，去追隨其人民，包括尋常百姓與貴族，審視他們所面臨的挑戰。藝術家和音樂家都在這裡，但這裡也有那些歷代總督、水手、神父與妓女們。

威尼斯人是世上最迷人的一群人。在二十幾年的研究中，我有幸閱讀過成千上萬份中世紀時期他們的個人文件，並跟我們現在這時代的威尼斯人培養出深厚交情。我了解到他們是不可以歸納為一種神話或比喻的人，不幸有些史書和旅遊導覽就是這樣做，尤其是當我們看威尼斯的中世紀以及文藝復興史時，更是如此。那個千禧年代的威尼斯人往往被貼上莎士比亞戲劇裡那個威尼斯放債人夏洛克標籤，堅持要索取他有權取得的「一磅人肉」。或許，就像威尼斯史學大家唐諾・奎樂（Donald E. Queller）曾經說過的，根本就只是知識分子和學者對生意人感到不以為然而已。威尼斯人是徹頭徹尾的生意人，在現代史上出現的形象往往等同油嘴滑舌、天花亂墜的推銷員：狡詐、不擇手段，而且野心勃勃。我尊重這評價，但卻不以為然。就以諾里奇為例，就寫得有點過分了：「此處道出了真正的威尼斯心聲，國家也許擺在第一位，但開明的私利卻永遠不會離第一位太遠。」同樣地，我認為唐諾・尼可（Donald M. Nicol）也錯了，他在總結威尼斯人特點時說：「他們先是威尼斯人，之後才是基督徒。」過去幾十年來我摸過的中世紀威尼斯的羊皮紙卷太多了，包括有遺囑、報告，以及慈善捐贈令狀，很難相信用這些粗糙的刻板印象就可以打發掉這麼多元化的族群。資本主義與虔敬的理想主義並非互不相容的概念，就像所有民族一樣，威尼斯人也是很複雜的交織，有好人有壞人，有無私者也有自私者，有值得尊敬的，也有可恥的，不能都套用一個陳腐的道德故事一概而論。

所以，我希望這本書能為讀者打開一扇門，通往威尼斯城市兼共和國那清楚又迷人的歷史。當然，這麼龐大的主題是不可能靠一卷書就涵蓋得了，但最佳和最壞狀態都在這裡，還有戰爭、勝利、眼淚以及一路走來的種種悲劇。這是個非凡的故事，值得講出來。

⁂

十五個世紀前，那些百姓人家把家當裝上簡陋的船逃離匈人，他們是逃離了一個世界並架起一道通往另一世界的橋梁。就在歐洲正變成一個封建戰場之際，威尼斯建立了一個屬於自由公民的共和國。這個共和國會延續很多個世紀，久到剛好啟發了同樣尋求逃離崩垮世界的新世代人們，包括了美國的建國之父。例如約翰・亞當斯（John Adams），就曾仔細研究過威尼斯的歷史，約翰・亞當斯在其著作《捍衛美國政府憲法》中就採用了一些。但到了那時，老去的威尼斯已來日無多，雖然這個世上最新的共和國欲尋求與這個最古老的共和國建立正式關係，不過美國和威尼斯的歷史只交疊了二十年左右，後者就不再存在了。

在鸛鳥再度振翅高飛之前，這座水上城市的成就已很小心傳給了一個新的時代。

第一章

潟湖難民：威尼斯的起源

沒有人忘得了第一眼看到的威尼斯，不管是乘坐飛機、船、火車還是汽車抵達，望向水波時卻發現了本以為不會在那裡的石塔、富麗教堂、密集建物從海上冒出來，那是很驚豔的一刻。威尼斯的超絕之美更添了它的難以置信感。這樣一座城市是怎麼存在的？是什麼人興建了它，而且為什麼他們認為值得付出如此不屈不撓的努力呢？

當然，有得選擇的人是不會樂於在又鹹又髒潟湖的一群沼澤島上，興建城市。威尼斯是因需要而誕生的，由一個迅速消逝的古代世界裡的倖存者所建造。他們並沒有選擇要在海裡打造出一顆閃耀的寶石，也不可能想像到他們的避難所將來有一天還成了遊客樂園。他們只是為了要自由活下去而選擇，並發現要這樣做的話，就得把這片水域當成家園。早期那些年裡，威尼斯人性格中的一些重要特質就先打造出來了。威尼斯人是很意志堅決的一群人，堅決抗拒席捲歐洲的種種改變，堅決繼續忠於他們的國家以及彼此，堅決當基督教徒並跟羅馬的教宗共進退，堅決跟海洋對抗來達成這些目標。

最初的威尼斯人原是羅馬帝國公民，這個帝國曾帶來過前所未有的太平與繁榮。對他們而言很不幸的是，到了西元五世紀期間，和平時斷時續，繁榮也迅速衰落。羅馬帝國的經濟自從三世紀以來就經歷了急劇衰退，那時帝國飽受政治腐敗與內戰之苦，當時通往帝位之路是靠軍隊，每個羅馬將軍都心存此念，他們攬鏡剃鬚時說不定在鏡中見到的就是下任皇帝。三世紀期間的皇帝們只要能保持讓他們的部隊高興，並盯緊他們的對手，就能繼續大權在握。

隨著帝國分崩離析的內憂，外患也隨之而至，一波波蠻人入侵，在四和五世紀期間席捲了西羅馬帝國，所過之處，留下了破壞與痛苦。最受重創的是亞得里亞海盡頭的義大利東北部領土，也就是今天的威尼托與弗留利（Friuli）至威尼斯朱利亞區（Giulia）。東西羅馬帝國之間的主要通衢是眾所周知的波斯圖米亞大道（Via Postumia），直接穿越過此地區，這條羅馬大道沿途的城市都是繁榮的貿易中心，有些如帕多瓦和阿奎萊亞都是帝國最富有的城市。但羅馬已無力再捍衛它們，甚至自身難保。從前大道上熙來攘往的是滿載貨物的貨車，以及軍團的羅馬士兵，到了五世紀已成了蠻族戰士匆匆趕路前往下一個掠奪對象之路。

在比較安樂的日子裡，位於海岸邊的威尼斯潟湖曾是漁夫和碼頭工人出沒的地方，偶爾也有些小康之家來此度假。這是從拉文納延伸到阿奎萊亞之間連串潟湖中的一個，每個潟湖之間都有羅馬運河相連。這些潟湖都是阿爾卑斯山所出，每年春天當阿爾卑斯山融雪時，義大利北部的河流就會漲水，洶湧澎湃的河水夾山上的石塊與泥沙沖刷下來。這些碎石泥沙從山上下來，經過平原，最後流入亞得里亞海，但卻並非全部都一傾而空。亞得里亞海的潮流與潮汐導致部分沉積物形成與海岸平行的泥沙堤，稱為「利多」（lido）。困在這些長沙洲後方的水就形成了淺潟湖，當然，這裡的水面沒有海面波動得厲害，因此就成了船隻的理想港口。由於潟湖水會在退潮時從利多的缺口中流出去，因此更讓這些沉積物有時間沉澱在潟湖裡，結果就出現了島嶼、淺灘以及排水的水道。像這樣任由一個潟湖如此發展的話，最後就會完全淤積，成為大陸的一部分。事實上，自從羅馬時代以來，大部分潟湖都是這樣。就以拉文納為例，從前曾是西羅馬帝國艦隊停泊之處，而今卻離海好幾里遠。波河（Po）是此地區最大的河流，曾有過一個從拉文納延伸到阿提諾的三角洲，運河相連的潟湖彷彿一串珍珠，而羅馬人則沿著這塊三角洲經由運河與潟湖航行。

那時候並沒有很多人居住在亞得里亞海的潟湖裡，只有漁人在少數幾個島上保有臨時房舍。由於潟湖的水深淺不一，因此經常是靠平底船來航行，船底幾乎可以從任何淹沒在水面下的障礙物上滑過去。在威尼托的大陸上，繁榮城市如阿提諾和帕多瓦則在附近的潟湖裡建碼頭，以便大型船隻可以停泊在潟湖裡卸貨。但是潟湖的環境條件卻難以鼓勵人在那裡長期居住，雖然漁獲豐富，水卻又鹹又髒，土壤貧瘠，而且蚊蟲凶猛。

威尼斯潟湖從基奧賈延伸到格拉多（Grado），深為威尼托地區的居民所知，最終也因此種熟悉感而導致了此城的奠基。威尼托人很勤勞，他們的主要城市如帕多瓦、阿提諾、康科迪亞、特雷維索（Treviso），以及省府阿奎萊亞都位在縱橫交錯的羅馬大道上，這些大道充斥著運來此地區市場與工廠的貨物。文化上，威尼托是個熔爐，本地的威尼托文化與羅馬殖民文化水乳交融，外加一些希臘與地中海東部的元素調和。身為介於東方君士坦丁堡與西羅馬帝國之間的人，他們不但位處一個無遠弗屆的大都會帝國的老家裡，而且還完全依賴這個帝國。這種依賴性很快就會粉碎掉了。西元四〇二年，第一批主要的入侵蠻族哥德人（Goths）南下來到此地區，羅馬大道沿途城市的百姓滿懷恐懼，無望抵抗，於是逃到附近的潟湖裡以自保。他們帶了能帶的東西，其他帶不走的就藏起來，然後登上小船划到那片散布著不宜人居島嶼的水域，從那裡看著自己的家園在焚燒中冒出的煙，並祈禱這場劫難會過去。結果並沒有過去。哥德人在首領亞拉里克（Alaric）率領下朝羅馬逼近，他們於四一〇年征服並劫掠了羅馬。羅馬帝國還沒有淪亡，但這個世界正在結束，這點很明顯。這些蠻人興高采烈分割的羅馬帝國是個基督教國家，因此之故，很自然地有許多羅馬人在這永恆之城的殞落中見到了人間一切事物的消逝。

等到哥德人終於離去，潟湖難民就重返他們焚毀的城市，開始重建。不過，一定有些人就留在了潟湖島上，畢竟，在那幾個月的流亡中，這些人也花了不少工夫蓋高腳木屋、挖掘捕魚坑，還去摸熟那些天然水道。對於那些在大城市裡已無可眷戀的人而言，這個潟湖起碼還提供了些什麼，最重要的是提供了安全。雖然哥德人目前是走掉了，但他們在西羅馬帝國仍留有強大兵力。動盪不安以及入侵意味著羅馬與蠻族雙方的軍隊還會繼續沿著羅馬大道行軍，造成更多的殺人放火。因此之故，在五世紀上半葉，帕多瓦、阿提諾以及附近其他城鎮的市民發現，他們幾乎定期要跑到潟湖去避難。我們可以想見隨著每次這樣逃難，愈來愈多人就選擇了這片安全的水域，寧願放棄老家永遠存在的危險。這些人已經變成了潟湖人，對這裡的水道、島嶼以及用來航行於其間的平底船瞭若指掌。沒有一名哥德人指揮官會冒險進軍到這片令人卻步的領域裡。

因為威尼斯將來有一天會成為一個海上帝國的富麗之都，因此其市民後來附會出一大堆建城故事，也就不足為奇了。最早的說法認為位於帕多瓦的羅馬政府，派了三名「領事」來到一處人稱「里瓦托」（Rivoalto，「高堤」之意）的島群，一條天然水道也就是從這裡蜿蜒穿過一處沼澤列島，其中有些島嶼在漲潮時就淹沒了。這處高堤很可能是位於這條水道轉彎處承受潮汐的島嶼。里瓦托就是今天的里奧托，而蜿蜒的水道就是大運河。我們聽到的說法是，這三位領事是派來建立貿易站的，這點表示可在此地區找到一些定居者。據說這三名官員是在西元四二一年的天使報喜節（三月二十五日）那天，在里奧托締造了威尼斯城。

就像許多起源故事一樣，這個故事的細節也很可疑。留存下來最早的版本見於十四世紀，而不同的中世紀編年史上記載的三位領事名字也有出入，不過，這個故事或許還是保留了一絲真實性。根據隨之而來的事件看來，這處里瓦托島群顯然位於潟湖中央，而且不是受人喜愛的定居地方，第一批難民反而偏愛潟湖周圍地勢較高、林木茂盛的島嶼。但是一條深水道加上一道高堤，有助於在該地點裝貨航運，因此在五世紀期間，里奧托很可能有過一個貿易站，以及類似散居的村莊。總之，有的話也相當小。今天還是可以略為感受一下這個胚胎中的威尼斯，只要搭乘威尼斯水上巴士（Vaporetto）來趟短程之旅，從布拉諾島（Burano）坐到托爾切洛島（Torcello）就行了。站在震動的甲板上，可以見到潟湖的低矮沼澤島嶼，長滿青草，住滿鳥類。這是個令人驚豔的提醒，提醒我們威尼斯這座城市真的有多令人難以置信。

西元四五二年，羅馬基督徒所稱的「上帝之鞭」匈人阿提拉，包圍了昔日曾得意洋洋的「鷹城」阿奎萊亞，此城坐落於一處主要的十字路口，是個大都會也是個很有影響力的城市中心。號稱是西歐最古老的基督徒社群之一，僅次於羅馬，事實上，其主教也擁有「宗主教」（patriarch）頭銜，這在西方除了教宗之外沒有其他主教可以宣稱的。儘管受到之前幾番入侵的猛攻衝擊，阿奎萊亞還是設法抵擋住阿提拉及其亞洲人烏合之眾。根據史學家約達尼斯（Jordanes）在一個世紀後所記載，阿提拉是在留意到築巢於城內的鸛鳥銜其雛鳥高飛而去後，發動了他最後一次攻擊，阿奎萊亞就在那天淪陷了，沒能逃掉的市民被賣為奴或者死於劍下，其餘的則逃到附近的格拉多島上。就像在他之前的亞拉里克，阿提拉也是朝著羅馬進軍。但這「上帝之鞭」在途中遇到了聖彼得的繼任者教宗利奧一世（Leo I），教宗說服他放棄計畫。那年阿提拉就死了，可能是死於其新婚嬌妻之手，匈人的威脅也隨著他的死去而消失。然而阿奎萊亞已化為斷瓦殘垣，儘管許多市民都想重返，但此城卻永遠不會再比一座村莊大多少了。即使在今天，阿奎萊亞也依然是坐落在一片廣大古代廢墟地貌中的沉睡小鎮，對大多數遊客而言，只不過是前往格拉多海灘度假勝地途中，另一座古雅的城鎮而已。然而在阿奎萊亞壯觀的主教座堂裡，只要低頭看看建於四世紀令人驚豔的鑲嵌地板，還是能體驗到那座消逝城市有過的富麗堂皇氣派。

威尼斯人一直記得匈人阿提拉在他們城市的起源上所扮演的角色，因為那座省府的覆滅不僅把難民趕到了格拉多，而且也趕到了整片威尼斯潟湖區的島嶼和城鎮上。儘管許多人的確也都重返家園，但潟湖區的人口卻隨著每次新的攻擊而持續增加。後來威尼斯的編年史家記載說，到了西元四六六年，潟湖百姓選出了三位護民官來充當他們的政府。在當年，護民官是羅馬官員，主要負責當地軍隊，但也具有執政權力，要向羅馬的皇帝交代。但事實上，羅馬如此不安全，導致皇帝以拉文納為施政中心，這是說他們還在施政的話。我們並不清楚早期的威尼斯政府究竟是如何運作的，因為這些潟湖居民都分散成為島上小社群，分布於整片區域內，彼此間有相當多的意見不合，有時還暴力相向。理論上來說，這幾位護民官會處理這個問題，但實際上，他們顯然自己也蹚起渾水。這是無法無天、亂象百出的時代，對一名羅馬人而言，根本就沒有什麼合法的統轄權可以依附。

但是威尼斯人還是依附了。他們是頑強的族群，拒絕與時俱進。在第三世紀末期，皇帝戴克里先（Diocletian）將羅馬帝國一分為二，威尼托位於西半部境內，因此臣服於羅馬的皇帝。早在西元三三〇年，第一位基督徒皇帝君士坦丁一世（Constantine I）在東半部的羅馬帝國建立了一座新都城，後來被稱為「君士坦丁堡」（現代的伊斯坦堡）。西元四七六年，哥德軍人奧多亞塞（Odoacer）廢黜了西羅馬帝國最後一位皇帝，羅慕路斯．奧古斯都路斯（Romulus Augustulus）。沒有人，尤其是奧多亞塞，認為這代表羅馬帝國的結束，反而這位哥德人首領還聲稱是以那位在君士坦丁堡皇帝的名義來統轄義大利。與其開啟戰端，東羅馬帝國皇帝芝諾（Zeno）寧願乖乖任命奧多亞塞做他的總督來統治西羅馬帝國。不過，這只是皆大歡喜的虛構小說而已。奧多亞塞之所以能夠統治是因為他握有哥德兵力，而非因為芝諾送給他一張裝飾富麗的羊皮紙任命狀。然而這個表態卻很重要。文明是很難打破的習慣，西羅馬帝國的人儘管飽受入侵以及內戰的打擊摧殘幾十年，腦子裡還是只能認同源於羅馬政府的合法權威。這些日耳曼蠻族說羅馬人的語言，敬拜羅馬人的神明（耶穌基督），感覺也差不多，就算他們撕裂了帝國。

至於早期的威尼斯人，他們接受了奧多亞塞在義大利的統轄權，但只因為這是在君士坦丁堡的皇帝授權之故。雖然在五世紀期間這並沒有什麼實際效益，但的確有助於在威尼斯人身分上塑造出一種持久要素。威尼斯人是懸於兩個世界之間的一群人，忠於君士坦丁堡政府，但卻居住在西方，並對西方的權威善盡義務，不管這是皇帝任命的，還是羅馬教宗加諸他們教會的。因此，打從一開始威尼斯就是由東西兩極的權力所塑造出來的。

西元四八八年，一位新的哥德人首領狄奧多里克（Theodoric）奉皇帝芝諾之命，率兵進軍義大利，芝諾希望推翻奧多亞塞，他這樣做有部分是為了回應奧多亞塞未善待當地的羅馬人，但也希望能把棘手的哥德人趕出東羅馬帝國。狄奧多里克在四九三年攻陷拉文納，繼而跟奧多亞塞簽署了一項條約，兩人約好一起共治。在慶祝媾和的晚宴上，狄奧多里克親手刺殺了奧多亞塞。雖然狄奧多里的餐桌禮儀不怎樣，卻自認是個有文化的蠻人，他是在君士坦丁堡宮廷裡長大的，對於如何治理一個羅馬國家有很好的理念。雖然狄奧多里克就像所有日耳曼蠻族一樣，也是亞流教派[1]的基督徒，認為耶穌次於上帝，不過他對義大利本土的基督教羅馬人採取包容態度。從各方面來看，他在位期間的西元四九三至五二六年，是義大利的黃金時代，是羅馬重建、秩序恢復的時期。

當然，在潟湖就沒有這樣的重建了。然而羅馬和拉文納恢復秩序的確意味著更密切的聯繫，因此，也就有了更多來自大陸的請求協助，以便支援中央政府。其中一項請求來自狄奧多里克手下拉文納首長卡西奧多羅斯（Cassiodorus），該函乃寫給「威尼斯的海上護民官」。此函能留存下來純屬意外，只因為被抄入了卡西奧多羅斯的著作《彙編》，此彙編收錄許多文件，本意是要用來給政府官員當範本。從現代標準來看，此函行文冗贅，長篇大論，幾乎忘了說到重點，而重點只不過就是請求協助運送橄欖油和葡萄酒，從伊斯特里亞（Istria）半島經過潟湖到拉文納。不過，卡西奧多羅斯的冗贅行文卻是史學家之福，他的連篇題外話為西元五二三年時的威尼斯小社群，提供了豐富的生活描述。在描述到他們的家園時，他說：

可貴的威尼斯，曾經充斥著貴族住宅，由拉文納以及南面的波河延伸出來，並享有東面愛奧尼亞海的海岸，交替的潮汐潮起潮落，時而露出時而掩蓋住田野面貌。你們就像水鳥般，以此地為家，那些之前原本住在大陸上的人發現自己置身在一座島上，從海岸驟然轉變的樣貌看來，你可能會以為自己身在基克拉澤斯群島[2]。在這片遼闊的水域中，可以見到你們四散的民居，不是大自然的產物，而是靠人用心在堅實的基礎上興建起來的。用編結的柳條器具收集泥土，將之變成堅硬的大塊，並無畏地運用脆弱的防波堤來對抗海浪，由於水不夠深，因此就無法給它足夠之力橫掃淺灘了。

最早一批威尼斯人就在這偏鄉簡陋住處中過著簡單的日子。根據卡西奧多羅斯描述：

居民對豐足的觀念只有一個：就是用魚填飽肚子。因此，貧與富地位平等，同一種食物餵養每一個人，大家的棲身之處都一樣。沒有人會欽羨鄰居的家，生活在這樣節制風格中，他們免除了世界他處的人容易會有的妒羨之惡。

1 編按：亞流教派（Arianism）由亞流（Arius, 250-336）創建，亞流主張聖子（耶穌）跟聖靈都出自聖父（上帝），是聖父所造，跟當時基督教主流三位一體論相違背。

2 編按：基克拉澤斯群島（Cyclades）是愛琴海南部的一個群島，位於希臘本土的東南方。

除非人性的定律在潟湖不知何故暫時吊銷了，否則我們大可假設卡西奧多羅斯在描述威尼斯居民的平等與友愛時，只是在肆意發揮詩意而已。由於他是在請威尼斯人免費幫行省政府運輸商品，稍微恭維一下他們的慷慨本性肯定無傷大雅。不過，卡西奧多羅斯的描述也清楚表明，相較於拉文納，威尼斯人的確擁有不多。

如果說魚類為早期威尼斯人提供食物，那麼為他們提供收入的就是鹽了。卡西奧多羅斯寫道：

> 你們所有的注意力都集中在製鹽工作上，不用推動犁或揮動鐮刀，而是滾動圓筒，你們整個農作物就從中而來，在那裡找到你們沒有製造的產品，財源也就滾滾而來，每一道波浪都是為你們這本事服務的僕人。人也許會厭倦了淘金，但鹽卻是人人都希望找到的東西，這也是很應該的，因為每一種肉都少不了它的味道。

通常都說威尼斯是靠「香料貿易」致富的，這是真的，只不過所謂的香料並非充滿異國風情的丁香或小荳蔻，而就只是鹽而已。就食物而言，除了魚類之外，潟湖能提供的不太多。在其悠久的歷史中，威尼斯一直都得進口食糧，這就需要錢了。早期的威尼斯人建造鹽田讓潟湖的水在漲潮時流入一處寬廣的盆地裡，把水困在那裡讓陽光蒸發，然後用沉重的圓筒滾過鹽，壓成碎塊，以便能裝載上船出口。鹽帶來相當大的利潤，對於威尼斯早期微小但卻增長中的經濟至關重要，甚至在未來許多個世紀裡也是如此。往往有個說法是：當國際貿易與商業成為他們的致富途徑後，威尼斯人就丟下製鹽業了。但這根本就不是真的，中世紀以及文藝復興時期的商業文件很有力地證明了鹽貿易的重要性還持續著。事實上威尼斯政府還設立了鹽業局，後來發展成為國家最強大的機構之一。

無論在潟湖的生活是否如卡西奧多羅斯所暗示的那麼崇高昇華，起碼是安定而且也相當安全的。但這點就快改變了。西元五二六年，西奧多里克駕崩後，本土基督教羅馬人與其亞流教派的蠻人主子之間的關係迅速惡化，黃金時代已告結束。西元五三三年，在君士坦丁堡的皇帝查士丁尼一世（Justinian I）決定要擊退蠻人入侵，收復西羅馬帝國。他的名將貝利撒留（Belisarius）航往北非，驅逐了那裡的汪達爾人（Vandals），將整個地區重新納入版圖。兩年後，貝利撒留在義大利登陸，開啟了漫長的哥德戰爭（Gothic Wars, 535-554）。羅馬人與哥德人交戰了將近二十年，為已經千瘡百孔的義大利半島帶來更多破壞與亂局。對於早期的威尼斯人而言，他們向來就毫無疑問會支持哪一方。君士坦丁堡向威尼斯請求援助，潟湖的人就很盡職責地武裝了自己，登上他們的軍艦，協助貝利撒留於西元五三九年征服拉文納。根據一份中世紀編年史《阿提諾編年史》記載，為了感謝威尼斯人拔刀相助，皇帝特准威尼斯水手在整個羅馬帝國境內各港口都有貿易權。

到了西元五五五年，羅馬人終於打贏了戰爭，但卻付出很大代價。羅馬城幾度易手，已成廢墟。說要恢復羅馬往日榮光的議論很多，但直到能重建羅馬之前，這地方根本就不是個適合皇帝的地方。查士丁尼沒有在西方立一位皇帝，而是乾脆把義大利變成一個行省，將羅馬置於一位總督（exarch）轄下，以拉文納為據地。exarch是個希臘文，由此揭示出了羅馬帝國的本質正在改變中。君士坦丁堡的政府跟羅馬本身已經隔絕，愈來愈採用主宰了東方高雅文化的希臘語，事實上，查士丁尼已是最後一位說拉丁母語的皇帝。拉丁文在東方逐漸消失，加上君士坦丁堡朝廷裡愈來愈濃厚的東方特色，使得現代史學家提到從這時期開始之後的帝國為「拜占庭帝國」，我們在此也會照做。然而，重要的是我們應當記住「拜占庭」是現代才出現的名字。在這東方帝國裡的每個公民或許是說希臘語，但卻都自稱為「羅馬人」。因此對威尼斯人來說，在君士坦丁的那位皇帝並非拜占庭人，而是羅馬人，而且他們也是，起碼在早期那些日子裡是。綜觀其歷史，將威尼斯與君士坦丁堡維繫在一起的潛在基礎就是共享的羅馬傳承。

這位拉文納的新總督對於威尼斯潟湖有管轄權，因此威尼斯的護民官也在其轄下。羅馬帝國再度橫跨地中海世界。西元五六五年，查士丁尼臨終前大可以從現實得出結論，認為風水已經輪流轉，帝國正在走向從前的輝煌。但事實卻不是這麼回事。一場毀滅性的瘟疫席捲整個帝國，奪去數百萬人性命。更糟的是，一個新的日耳曼蠻族部落「倫巴底人」（Lombards，意指「長鬍子」）正朝著義大利前來。他們就像之前的哥德人一樣，也是好戰的亞流教派基督徒，需要有個家園。拜占庭留在義大利的兵力很弱，看來正是最完美之地。

倫巴底人得花將近兩個世紀才能把拜占庭人趕出他們的省府拉文納，但早在那之前倫巴底人已經征服了大部分的義大利。倫巴底人的入侵對威尼托造成如此大的破壞，可說他們確實要為威尼斯的第二次建城負責。西元五六八年初，倫巴底軍隊按部就班攻陷了威尼托所有主要城市，並將征服範圍向西擴張到米蘭。但倫巴底人跟哥德人和匈人不一樣，他們是來此生根落戶的。他們奪取了城市，霸占了鄉間，甚至在帕維亞（Pavia）建都。他們建立的是個會永續的王國，即使到今天，該地區仍稱為「倫巴底」。對於威尼托的市民而言，這是他們經歷過的歷史重演，但現在卻有了截然不同的結局。如今已不可能逃到潟湖避難，坐待這場征服成為過去，等到那些蠻人另覓更好之處時再重返老家。這些有自己律法、習俗以及基督教形式的倫巴底人不走了，這回，逃往潟湖會成了永久的事。

位於西歐的羅馬政府崩垮，使得西歐那些迅速萎縮的城市處於嚴重的權力真空狀態，簡單的差事如修補城牆、打掃街道、照顧貧苦人，以及調動部隊等都愈來愈丟給當地人主動去做。唯一還很有組織擔當起做這些事的機構則是基督教會，而由於羅馬人幾乎全都是基督徒，因此當政治領袖讓他們失望時，就轉而去仰望他們的精神領袖，也就不足為奇了。結果，西方的主教和大主教在西元五和六世紀期間承擔的權威開始愈來愈大，羅馬的教宗或者米蘭的大主教往往發現自己肩負起一大堆與牧養靈魂根本無關的責任。

當威尼托人聽到倫巴底人入侵時，他們自然也仰望其宗教領袖。教會的成員資格界定了這些社群，如果他們要移植他處，當然也得要讓他們的教會、聖物、神職人員以及教會領袖一起移植。這些主教會是領導其信眾前往威尼斯潟湖新家園的人。於是一個又一個城市，這些大陸居民紛紛開始了前往潟湖的旅程。阿奎萊亞人逃往格拉多，康科迪亞人則在考爾萊（Caorle）落戶，帕多瓦人遷移到利多盡頭的馬拉莫科（Malamocco），而特雷維索人則以基奧賈為他們的新家園。這些是最後一批流亡者，在每種情況下，這些人把他們的珍貴物品全都帶走，以便在新世界裡建立新生活。

最重要的一群難民是來自繁榮城鎮阿提諾，阿提諾離威尼斯潟湖很近，在現代威尼斯的西北方，距離不過十幾里。今天此城大部分已不在了，不過透過空拍還能依稀看出田野與農地之下幽靈般的形象。中世紀的《阿提諾編年史》道出了一個疑似阿奎萊亞陷落的附會故事。記載說阿提諾市民英勇準備捍衛其家園，對抗倫巴底人，結果卻留意到結巢的鳥兒飛離該城，於是趕快選擇遵循他們的聖賢先例。記載告訴我們說，有些人索性離開了這地區，前往拉文納、伊斯特里亞半島或里米尼（Rimini），但大多數市民同意追隨主教「阿提諾的保羅」，不管他會帶領他們到何處去。據《阿提諾編年史》記載，保羅及其信眾聽到了天上傳來的聲音，叫他們爬到該城的塔樓頂上尋找星星。當這位主教爬到石階頂端時，向南眺望，見到潟湖群島就像天上群星展開呈現在他眼前。

因為不打算再回來，這些阿提諾難民就把所有帶得走的東西全都帶走，甚至連石造的門楣、鋪地磚，牆上的淺浮雕也從建築上撬下來堆上船。這些流離失所的古羅馬點滴將會成為有力的提醒，提醒這些流亡者他們本來是誰，來自何處。無疑其他羅馬城鎮的難民也帶來了類似東西，但這些保存下來的文物在後來的世代裡都被歸類為altinelle，意指「阿提諾的小塊」（日後此字會用來指一切類似曾用於古代城市的小磚塊）。但裝上船最重要的，就某些方面而言比人本身還重要的，卻是阿提諾教堂以及他們神聖的主保聖人，古代主教聖赫略多洛（St. Heliodorus）的遺體，他們小心翼翼把裝飾富麗的遺體放上船，划到托爾切洛島上，擺在安置遺體的新家裡。在君士坦丁堡皇帝希拉克略（Heraclius）以及拉文納總督以撒（Isaac）的金援下，主教保羅興建了一座主教座堂：升天聖母堂，於西元六三九年落成。最初興建的那座教堂大部分已不在了，不過還是可以看得到洗禮堂廢墟。如今矗立在托爾切洛島上的升天聖母堂是後來的建築，主要是按西元八六四年與一〇〇四年的興建計畫完成的。但最初的獻堂銘文還在，至今仍可在聖所中見到。

到訪托爾切洛就如同踏入久已消失的威尼斯，雖然中世紀的托爾切洛會成為一個擁有五萬人左右的熱鬧城市，但是到了十三世紀就已被威尼斯本島蓋過它的光芒，之後就很快衰落。托爾切洛島上昔日的建築與活動頻繁的碼頭都已不在了，取而代之的是果園和野草。但是升天聖母堂卻留存下來，從它富麗的鑲嵌到石工，在在皆為七拼八湊的材料，融合在一起後卻創造出一種罕見的美。我們甚至可以窺見位於主祭壇下面、鐵格柵欄後面的聖赫略多洛的棺材，依然安然無恙，就像十四個世紀之前其信眾滿懷敬愛帶他來此時所希望的那樣。

並非所有的阿提諾難民都在托爾切洛定居下來，有些開始在附近的布拉諾島（如今以其蕾絲聞名）和馬佐爾博島（Mazzorbo）上蓋起了房子。這些島嶼很快就被走投無路的市民搶占一空是不足為奇的，由於地勢高，因此不受潮汐所侵。它們也有地利之便，從阿提諾南面划船過來時，最先見到的幾個島就是它們。托爾切洛和阿提諾之間只有五英里遠，難怪在倫巴底人毀了他們的城市並在附近的帕多瓦定居後，這些百姓就經常回那些古老廢墟去蒐集更多建築材料。別的阿提諾難民則定居在離家鄉略遠一點的慕拉諾島（Murano，如今以其玻璃而聞名）、阿米亞那島（Ammiana, and）以及君士坦提亞卡島（Constantiaca，如今已不在）。據說這六個島嶼是根據阿提諾的六道城門來命名的。根據不同的說法，托爾切洛其名來自於靠近舊城塔樓的城門，要不就是主教保羅曾經登上的那座塔樓名稱，又或者兩者兼具。

瀉湖東北邊緣再過去，阿奎萊亞難民追隨著他們的精神領袖宗主教波林（Paulinus），來到附近的格拉多島上定居，波林則從他原本宏偉的主教座堂遷居到島上簡樸的聖尤菲米亞（Sant’Eufemia）教堂。他們在那裡加入了兩世紀前阿提拉劫掠之後，就從阿奎萊亞逃難到此的人們的後裔。阿奎萊亞有一位宗主教，這件事本身就可讓人深入了解到未來威尼斯人性格中所具有的自豪。根據古代傳說，聖彼得派了他的門徒「福音傳道者聖馬可」到阿奎萊亞地區傳播基督教。聖馬可在那裡建立了一個相當大的基督教皈依者社群之後，指派了一位「主教」（episcopus，古希臘文，即英文的bishop）為社群領袖，這在早期基督教社群中是很常見的做法，但並非所有主教打從基督教早期創始那幾十年就是平等的，位於主要統轄中心的主教被稱為「都主教」（metropolitan，或「大主教」〔archbishop〕），對他們那地區的其他主教行使權力。據說聖馬可先在阿奎萊亞設立了都主教的「教區」（主教坐鎮的城市），然後才乘船前往亞歷山卓，留下自己的門徒聖赫馬哥拉斯做阿奎萊亞的都主教。

到了三世紀時，基督教會的三大主教教區是羅馬、安條克（Antioch）和亞歷山卓。前兩個教區是聖彼得建立的，最後一個則是聖馬可建立的。這幾個城市的主教乃聖彼得的傳人，通常較其他主教擁有更多權力，因為基督曾把神的國度鑰匙以及綑綁與釋放的權柄，賜給使徒彼得（馬太福音十六章十九節）[3]。這三城稱為「宗主教區」，這點在西元三二五年的尼西亞會議（Council of Nicaea）中制定區分出來。阿奎萊亞雖然是大城市，但卻不同等於羅馬、安條克和亞歷山卓。雖然阿奎萊亞屬於都主教區，對其省分的其他主教有管轄權，但卻沒有像其他三大宗主教區那樣，由與會教父將之區分開來。這點必然是阿奎萊亞的心頭痛，因為他們就跟亞歷山卓一樣，都對傳承於聖馬可很感自豪。也許因為如此，所以阿奎萊亞的主教就逕自採用起「宗主教」頭銜來。儘管嚴格來說並非正式的，但時間久了也就固定了。阿奎萊亞宗主教的教會權柄延伸到伊斯特里亞半島以及亞得里亞海北半部，包括威尼斯潟湖的所有教堂。從教規上而言，他其實跟別的都主教區並無二致，不過擁有的頭銜（若有誤導的話）卻真的很令人刮目相看。

阿奎萊亞的宗主教跟那些服侍威尼斯單純漁民的謙卑教士不一樣，他可是羅馬帝國與教會政策上扮演一角的人，在西元六世紀中曾動搖了帝國大部分、錯綜複雜（卻非過於重要）的「三章大分裂」（Schism of the Three Chapters）期間，阿奎萊亞宗主教馬其頓紐（Macedonius）本人連同他的主教區都脫離了羅馬教會，因此在五五四年遭教宗處以破門律。到了五六八年，當宗主教波林收集聖物、召集他的信眾，趁倫巴底人入侵前逃難到格拉多時，阿奎萊亞的教會依然與教宗分離。這位主教與百姓在那美麗的島上創立了「新阿奎萊亞」，此稱呼卻一直不曾時興過。就這樣，阿提諾的主教區轉移到托爾切洛，阿奎萊亞的主教區也轉移到了格拉多。諷刺的是，雖然在阿奎萊亞廢墟定居的倫巴底人擁有那座宏偉的主教座堂，他們卻承認一水之隔的格拉多握有宗主教的權柄，因為那是流亡中的阿奎萊亞主教。

格拉多與阿奎萊亞之間這種不尋常的教會關係還會變得更加不尋常。西元六〇七年，在格拉多新當選的阿奎萊亞宗主教正式結束了「三章大分裂」，帶著全體會眾回歸羅馬教宗的管轄。聖馬可的傳人不再分裂。但這個決定卻讓阿奎萊亞的倫巴底人很不以為然，他們幾乎不斷地在跟羅馬教廷和位於義大利的拜占庭當局打仗，只要格拉多的宗主教因為分裂而跟這兩個政權脫離關係，他們就很願意接受他，但他們不會包容一個服從他們敵人的宗主教。於是倫巴底人就自行選出阿奎萊亞宗主教，這兩位宗主教都聲稱擁有整個主教區管轄權。當然，羅馬的教宗與君士坦丁堡的皇帝都只承認在格拉多的宗主教，但倫巴底人對此不怎麼在意，照樣保有他們自己的阿奎萊亞宗主教。這位宗主教管轄倫巴底人控制地區的所有教堂，至於格拉多那位宗主教，就只剩下潟湖那區讓他管。

過了將近一個世紀，倫巴底人才終於軟化下來，完全承認羅馬教宗的權威，但他們仍然不願意放棄自己選出的阿奎萊亞宗主教，或者准許格拉多的宗主教來管轄倫巴底領土上的教堂，何況這些

3 譯注：我要把天國的鑰匙給你，凡你在地上所綑綁的，在天上也要綑綁。凡你在地上所釋放的，在天上也要釋放。

宗主教有很多都是威尼斯人或希臘人。為了結束這個問題，教宗塞爾吉烏斯一世（Sergius I）很樂得無視這個相當明顯的問題：基督教會竟然出現兩個阿奎萊亞宗主教，各自聲稱有同樣權柄、同樣頭銜，而且同樣都是傳承自聖馬可。在接下來五個世紀裡，這兩位主教將會在教廷、教會法庭或甚至戰場上互鬥。這些鬥爭的複雜過程在此並不重要，重要的是威尼斯教會是受地方上的格拉多宗主教管轄，其權威則隨著威尼斯兵力的盛衰而起伏。換句話說，格拉多是威尼斯的母教會，威尼斯也就是它所控制的一切。另一方面，阿奎萊亞的宗主教卻是位在大陸的教會權威，因此也是個在那裡的權力人物，先是倫巴底人，後來則是法蘭克人。這兩位宗主教彼此妒忌對方所擁有的一切以及握有的特權，一直都像冤家對頭。

雖然後來的威尼斯作者們試圖釐清這些細節，但儘管如此，威尼斯其實就是個充滿混亂、沒有把握以及恐懼的孩子，卻也是個充滿勇氣、蔑視一切又有決心的產物。最早一批威尼斯人是羅馬帝國的人，傲然拒絕跟一個崩垮的世界合作，而依附著無望重返的輝煌過去。這種自豪、保守的眼界，調和以對神及其教會的虔敬奉獻之情，從早年開始，就深深融入了威尼斯人的性格之中。

第二章
聖馬可安息之地：威尼斯的誕生

西元六九七至八三六年

西元八一〇年，義大利國王丕平（Pepin）在入侵潟湖時暫停下來，跟一名威尼斯老婦交談。在悶熱的威尼斯夏日，丕平和手下法蘭克人戰士一路作戰經過狹長、多沙的佩萊斯特里納島（Pellestrina），來到了這長沙洲島上不起眼的馬拉莫科鎮，雖然此鎮看起來像個大漁村（其實就是），但實際上卻是威尼斯潟湖的首府。威尼斯人分散在各島上，被水域隔開，並因為彼此的激烈對抗而分裂，並曾試圖在此打造一個統一的政府，但卻發現一個沒有共同身分的首府只是個膚淺東西而已。會統一他們的是丕平，雖然這從來都不是他的意圖。面對丕平強大的入侵，威尼斯人拋開分歧去對抗這個共同敵人。他們以非凡的決心英勇抵抗，但卻未能拯救馬拉莫科。

戰勝的國王進入到這個鄉間首府，卻發現唯一留在那裡的居民是名老婦。當國王問起威尼斯人都跑到哪裡去時，老婦伸手指著潟湖中央，指向海波對岸的里奧托。她說威尼斯人正躲在那裡，害怕丕平的威風。為了自救，他們丟下了都城跟她，然後她勸丕平不要讓他們逃出手掌心。她堅稱法蘭克人應該搭一座木橋，橫跨與中央島嶼的短距離，他們可以把威尼斯人困在避難處裡。丕平迫不及待接受了老婦的建議，在很短時間內就搭好一座輕便的橋。可是當法蘭克騎兵過橋時，閃動的水波波光眩暈了他們的坐騎，馬匹還被橋上晃蕩的木板嚇著，於是一匹接一匹的馬豎起了前蹄紛紛躍入水中，搞得其餘軍隊陣腳大亂，橋也開始垮了下來。就像埃及法老的軍隊一樣，法蘭克人的大軍被上帝和海水擊敗了。聰明的老婦從岸上的舊首府眺望著這場大混亂，一面偷笑，一面又望向一水之隔的威尼斯人新首都，也就是真正的威尼斯城。

世世代代的威尼斯人自豪地道出這個滑頭老太婆的故事。老婦可能是虛構的，但我們將會看到，法蘭克人的入侵卻絕對不是虛構的。儘管如此，這個傳說卻抓住了威尼斯歷史的一個重點，威尼斯人是由一群凶悍而獨立的難民，透過血緣和狡詐融合而成，再加上一座首都以及上天的護佑，大海是他們堅不可摧的城牆，而威尼斯就在這城牆背後。

雖然威尼斯潟湖在七世紀已是個繁忙的地方，但那時還沒有威尼斯城。托爾切洛仍是最大的定居地，住在島上的人可能多達五千。此外還有其他小鎮和村莊，靠著幾艘大船隻以及一大堆平底小船連結起來。潟湖人口愈多就表示經濟愈活躍，也代表有更多爭吵。拜占庭在拉文納所設的行省政府又多派了幾位護民官給威尼斯人，來監督這偏遠的聚落，卻阻擋不了日益增多的分歧，暴力正在成為嚴重問題。為了因應不斷增加的人口，基督教會也設立了幾處有新主教的新教區。潟湖區的主教都隸屬於格拉多的宗主教，宗主教監督威尼斯教會，但剛起步的威尼斯並沒有這號統一人物。

根據一位威尼斯編年史家「執事約翰」（John the Deacon）在大約四個世紀後的記載，結果是格拉多的宗主教克里斯多福最先建議分居於潟湖各處的住民選出一位領袖來，協助為此地區帶來和平與統一。西元六九七年，據我們所知，十二位護民官選出了一位dux（領導人），用威尼斯方言則是doge，看你要接受哪個傳統說法，總之，第一位總督不是保羅．阿納法斯托（Paoluccio Anafesto, 697-717），就是奧爾索．伊帕托（Orso Ipato, 726-737）。這兩人的姓氏都是希臘姓氏的威尼斯方言版，「伊帕托」可能源自希臘文的hypatus，這是拜占庭的官銜，意指「執政官」。換句話說，這位總督是拜占庭（也就是說，羅馬帝國的）官員。如此這般，威尼斯人就有了一位首長，這是一百一十八位治理過此城邦總督之中的第一位，但他們仍保有羅馬帝國公民的身分。事實上，後來有些總督更是由拉文納省府直接任命的。不過，威尼斯總督卻並非公爵（因為在歐洲他處也出現了同樣的頭銜），他掌管護民官，但卻沒有取代他們。相反地，總督職位是個證據，證明潟湖分散在各島上的社群逐漸意識到大家正變成了一個整體。

而這個整體愈來愈獨立，這並非刻意決定如此的，而是拜占庭政府日漸疏忽造成的結果。西元七世紀對於東羅馬帝國來說很不利，日耳曼人的入侵粉碎了西羅馬帝國，東羅馬帝國雖然大致逃過此劫，此時卻受到強大的亞洲帝國侵略。先是波斯人征服了敘利亞、聖地甚至包圍了君士坦丁堡，經過二十幾年滿目瘡痍的戰爭後，皇帝希拉克略終於設法打敗了波斯人，並將他們趕出拜占庭帝國。可是才慶祝完勝利沒多久，宣揚新宗教伊斯蘭的阿拉伯軍隊又興起取代了波斯人。這些穆斯林揮舞著聖戰之劍，到了西元六四二年時，已征服了敘利亞、巴勒斯坦以及埃及。到了西元七一一年，他們已經征服了北非，然後又繼續去攻占西班牙。在君士坦丁堡的皇帝只剩下了希臘、小亞細亞以及範圍逐漸縮小的義大利領土。簡言之，拜占庭人已經忙不過來了，儘管在義大利的行省政府已是千鈞一髮岌岌可危，他們也無暇去顧這潟湖的商人和漁民。

西元七四二年，利多南端的馬拉莫科建立了威尼斯新首府，然而，島嶼之間的交戰狀態仍在持續中，使得當領導成了不值得人羨慕的事。總督奧爾索就是在一場這類的作戰中喪生，其子特奧達托（Teodato Ipato, 742-755）也慘死於暴力下。他死後，對手加拉・盧帕尼奧（Galla Gaulo, 755-756）當選總督，但才一年就很快被罷黜、剜目，然後送進修道院裡（這是當時拜占庭對付被趕下台皇帝的手法）。他的繼任者多梅尼科・莫內加里歐（Domenico Monegaurio, 756-765）命運也跟他差不多。這是無法無天的時期，更糟的是，事實上威尼斯總督並非實質意義的統治者，從法律上來說，潟湖的統治者是身在君士坦丁堡的皇帝。總督充其量也不過就是個管理者。中世紀諸王以及拜占庭諸帝皆以君權為天授，威尼斯的總督卻不是，相反地，他們的權力是直接來自其治下的百姓。雖然他們大權在握，但早期總督還是要靠威尼斯百姓和那些護民官的支持。在危機時期，百姓可以組成一個大會，稱之為arengo，除了遠在天邊的皇帝之外，潟湖沒有任何事物是大得過這個人民大會的。

如此這般，在動盪不安的中世紀潟湖裡，一個建立在「威尼斯人民」權力上的共和國誕生了，這是世上僅存的一個，而且將會持續千年之久。它就在那裡獨特地繁榮起來，因為威尼斯本身就是獨特的。在那片水域天地裡，土地稀少，因此地位和財富並非建立在地主貴族身上，而是建立在創業技能上。威尼斯人生產的食物很少，但他們在義大利和東方的生意卻是愈做愈大。威尼斯商人乘船南下亞得里亞海，溯義大利河流而上，到各地不斷增長的市場上去做買賣。他們進的許多貨最後都運回潟湖，這裡已經變成了相當重要的貨物集散中心。這個制度是建立在動產而非土地財富上，塑造出了權力轉移的選區，傾向於排斥特權並堅持平等。威尼斯人是資本家，因此也非常自我。他們珍視自由，不信任集權，所以他們的總督都是由人民選出來的。這也就是他們為什麼對於總督王朝的概念很敏感之故，雖然有許多總督都徒勞無功試過想要建立一個。

就以總督毛里齊奧．加爾拜爾（Maurizio Galbaio, 765-787）為例，他決心要讓他的家族握有總督一職，他為人果斷、精明又強勢，正是通常能建立王朝的那種人。為了回應潟湖小島橄欖島（可能因為島上有座橄欖園而得名）上以及周圍定居者日增，於是協助在此設一名新主教，以便監管潟湖中部的教區。西元七七五年，橄欖島上供奉聖塞爾吉烏斯暨巴庫斯（St. Sergius and Bacchus）的一座木造小教堂祝聖改奉，成為新的聖彼得主教座堂。由於隨後又在島上建了防禦工事，於是此島就改名為「城堡島」，至今仍沿用此稱。城堡島聖彼得教堂就此成為威尼斯的主教座堂達千年之久。總督毛里齊奧仿拜占庭常見做法，運用自己的政商影響力讓其子喬凡尼（Giovanni Galbaio, 787-804）跟自己一起當選上共治總督。然後，等到七八七年毛里齊奧去世後，喬凡尼又依樣畫葫蘆，讓自己的兒子毛里齊奧二世選上共治總督。加爾拜爾家族希望透過此途徑來建立他們的王朝。

但八世紀末的世界變得很快，西元七五一年，拉文納終於向好戰的倫巴底人屈服，讓身在羅馬的教宗撒迦利亞（Zachary）幾乎孤立無援，無法對抗此時已主宰義大利半島的倫巴底人。遠在天邊的君士坦丁堡忙於他務，無法從那裡得到協助，於是教宗就轉而去向另一支日耳曼部落法蘭克人求援。法蘭克人驍勇善戰，已征服高盧並定居下來，也就是今天的法蘭西（當然是因為他們而命名）。法蘭克人不像其他曾侵略西方的蠻人，他們是基督徒。為了答謝教宗對他爭取法蘭克王位時的支持，「矮子丕平」率兵越過阿爾卑斯山脈進入義大利。丕平不僅化解了倫巴底人的威脅，而且還把羅馬城及其周圍土地都永久贈予教宗，從此歷任教宗就如自己王國般統治著這些地方。這片領土稱為「聖彼得的遺產」，或簡稱為「教宗國」，橫跨義大利中部，從羅馬延伸到拉文納，在金錢與忠誠都是稀有之物的時代裡，為教廷提供了安全保障與收入。教宗統轄此國直到一八七〇年為止。

丕平的成就很令人刮目相看，但是跟他那位更聞名的兒子查理大帝[1]比起來，就顯得小巫見大巫了。查理大帝真的是實至名歸，他監督了歐洲一場小規模的知識復興運動，下令改造點綴於大地景觀中的修道院，並密切留意歐洲基督教會的教義與禮拜儀式的統一性。最重要的是，他是個好戰的帝王，永遠無休止地渴望征服，幾乎每個季節他都會召集封建制度下有義務聽命於他的部隊，向其中一個鄰國進軍。有時是居於日耳曼北部森林的異教薩克森人（Saxons），有時是位於西班牙的穆斯林強國，還有時候是義大利北部棘手的倫巴底人。倫巴底人被打得大敗，以致查理大帝在該地區設立了一個新政府，並為自己已經夠長的權力名單又增添了一個頭銜：「倫巴底人之王」。所有這一切戰事的結果是查理大帝拼湊出一個強大王國，包括今天的法國、德國還有義大利北部，看來幾乎就像是恢復了從前羅馬帝國只有一個統治者以及相當太平的日子。

事實上，這正是教宗利奧三世（Leo III）的想法。西元八〇〇年查理大帝去羅馬訪問期間的聖誕節那天，跪在教宗面前接受祝福時，利奧取出一頂王冠戴到查理大帝頭上，宣告他是「羅馬皇帝」。雖然查理大帝事後堅稱他事前並不知情，但他也沒試圖推辭此頭銜，恰恰相反，後來他餘生都在努力實現此頭銜。查理大帝的加冕是要恢復西方的大膽聲明，肯定了西羅馬帝國會再度於歐洲復興，只不過這次是靠教廷以及一位非常有成就的日耳曼軍閥來達成。

當然，君士坦丁堡的羅馬政府對在羅馬的這幕典禮很不以為然，查理大帝是個法蘭克人，一個蠻人，是讓羅馬帝國解體的日耳曼人後裔。正牌皇帝（在八〇〇年或者該說是女皇）是在君士坦丁堡君權天授的統治者，全身珠光寶氣，在天下第一大城的富麗堂皇宮上朝理政。在東羅馬帝國的人看來，羅馬帝國的皇帝們可不是文盲蠻人，沒人事先指點就不會用叉子吃飯。但是拜占庭人能做出的回應也不過就是對這一幕加以譏嘲而已。至於查理大帝本人，反倒迫切尋求他們的認同，甚至向伊琳娜女皇（Empress Eiren）提親，這項求婚迅速遭拒。

查理大帝的得勢以及他的帝王頭銜，在威尼斯潟湖引發了很有意思的問題，威尼斯的居民依然自稱為羅馬帝國的子民，查理大帝家族的權勢（也就是今天我們所知的加洛林王朝）真的很可觀，事實上，從倫巴底到威尼托都在其勢力範圍內，取代了從前的倫巴底主子們。威尼斯的城鎮鄉村聯盟可以從跟加洛林王朝的友好關係中獲得極大利潤。就是為此理由，威尼斯很有勢力的小眾在格拉多宗主教約翰領導下，敦促要加強跟查理大帝及法蘭克人的關係。當然這樣一來，就意味要轉移傳統上對君士坦丁堡的效忠。似乎大多數威尼斯人，包括總督跟他兒子在內，都反對這種做法。畢竟在西歐他們是別具一格的人，而非屬於西歐的人。他們幹麼要對這位法蘭克國王低頭？威尼斯和君士坦丁堡之間的經濟、文化以及經濟聯繫是沒有那麼容易切斷的。

這場政治爭端在西元七九七年爆發出來，當時橄欖島主教去世，按照習俗，由總督來提名他的接班人。他選了一名希臘人，這人大概來自君士坦丁堡，雖然無疑此舉是打算取勝於親法蘭克人的小眾，但這名希臘人只有十六歲的事實，卻讓格拉多宗主教約翰拒絕任命他。總督喬凡尼則派其子

1　編按：即習稱的查理曼（Charlemagne），查理大帝是意譯、查理曼是音譯。

毛里齊奧二世率一支船隊前往格拉多施壓此事。在隨之而起的戰鬥中，宗主教受了重傷。也許是狂熱過頭，總督手下抓起了遍體鱗傷的宗主教，把他抬到他教堂的高塔上，然後從那裡扔下了他。此舉連潟湖居民也大感震驚，他們是不慣於他們的政治中帶有一點血腥的，結果造成許多人倒過來反對總督。西元八〇〇年查理大帝加冕成為羅馬皇帝的消息傳來，可能又更進一步讓一些威尼斯人換邊站，站到親法蘭克人那邊。遭殺害的宗主教由其姪兒佛圖納圖斯（Fortunatus）接任其職，他很快就把馬拉莫科的護民官奧布萊里奧（Obelerio）拉到親法蘭克人這邊。其他一些舉足輕重的威尼斯人跟他們會合之後，這兩人就前往附近由法蘭克人控制的特雷維索，在那裡密謀推翻總督。

西元八〇二年，他們的計畫有了結果。這些同謀成功地在潟湖煽動起一場暴動，迫使共治總督喬凡尼與毛利齊奧二世逃亡，結束了加爾拜爾家族欲建立永續王朝的希望。奧布萊里奧隨後升級當了總督（804-811），對於親法蘭克派來說是個全面性的勝利，或者可說看來似乎如此。為數頗眾的威尼斯人還是無法就這樣斷絕了對君士坦丁堡效忠，商船的船主尤其不願意做出任何會讓他們通往拜占庭帝國富裕市場的通路，遭受風險的舉措。為了力圖保住這個潟湖，君士坦丁堡的帝國政府派人送來厚禮以及好些響亮頭銜給新總督，希望能把他從法蘭克人那裡拉攏過來。西元八〇八年，他們更派來一支完整的戰艦中隊於冬天來到了潟湖。隨著民意如鐘擺般又擺回到君士坦丁堡這邊，奧布萊里奧於是讓其兄弟貝阿托（Beato）也當選上共治總督。也許貝阿托是親拜占庭的，要真是如此，此舉也算是某種妥協。到了春天，這支拜占庭艦隊開拔出了潟湖，進攻離拉文納不遠處法蘭克人治下的科馬基奧（Comacchio）。雖然出師不利，但拜占庭是從威尼斯潟湖出發去進攻，這點卻引起了查理大帝兒子丕平[2]的注意，他正以「倫巴底國王」身分從拉文納統治著該地區。丕平得出的結論是：若非總督奧布萊里奧轉換立場向拜占庭靠攏了，就是他根本軟弱到無法拒拜占庭軍艦於威尼斯水域之外。不管是哪個原因，丕平決定要一勞永逸結束掉威尼斯的獨立問題。

丕平的入侵始於八一〇年，這將會是威尼斯空前未面臨過的最大挑戰之一。這位法蘭克國王的資源非常龐大，而他也決心要利用這些資源逼使潟湖居民聽命於他。從他的角度看來，加洛林帝國包含有整個中部歐洲，沒有例外。威尼斯人當然又有不同的角度看法，從來沒有哪個蠻人軍隊征服過他們的潟湖，他們的祖先就是為了要保命、保住信仰和文化才逃離蠻族入侵。他們是未陷落的羅馬。當然，唱高調是一回事，要證明他們對付得了令人生畏的大敵，可就是另一回事了。威尼斯人採取了一切他們的水域堡壘所能提供的抵禦法蘭克人措施，他們把舊船划到主要水道的入口處，然後沉船來攔堵通道。他們拆除了浮標，這些浮標是用來指引大型運輸船隻沿著深水渠道航行，並避開水面下的淺灘。光是這些行動就讓丕平的部隊不可能深入到潟湖內部。於是丕平改為集中去對付外圍地區，因為大部分人員以及財產都位在那裡。他的軍隊征服了東邊的耶索洛（Jesolo）和格拉多，還攻占了南面的基奧賈，然後揮軍沿著佩萊斯特里納島前進，這是將潟湖與亞得里亞海隔開來的一座狹長沙洲。在此，威尼斯人被迫挺身而出，英勇作戰，因為這座沙洲的盡頭就是他們的首府馬拉莫科。威尼斯人的黨派之爭化為烏有，奧布萊里奧及其黨羽此時別無選擇，唯有譴責法蘭克人的入侵並加入大家共同抵禦，雖然他們的倒戈誠意頗為可疑。丕平試圖摧毀威尼斯人，卻反而讓他們融合成了一個族群，決心要保衛他們共有的家園。

2 編按：這位丕平是本章一開始入侵義大利的丕平，是查理大帝的兒子，而非查理大帝的父親「矮子丕平」。

威尼斯就是從這種決心中誕生的。就在法蘭克部隊朝馬拉莫科逼進時，威尼斯的婦孺登船逃往潟湖中央，逃到里奧托周圍那些沼澤群島上，那裡離城堡島不遠。這是潟湖區裡人煙最少的地方，所以一直就只吸引了寥寥無幾的人家在此居住。但這裡是安全的，起碼眼前如此。西元八一〇年夏天緩緩來到，佩萊斯特里納島上的戰鬥陷入了悶熱與潮濕中，法蘭克軍隊很快就遭到疾病侵襲，迫使丕平得要看清法蘭克人這場征服行動實際上可能失敗了。即使馬拉莫科淪陷與破壞，也並沒有結束這場戰鬥，因為撤退的威尼斯人就只不過上船渡過潟湖，去到安全的里奧托群島上。無計可施的丕平怒上心頭，喝令威尼斯人立刻投降。「由於你們屬於我的領土以及我的管轄，」他怒吼說，「所以你們是在我和上天的手裡。」

威尼斯人回應得很聰明，既宣告了他們效忠身在君士坦丁堡的皇帝，也抵制了丕平父親的皇帝頭銜。他們回覆的訊息很簡短寫道：「我們希望成為羅馬皇帝而非你的子民。」面臨其戰事即將崩潰，丕平亟欲挽救所能取得的勝利，同意撤出潟湖，交換條件是威尼斯人承諾納歲貢。這個解決方案讓他還能保住潟湖實際上屬於他的不實說法。不過，威尼斯獨特的地位問題並未解決，要等兩年後查理大帝和拜占庭人之間才真正了斷了此事。年紀愈大，查理大帝就愈來愈執迷於，要求君士坦丁堡的真正羅馬人，承認他是西羅馬帝國的皇帝。為了不想見到義大利和伊斯特里亞半島有更多的戰爭，君士坦丁堡的皇帝同意派一個代表團前去法蘭克人那座小首都亞琛（Aachen），向查理大帝三呼萬歲。做為此項協議的部分，查理大帝確認威尼斯潟湖屬於東羅馬帝國皇帝統轄，因此並非屬於加洛林帝國的部分。換句話說，是臣服於羅馬帝國，而不是臣服於他。

當法蘭克人撤出他們入侵過的威尼斯城鎮廢墟時，威尼斯人反省著造成了多少破壞，以及喪失了多少生命。曾經為親法蘭克黨派出頭的總督奧布萊里奧，連同其兄弟貝阿托隨即被百姓推翻，百姓轉向在對抗丕平的戰爭中脫穎而出的雅尼洛・帕提西帕奇奧（Angelo Partecipazio, 811-827）。帕氏家族在潟湖算是名門望族，祖籍帕維亞，他們先是定居在埃拉克萊亞（Heraclea），後來又搬到了里奧托。雅尼洛的家建在一處空曠的沼澤地帶，幾乎就正是今天總督府矗立之處。總督雅尼洛主張把首府從馬拉莫科遷移到里奧托，法蘭克人的入侵已經顯示出威尼斯人實際上有多脆弱，而這位新總督則決心要重整並加強潟湖。

在西元八一一年，威尼斯可一點也不像一座城市，當年的威尼斯只是一群疏疏落落分布於大運河與里奧托周圍的島嶼，大部分無人居住，類似帕氏家族的氏族在其中某些島嶼上建了木造建築群，包括房舍、棲身處以及工作坊等。他們在那裡養家畜、種些葡萄，並在他們的船上裝貨、卸貨。里奧托一帶就如潟湖大部分地方一樣，是個做生意的地方，隨著各不同家族經商致富，他們自然免不了擴大其建築群圍地，有時是填掉島嶼間的水道，或者架一座簡單的橋梁。不管這些建築群圍地的規模大小，都不可或缺地有一座教堂和一塊稱為campo的空地。財主家族資助他們島上的教堂，並對其各自信仰的主保聖人產生出強烈忠誠。他們也資助修院，潟湖到處都可見到很多。這個早期威尼斯的遺跡，至今仍可從五十幾個分布於威尼斯地貌中的教區教堂看出來，每座教堂都各有其一片空地。這些教堂大部分在從前都是一座小島上的建築群的根本基礎。

在里奧托興建一座新首府可不是小事一樁，但威尼斯人得到了協助。他們堅決抗拒丕平並對在君士坦丁堡的皇帝效忠，這番心意並未受到忽略，皇帝利奧五世（Leo V）從君士坦丁堡派來了工匠和藝匠，還送來大筆金錢，用以協助遷都。總督雅尼洛任命了一個三人委員會來監督所有作業。

一名被授權去加強潟湖的沙洲島嶼，興建那些沙洲島嶼並加強防禦工事，以便更能禁得起海洋的驚滔駭浪打擊以及異國入侵。另一名委員則監督里奧托那些泥濘島嶼的實質改善，於是泥土堆到了這些島嶼上以便讓地面擴充並加高，挖掘出比較深的運河，以便易於往返於島嶼之間。最後，第三位委員，也是後來的總督彼得羅・特拉多尼科（Pietro Tradonico, 837-864），承擔起一項新的公共建設任務。在所有作業之中，最重要的是井。由於潟湖的水是帶鹹味的（鹽與淡水的混合），因此不宜飲用，而在這些潟湖沙洲上掘一口傳統的井，只不過是提供更多帶鹹味的水而已。威尼斯人因此改而發展出另一種井，其實是精心設計的雨水收集系統。先挖開主要的廣場、空地，在最底下放進黏土製的蓄水池，然後將蓄水池的引水渠延伸到該廣場、空地不同的地點上，加上井口，再把蓄水池掩上。下雨的時候，該片空地就會收集淡水，流入連串的鐵格柵下面（其中許多至今仍可在威尼斯各處見到），再流過一層沙以便過濾，然後就會收集到蓄水池裡，之後再用水桶從井口裡打出來。這些井口雖然加了蓋子而且通常都是後期所建，但在威尼斯到處還是可以找得到。

皇帝利奧五世還把聖撒迦利亞的遺骸送給了威尼斯人，他是施洗聖約翰的父親，而且還送了資金以便在威尼斯興建一所新的女修院用來供奉這遺骸。日後，聖撒迦利亞教堂會成為威尼斯最富有又最有權勢的宗教之所。當初興建的拜占庭建築架構已經不存，如今取而代之仍矗立在那裡的是座文藝復興時期的建築。但去參觀該教堂幽暗、安詳而且經常淹水的十二世紀墓窖時，多少還是能感受到聖撒迦利亞教堂的早期風味。附近，就在今天遊客雲集的聖馬可廣場上，從前本來是兩座綠草遍覆的島嶼，島上有幾座果園，有條河流經其間。拜占庭人也在這裡建了一座新的木造教堂，用來獻給十四世紀的希臘殉道者「阿馬西亞的聖狄奧多」（St. Theodore of Amasea），他因為在埃及殺掉一條邪靈附身的鱷魚而聞名。聖狄奧多將會成為威尼斯的主保聖人，這點從新總督府蓋得很靠近這座教堂可以看出來。雖然聖狄奧多後來會失去這份殊榮，然而他連同那尊鱷魚雕像，依然位在聖馬可廣場入口處兩根圓柱的其中之一柱頂上，居高臨下守望著聖馬可廣場。新府邸取代了總督雅尼洛原有的私人住宅，這是座石造結構，就蓋在海畔，大致就是目前總督府的同一地點。有鑑於那些時代的種種危險，因此第一座總督府其實是座堡壘。後來的編年史提到這府邸的防禦性質，十四世紀留存至今最古老的威尼斯地圖上，也將它描繪成有城垛的城堡。

聖狄奧多只當了幾年威尼斯的主保聖人，不過，取代他的手段方式，在後來許多個世紀裡對威尼斯人成了至關重要的故事。話說格拉多的宗主教對威尼斯潟湖有教會管轄權，而阿奎萊亞的宗主教的教會管轄權則延伸到位於大陸的教堂，他們雙方一直在爭吵，都自認是真正的阿奎萊亞宗主教，因此雙方都咬定自己才是聖馬可的合法傳人。隨著親法蘭克人的教宗尤金二世（Eugene II）當選，阿奎萊亞的宗主教趁機想一勞永逸解決掉格拉多問題。尤金二世於西元八二七年把兩位宗主教叫到曼托瓦（Mantua）去開一場宗教會議，以便解決這問題。阿奎萊亞宗主教在那裡提出了針對格拉多的詳細案件，爭辯說那只是個篡奪了使徒權威的教區而已，他聲稱聖馬可的傳人是阿奎萊亞的宗主教，而非附近島嶼上的一個小神父。格拉多的宗主教沒有回應，主要因為他婉拒了出席。很可能他預料到尤金二世不會有什麼好話，所以希望拖延這問題。但會議和教宗皆針對格拉多迅速做出裁決，諭令阿奎萊亞宗主教區恢復之前的權威，格拉多及潟湖的主教們在阿奎萊亞的管轄之下。

威尼斯人無法容忍這樣的處境，他們灑熱血來保衛家園免受丕平與法蘭克人侵害，可不是為了要把他們的教會拱手讓給敵人。在中世紀，一座教堂並非只是在禮拜日前去造訪的建築而已，而是人一生的基礎所在，靈魂得救的希望，人生路上一路走來的慰藉。教堂也是個大業主，威尼斯潟湖除了一百多座教區教堂和修院之外，島嶼以及大陸區還有無數的鹽田、葡萄園以及農地都是屬於教堂與修院擁有。威尼斯人不會讓一個法蘭克人的阿奎萊亞宗主教取得這一切的控制權。

但要怎麼抗拒呢？從宗主教沒有出席曼托瓦會議看來，最初的對策很明顯是對整件事置之不理。由於這場宗教會議開完沒多久教宗就去世了，因此還抱有幾分希望，新教宗或許會駁回此決定。但不可否認這會是一宗很難駁回的案子。格拉多宗主教被迫宣告其繼承權是來自古代的阿奎萊亞宗主教，而目前的阿奎萊亞宗主教則否認這一點。畢竟，聖馬可是在阿奎萊亞建立宗主教座的，而不是在格拉多。對這一點，威尼斯根本就無言以對。

但很快威尼斯就理直氣壯有話可說了。

在曼托瓦的決定做出後才兩年，到了西元八二九年，兩名威尼斯商人，一位是馬拉莫科的護民官波諾（Buono），一位是托爾切洛的魯斯提科（Rustico），在亞歷山卓做些違法生意。由於皇帝利奧五世禁止其臣民跟穆斯林貿易，因此嚴格來說所有在埃及做的生意都是違法的。他們在那裡期間的經歷大部分都籠罩在傳奇中，但重點可能無誤。據我們所知，波諾和魯斯提科參拜了位在亞歷山卓的聖馬可教堂，在那祈禱並瞻仰了這位福音傳道者的神聖遺體。之後，他們碰巧和一位希臘僧侶斯陶拉休斯（Stauracius），以及一位希臘神父狄奧多羅斯（Theodorus）搭訕閒聊起來，兩人都是這教堂的工作人員。他們倆向這兩位威尼斯人訴苦，說起不久前基督徒在穆斯林當局手中所受的迫害，尤其擔心亞歷山卓有一項密謀要掠奪基督教堂大理石的計畫。波諾和魯斯提科有個根本解決辦法。他們建議這兩位希臘人帶著聖馬可遺骸跟他們一起回威尼斯去，他們會在那裡受到熱烈歡迎。

斯陶拉休斯和狄奧多羅斯很有興趣，但又怕把聖人遺骸遷移到異鄉會冒犯這位聖人。畢竟聖馬可曾是亞歷山卓的主教，而且是在這裡辭世。這兩名威尼斯人回答說，威尼斯根本不算是異鄉，因為聖馬可曾在前往阿奎萊亞途中經過潟湖，然後才在阿奎萊亞設立了都主教座。聽起來相當合理，於是四人就決定盜取遺骸並偷運到待命出發的船上。

在現代人心目中，盜取聖物似乎有悖常理，但在中世紀時卻不是這樣。對於中世紀的基督徒而言，聖人遺物就是聖人和人間的溝通渠道，聖人是靠這些遺物來顯靈，獎賞那些崇敬他們的人，懲罰那些玷辱或惡待他們的人。「聖劫」（Furta sacra）並非盜劫而是拯救。據信，聖人只有在他或她願意的情況下才可移動，如果不是因為在當前位置得不到該有的敬愛，就是在新位置可得到更多敬愛。由於這類拯救在中世紀期間經常發生，以致產生出一種叫做「轉移」（ranslatio）類的文學體裁，專門描述並驗證聖物轉移經過。在這項傳說中也包含了很多那種文學體裁。

這四人偷偷走到聖馬可墳前，移開石蓋，見到這位福音傳道者的遺骸裹在絲綢裡，正面貼有許多封條，以防有人動手腳。他們毫不畏縮，把聖人翻過身來，割開背面的絲綢，小心取出遺骸，然後在裹屍絲綢裡塞進另一具屍體，那是聖克勞迪安（St. Claudian）的遺骸，再把割口縫上，然後將這替代遺骸再翻回正面，保持封條完整無缺。完美的犯案，或者可說是幾乎完美的犯案。

在中世紀，據說極具神聖性的遺物會散發出很強烈的甜香，這在「轉移」的文本中稱之為「神聖的氣味」。聖馬可當然也散發出很大一股氣味。就在這四人抬著藏匿的遺體走進主教堂時，來敬拜的人以及其他神職人員知道有些事情不對勁，聖馬可的遺體被盜一事很快就傳開了，但因為隨之而來的封條檢查很不徹底，於是就認為遺體並未被盜。波諾和魯斯提科設法把聖人遺體弄上了他們的船，但穆斯林當局已經有所戒備，因此要求檢查船上的貨物。為了避免被查到，這兩名威尼斯商人很聰明地把聖馬可藏在一個大簍子裡，然後裝滿生豬肉。當穆斯林官員打開簍子見到這些不潔之肉時，驚駭萬分立刻蓋上簍子逃下船。如此這般，聖馬可就離開了亞歷山卓並航往威尼斯。

就像所有的轉移文學體裁一樣，遺骸的真實性又受到各種更進一步的檢驗，從海上風暴到其他種種危險，然後每次經過適當的懇求之後，這位聖人就奇蹟地救了這些旅人脫離險境。最後這兩名威尼斯人終於回到伊斯特里亞半島上，派人送口信去給總督，說如果赦免他們在亞歷山卓貿易之罪，他們就把聖馬可遺骸交給他。總督欣然同意。當局於是舉行了盛大典禮，總督朱斯蒂尼安·帕提西帕奇奧（Giustinian Partecipazio, 827-829，不久前去世的雅尼洛之子）、格拉多的宗主教、所有的主教，以及許多威尼斯百姓都出席迎接聖人的到來。這具聖人遺骸對威尼斯人的重要性不容小覷，在短期內，為格拉多宗主教宣稱身為聖馬可傳人增添了有力的論據；畢竟，聖人本身不就選擇長眠在威尼斯而非阿奎萊亞嗎？然而，就長遠而言，它關乎到日後形成的威尼斯民族情懷。

令人驚訝的是，聖馬可的遺骸並未移交給格拉多的宗主教或甚至城堡島的主教，換了歐洲其他地方就會這樣做的。格拉多島立刻就被否決掉了，可能因為離阿奎萊亞太近、又太遠離可以保護它的威尼斯艦隊。根據執事約翰的記載，最初計畫是要等城堡島聖彼得主教座堂竣工後，就將遺骸轉移到那裡，在那之前會先安放在總督府裡。然而到了某個節骨眼上，這位聖人又清楚表明他更喜歡有這位總督作伴，於是就放棄了當初的計畫。總督朱斯蒂尼安命人建造一座小禮拜堂，永久供奉這位聖人。這座簡樸的建物於西元八三二年竣工，是第一座聖馬可教堂，就建在目前的地點上。但嚴格來說，這根本就不是座教堂，只是加蓋在總督府旁邊（至今仍一樣）的家用禮拜堂而已。由於帕氏家族的成員有意將本身打造成為威尼斯的總督王朝，因此留住聖人遺骸這個決定可能意味著要讓聖人跟這家族扯上關係。就像威尼斯到處供奉的聖人一樣，全都跟那些為向聖人表敬意而建教堂的家族扯上關係。

但結果人算不如天算，第一座禮拜堂才落成四年，總督喬凡尼一世．帕提西帕奇奧（Giovanni I Partecipazio, 829-837）[3]就被推翻了，他成了再度擾亂此城的派系暴力受害者。對手家族馬斯塔里奇（Mastalici）的成員趁總督從聖彼得主教座堂的教堂走路回家途中攔截他，剃掉他的髮鬚，強迫他宣誓成為神職人員，之後就在格拉多以僧侶身分度過餘生。新當選的總督彼得羅．特拉多尼科堅定立下原則，總督府及其禮拜堂屬於威尼斯人民所共有，而非屬於某個特定家族。從那之後，聖馬可就成了總督以及威尼斯共和國的專屬主保聖人，取代了聖狄奧多。然而供奉聖馬可遺骸的建物，即使後來重建成堂皇的規模，也一直是總督府的附屬禮拜堂，而不是主教座堂，甚至不是堂區教堂。它是總督府的部分，因此也是威尼斯人民的財產。聖馬可屬於他們大家。

當然，或許有人質疑波諾和魯斯提科在說服那兩名希臘人讓他們帶走聖人遺骸時，究竟有沒有坦誠以對，畢竟根據傳統說法，聖馬可曾在阿奎萊亞住過，所以也很難說把聖馬可遷移到威尼斯是讓他回老家。歸根究柢，聖馬可在世時還沒有威尼斯。但威尼斯對此疑問也找到了自圓其說的方法，宣稱當年聖馬可奔走於羅馬和阿奎萊亞之間時，曾經在里奧托泊船休息。有位天使從天堂下來，向他宣告：「平安與你同在，馬可，我的福音傳道者。你的遺體將會在此長眠。」因此是上天

3　編按：喬凡尼是前一任總督朱斯蒂尼安的弟弟。

注定要聖馬可永遠留在威尼斯。威尼斯的新標誌又進一步強調了這一點，幾世紀以來，威尼斯人描繪出有翼的獅子，聖馬可及其福音書的古代聖像畫，獅子一爪放在打開的書上，那位天使的問候語清晰呈現於書上。

隨著時間的推移，聖馬可與威尼斯共和國的關係也愈來愈堅定，密不可分，他初次來到里奧托，以及從亞歷山卓到威尼斯驚險刺激之旅，將會構成威尼斯歷史與族群身分的基本部分。即使到今天，還是可以在聖馬可教堂門面上看到描繪穆斯林檢查員被蒙混的場景，教堂內的牆上有整組鑲嵌畫描繪他的轉移過程。那時，就像現在一樣，聖馬可之獅出現在每一面旗幟上，威尼斯已經變成了聖馬可共和國。

第三章
時代來臨：獨立、擴張，以及權力

西元八三六至一〇九四年

關於威尼斯人在西元九世紀地中海各處從事貿易的最有力證據，就是有兩名威尼斯商人在穆斯林治下的亞歷山卓竊走了一具聖人遺體。他們的整體商業模式很簡單：低價買進，高價賣出。九世紀托爾切洛島上的市場熙熙攘攘，非常繁榮，就跟後來里奧托在十世紀末時一樣。威尼斯生意人在進各種貨時出手很大方，其中許多貨都是在歐洲種植或生產的。這些貨經由陸路或河流運到潟湖來，包括食品、木材，當然還有本地生產的鹽，再經由很有創業心的商人把這些貨裝載上船，然後揚帆駛出潟湖，沿著亞得里亞海南下，進入遼闊的地中海去牟利。他總是千篇一律左轉，威尼斯人所有的海外貿易幾乎都是在地中海東部地區做的，主要是在拜占庭帝國境內。那裡的市場比歐洲任何市場都要大得多，而且供應的貨在國內的需求極高。這種由威尼斯在歐洲與拜占庭之間居中所做的買賣循環，為愈來愈多的家族帶來了財富。

威尼斯做為商業中心所以能如此成功，絕大部分是基於在亞得里亞海頂端的位置，由於地利之便，易於運送貨物進出歐洲其他市場，同時又能為海外貨運提供充足的商業碼頭和本地市場。簡而言之，威尼斯是中世紀商人的天堂，一個能發財（想必也有賠錢時候）的地方。在九和十世紀期間，愈多商業就意味會有更多財富、更多人口和更多權勢集中在威尼斯潟湖。然而，這貿易的關鍵卻在於亞得里亞海上的貨運安全。當拜占庭艦隊在這片水域中維持治安時，一切都很好。可是到了九世紀時，隨著帝國東部領土不斷喪失於阿拉伯人之手，加上連串醜聞與宮廷政變動搖了政府，君士坦丁堡已無法再繼續維持定期海上巡邏了。結果到了西元八三〇年代，亞得里亞海的情況變得令人忍無可忍，斯拉夫海盜襲擊沿海城鎮，肆意掠劫威尼斯船隻，更甚者，穆斯林軍隊也在跟拜占庭帝國爭奪西西里島的控制權。西元八四〇年代期間，威尼斯人兩度裝備艦隊協助拜占庭與穆斯林作戰，但卻不怎麼成功。至於亞得里亞海，威尼斯人很不情願得出的結論是他們只好自己來維安。那裡的海運安全對他們實在太重要了，以致很快就變成了眾所周知的「威尼斯之海」，成了他們的水路，是進入威尼斯這座舞會大廳的藍色狹長入口。

在那些年裡，威尼斯得天獨厚，領導方面頗穩定，總督彼得羅・特拉多尼科在位時間較所有前任總督都要久。就像他的前任加爾拜爾氏，他也讓自己兒子成為共治總督，意圖將此職位據為家族所有，然而其子卻在西元八六三年去世，削弱了他的支持並讓反對他當總督的人有機可趁。一年後，在一個看似安靜的夜晚，年邁的總督在附近的聖撒迦利亞女修院做黃昏彌撒，就在他離開教堂走回家時，八名同謀包圍並殺死了他。由於害怕發生政變，他的貼身保鑣及僕役逃進了有防禦功能的總督府，緊鎖門戶。謀殺的消息一傳開，威尼斯陷入大亂，各黨派之間發生暴力衝突。詳情不很清楚，但似乎是這些同謀及有志一同者憎恨有人想把總督一職獨攬在自己的家族。隨著在威尼斯的個人財富興起，新暴發戶也渴望擁有自己的政治勢力，當然反對那些把他們排除在外的人。這種強大的動力會在後來幾個世紀裡繼續推動著威尼斯的大事。

在所有的時代裡，特權與經濟流動性是敵對的，而威尼斯人保守的本性更使得這種局面複雜化。他們認為，阻擋集權發生是值得稱道的，但許多人也不免懷疑：為此而殘忍殺害一名年邁總督是否說得過去？隨著日子一天天過去，民情也轉而反對起同謀者來，最後，他們圍捕了那些人並加以處決或放逐。那時的人民大會只不過是比較多一點的一群人，喧鬧地在一塊空地上聚集，這塊空地日後將會成為聖馬可廣場，然後他們選出了前任總督家族的另一位成員奧爾索一世・帕提西帕奇奧（Orso I Partecipazio, 864-881）當總督。這可能是針對前一種反應的反應，換句話說，又再選出得勢的名門望族以便否定掉那些同謀者的勝利。不管是什麼原因，有意思的卻是（雖然也很令人費解），差不多就在此時，帕氏家族卻將姓氏改成了「巴多爾」（Badoer），這個姓氏將會在威尼斯中世紀史上一再出現。

新總督為潟湖帶來了亟需的安定，那時候外面世界絕不太平。穆斯林入侵者繼續侵入亞得里亞海，掠劫城鎮以及威尼斯的海運船隻。斯拉夫海盜也一樣惡質，從他們位於克羅埃西亞嶙峋海岸的海盜巢穴運作，整個歐洲到處都有維京人肆虐，襲擊掠奪，不過他們似乎沒去攪擾過威尼斯，因為威尼斯有能力在海上自衛，總督則一直忙著對付這些外患。儘管這種做法以前曾引起反對，奧爾索還是拉了他兒子喬凡尼來共任總督一職。他也讓女兒選上聖撒迦利亞女修院院長，後來這做法成了歷久不衰的慣例。由於這所女修院的威望和財富之故，因此院長一職極令人垂涎。還有些證據顯示，奧爾索廢除掉舊有的護民官，代以法官。後者是官員，可能是選出來的，任職於總督的法庭。最早期留存下來的章程清楚顯示出，所有官方活動都會有這些法官在場並簽署所有法案，因此他們可能還是在把關，檢驗總督的權力。然而，與歐洲其他地方不同的是，神職人員並不在威尼斯總督法庭裡服務，在威尼斯，教會與國家是分開的，其他地方卻不是這樣。

總督喬凡尼二世・巴多爾・帕提西帕奇奧（Giovanni Badoer Partecipazio, 881-888）以穩定的手為威尼斯政府掌舵，直到西元八八七年因健康太差而告退位。百姓選出彼得羅一世・坎迪亞諾（Pietro I Candiano, 887-888）來接替他，此君精力旺盛，承諾會親自對付達爾馬提亞（Dalmatian）沿海的海盜。這點他很積極做到了，不過卻在戰爭中遇害，迫使巴多爾再度接掌總督一職。坎迪亞諾可能已經解決掉了亞得里亞海的海盜問題，因為從此有一段時間就沒再聽說了。不過，一個更大得多的新危險卻正從東方而來。

好戰的游牧民族馬札爾人（Magyars）已從西南亞遷徙到了東南歐，並在今天的匈牙利定居了下來。他們從那裡對中歐和義大利展開毀滅性的攻擊，就像在這時期湧入歐洲的其他侵略者一樣，馬札爾人既非基督徒也非羅馬化內之民，他們跟幾世紀前的匈人一樣，以無與倫比的凶猛攻向破碎的西方。事實上，許多歐洲人都以為他們是匈人，這可能解釋了其名「匈牙利人」的來源。

到了西元八九九年，馬札爾人已垂涎起義大利北部的大陸區。威尼斯潟湖也沒能倖免，周邊城鎮再度先淪陷，馬札爾人攻占了埃拉克萊亞和艾基洛（Equilo），以及大陸區的倫巴底城鎮如阿提諾、特雷維索和帕多瓦。包圍了潟湖之後，他們迅速征服了南邊的基奧賈，然後開始向北朝佩萊斯特里納沙洲上的城市挺進，換句話說，完全循著從前國王丕平的腳步前進。然而也跟丕平一樣，馬札爾人的進攻在馬拉莫科停了下來，新的防禦工事再加上威尼斯人的團結，迫使馬札爾人只好撤退。這是一場大勝，威武強勁的馬札爾人曾經連加洛林王朝的國王都打敗了，卻無法真的威脅位於里奧托的威尼斯新首府。當年總督雅尼洛的先見之明如今有了豐厚的回報。在當年最令人生畏的大敵之下，威尼斯穩如泰山，以後的許多世紀裡也一直如此。

在馬札爾人這場令人心驚的進攻之後，威尼斯人決定進一步加強防禦工事，這點或許就不令人感到意外了。據我們所知，總督下命沿著此城面向沙洲諸島的那一面築一道長城，從現代的斯拉夫人堤岸（如今酒店、餐廳和紀念品小攤林立），延伸到位在聖馬可以西的佐比尼果百合聖母堂（Santa Maria Zobenigo）。不用說，這大大破壞了景觀。此外，還在大運河入口處攔起一條沉重鐵鏈，鐵鏈固定在很靠近今天安康聖母堂（Santa Maria della Salute）的聖額我略教堂上。鑑於海浪在屏蔽威尼斯方面持續發揮效果，因此威尼斯人這些新防禦建構究竟維持了多久，不得而知。倖存下來最古老的威尼斯地圖繪於十四世紀，卻不見繪有上述的長城或鐵鏈，不過卻很清楚指出總督府仍保有防禦工事。

⁂

馬札爾人入侵過後的幾十年裡，威尼斯很繁榮又相當太平。總督一職在巴多爾與坎迪亞諾家族之間輪替，幾乎沒什麼爭執。這是個建設時期，威尼斯的企業家在親商政府全力支持之下，紛紛在大陸區以及整個地中海東部地區港口建立貿易協定。威尼斯艦隊不僅能擊退亞得里亞海的海盜，而且還能部署他們自己的海上巡邏，以確保所有貨船，不管是不是威尼斯的，都在威尼斯的市場卸貨，這樣威尼斯政府當然就可抽它那份稅金了。

威尼斯一心盯著東方的富裕商業中心，因此封建的西方在十世紀中葉突然進入了威尼斯人的生活，實在令人很驚訝。引入者是彼得羅四世．坎迪亞諾（Pietro IV Candiano, 959-976），彼得羅三世．坎迪亞諾的兒子。雖然彼得羅三世讓兒子當上共治總督，但後者並不滿足，而且顯然不打算等到其父逝世後才抓權。年輕的彼得羅四世是一個跟義大利北部、日耳曼的封建領主有密切關係派系的成員。封建制度的最基本形式是一種運作方式，透過它可以地盡其利，生產有餘，以便在中世紀用來招兵並養兵。管理這些土地的封臣則對其領主有服兵役與效忠的義務，其領主則擁有這些土地或者也同樣對他們自己的領主提供類似服務。雖然整個西歐都以某種形式實行封建制度，但卻不存在於威尼斯，因為威尼斯缺乏這類領土來支持這種制度。換句話說，封建制度需要有土地才能實行，而土地卻是威尼斯顯而易見最稀少的。威尼斯人是資本家，尤其善於處理動產。他們從大陸區的封建莊園購進糧食，然後從轉手脫售過程中獲得收入，這過程主要涉及商業船運。威尼斯人不需要一支中世紀軍隊，只需要一支能發揮功效的海軍，由國家來組織，靠蓬勃經濟所獲取的豐厚稅收來維持。在這方面，威尼斯也跟那時代並不同步。

或許年輕的彼得羅四世是受到尚武精神不斷演變出來的浪漫主義，或被大陸區封建小領主們愈來愈獨立的方式所誘惑，又或者根本就只是關乎權力而已，因為這是日耳曼國王奧托一世（Otto I）的時代，他已很成功將其威權強加諸於阿爾卑斯山脈以北，現在正準備在義大利如法炮製。不管怎樣，彼得羅四世在西元九五〇年在父親眼皮底下上演一幕政變，結果落得慘敗。威尼斯人又得要在歐洲封建領主的新秩序，以及幾世紀以來他們效忠的東方拜占庭帝國（或者羅馬帝國）之間，做出選擇，而他們也再次重複了促使他們國家的那個選擇，拒絕加入祖先曾經逃離的對象。

彼得羅四世本來應該因叛國罪處死，然而在其老父求情之下，百姓勉強同意饒他一命。這位年輕人於是逃離潟湖，跑到大陸區他那些貴族朋友那裡，很快就找到了他的天賦使命，成為戰士，在義大利國王貝倫加爾一世（Berengar I）麾下服務，率領軍隊。感激之餘，國王准許彼得羅四世針對威尼斯自行發動海盜戰，在波河以及亞得里亞海擄掠商船。要是這還不夠糟的話，更有某種疾病襲擊了威尼斯城，引起廣泛死亡，包括那位傷心欲絕的總督在內。也不知道究竟是什麼原因，當百姓集會要選出新總督時，他們竟然選出年輕的彼得羅四世這位叛國的海盜領主。畢竟他是總督的兒子，他當選實際上也有利於結束盜匪對威尼斯航運的攻擊。

但是遷入總督府的彼得羅四世一點也不像當年離開的那位孟浪叛逆的年輕人，儀態甚至言談上，他都像個封建小領主，而不像個威尼斯總督。幾乎就在同時，他就藉此新頭銜向皇帝奧托本人的親戚，托斯卡尼（Tuscany）侯爵的妹妹瓦德拉妲（Waldrada）提親。至於總督彼得羅四世已有一妻及一名成年兒子卻一點也不礙事，他索性將妻子送進聖撒迦利亞女修院，至於兒子，則被迫剃度進了男修院。日耳曼新嫁娘為總督帶來的豐厚嫁妝包括馬凱（Marches）、特雷維索、弗留利以及他處的土地。她也帶來了一群武裝僕從，駐守在總督府裡，無論總督一家到哪裡都隨侍左右。在很多威尼斯人眼中看來，日耳曼人沒能靠武力取得的，現在則靠聯姻取得了。不滿情緒很快就在潟湖蔓延開來，由莫洛西尼（Morosini）家族領導的反對派也冒了出來，其對手家族科羅普里尼（Coloprini）則支持總督。

西元九七六年局勢很緊張，當時兩派人馬在威尼斯街道和水道上交戰起來，莫洛西尼及其支持者得勝，一路追敵來到了總督府，在那裡放火燒了防禦工事周圍的房舍。火勢轉為猛烈蔓延了聖馬可區，不僅燒掉總督府，也燒掉木造的聖馬可禮拜堂、古老的聖狄奧多教堂，以及大約三百棟其他建築。當年如此小心翼翼從亞歷山卓竊回並安置在剛誕生的威尼斯城的聖馬可遺體，就在烈焰中失蹤了。當總督家族及僕役急忙逃離著火的府邸時，敵人卻攔阻了他們的去路。彼得羅求他們饒命，承諾實現他們一切願望，然而卻無濟於事。就在他試圖硬闖出去時，被一把劍刺穿，他的日耳曼新婚妻子襁褓中的兒子，也躺在保母懷中被一把長矛貫穿。只有瓦德拉姐活了下來，也許是因為叛亂分子害怕她娘家的報復，又或者是因為她當時根本就不在威尼斯。

最後，這場火終於撲滅了，威尼斯人開始以不同的眼光看待這場叛亂。在事後冷靜理智回想時，一場本來群情高漲、一呼百諾的暴力再度變得苦澀而不得民心。在不顧一切的施暴之後，接踵而來的是悔恨與悲傷，這種現象不斷反覆出現在威尼斯的歷史上，其實這是強烈個人主義混合了商人對於治安、穩定以及秩序理所當然欲求的產物。一方面，威尼斯人不信任集權，當他們認為某位總督或其他任何人試圖取得集權時，他們的反應會很激烈。另一方面，他們又是商人和店家，要倚靠一個太平又可預測的市場和政府。何況還有那位福音傳道者遺體被毀的事件。對於中世紀的男女而言，失去精神上的主保聖人和庇佑者非同小可。因此，就在政府大廈的灰燼還在悶燒之際，百姓已經在尋求一位能為他們國家帶來療癒的總督。

他們做出了鼓舞人心的選擇。彼得羅一世・奧爾賽奧洛（Pietro I Orseolo, 976-978）是位年邁之人，以其智慧、虔敬與為國效勞而深受敬重。起碼從西元九六八年起，他就在計畫要進修道院了，有一項傳說甚至記載了奧爾賽奧洛與其妻都立下神聖的獨身誓言，自從他們的獨子誕生之後，兩人就如兄妹般生活在一起。西元九七六年的八月十二日，威尼斯百姓群集於城堡島的聖彼得主教座堂，說服年邁的奧爾賽奧洛接掌總督一職，儘管他勉為其難接下來，卻橫下心要盡快完成任務。

總督奧爾賽奧洛的首要之務是與日耳曼修好。查理大帝的遠房繼承人奧托二世於西元九六七年，由教宗若望十三世（John XIII）加冕成為神聖羅馬帝國皇帝，對於瓦德拉妲及其家人的遭遇怒不可遏。為了息事寧人，總督同意賠償瓦德拉妲的損失，由於賠償金額極大，以致得要向威尼斯人徵收一項特別稅來籌款。儘管奧爾賽奧洛本人資助重建總督府，但仍徵收了幾項額外稅收做為重建威尼斯的經費。整個聖馬可區很快就此起彼落響著工人錘子和鋸子的聲音，再度建造威尼斯，對前景的樂觀又回來了。

總督奧爾賽奧洛判斷自己大功告成，於是就在西元九七八年九月一日的晚上，收拾打包一點仍然擁有的私人物品，然後就在夜幕掩護下溜出威尼斯。奧爾賽奧洛有別於其前任，他不是去尋求外國盟友，而是去尋求永恆的救贖。他西行一直來到位於庇里牛斯山新建的庫霞聖米迦勒修院（St. Michael of Cuxa），很開心地在那裡穿上本篤會修士的粗布僧袍，把總督的富麗衣物棄置一旁。接下來九年裡，他就在那石造的藏身所中生活、工作、祈禱，這個棲身處後來運到了紐約市，如今可以在修院博物館中見到。就在他於九八七年去世之後，幾乎立刻就出現了發生在他墳墓上的奇蹟報告，久而久之，基督教會也封奧爾賽奧洛為聖人，這是威尼斯悠久歷史上唯一獲此殊榮的總督。

然而奧爾賽奧洛的施政並未能了結莫洛西尼與科羅普里尼兩個家族之間的互鬥，絕大部分是因為威尼斯究竟是否應該擁抱在義大利的日耳曼人帝國，尚成疑問。新總督特里布諾・梅莫（Tribuno Memmo, 979-991）保持中立到足以說服兩邊家族簽署下一份很重要的文件。西元九八二年，威尼斯總督府南面的絲柏島（Cypresses）捐贈給大修院長喬凡尼・莫洛西尼，用來興建一座供奉聖喬治的本篤會新修院。該島及其相關建物聖喬治馬焦雷教堂（San Giorgio Maggiore）從此對威尼斯人而言，將會成為一個很特別的地方。它離政府中心很近，而且景色優美的地點至今仍使它成為該市最易辨認的特色之一。這份文件的日期是九八二年十二月二十日，由總督、三位主教，以及一百三十一位具有影響力的市民共同簽署。率先簽署的人之中有這兩派系人的領導者史提法諾・科羅普里尼（Stefano Coloprino）與多梅尼科・莫洛西尼（Domenico Morosini）。

這份羊皮紙仍留存在威尼斯的檔案館中，提供了威尼斯在此關鍵時期權力架構的罕見片段。出現在簽署名單上的新家族數量，或者該說是不管新舊家族的數量，顯示出了派系鬥爭的陣營都在擴大中，參與的市民愈來愈多，因為雙方都爭先恐後拉攏富人來支持己方。從此，在隨後文件中交替出現稱為「好人」或「忠誠的人」的這個群體，將會成為總督法庭中的永久部分。由於他們的新財富，這些掌權人物才有那興趣和時間去關注政務，起初他們是代表「威尼斯人民」，因為這些人民忙於自己的事務而無暇參與威尼斯政府於成長中日益增加的職責。然而這些掌權人物很快就形成了一股新的政治勢力，在總督與人民之間打造出自己的地位。這個鬆散、特設的團體日後會演變成威尼斯的大議會。

新千禧年的歐洲是個改變了的地方。日耳曼蠻族的入侵久已結束，其人民已在歐洲各處定居下來。後來的入侵例如由東而來的馬札爾人、由南而來的穆斯林，以及各處而來的維京人，也逐漸減少，而且很快就會全部都止息了。經過幾世紀的天下大亂之後，歐洲人終於能抬起頭來檢視滿目瘡痍的江山，甚至在某些地方開始重建起來。日耳曼的神聖羅馬帝國皇帝們也再度於西歐建立起他們的超群勢力，然而他們已不再統有查理大帝時期的整個大帝國了，因為帝國西邊分裂出了法蘭西王國，如今由卡佩王朝（Capetian）的君主領導，其王朝將會持續於整個中世紀。其他國家則很快就有諾曼人（Normans）去落戶生根，他們是北歐海盜的後代，信奉基督教，以諾曼地（Normandy）為據地，一〇六六年將會在「征服者威廉」（William the Conqueror）的率領下攻占英格蘭，從而為該王國的歷史迎來一個新紀元。他們也會入侵西西里島以及義大利南部，將之共組為一個王國，使得原本在那裡交戰的阿拉伯人與拜占庭人流離失所。

教會也在重建。前幾個世紀的動盪不安，對於一個要靠溝通和紀律，來確保神職人員能夠照顧到信徒靈性需要的機構而言，造成很慘重的傷害。由於主教以及修院院長都是擁有土地與財富的權貴，因此這些職位通常都由擁有封建服務的平信徒領主售予出價最高者。這是令人難以忍受的情況，因為這意味牧羊人本身就跟狼半斤八兩。不過，到了西元一〇〇〇年時，以法蘭西克呂尼修院（Cluny）為中心而發起的改革運動很快就蔓延到整個歐洲，改變了思想、心靈，也改變不少修院院長。到了十一世紀中葉，改革者已經占有了教廷，幾乎在各地主導了基督教會非凡的重生。經過一段時間以後，這個重振的教會終將發現跟復興的神聖羅馬帝國皇帝們不對盤，然而該種教會與國家之間的鬥爭本就是歐洲獨有的。換句話說，在這新千禧年黎明到來時，歐洲正變成某種新的東西，也就是我們今天所稱的「西方」。

就跟大部分的歐洲一樣，威尼斯共和國的時運在十一世紀也有天翻地覆的變化。在總督彼得羅二世・奧爾賽奧洛（Pietro II Orseolo, 991-1008）統轄下，派系分歧逐漸消失，此君與日耳曼及拜占庭皇帝都培養出密切關係。日耳曼的奧托三世跟奧爾賽奧洛有私交，這位日耳曼統治者甚至於一〇〇一年到訪威尼斯，成為總督的特邀貴客。至於拜占庭皇帝巴西爾二世（Basil II）這邊，則於西元九九二年頒布了一道「金璽詔書」，也就是皇令，明確規定威尼斯商人的權利與義務，並降低他們在東方諸港做生意時所需支付的通行費與關稅。從這份重要文件裡，可以看出威尼斯與拜占庭帝國關係的變化，威尼斯在過去幾個世紀裡慢慢變成了一個獨立的實體。不再是隸屬於君士坦丁堡的一個省分或受其保護的子民。然而，這兩者又不完全是陌生的，拜占庭皇帝反而在提到威尼斯人時稱之為extraneos（外人），透過定期在義大利水域協助帝國的行動，威尼斯人證明了他們是這個羅馬帝國長期不變的盟友。

事實上，他們的確也是。西元一〇〇〇年，總督奧爾賽奧洛率領一支艦隊對抗以達爾馬提亞為據地的克羅埃西亞海盜，此乃亞得里亞海東部沿海之地。在很短時間內，威尼斯人不僅取締了這些私掠船隻，而且還取得所有達爾馬提亞城鎮的效忠誓言。奧爾賽奧洛連忙在他的頭銜上又加了一項「達爾馬提亞總督」，此稱號後來又經過位於君士坦丁堡皇帝的確認。不論是巧合或是刻意，威尼斯這次軍事行動協助巴西爾二世抵抗了保加利亞人，因為削弱了對方的盟友塞爾維亞人和克羅埃西亞人。四年後，總督又親率威尼斯軍艦前往位於亞得里亞海南端的巴里（Bari），在那裡擊破了阿拉伯人對此拜占庭城市的包圍。

然而威尼斯人的拔刀相助也阻擋不了拜占庭的衰落，它仍繼續四面八方受敵。一〇七一年，諾曼人征服了巴里，這是拜占庭在義大利最後一處前哨，雖然他們並未直接威脅到威尼斯，但對威尼斯人在亞得里亞海的控制權卻構成嚴重威脅。同一年內，一支強勁的突厥部落入侵軍隊在小亞細亞（現代的土耳其）的曼齊刻特戰役（Battle of Manzikert）中，與拜占庭部隊交戰，穆斯林戰士把基督徒打得七零八落，很快就攻占了稱為「安納托利亞」（Anatolia）的中部地區。幾年內，突厥人（土耳其人）就建立了一個新國家魯姆（羅馬）蘇丹國（Sultanate of Rum），定都於尼西亞。飽受摧殘的拜占庭帝國所餘領土就只剩下了君士坦丁堡，位於土耳其帝國視野之內，以及希臘。

走投無路之下，皇帝阿歷克塞一世．科穆寧（Alexius I Comnenus）向教宗格列哥里七世（Gregory VII）發出呼籲，請求西方部隊協助反擊土耳其人的征服。儘管格列哥里願意協助（事實上，他甚至考慮親自率軍前往君士坦丁堡），但他的教會改革卻很快使得他與神聖羅馬帝國皇帝亨利四世（Henry IV）陷入一場艱苦鬥爭，接下來三十年裡會耗掉教廷的注意力。

威尼斯人倒沒怎麼受到教會與國家鬥爭的影響，起碼在十一世紀期間並沒有，但一個持續衰弱的拜占庭帝國卻會給他們帶來經濟上的問題。威尼斯的繁榮是建立在亞得里亞海的太平以及在東方利潤豐厚的貿易上，前者對後者至關重要。在義大利的諾曼領袖是膽大妄為的羅貝爾．吉斯卡爾（Robert Guiscard，意指「詭詐的」羅貝爾），他則威脅到兩者。就像征服者威廉一般，羅貝爾渴望大舉征服一個新王國，而他的注意力自然而然就受到了傷痕累累又虛弱的拜占庭帝國所吸引。君士坦丁堡乃帝力所在，又是西方世界最富有的城市，就像個垂死世界的陪葬品。對於羅貝爾而言，這條路很清楚，他會從巴里東渡亞得里亞海去攻占拜占庭的海岸城市杜拉佐（Durazzo），從那裡開始，羅馬古道埃格納提亞大道（Via Egnatia）延伸五百英里左右直達君士坦丁堡。

威尼斯人滿懷恐懼看著諾曼人即將入侵拜占庭，諾曼人野性難馴又好戰，換句話說，不利於做生意。沒多久，諾曼海盜就很活躍地侵擾起威尼斯人在亞得里亞海的海運來。一〇七四年，焦維納佐（Giovinazzo）的伯爵阿米科（Amico），甚至攻擊起威尼斯人所控制的達爾馬提亞城市，總督多梅尼科．賽爾沃（Domenico Selvo, 1070-1085）立刻率一艘軍艦去對抗阿米科，打敗了他，並重申威尼斯在該地區的主權。然而，拜占庭在內憂外患夾擊之下，再也無法對亞得里亞海發揮軍事影響力了，總督賽爾沃在戰事中的威武兵力清楚表明此海的控制權，已從拜占庭轉移到了威尼斯手中。

威尼斯艦隊雖然已經很厲害，但在十一和十二世紀期間還不是後來變成的駕輕就熟無敵艦隊。總督賽爾沃發動戰事的那時期，這支艦隊還是臨時由公有與私人船隻混搭組成，以應付某些特定任務為主。艦隊中有兩類型船隻占了主導地位，第一種是投入運輸服務的商船，負責運載人員、補給以及攻城武器。這種圓形狀船體的船隻通常可載重三百五十噸，但有些更大型的載重可多達兩倍。這些船是靠兩三張三角帆來推動，每張帆各有其桅杆，而且是靠船尾兩側的轉向槳來操作，而非如現代船舶是只靠一個船尾舵來操作。平均而言，有兩三層甲板的船大概可容六百人。三角帆可讓船隻在風中航行得不錯，但由於船身笨重不好駕馭，因此需要大群船員。

另一種則為有槳帆船，專為海戰而設計，可擊退敵人並保護運輸。中世紀的威尼斯有槳帆船是長身、流線型的船隻，只有一根桅杆和一張帆。船首有一喙狀物，是帶有鐵製尖刺的鉸接板，這個設計可以將之降下戳往敵船。槳手們坐成一排，兩人共坐一條板凳，各划一槳。有槳帆船的設計是要迅速靈活，不管天氣如何。當它接近一艘船時，船艏喙可用來破壞對方船隻使之沉船，或用來做為橋梁，以便水手可從上面跑過去跟敵軍肉搏戰。

這些船都是在分布於威尼斯各處的造船廠打造的，中世紀的文件中提到其中好些造船廠是位於大運河沿岸或附近離島上，這是在壯觀的威尼斯軍械庫（Arsenale）出現之前的事，當時造船還是外包給民營企業去製作。由於船隻對威尼斯人很重要，因此造船所需木材也不可或缺。事實上，威尼斯人為了不斷需求上好木材而無法自拔，所以會對達爾馬提亞插手，絕大部分可斷言是因為當地可以找到豐富的森林資源之故。在後來的幾個世紀裡，當威尼斯人在義大利大陸有了悠久歷史後，他們實施一種頗嚴格的林業管理，每棵樹都有非常詳細的記錄，而且對那些在國家林區裡偷獵的人課以重金罰款。

「詭詐的」羅貝爾於一〇八一年夏天發動了他對杜拉佐備受期待的攻擊。皇帝阿歷克塞一世遣使到威尼斯，許以厚酬，以求威尼斯出兵相助，但總督賽爾沃幾乎不需要旁人來說服，因為萬一羅貝爾得手杜拉佐的話，就會在亞得里亞海的出口兩邊都有了有利據點，可藉此癱瘓或扼殺威尼斯的海外貿易，而這是讓威尼斯人繁榮的生命線。威尼斯人趕快組成了一支令人刮目相看的艦隊，總督賽爾沃再度領軍指揮。一〇八一年夏末或秋初，這支艦隊抵達了杜拉佐，發現諾曼人已經包圍這座拜占庭城市。賽爾沃命其國人攻打諾曼艦隊，雖然對方軍艦數量大大超過威尼斯人的數量，不過在很短時間內，內行的威尼斯水手就摧毀了諾曼人的海軍。一等到控制該港口之後，威尼斯人就為杜拉佐城內百姓提供補給並協助他們防禦。但是諾曼人並未就此罷休，又增添了人手與船隻繼續包圍杜拉佐。最後，在十月十五日那天，皇帝阿歷克塞一世率領一支龐大僱傭軍隊抵達，他試圖突破諾曼人的包圍，卻落得慘敗。羅貝爾的手下打得拜占庭部隊七零八落，甚至還讓阿歷克塞在混戰中受了傷。經此威力的教訓之後，學乖的皇帝就回家去了，把捍衛杜拉佐的責任丟給威尼斯。

諾曼人從一〇八一到一〇八二年的冬天持續圍城，後來是靠賣國手段而結束圍城。在二月的時候，諾曼人買通了一名威尼斯人，讓他趁百姓睡覺時打開城門。諾曼人狂襲該城，在血腥狂怒之中，殺害或俘虜了幾百名威尼斯人。鞏固了杜拉佐之後，「詭詐的」羅貝爾開始向拜占庭帝國的中心進軍，然而羅馬的情況卻攔阻了他。神聖羅馬帝國皇帝亨利四世正越過義大利向南挺進，欲擒其敵教宗格列哥里七世。在教宗的召喚之下，羅貝爾回到義大利去捍衛教會，留下兒子博希蒙德（Bohemond）繼續打完在巴爾幹的戰爭。羅貝爾不在的時候，威尼斯和拜占庭的部隊集結起來，在激烈的戰役中抹煞了諾曼人大部分的前功。一〇八三年秋，一支新的威尼斯艦隊攻擊了杜拉佐，奪回此城，不過由少數諾曼人駐守的堡壘卻頑抗抵禦挺住了。威尼斯人在那裡過完冬之後，揚帆出海南航去科孚島（Corfu），很快攻占了該地。風水輪流轉，現在輪到威尼斯控制了亞得里亞海的東南沿岸。

但是諾曼人的威脅尚未解除。處理完在義大利的事之後，羅貝爾就組了另一支龐大艦隊，但天氣惡劣延誤了他的出發時間，因此到了一〇八四年十一月他的艦隊才出發前往科孚島。皇帝阿歷克塞一世很了解這個危險，於是再度傳召威尼斯組艦隊來保衛拜占庭帝國，總督賽爾沃也再度從命，派了一支艦隊南航去跟阿歷克塞臨時拼湊的海軍會師。羅貝爾曉得守軍的動向後，就改變航線，轉往科孚島東北部的卡西歐皮（Cassiopi），於是就在那裡發生了中世紀最大規模之一的海戰。這支聯軍艦隊兩度擊敗諾曼人，造成他們慘重傷亡。包括羅貝爾在內，大家都認為這回諾曼人的大舉來犯似乎已告結束。威尼斯人遣使回國預先通報他們的大勝。聽到敵軍陣營傳來的歡騰慶祝活動聲，「詭詐的」羅貝爾也頹然陷入了絕望中。

不過幾星期後，這位諾曼領袖就擺脫沮喪，制定出一項大膽的反攻計畫。一〇八五年一月，此乃中世紀船隻在一年之中絕不會航行的時節，諾曼艦隊卻突然出現在科孚島的近海。威尼斯與拜占庭的將領們驚訝於羅貝爾的勇氣與膽量之際，一面爭先恐後趕回自己的船上。但這回諾曼人讓威尼斯人猝不及防，經過漫長的血腥作戰之後，諾曼人打敗了聯軍艦隊。根據公主安娜．科穆寧娜（Anna Comnena）記載，這場戰役中有一萬三千名威尼斯人遇害，更多人則成了俘虜，被俘的威尼斯人先遭到殘忍殘害身體四肢，然後由其親友將之贖回。羅貝爾本希望利用這些俘虜為代言人來與威尼斯談和，但他們卻公然蔑視他，誓言效忠於拜占庭皇帝。

這場一敗塗地的海戰是威尼斯空前最糟的一次，當顏面掃地的敗仗消息接著輝煌勝仗消息之後傳來時，威尼斯群情激憤，由於怪罪總督，於是就推翻了賽爾沃，代之以維塔利．法利埃羅（Vitale Falier, 1085-1096）。但是還有更驚人的消息傳來，打了勝仗的諾曼部隊在希臘過冬，結果被瘟疫奪去了大部分人性命。一〇八五年七月，羅貝爾也染疾身亡，他這一死，連帶他對抗拜占庭的戰爭也跟著結束。經過了這麼多流血衝突之後，諾曼人造成的危險就奇蹟般煙消雲散了。

皇帝阿歷克塞一世曾對威尼斯拔刀相助許以厚酬，而他也兌現了承諾。在一項金璽詔書中賜予總督皇室的高級頭銜「至尊者」（protosebastos），總督及格拉多宗主教各有年津貼，威尼斯教堂、杜拉佐的一所教堂，以及在君士坦丁堡大量的威尼斯房地產則每年享有什一稅收入，後者將會在君士坦丁堡形成一個新的威尼斯人區。這處城中之城就位在君士坦丁堡的商業碼頭區，很快就成為威尼斯海外貿易的基石，皇帝授權威尼斯商人在拜占庭帝國所有港口可完全免稅做貿易。幾年後，阿歷克塞還將達爾馬提亞與克羅埃西亞的土地統轄權的職銜授予了總督，從此以後，所有的威尼斯總督都自稱為「威尼斯、達爾馬提亞與克羅埃西亞總督暨皇室至尊者」，念起來還真繞口。

阿歷克塞一世的金璽詔書從此改變了威尼斯與拜占庭帝國的關係，最重要的是稅收豁免，使得威尼斯商人在跟熱那亞、比薩（Pisa），甚至希臘對手競爭時占了相當大的優勢，事實上，威尼斯人在拜占庭港口的碼頭區成了免稅區。來自威尼斯的商人雲集於此東方帝國，利用其特權地位，在短期之內許多人就發了財。當時阿歷克塞還看不到此情況，但這些在君士坦丁堡及其他希臘港口的威尼斯商人與僑民顯眼的新財富，終將使得拜占庭人對威尼斯人的態度轉變，由感恩轉為妒羨與怨恨。從拜占庭人的角度來看，威尼斯人一直是帝國的窮親戚，雖不算是蠻人，但也幾乎跟西歐其他地方的人一樣粗鄙無禮，如今雖然成了暴發戶，但卻不脫鄙俗。眼看這些老粗水手在君士坦丁堡街上炫富，何況這財富是因皇帝的大方以及犧牲拜占庭百姓利益而來的，實在令人惱怒。這種日益惡化的怨恨會損害兩國百姓之間的關係，助長了幾世紀的怨恨。

到了十一世紀末期，威尼斯已經完全改了樣，不再是總督雅尼洛・帕提西帕奇奧於八一一年帶領其百姓遷去的那群泥濘列島了。如今威尼斯聚集了大約五萬人口，成為西歐第二大城市。在一個世紀之內它的規模還會再大一倍。要在潟湖維持這樣的增長，就需要額外的土地，於是填平了一些河流、排乾了沼澤區、搭起了橋梁，威尼斯的教區已不再是各自獨立的島嶼社區，而只成了劃分開的鄰里而已。雖然威尼斯人保留了他們的教區身分、各自的主保聖人，這在從前是聲望與獨立的表徵，但現在都把這種虔敬愛心轉向了總督以及國家的主保聖人聖馬可。因此，當威尼斯人決定要興建一座新的聖馬可教堂，此教堂將更能反映出他們充滿活力社群的財富與威望，也就不足為奇了。

為了興建一座新的聖馬可教堂，這是總督大禮拜堂的第三個也是最後一個版本，總督多梅尼科·康塔里尼（Domenico Contarini, 1043-1070）在任期間從君士坦丁堡僱來了一大批建築工人、工匠和藝匠。希臘建築師們以君士坦丁堡的聖使徒教堂為範本，設計了這座石造建物，聖使徒教堂從君士坦丁大帝時期以來，就一直做為帝王埋葬地點，但該教堂現在已不存在。聖馬可教堂大概是在威尼斯的首座石造教堂，而且肯定是該地區所能見到最宏偉的一座，說不定在整個西方也是。可以想見要在一座小沙洲島上興建這樣一座大建物有多困難。無疑一開始時必然犯過錯誤也有過閃失，然而，到了一〇七〇年總督康塔里尼離世時，顯然基本架構已差不多都完成了。他的繼任者多梅尼科·賽爾沃就是在這座幾乎竣工的新教堂裡加冕上任的。賽爾沃命令所有前往東方港口的威尼斯商人，要採購大理石或其他裝飾用的石材回來美化這座建築。開始著手進行後來遍覆聖所鑲嵌畫的計畫，也是他的功勞。

聖馬可教堂確實完工的日期不詳，可能是因為一直有工程在進行中的緣故。一般所知的獻堂日期是在一〇九四年，維塔利·法利埃羅擔任總督期間，後來他就葬在教堂入口門廊處。這座富麗堂皇的新教堂至今仍每天吸引成千上萬遊客，既是獻給此共和國主保聖人之禮，也是表明脫離拜占庭獨立的宣告。威尼斯不再是個難民社群，而已白手起家成為強大勢力。聖馬可教堂的龐大建築向敵友雙方都充分宣告了這一點。

雖然令人嘆為觀止，然而新的聖馬可教堂卻顯見缺了聖馬可的遺體，因為遺體在西元九七六年燒毀第一座聖馬可教堂的大火中不見了。也許，在現代人心目中，這是克服不了的問題，但在中世紀根本就不成問題。要是上帝想要保存聖馬可的遺體，當然就能做到。畢竟，祂不是派了天使來向這位福音傳道者預言過有一天他會在威尼斯長眠嗎？各種不同的故事很快就衍生出來，用來解釋奉獻了新教堂之後如何尋回了聖馬可遺體。大多數故事都是說，總督、宗主教以及市民熱烈禱告要讓神聖遺物得以歸還到這座新建好用來供奉的合適殿堂中，新教堂一面牆上，也有說是一根柱子（多數版本如是說）的灰泥或石頭掉下來，奇蹟般露出裡面的遺體，在這些破碎的建材後面，可以看見這位主保聖人的一隻手臂或整個身體。十三世紀時，這則故事還用鑲嵌畫呈現在教堂南耳堂的西牆上，至今依然可見。這幅鑲嵌畫是對威尼斯人最早的描繪之一，甚至包括婦孺在內。在「尋覓聖馬可之禱」中，可見到總督和百姓在做彌撒，懇求上帝讓聖人遺體歸來。在相連的那幅「聖馬可遺體顯露」中，總督、神職人員以及百姓看著那根柱子裂開來，奇蹟大功告成。

就像聖馬可教堂這座富麗堂皇的建物從灰燼中再造一樣，這位受愛戴的聖馬可終於又回到了他的百姓身邊，此刻他們正蓄勢待發，要將已發展得相當大的勢力擴張到這世界更遠的地方。

第四章
封建時代的商人共和國：教會與政治改革

一〇九五至一一七二年

一〇九五年十一月的中世紀歐洲，呻吟著產下了某樣全新的事物，這是幾個世紀以來一直引起威尼斯人注意的東西。在法國一片遼闊草原上，教宗烏爾班二世（Urban II）對一大群集結的貴族與武士們講話，他們不遠千里而來出席這個克萊芒會議（Council of Clermont），是為了要接受教宗的祝福。他對他們講了一個令人心痛的故事，是關於不久前土耳其人在亞洲以及聖地的征服，以及土耳其人如何慘無人道迫害生活在東方的基督徒，並攻擊前往耶路撒冷朝聖的歐洲人。這在中世紀是個經常重述的故事，四個多世紀以來，伊斯蘭軍隊橫行於基督徒世界，到了一〇五〇年已經奪下了三分之二的領土。一〇七一年，土耳其人在曼齊刻特戰役中打敗了拜占庭軍隊，隨之聲稱占有了整個小亞細亞。別無選擇之下，君士坦丁堡向教宗請求軍援以對抗穆斯林侵略者。幾十年來，由於神聖羅馬帝國與教廷之間的鬥爭，使得教宗無法實踐阿歷克塞一世危急的求援。不過，到了一〇九〇年代，教宗已經在這場鬥爭中占了上風，終於能夠為這個急劇衰落的基督徒世界盡點心力了。

一〇九五年在那片法國草原上，烏爾班二世發表了一篇講道，結果此事從歷史走入了傳奇。他懇請歐洲武士與貴族們悔罪，方式是加入一項盛大的長征，去協助他們的主內兄弟姊妹，他們正在土耳其人的殘酷壓迫下過著水深火熱的日子。他敦促他們向東方進軍，將穆斯林從他們非法征服的土地上驅逐出去，為基督教光復失地。在上帝的協助之下，他們不僅可撥亂反正，甚至還可以向耶路撒冷逼近，最後將它歸還給基督教世界。

烏爾班的講道引起了廣大回應，Deus vult!（神的旨意！）這些戰士以虔敬熱情喊了出來。隨著在各地宣揚第一次十字軍東征，這同樣呼聲也響遍了歐洲。這是世界史上空前絕後的現象，成千上萬的基督徒花費可觀金額，離鄉背井，就是為了一股火熱的願望，要透過援助他的主內弟兄，也就是被征服的東方基督徒，去服侍基督。而在援助他們之際，十字軍也幫助了自己，因為他很清楚自己的罪孽以及罪孽要受到的懲罰。這趟長征必非僅只是慈善之舉而已，也是救贖方式。虔敬熱忱席捲了再度來勁的歐洲，到處都有著一種全新、前所未有的新氣氛。

義大利的商賈城市也未能免於這種情緒，事實上，它們也分享了這種情緒，就跟它們也跟北部鄰國共享基督教信仰一樣。第一次十字軍東征的主要軍隊於一〇九六年開始出兵，隔年熱那亞商人派了一支由十三艘船組成的小艦隊去趕上加入。不過威尼斯和比薩則有更宏偉的眼界，它們是歐洲僅有的兩個連袂加入十字軍東征的國家，在法蘭西、大不列顛與日耳曼的君主們都袖手旁觀看著這似乎不可能的計畫，而他們的封臣附庸卻已準備好出發上路。相較之下，威尼斯與比薩的政府卻從一開始就為十字軍投入了大量資源。

等到教宗烏爾班二世號召戰鬥的消息傳到威尼斯時，總督維塔利・法利埃羅已接近死亡。可能因為身體虛弱使得他無法接受十字軍東征，也可能根本就是因為他跟其他那些王室同儕一樣不看好十字軍。但在一〇九六年十二月，正當各路十字軍人馬紛紛出發時，總督法利埃羅去世了。威尼斯人群聚選新總督時，他們看中了維塔利一世・米凱里（Vitale I Michiel, 1096-1101），一位力挺參與十字軍東征者。米凱里在聖馬可教堂裡加冕上任後，立即發消息給達爾馬提亞沿岸城鎮，著手準備光復耶穌基督之地的輝煌大業。在潟湖這邊，造船者開始打造有槳帆船軍艦，切割並彎曲木板，以純熟技術造出快速又致命的有槳船隻。位於里奧托的政府對商人發布命令，徵用他們的圓形大船投入服務，用來運輸補給。這是一項既耗費又耗時的龐大任務。一年後，當比薩艦隊發動時，威尼斯的艦隊仍在準備中。不過，到了一〇九九年春天，總算終於準備好了，一支大約有兩百艘船的強大艦隊，是第一次十字軍東征兵力貢獻之中最大的一批。

總督維塔利・米凱里召集了所有的威尼斯市民，也像烏爾班在克萊芒時一樣，勉勵他們離鄉背井加入十字軍，他談到在這項神聖使命任務中，他們可以贏得很大的精神與物質上利益，威尼斯人熱烈歡呼，成千上萬的人當天就加入了十字軍。城堡島的主教恩里科・康塔里尼（Enrico Contarini）成為十字軍東征的精神領袖，總督之子喬凡尼・米凱里則負責指揮艦隊。在令人動容的典禮上，格拉多的宗主教彼得羅・巴多爾（Pietro Badoer）授予主教康塔里尼一面飾有大十字架的旗幟，接著總督也授予其子一面聖馬可旗幟，以便帶去跟穆斯林作戰。一〇九九年七月，大約九千名威尼斯十字軍登船之後，這支艦隊就航行出了潟湖，進入亞得里亞海。

如此這般，一項深印在威尼斯民族性中的傳統就開始了——為信仰服務的壯舉。在後來的歲月裡，會經常重演這樣的航海之旅，諸如一一二二年的威尼斯十字軍東征，一二〇二年的第四次十字軍東征，以及其他許多遠征與戰爭。然而，在這次的情況中，儘管威尼斯人當時還不知道，但就在他們出發幾天或幾星期後，十字軍東征的大獎耶路撒冷已經落入了基督徒手裡。第一次十字軍東征儘管看似勝算不大，卻成功了。

威尼斯十字軍艦隊先航往希臘的羅得島（Rhodes），這是在古代曾以一尊巨大雕像而出名的地方，艦隊在那裡過冬。抵達後沒多久，威尼斯人就接到來自阿歷克塞一世的驚人訊息，警告他們說，若堅持東航與十字軍會師的話，他就會撤銷威尼斯人在帝國境內的經商特權。雖然多年來皇帝一直在懇求派出十字軍，如今卻強烈告誡威尼斯人要他們置身事外。從阿歷克塞一世的角度來看，整個遠征已經脫了軌，雖然剛開始時很壯觀。在十字軍的協助下，阿歷克塞一世收復了土耳其人占領的城市尼西亞，這是古代教父們召開第一次大公會議的地點，在此制定了《尼西亞信經》。但這次遠征的其餘部分就不很順利了。就在阿歷克塞回君士坦丁堡去處理枝節問題時，第一次十字軍部隊已經越過安納托利亞，朝安條克挺進，這是教會古代的宗主教區之一，最早創出「基督徒」之稱的地方。十字軍在這裡遇到了最嚴峻的挑戰。糧荒、飢餓，以及土耳其人捲土重來的攻擊，不約而同打擊著他們。但不知怎麼，他們竟然挺住了，而且還奪下了安條克。他們迫切需要增援，希望都放在了阿歷克塞一世身上，他本該帶著一支拜占庭大軍到來的。但這位皇帝卻一直沒來。他接到了錯誤情報，說十字軍已在安條克全軍覆沒，於是他就班師回君士坦丁堡。當十字軍獲悉阿歷克塞一世食言之後，他們也棄誓了，原本他們曾宣誓過要把十字軍征服所得之地交還給拜占庭帝國，現在則把安條克留給他們自己。因此，從阿歷克塞一世的角度來看，十字軍已經變得幾乎跟土耳其人一樣危險。

就是因為這峰迴路轉使得阿歷克塞警告威尼斯人置身事外，他的訊息是軟硬兼施，有威脅也有承諾，如果威尼斯人放棄這趟遠征，他會給予豐厚賞賜。主教康塔里尼則警告他的同胞說，若他們為了世俗利益而背棄十字架，不但會在世人面前抬不起頭來，也要面對上帝的震怒。於是，威尼斯人就繼續守住他們的十字軍誓言。

一一〇〇年春暖花開時，威尼斯十字軍從羅得島揚帆出海前往聖地，途中停了一個很重要的地點，五月二十七日那天，他們在拜占庭沿海城鎮米拉（Myra，現代的代姆雷〔Demre〕），此地因其著名的主教兼水手的保護神聖尼古拉生平而成聖。十三年前，威尼斯人那時當然還是水手，曾計畫從米拉的教堂裡盜取聖尼古拉的遺體，為了準備，他們在利多島上建了一座新教堂與修院，要用來供奉這位聖人，威尼斯人出潟湖開始航海之旅時，就是從利多近旁的水道出去的。不幸的是，巴里的水手們也有同樣念頭，而且他們還捷足先登，在一〇八七年帶走了尼古拉的遺骨。輸了這場比賽讓威尼斯人留下心頭恨，現在他們有了一座教堂，祭壇卻明顯空置著。

威尼斯十字軍決定在米拉逗留並親自調查情況，以便確定。當地的希臘神職人員則堅稱聖尼古拉的遺體已經被巴里人帶走了，即使遭到拷問，他們的說法依然不改。不過，為了安撫威尼斯人，這些神職人員建議他們可以帶走聖人叔叔的遺體，而且叔叔也名叫尼古拉，雖然不及真正的聖尼古拉好，但也聊勝於無。就在威尼斯人撿拾這位叔叔的遺骨時，嗅到了那種從極具神聖性遺骨所發出來的幽香。於是威尼斯人循著這股幽香又找到了另一堆骨頭，他們斷定這必定是聖尼古拉「真正的」遺骸。若非巴里人被蒙混而取錯了遺體，就是他們沒有把所有骨頭都撿去。威尼斯人歡天喜地把兩份遺骨都裝載上船，後來這些遺骨安置在利多的聖尼古拉教堂裡，備受尊崇，至今仍留在那裡。其後的多個世紀裡，威尼斯水手在出海前往廣大世界而航經此教堂時，都會求這位成聖的主教保祐。巴里人也擁有他們自己的聖尼古拉，當然對在利多島上那位聖尼古拉的正宗性產生爭議。現代有項針對這兩組遺骨所做的研究，得出了很不尋常的結果，原來雙方都是對的。雖然巴里的遺骨包括比較大塊的，但這兩座城市所擁有的都是些碎骨。調查者得出的結論是，巴里的水手們拿了比較大塊的遺骨，但卻剩下很多小碎片，後來威尼斯人則取得了這些。雖然是一堆亂骨，但這幾千片碎骨的確像是來自同一個男人的骨骸。

聖尼古拉上船之後，威尼斯十字軍艦隊就東航，於一一〇〇年六月抵達了雅法（Jaffa），在此遇到第一次十字軍東征的殘兵。奪得耶路撒冷之後，大多數十字軍都返鄉了，留下少數西方人鞏固所得，並企圖在這個穆斯林中東創立一個新的基督徒國家。這批十字軍的領袖「布永的戈弗雷」（Godfrey of Bouillon）為了威尼斯人的到來而讚美上帝，因為他麾下只有一千人，而來自瀉湖的十字軍人數卻是他的九倍之多。沿著地中海東岸一帶，基督徒只控有雅法一地，但他們希望能夠征服其餘地方，防禦森嚴的安條克則是關鍵。威尼斯人同意協助戈弗雷發動大規模圍城，交換條件是奪得此城之後擁有在該城的經商權。但是戈弗雷隨之而來的死亡卻改變了他們的計畫。結果沒有去攻占安條克，總督米凱里改為協助安條克的攝政坦克雷德（Tancred）去奪取附近的海法（Haifa）。圍城持續了一個多月，但該城於一一〇〇年八月二十日淪陷。可惜海法並非安條克，沒有其較大鄰國所擁有的人口、財富、港口與市場。結果威尼斯人幾乎兩手空空回老家去，沒有撈到財產和金銀財寶。就像大多數十字軍一樣，他們本希望得到救贖與財富，但後者卻落了空。

雖說如此，但第一次十字軍的成功還是對威尼斯經濟大有裨益，因為不但打開了新的東方港口，還因為運送前往聖地的朝聖者而多了一條財路。在其後的幾十年裡，一直有小規模十字軍或武裝朝聖者前往東方去協助那些少數歐洲人（大多數都是法蘭西人，因此穆斯林提到歐洲人時就統稱為「法蘭克人」了），那些人選擇了在那裡長居。儘管包圍這些十字軍國家的穆斯林因為不團結而自食其果，但始終對這些基督徒的小前哨構成嚴重威脅。

一一一九年，耶路撒冷國王鮑德溫二世（Baldwin II）致函教宗及威尼斯，懇求助其對抗穆斯林敵人。教宗卡利克斯特斯二世（Calixtus II）將此請求轉給聖馬可共和國，該共和國已證明有能力集結所需兵力。一一二〇年，教宗派遣的十位特使抵達潟湖，帶來了教宗信函，請求威尼斯出兵援助聖地。總督多梅尼科．米凱里（Domenico Michiel, 1118-1129）陪同教宗特使前往聖馬可教堂，在那裡召集百姓前來聽取教宗的信函內容，之後他也跟著發表了激勵人心的講話。在千支蠟燭不祥的燭光中，鑲嵌畫裡十幾位聖人的凝視下，總督的話語在龐大的教堂裡迴響著。

> 威尼斯人，透過這個你們會得到什麼樣輝煌的聲望與不朽的榮耀呢？你們會從上帝那裡得到什麼賞賜呢？你們會贏得歐洲和亞洲的欽佩，聖馬可的旌旗將會勝利地飄揚在那些遠方之地上。新的利潤、新的偉大來源將會降臨這個最崇高的國家……燃起神聖的宗教熱情，為你們主內兄弟們的受苦而感動，因著全歐洲的榜樣而慷慨激昂，準備好你們的武器，想著榮譽，想著你們的勝利，讓你們被引領向天國的祝福。

引起的反響非常熱烈，在百姓興奮的歡呼聲中，總督自己當場宣誓加入了十字軍，讓他兒子黎欽（Leachim）以及另一位也叫多梅尼科的親戚擔任副總督，再度步上一〇九九年所形成的模式。威尼斯也加入了十字軍東征。

造船廠恢復了生機，從一一二〇年其餘的日子到部分一一二一年，此城的業界都在忙於製造並配備一支大規模的十字軍艦隊。米凱里命令所有在海外經商的威尼斯人都要回國共襄盛舉。這支威尼斯十字軍的兵力包括大約一百二十艘船隻組成的艦隊，以及一萬五千多人。不過總督米凱里卻打算利用這些兵力沿途為國家爭取利益。米凱里就任總督的第一年裡，年邁的皇帝阿歷克塞一世駕崩了，其長子約翰二世．科穆寧（John II Comnenus）繼位，新皇帝是在拜占庭與「詭詐的」羅貝爾之戰兩年後才出生的，其生也晚，所以不記得威尼斯在杜拉佐曾對拜占庭有過的出色效勞，但他卻看到威尼斯免稅獎勵所造成的影響，以及他那一代人看不慣威尼斯人恃寵生驕而長期積累的怨恨。事實上也是，拜阿歷克塞一世在一〇八二年頒布的金璽詔書所賜，威尼斯人在東半部帝國變得空前富裕、人口更多。他們不把拜占庭的官員放在眼裡，因為有金璽詔書的緣故，很多官員也拿他們沒轍。他們在米拉盜取聖尼古拉遺體，從君士坦丁堡盜取聖史蒂芬（St. Stephen）遺骸，就可證明某些威尼斯人藐視拜占庭法律，覺得自己有為所欲為的自由。約翰二世相信，威尼斯人這一切輕舉妄動的背後，就是靠著其父的金璽詔書在撐腰。因此他拒絕重申金璽詔書。

在威尼斯人看來，約翰二世的決定是忘恩負義到極點了，然而在那時除了遣使去抱怨之外，總督米凱里對此也無能為力。眼下他的視線越過聖馬可沿岸區，望向由他指揮的那支色彩繽紛的艦隊，這支艦隊與一〇八一年賽爾沃總督所率領去捍衛拜占庭的艦隊不相上下，總督看到的是一種更具說服力的外交新辦法。威尼斯人死於對抗「詭詐的」羅貝爾這個諾曼人的戰爭中，此記憶仍很強烈地留在潟湖，因為他們打了漫長又艱苦的仗，為了保衛拜占庭帝國而付出了沉重的代價，他們才不會讓這位年輕皇帝現在來過河拆橋！如果約翰二世不尊重其父的承諾，那就讓他失去科孚島好了，這可是威尼斯人用血的代價為他取得的。於是總督與其議會制定計畫，要在前往聖地途中順道奪取該島。

約翰二世可不是唯一擔心威尼斯十字軍艦隊的人，達爾馬提亞的叛亂分子也可預期很快就會受到懲戒。再往南去，巴里人也存有戒心，畢竟，之前有過關於聖尼古拉遺骨的微妙問題。說不定威尼斯人會像之前在米拉時那樣，存心利用艦隊硬闖巴里並奪走另一具聖人遺骸陪他們上路，如此一來就會結束雙方競相宣稱擁有聖尼古拉的遺骨。但總督卻並不想挑釁巴里，因為要是巴里人認為他們置身危險中，他們的船隻可能就會對威尼斯艦隊以及科孚島行動造成威脅。因此，一一二二年五月，就在艦隊出發的前三個月，總督頒布了鄭重的誓言，威尼斯人不得傷害巴里人的財產、性命或身體。這份文件存留至今，由總督以及三百七十二位加入十字軍的威尼斯大人物共同簽署，這是一份很有意思的文件，讓我們看到了一批威尼斯有頭有臉的人物名單，這些人為了服侍上帝與聖馬可而離鄉別井。

這支艦隊在一一二二年八月八日出海，先到達爾馬提亞的城鎮接收補給與人手之後，總督米凱里就率領艦隊前往科孚島，包圍了那裡的拜占庭城寨。雖然常有人想像中世紀的戰爭是兩支大軍猛烈廝殺，但其實最有效的戰術卻是圍城。因為像科孚島那座城寨之類的防禦工事，其設計旨在抵禦強力攻擊。結果，中世紀大多數交戰反而包括了什麼也不做。圍城者包圍一座防禦工事並企圖讓防守者餓到受不了而自動投降，不用他們自己動手。在科孚島，這場圍城持續了整個冬季。到了一一二三年春初，來自耶路撒冷王國的使者終於說服了總督先拋開他與皇帝之間的爭執，趕緊開拔去援救聖地。當威尼斯艦隊於五月底抵達阿卡（Acre）時，發現情況非常緊急。來自埃及的阿拉伯海軍已經封鎖了雅法沿岸，意圖切斷耶路撒冷與海之間的最近通路。或許是因為聽到了威尼斯艦隊抵達的消息，阿拉伯的指揮官們決定先讓海軍折回位於阿斯卡隆（Ascalon）的基地。總督迅速下令一小批威尼斯商船前去誘使埃及人參戰，一等到雙方打了起來時，共和國的軍艦就包圍並摧毀了穆斯林的船隻。據我們所知，率領他自己那艘軍艦去打對方的埃及旗艦，而且擊沉了它。這場勝利是全面的，戰後幾乎沒有一艘穆斯林船隻能倖存。隔年總督又率領威尼斯人對抗穆斯林控制的城市泰爾（Tyre），協助法蘭克人的進攻。經過艱辛的圍城之後，該城於一一二四年七月陷落。國王鮑德溫二世為此很感激，重賞威尼斯人，耶路撒冷王國裡的每個城市裡，威尼斯共和國都接收了一條街、一家麵包店、澡堂以及一座教堂，並免付通行費與關稅，還有權使用他們自己的度量衡制度。威尼斯共和國也接收了泰爾城的三分之一，做為他們自己的威尼斯人區。威尼斯人大肆慶祝了一番之後，就揚帆航往歸途了。途中，他們又接到了更好的消息。為了不想要在自己的帝國裡承受額外的攻擊，皇帝約翰二世同意重申其父的金璽詔書。東方情勢再度一切大好。

⁂

一一二九年，這位十字軍總督米凱里病倒了，知道自己來日不多，於是辭去了總督一職並出家，這位剛剃度的英雄被送進聖喬治馬焦雷教堂的修院，在那裡度過生命中的最後幾個月。其墓簡樸無華，位在從教堂通往修院的小走道中，然而威尼斯人並沒有忘記他，十幾年後又在他那毫無裝飾的墓上加了一段墓誌銘：

長眠於此者乃希臘人之懼，威尼斯人之榮耀，多梅尼科．米凱里是曼努埃爾所害怕的人；一位值得尊敬又堅強的總督，受到全世界的珍惜，謹慎採納忠言，聰明無比。其大丈夫氣概由奪取泰爾、摧毀敘利亞，讓匈牙利受煎熬等壯舉流露出來，他使得威尼斯人生活在太平之中，因為當他得志時，他的國家就安然無恙。來到此美麗石棺前的人，請為他向上帝深深一鞠躬。

當威尼斯人欲為他們這位最偉大領袖之一選出繼任者時，眼光自然就轉到了米凱里的家族，然而在一〇三二年隨著奧托．奧爾賽奧洛（Otto Orseolo）去世之後，總督朝代的日子就結束了。威尼斯已是個不同的地方，人口增長迅速，威尼斯商人的成功為潟湖注入了健康的新財富，促使愈來愈多的新富家族要求政治威權來配合他們的經濟影響力。擴大權力途徑方符合這些豪門的利益，而這意味不可以讓任何一個家族太過於緊抓住總督一職。

既想要榮耀米凱里又決心避免獨裁，結果最後的選擇終於兩全其美，彼得羅．博拉尼（Pietro Polani, 1129-1148）算是米凱里的家族成員，但卻是因為他娶了總督女兒之故。他來自新興家族，其家族是靠在君士坦丁堡做生意而發了財。博拉尼在位初期，對其他新富家族的成員青眼有加，例如丹多洛、齊亞尼與馬斯洛比埃羅等，任命他們為他法庭中的法官。在一個沒有貴族階級的城市裡，總督任命的法官已算是最接近貴族階層的人了。在博拉尼治下，他們又成了總督的同儕。然而，就像總督一職一樣，權力是來自於這個職位，而非擔任此職的人。法官職位並非世襲，通常任期也不過就是一兩年，但要視情況而定，在這時期法官任期大概都是兩到五年之間。沒有他們，總督不能做任何事，到了十二世紀中，通往總督寶座之路已不可避免得要先經過這個法官團才行。

博拉尼在位期間最矚目的政治大事中，還包括了威尼斯「自治市鎮」的設立，這在義大利其他城鎮是很流行的方式，如今也在威尼斯反映出來，威尼斯人也開始這樣稱他們的政府。在大陸區，自治市鎮是意味甫贏得了自治權，而威尼斯人其實早已享有自治權達幾個世紀了。儘管如此，命名上的變化的確也承認有些政治與社會方面的改變正在威尼斯進行。權力正在從總督手中擴展轉移到一個擴大的總督法庭手中，這個法庭開始包括的已不只是法官們而已，還有一個稱為「智者委員會」（consilium *sapientium*）的新實體，這是由出身名門望族者所組成的委員會，直接或間接在總督法庭的日常活動中代表威尼斯百姓。

這些政治改革的進展很緩慢，但可以從中看到威尼斯不斷演變的代議制度之崛起。威尼斯教會也面臨了改變。十一世紀的教會改革運動已席捲歐洲之際，但對威尼斯卻影響甚微。事實很簡單，因為威尼斯教會並不需要怎麼改革。在歐洲大陸，許多神職人員已經變得紀律鬆弛或腐敗，神父娶妻，主教是用錢買來的職位，這種罪行也就是「買賣聖職」。之所以值得花錢買主教職位，是因為在大陸區這個職位可以帶來大量土地、財富和權力。但威尼斯土地稀少，主教以及格拉多的宗主教基本上都是靠信徒的什一奉獻維生，這表示他們永遠都缺乏現金。威尼斯人通常對於表示虔誠很樂得大方，但他們的慷慨解囊卻都流向了修院或者其他慈善機構。對教區的什一奉獻是法定義務，因此，最多也就只達到這個限度。在大陸區，改革者努力要移除世俗對任命聖職的控制。雖然買賣聖職在威尼斯也很普遍，但卻沒有造成任何濫用聖職的情況，因為在威尼斯聖職根本就沒有足夠吸引力來保證導致腐敗，結果，通常是吸引了那些真正虔信的人。

然而，在博拉尼任職總督期間，威尼斯的教會與國家之間的和平卻動搖了。他提名了童年好友恩里科・丹多洛（Enrico Dandolo）出任格拉多宗主教。在潟湖的主教們接納之後，於一一三四年正式任命丹多洛。然而，丹多洛就跟他的當代同儕坎特伯里（Canterbury）大主教湯瑪斯・貝克特（Thomas Becket）差不多，這個教會高層職位改變了他。一一三五年六月，這位年輕的宗主教出席了比薩大公會議，可能在那裡認識了克萊沃爾的聖伯納德（St. Bernard of Clairvaux），這是當代最著名的人物之一。伯納德是熙篤會僧侶，是十二世紀歐洲改革運動中的持大纛者，傳播訊息要淨化基督教社會中的每一基本要素。看來丹多洛似乎從伯納德處知曉了教會自由的重要性，以及牧養靈魂者的指導職責，甚至是對最有權勢的人也不例外。

威尼斯城有自己的主教，也就是城堡島主教，在當時是喬凡尼・博拉尼，總督的親戚。格拉多宗主教是都主教，也就是大主教，對於威尼斯潟湖的所有主教具有統轄權，那時此權涵蓋基奧賈到格拉多整個地區。雖然宗主教的本堂是在遙遠的小島格拉多，到了十二世紀時，此地區的人口中心已經明顯轉移到了威尼斯城。基於此故，格拉多宗主教們也多半把時間花在此城，住在聖西爾維斯特（San Silvestro）的教區教堂，非常靠近里奧托市場，而且就在大運河畔。正式來說，他們是「訪客」，因為教會法不容許高級教士（高階層的神職人員）住進另一高級教士的轄區裡。這些宗主教「訪客們」的延期逗留當然造成他們與城堡島主教們的關係趨於緊張。

宗主教丹多洛熱衷於在威尼斯推動教會改革，這點很快就使得他跟主教博拉尼意見相左。教廷所垂青的新措施之一，是將教區的神職人員按照聖奧古斯丁（St. Augustine）的修院規則，組織成為一個律修會，稱為律修會修士（Canons Regular）。透過這種方式，當地的神父們生活得比較謙卑、虔敬，不那麼世俗化。丹多洛與在威尼斯強力支持教會改革者巴多爾氏族合力，以監督位於市中心的堂區教堂聖救主堂（San Salvatore）的神職人員轉為律修會修士。當堂區居民抱怨他們的鄰里教堂被胡搞時，主教博拉尼就命那些想成為律修會修士的神父們放棄他們的打算。他們拒絕了。於是主教博拉尼就對此教堂處以禁令，意指不得在此教堂進行聖事。宗主教丹多洛的回應則是將此教區置於自己的保護之下。兩位主教之間的爭執最後鬧到了羅馬教廷，結果教宗支持丹多洛。於是在違反威尼斯主教的意願下，聖救主堂的神父們就這樣成為了律修會修士。這不是個會很快癒合的傷口。

宗主教與主教之間的悶燒冤仇很快就轉為熊熊烈焰，威尼斯政壇因此燎原。那星星之火是在一一四一至一一四五年間觸發的，當時聖撒迦利亞女修院的院長妮拉．米凱里（Nella Michiel）去世，按照慣例，總督提名一位新的院長，多半是他的女親。博拉尼將提名者轉發給聖撒迦利亞女修院的修女們，她們也盡職地推舉了這位提名人。然而，總督尚未正式確認女修院院長推舉之前，格拉多的宗主教就譴責了這項選舉與確認。丹多洛根據經典的教會改革論點，堅持聖撒迦利亞女修院的修女們要在不受世俗干預之下舉行選舉，在任何情況之下，女修院院長都不該從總督手中接受此職。總督博拉尼大怒，宗主教與主教為了教會統轄權而爭執是一回事，但是否決掉他為威尼斯最富有、最有勢力的女修院提名院長以及確認的權利，可就是另一回事了。這場爭端顯然沒有解決辦法，於是這位宗主教將此案上訴到羅馬教廷，後來此案在那裡纏訟多年。

宗主教丹多洛在推動改革的滿腔熱情中，觸怒了威尼斯兩位最重要的人物。但後來事情還會變得更糟。一一四七年的夏季裡，一支諾曼艦隊橫渡亞得里亞海並奪取了拜占庭帝國的科孚島。從科孚島他們又繼續掠奪希臘沿岸，勢如破竹。諾曼人再度蓄勢待發，準備入侵拜占庭帝國，而置身君士坦丁堡的皇帝也再度向威尼斯求助。威尼斯人一定會從命，這向來就是不容置疑的，商賈家族如丹多洛與博拉尼等，對於拜占庭帝國的安定與太平本就有極大興趣。諾曼人征服希臘或君士坦丁堡對威尼斯人而言，會是經濟上與戰略上的浩劫。約翰二世的兒子，皇帝曼努埃爾一世．科穆寧（Manuel I Comnenus），趕緊於一一四七年十月送出金璽詔書，確認威尼斯所有的商業特權。總督博拉尼隨後就宣布他們會再度對諾曼人發動戰爭，號召大家準備一支艦隊在春天啟航。

儘管丹多洛家族有充分理由捍衛其家族在拜占庭的經商利益，但對於格拉多宗主教丹多洛而言，宗族利益已不再具有很大份量，他的目光不再專注於他的世俗家族，而放到了基督教會的福祉上。當這位宗主教獲悉威尼斯與拜占庭的聯盟時，他召集了神職人員以及平信徒，斥責總督及其政策。丹多洛堅稱，信仰堅定的基督徒不該去協助拜占庭人，因為他們拒絕承認教宗的全權。在一個長期親拜占庭的城市裡，宗主教的反對派屬於小眾，但卻很堅定，這批小眾包括了威尼斯許多懷有改革思想的神職人員，其中有聖教主堂的律修會，以及巴多爾氏族有名望的成員，他們起碼從一一四五年起就開始捍衛宗主教的作為。在這場論戰中，丹多洛把正散播到全歐洲最廣泛的教會改革基本要素介紹給了威尼斯。丹多洛本就是反對世俗干預的教會捍衛者，他採取了下一步，堅稱當世俗領導人的決策威脅到教會或信徒的靈性福祉時，他有權駁回這些世俗領導人。

總督博拉尼再也忍無可忍，他不會讓一位教士來對威尼斯的外交政策說三道四，可能他對宗主教發出了最後通牒，威脅對方若不收手的話，他就會傷害其家族。丹多洛態度依然堅決。於是，在一一四七年末或一一四八年初，博拉尼總督採取了威尼斯史上前所未有之舉，狠狠打擊了他的敵人。他下令永久流放宗主教丹多洛及其支持者，以及丹多洛與巴多爾家族的所有成員。為了確保讓宗主教的家族永遠回不來，總督還下令將位於聖路加堂（San Luca）教區的整個丹多洛家族建築群，夷為平地。

遭流放的宗主教逃到了羅馬，去向教宗尤金三世（Eugene III）通報威尼斯的事件。尤金三世立刻對總督博拉尼處以破門律，並向威尼斯全城下了禁令。就在要跟諾曼人作戰前夕出現這樣嚴厲的靈性懲罰，無疑讓威尼斯人的心情很沉重。他們從來都沒有惹過哪位教宗如此震怒，也沒有這樣被否決掉聖事權。儘管如此，總督博拉尼仍不為所動，他親率艦隊如期啟航，去收復了科孚島，交還給拜占庭統治。艦隊雖然成功了，但總督本人卻死於征途中。免除諾曼人帶來的危險之後，感激的皇帝曼努埃爾一世大大擴張了君士坦丁堡裡的威尼斯人區的範圍。

仍被逐出教會的博拉尼於對抗諾曼人的大勝中去世，使得威尼斯人既可以向拜占庭索討報酬，同時開啟了與教會言和並解除禁令之門。新總督多梅尼科・莫洛西尼（Domenico Morosini, 1148-1185）採取的第一個行動就是撤銷前任總督博拉尼，針對宗主教及其黨派所下的流放令，他並勒令由國庫出資重建丹多洛家族的建築群。莫洛西尼接著宣誓他會永遠保有威尼斯教會的自由，不容許世俗權勢影響教會的政府或選舉。在歐洲花了一個世紀才做到的事，在威尼斯卻瞬間辦到了。繼莫洛西尼之後的每一任威尼斯總督在宣誓就任時，都會在誓言中提到保證教會的自由。由於這些快速改革，威尼斯政教分離的程度比任何地方都要大。威尼斯人仍然是非常虔誠的人，這是生活在危機重重海洋的結果之一。但是教會不再於威尼斯政府中發揮任何作用，而政府也沒有再干預教會了。

至於宗主教丹多洛，他凱旋回到威尼斯。聖撒迦利亞女修院改革成為一所克呂尼派的修院，成為歐洲最古老的改革派修會之一的部分。新的女修院院長並非總督的親戚，事實上，她是從歐洲大陸的母修院派來的日耳曼人。丹多洛在潟湖之外的威權發展得很好，由於威尼斯對達爾馬提亞海岸的控制權增加了，因此教宗阿塔斯塔休斯四世（Anastasius IV）將札拉（Zara）升級成為都主教座城市，因此札拉的主教（也是該城的統治者）也就變成了大主教。幾個月後，教宗阿德里安四世（Adrian IV）將札拉大主教置於格拉多宗主教管轄之下。此舉非同小可，阿德里安四世透過將一位都主教升級到另一位之上，終於使得格拉多成為真正的宗主教區。在西歐，除了羅馬之外，這是唯一的宗主教區。誠如英諾森三世後來所寫的，這位教宗所以這樣做，「以便你的教會清楚擁有宗主教的尊嚴，而且是具有名副其實的權力。」不用說，札拉的大主教對於自己成為唯一需聽命於另一位都主教的都主教是不會領情的。產生的怨恨會成為冰凍三尺。

⁂

十二世紀威尼斯教會的改革繼續從加速的威尼斯國家改革反映出來。就像大多數這類改變一樣，關鍵動力來自於出乎意外的一方。威尼斯拒絕協助曼努埃爾一世入侵義大利南部的計畫之後，後來與在君士坦丁堡皇帝之間的關係就惡化了。為了還以顏色，皇帝就開始跟威尼斯的商業對頭，也就是比薩人與熱那亞人培養交情，恩准這些別的義大利人在君士坦丁堡很靠近威尼斯人區的地方，擁有他們自己的僑民區，這些外僑之間的冤仇日漲。一天，一群僑居君士坦丁堡的威尼斯居民襲擊了熱那亞人區，造成死亡和破壞，直到帝國衛隊終於平息了這場暴力為止。這種公然違抗的舉動使得皇帝曼努埃爾一世相信拜占庭帝國不再需要威尼斯了。這是一項大膽的決定，換作在一個世紀之前，是根本難以產生此念的。不過從那時起，其他義大利海洋國家實力已經不斷增強，熱那亞航行在愛琴海的軍艦就跟威尼斯的一樣多，他們可以照管拜占庭的水域，就跟威尼斯人一樣有效率，而且還沒有他們的傲慢，或者看來是如此。

至少可以說，曼努埃爾的攻擊計畫是充滿野心的。一一七一年初，他向全國各地的拜占庭官員發出密令，命他們逮捕、囚禁能找得到的每一位威尼斯人，並沒收他們的財產。令人驚訝的是，這個祕密竟然保住了。幾個月前，總督維塔利二世・米凱里（Vitale II Michiel, 1155-1172）就是唯恐會有這種帝國式的報復而對君士坦丁堡的威尼斯人展開攻擊，於是派出高級大使前往皇帝朝廷去緩頰，曼努埃爾一世已向威尼斯外賓保證一切都很好。使節們於是鬆了一口氣，回威尼斯去報告這個喜訊。

然後，三月十二日早上，大難臨頭了。在君士坦丁堡以及拜占庭其他每一個港口，威尼斯男女老幼全都遭圍捕，關進牢裡。僅君士坦丁堡一地就有一萬多人被捕，當監獄人滿為患時，就把其餘人塞到修院裡。住宅、店鋪還有船隻，所有他們所擁有的，全都沒收了。少數幾個威尼斯人逃脫了，例如羅馬諾・麥拉諾（Romano Mairano）被抓並下獄時，正在君士坦丁堡做生意。面臨監獄過度擁擠問題時，拜占庭官員就釋放他以及幾名可提交巨額保釋金的威尼斯富人。麥拉諾接著又賄賂了一艘大船的指揮官，將他和其他獲釋的威尼斯人偷運出君士坦丁堡。夜深人靜時，這些難民悄悄上了船，該船解纜啟航，緩緩航行出帝都的安全港「黃金角」。但是等到太陽升起時，他們卻發現海面上到處都是載有拜占庭官員的船隻，在追捕威尼斯人。一艘皇家船隻駛近麥拉諾的船，命他們的船停下接受檢查。這些難民趕緊升帆卯足全力前進。拜占庭人意圖用希臘火（一種用管噴出的可燃液體）摧毀他們的船，但卻失敗了。麥拉諾一行人終於抵達阿卡，在那將他們的悲慘遭遇告訴了同胞。但麥拉諾的財富與好運才使得他有此不凡經歷，兩萬多名威尼斯人則無限期成為階下囚。

這個青天霹靂消息傳到威尼斯時，除了引起震驚與憤怒之外，徹底被曼努埃爾一世欺騙的大使團更是感到尷尬不已。總督米凱里召集了高級議會「智者委員會」就此危機向他獻策。這個委員會的首席人物都是來自於新興家族的代表，歐里歐．馬斯特洛皮耶洛（Orio Mastropiero）、賽巴斯提亞諾．齊亞尼（威尼斯最富有的人），還有維塔利．丹多洛（宗主教的兄弟）。這些國策顧問建議要謹慎從事。他們接到的這些報告看來很荒誕，簡直難以置信。他們敦促總督遣使往君士坦丁堡實地確認這些事實。若報告屬實，這些特使應該要評估損害情況，查詢清楚曼努埃爾一世造成此事的原因，並要求釋放人質，歸還他們的財產。

總督同意遵循此種謹慎從事的步驟，但事件很快就脫離了他的掌控。一組逃離了皇帝魔掌的威尼斯護航船驚天動地駛入了潟湖，水手們滿腔熱血對著願意傾聽者講述他們的悲慘遭遇。人們從自家房舍一湧而出，群情激動，渴望報仇。他們可能群聚於總督府外，形成了人民大會，這是威尼斯所有權力的理論上基礎。威尼斯百姓以群體身分要求展開對拜占庭帝國的報復還擊。他們命總督親率一支艦隊去展開報復行動，並勝利帶回人質，艦隊包括一百艘有槳帆船，以及二十艘運輸船。總督米凱里服從眾人之命，他別無選擇。四個月之後，艦隊準備好了，在違背了他的明智判斷也違背了智者委員會的意願下，總督率領威尼斯對其母國開戰。

這支威風凜凜的艦隊沿著達爾馬提亞海岸航行，很快就使得威尼斯在那裡的控制更加強了。然後艦隊轉入愛琴海，在希臘的尤比亞島（Euboea）登陸，對其首府哈爾基斯（Chalkis）展開圍城。威尼斯人的戰略很簡單，就是盡量讓皇帝頭痛到他釋放俘虜為止。拜占庭的總督了解到該城可能會陷落，於是就安排跟總督及其國策顧問會談。在那次會議中，威尼斯的領袖們清楚表明，若能找到外交途徑解決方法，他們寧取此途徑而不願爭吵。拜占庭總督同意派遣一位特使前往君士坦丁堡敦促皇帝釋放人質，以求換得威尼斯撤兵。

在對和平寄予厚望之下，總督命艦隊從尤比亞島撤退到希俄斯島（Chios）去，威尼斯人就在那裡過冬，一面等候君士坦丁堡的消息。但是曼努埃爾一世卻拒絕接見那位特使，威尼斯人在他帝國內發動戰爭，他才不會聽任何關於談和的話呢！然而，曼努埃爾一世倒是派出了他自己的特使，由特使為對方帶來談判解決的希望。總督及其手下在希俄斯島上聽了這位欽差特使充滿樂觀的話，促使他們另派一位大使到君士坦丁堡去。當然，曼努埃爾一世真正在玩的把戲是相當清楚的，他用和平的可能性去吊總督胃口，皇帝是希望先防止對方在其國境內有進一步的攻擊，同時讓自己有時間準備兵力去迎戰威尼斯人。這個詭計奏效了，總督果然派了他自己的特使回君士坦丁堡去。特使才剛走不久，一場瘟疫浩劫就降臨到威尼斯軍營，疫情爆發頭幾天就死了一千多人。許多人歸咎於拜占庭奸細，認為是他們在井裡下毒。還有很多人則對總督有怨言，說他沒有迅速對拜占庭人展開報復行動。迄今只有過一次對希臘城市的進攻，米凱里撤兵是為了要追求他的外交策略。從那時起，威尼斯人除了在希俄斯島上等候和等死之外，幾乎沒做過什麼。三月份時，艦隊移到了帕納賈島，但是疫疾依然相隨。到了月底，前往君士坦丁堡的威尼斯代表團回來報告，比起當初並沒有多少進展，代表團要覲見皇帝又再度被拒。不過，曼努埃爾一世的確又派了另一位拜占庭特使帶了承諾來見總督，只要再派出第三次代表團，他就會接見。

總督米凱里的處境堪憂，艦隊癱瘓，每天都有手下死去。他已接獲情報，知道拜占庭有計畫要在希俄斯島或海上攻擊威尼斯人，因此他發現很難相信皇帝真的有心求和。但是他的選項很有限，若他能擺脫掉瘟疫，威尼斯人的艦隊仍然大得足以在愛琴海上惹麻煩，或許此威脅再加上另一次遣使，足以說服曼努埃爾釋放威尼斯俘虜。總而言之，這是他唯一的希望了。他派出了兩名高層人物，恩里科·丹多洛，他是維塔利·丹多洛之子，也是宗主教的姪兒（他自己後來也當上了總督），以及菲利普·格雷科（Filippo Greco）去皇帝的朝廷。然後總督先將艦隊移到列斯伏斯島（Lesbos），後來又轉到斯基羅斯島（Skyros），拚命跳島，希圖擺脫瘟疫。結果一點也不管用。隨著威尼斯死者人數日增，情況變得明顯令人沮喪，艦隊已不再對皇帝構成威脅了。事實上，艦隊本身就處在嚴重危險之中，倖存的威尼斯人命總督帶他們回家，於是他照辦了。

曼努埃爾一世贏了。他懲罰了傲慢無禮的威尼斯人，然後把他們前來報仇的艦隊，灰頭土臉地攆回家，他忍不住要自鳴得意一下。根據曼努埃爾一世朝廷裡的成員約翰·金納莫斯（John Kinnamos）記載，皇帝去函總督米凱里，簡潔地總結了拜占庭對威尼斯人的看法，一種深入於威尼斯歷史與身分認同的看法。

> 你們威尼斯人長期以來都表現得很愚蠢。你們自己也清楚得很，以前你們是無家可歸的赤貧者，然後你們悄悄進了羅馬帝國，卻極其不屑地對待它，還盡力把它交給最惡劣的敵人，以

前你們甚至是不值得一提的百姓，你們的聲譽是靠羅馬人得來的。現在，你們合法地受到譴責並公正地被逐出帝國，你們曾在傲慢無禮中對這帝國宣戰，為了自以為能與他們的力量匹敵，你們讓自己變成了大家的笑柄。因為沒有一個，甚至是世上最強大的勢力，可以跟羅馬人作戰而不受懲罰的。

去報仇的艦隊剩餘殘軍在一一七二年五月垂頭喪氣駛進了威尼斯潟湖，結果仇沒有報成，米凱里只帶了敗仗、羞辱和瘟疫回來。威尼斯百姓再度自己來管事情，五月二十七日在總督府舉行了大會，總督及其顧問委員都在會中跟與會市民討論這場悲劇。大會從一開始就不順利，在悲悼陣亡親人的涕泗中，夾雜著指責的怒罵。威尼斯百姓給了總督工具並授權他去向皇帝展開報復，結果他根本就沒做到，反而只利用艦隊做為外交工具而已。許多生還者都怒責總督說：「領導得太差了，要是總督沒跟那些使節周旋而拖延誤事，我們就不會被出賣，也不會碰上所有這一切倒楣事！」一群眾之中開始出現了石頭和刀子。就在米凱里試圖跟百姓理論時，他的顧問委員卻一個接一個溜出了房間。米凱里發現自己孤身一人時，就暫時休會想要往附近的聖撒迦利亞避難，但還沒走到那麼遠就被追上，遭刺殺身亡。

總督遺體準備好要安葬時，又一次，在後知後覺的悔悟中，曾經大獲民心的弒君行為變得很不得民心了。米凱里是個好人也是個「愛和平者」，但卻被百姓置於進退維谷的處境中。刺殺總督的馬可・卡索羅（Marco Casolo）成了百姓怒氣的出氣筒，但處決了他也並未能洗掉他們的罪惡感。在聖撒迦利亞舉行過情緒激動的喪禮之後，百姓群聚在附近的聖馬可教堂要選出米凱里的繼任者。

中世紀威尼斯的編年史對於接下來的經過情形細節記載不多，但最後百姓選出的不是一位新總督，而是負責選出新總督的十一人委員會。這是個威尼斯史上前所未有的異乎尋常改變。究竟威尼斯百姓為何會放棄他們自行選出總督的寶貴權利呢？

根據隨後的事件來看，很明顯一一七二年這場革命是源自於智者委員會，這些富人來自於有權勢的新興大家族，為他們自己在總督與百姓之間創造了一個位置。威尼斯百姓在滿懷對親人與總督之死的悲慟中，認真傾聽著這些保守、有智慧的人。畢竟，當初這些智者向總督提出忠告要謹慎從事，此忠告若能得到遵循的話，成百上千的威尼斯人就還會活著，而且也更確保可以使得人質獲釋。結果是百姓的魯莽從事造成他們走上了現在這條路。選出一位新總督至關重要，那麼，還是讓這些智者們來負責不是會好得多嗎？可惜，我們沒法知道這場大會中究竟提出了什麼樣的論點，但我們確知等到大會結束時，百姓的確放棄了他們挑選總督的大權。這是深為重要的一刻，是創立威尼斯新政府的里程碑，總督與百姓之間的直接關聯被切斷了。

挑選出來組成委員會的十一名男子都是遭殺害總督的友人和顧問，都是智者委員會的人。毫不意外，他們推選了他們其中一人為總督，七十歲的賽巴斯提亞諾．齊亞尼（Sebastiano Ziani, 1172-1178）。齊亞尼當選的消息公布時（還交插了外交辭令「若此能令您開心的話」），威尼斯百姓熱烈贊同了此選，高呼「總督萬歲，願我們能透過他取得和平！」

若不將威尼斯人從一一七二年失敗的報仇任務中所汲取的教訓考慮在內的話，就不可能對中世紀或文藝復興時期的威尼斯有充分了解。他們學習到，用暴民的怒氣來取代經驗豐富政治家們的理智考量，是很有問題的，那些政治家都是前任總督米凱里的友人和顧問委員，成了改革後的共和國新領導人。其後三任總督都標榜跟米凱里有關聯，或許這正是他們當選的原因。他們是最直接了解總督顧問委員之重要性者，而且他們也都害怕魯莽行事，不管是出於百姓或總督。威尼斯政府史上以及後來「威尼斯神話」的發展過程中，都發生了根本上的轉變，威尼斯，這個由強勢總督統治強勢百姓的共和國，正在轉變成某種不同的政府。在這個政府中有個獨特的菁英實體，以其智慧與為國服務而著稱，開始將人民與總督的權力都吸引到他們本身去。但它並非也絕對不會是個寡頭政治體，相反地，威尼斯正在配備新的實體與程序，以確保它會謹慎從事，按章辦事。這一點也不奇怪，這正是商人最重視的政府特質。

威尼斯受到拜占庭嚴重傷害，但絕非致命的。被禁止在希臘所有港口從事貿易之後，威尼斯人就到十字軍國家的市場上去做生意，尤其是泰爾城。齊亞尼及其繼任者都對與拜占庭持續的作戰狀況，採取很有分寸、謹慎的措施，繼續尋求讓遭扣留的人質獲得釋放。這得要花十幾年工夫才能做到，與此同時，威尼斯人民制定出一個在政教兩方面皆遠較西歐其他政府更穩定、有效得多的政府。有了一個自由的教會，威尼斯人得以避免了困擾神聖羅馬帝國的那種紛爭，因為那裡的國王和皇帝緊握著他們對教會聖職慣有的任命權不放。有了一個由最怕不安定而蒙受損失的商人們來看管的較安定新政府，荼毒義大利其他城市的派系主義，以及以牙還牙風氣也就在威尼斯消失了。

第五章

兩個帝國之間：威尼斯的和平

一一七二至一二〇〇年

第一批威尼斯人逃到潟湖，是為了逃離歐洲。一一七七年七月二十四日，歐洲卻來到了潟湖。它始於大清早，教宗在聖西爾維斯特教堂醒來，吃了一頓豐盛早餐，然後乘船讓人將他划到聖馬可教堂，在那裡望了大禮彌撒。接著總督協其廷員乘坐富麗的禮儀長槳船，到利多島上去接神聖羅馬帝國皇帝腓特烈一世・巴巴羅薩（Frederick I Barbarossa）。他們回到不久前才鋪好地面的聖馬可小廣場，這個小廣場就位於總督府西側，廣場上富麗堂皇的盛大排場少有歐洲其他國家堪與匹敵，這位皇帝就在此場景中下了船。整個小廣場上到處飾有聖馬可之獅長旗幟，在溫暖的海風中飄揚。幾千名來自歐洲各地的政要以及觀禮者擠滿了小廣場，以及相連的聖馬可廣場，無論是在貴賓席上或在人群中伸長脖子的人，都想要看一眼這些西方世界最有名的人物。皇帝、隨從團，以及陪同的貴族們相繼經過小廣場，小廣場位於兩根石柱之間，柱頂承載著威尼斯的天國主保聖人，然後他們在聖馬可教堂前駐足，羅馬的教宗坐在寶座上等候著，身邊圍了一大群教會領主們。這樣的場面就算是在羅馬也很罕見，但卻在威尼斯發生了。這些基督教世界裡的領主們來此言和。

將教宗與皇帝帶到威尼斯門口的事件形成了一個故事的基礎，加上不時的加油添醋，成了威尼斯人幾世紀來洋洋得意道出的故事。事實上，到現在還可從遍覆總督府裡大議會廳北面牆上的油畫裡，看到這個故事的描述。故事起於一一五八年，那時神聖羅馬帝國皇帝腓特烈一世頒布了《隆卡里亞詔書》（*Diet of Roncaglia*），聲稱他才是義大利中部和北部的合法統治者，這領域還包括了教宗部分領土，但是當然，威尼斯除外。這些聲明要求可追溯到查理大帝時代，也就是幾世紀前的腓特烈前任。不過，說真的，神聖羅馬帝國皇帝們通常光是試圖統治日耳曼就已經忙不過來了。北義大利（或者該說倫巴底區）的城鎮很樂意承認這位日耳曼皇帝理論上的霸權，但卻力拒提供任何有形的稱臣之舉。腓特烈一世決心要改變這情況。他打算把主權擴及至整個義大利，並要求倫巴底區的城鎮支持及效忠，協助他已定好的一項入侵南義大利計畫，以便驅逐諾曼人，自從「詭詐的」羅貝爾以來，諾曼人就統治了那裡。雖然中世紀的教宗們並不很喜歡諾曼人，但他們一直很反對任何會讓一個人控制全義大利的倡議，因為這樣一來就會嚴重威脅到教宗國的獨立性。因此之故，教宗阿德里安四世強烈反對腓特烈一世的計畫，並力促義大利獨立城邦也照做。

面對要動武使倫巴底臣服的前景，因此一一五九年九月一日當這位麻煩的教宗去世時，腓特烈一世可一點也不難過。這位皇帝馬上派出一群代表帶了大筆錢到羅馬，去說服那些紅衣主教選出一位有利於他的教宗。他們成功了，起碼是成功了部分。紅衣主教之中略多一點的票數選出了皇帝中意的候選人維克托四世（Victor IV）。不幸對他們而言，另一群紅衣主教已先行選出了備受敬重的教會法律師，兼教會權益捍衛者亞歷山大三世（Alexander III）。腓特烈將亞歷山大三世及其手下主教等高層教士趕出了羅馬，但是法蘭西王國及歐洲其他大部分地方都接受亞歷山大三世為正牌教宗。由於腓特烈一世沒有接受，於是義大利因此戰雲密布，延宕十幾年。一方是神聖羅馬帝國皇帝及其對立教宗的殺傷力；另一方則是教宗亞歷山大三世與新成立的倫巴底聯盟，由大批拒絕向皇帝低頭的城市組成。對於珍惜獨立的義大利城市以及教廷而言，這是孤注一擲。當皇帝終於入侵倫巴底時，他直攻這個叛變圈的帶頭者，也就是富有的米蘭。一一六二年三月一日，經過兩年圍城，腓特烈一世攻陷並摧毀了此城，造成該地區絡繹不絕湧出難民。

威尼斯收容了能收得下的難民，雖然威尼斯人並非倫巴底聯盟的成員，但他們天生同情那些要把日耳曼人打回阿爾卑斯山北邊的義大利人。教宗亞歷山大三世派了在傳教區代表他的名譽主教，紅衣主教兼教宗代表希德布蘭德．卡拉索（Hildebrand Crasso），於一一六〇年代到威尼斯去監督服務難民的情況，跟附近叛變城市溝通，並跟拜占庭皇帝交涉，尋求協助。腓特烈一世體認到威尼斯所構成的威脅，因為威尼斯是個敞開的門戶，讓倫巴底經此得到支持。一一六二年他鼓勵幾個在他控制下的城市維洛納、帕多瓦以及費拉拉（Ferrara），對阿爾津角（Capo d’Argine）發動海軍攻擊，阿爾津角位於潟湖邊緣，在威尼斯東北部十五英里外，但威尼斯僅派出一支小艦隊就把皇帝的手下擊退了。威尼斯對此的回應是在翌年支持維洛納、維琴察以及帕多瓦的叛亂，並開始籌款支持他們防守。一一六五和一一六七年威尼斯繼續支持對抗皇帝的叛變，但卻從未派人去作戰。

然後到了一一七一年，這一年拜占庭人在那個東方帝國裡抓了成千上萬威尼斯人並囚禁起來，雖然威尼斯的注意力大部分都集中在這場人質危機上，但也未能對義大利的戰爭視而不見。這場鬥爭的波折起伏變化很大，但是到了一一七六年中，甚至腓特烈一世自己也看明白了，他根本無法打敗一個由教宗、倫巴底城鎮，以及義大利南部的諾曼人形成的聯盟。現在到了該停手以免蒙受更多損失的時候了，而且也該回去鞏固他在日耳曼的勢力，因為他那裡的附庸為了這場國外戰爭而付出了沉重代價。眾人所需的是開一場和談會議並擬定細節，但是在哪裡舉行這樣一場會議卻是個棘手問題，因為各方的信任度都非常低。雖然地點還沒達成協議，亞歷山大三世還是離開了他所居住的諾曼王國，於一一七七年初航行北上沿亞得里亞海前往威尼斯。

三月二十四日，教宗的船在利多島靠岸，總督齊亞尼的兒子們以及一群威尼斯有名望地位的人在那裡恭迎了他。在聖尼古拉修院過夜之後，亞歷山大登上一艘富麗堂皇的國有長槳帆船，將他划到聖馬可廣場，廣場上擠滿成千上萬的百姓，都渴望看到這第一位到訪威尼斯的教宗。

聖馬可區在這些事件發生前的那些年裡，產生了驚人的變化。一一七二年，聖馬可教堂外面還是一片長滿草的沙地，小河巴塔里歐（Batario）流過其間，大約就是在今天福里安花神咖啡館（Caffè Florian）的位置。小河對岸是一座小果園，屬於聖撒迦利亞修院的修女們所有，還有一座教區教堂，供奉十四世紀的摩德納（Modena）主教聖吉米尼亞諾（St. Geminian）。整體而言是頗令人愉快的地方，完全符合威尼斯的鄉土特色。然而，這樣的環境跟還不到百年的聖馬可教堂雄偉壯觀建築並不相配，也跟設防的總督府不配，兩者是威尼斯少數幾座石造建物的其中兩座。在前任總督不幸身亡之後繼任者是賽巴斯提亞諾．齊亞尼，他上台後首先採取的行動之一，就是徹底改造聖馬可區。就是他規劃出了我們今天所看到的L形狀的聖馬可廣場與小廣場。

齊亞尼著手買下果園，然後砍掉果樹。聖吉米尼亞諾教堂也如法炮製，拆除之後在新廣場西面邊緣上重建（該教堂後來被拿破崙拆掉了，不過在原址上仍可見到一塊紀念匾額）。小河巴塔里歐則全部填平。然後在這整片地區上鋪上石塊，這在中世紀歐洲可謂非凡之舉。聖馬可小廣場與海濱相接處稱為「莫羅」（Molo，意指碼頭），計畫要在此豎立巨大石柱，這是倒楣的總督米凱里從希臘帶回來的。其實這位前任總督帶回了三根石柱，然而當威尼斯人嘗試豎起其中一根時卻失手滑落掉到海裡，大概到現在還深深沉在聖馬可海邊的海底爛泥裡。齊亞尼決心要豎立起另外兩根石柱，於是廣發消息，誰能完成此項壯舉就付他豐厚報酬。幾個月後，一位工程師前來表示能夠擔當此任，但他只要求終其一生能在兩根柱子之間設一張賭桌的權利做為回報。這個要求獲准了，兩根石柱豎立了起來（編年史上卻沒有記載是用什麼方法），於是賭博開始了。不幸的是，這位工程師活得比許多人預料得更久。據說為了讓他的顧客打消賭念，後來威尼斯政府下令所有絞刑都在這兩根石柱之間執行。於是那些死屍就在那些堅定的賭徒頭頂上方晃來晃去。

齊亞尼命人在西面那根柱頂上安置了聖馬可的象徵，一尊有翼獅像，可能就是今天仍在上面的那尊青銅像。這是古代作品，也許是來自中國或波斯，原作可能是要描繪蛇怪，威尼斯人只不過乾脆加上一雙翅膀而已。另一根石柱頂上可能已經放上威尼斯原本的主保聖人聖狄奧多的雕像，不過目前所見卻是十四世紀的作品。

無疑，這一切興建都很昂貴，那麼，為什麼在威尼斯仍跟拜占庭交戰，而且成千上萬的同胞仍被扣留在國外成為人質之際，總督及其朝廷認為這是一項很值得的花費呢？也許是要向背叛它的母國表白威尼斯的獨立性，又或許是為了一一七七年皇帝與教宗的重大會議提供一個合適的地方。不管是哪個原因，此城最大的開放集會空間聖馬可廣場，會變成威尼斯社會、政治及文化的中心，吸引了所有到訪之人，並在危機時期成為居民聚會之所，在這方面，過去八個世紀裡沒有改變多少。

一一七七年教宗亞歷山大三世的到來正好為此揭幕，而威尼斯也就此展現其做為全球大國的地位。教宗搭乘的長槳帆船靠近小廣場時，來迎接他的是總督齊亞尼、阿奎萊亞的宗主教特列芬的烏里希二世（Ulrich II of Treffen），他們分別乘坐自己的禮儀長槳帆船。上了總督的長槳帆船之後，教宗坐在齊亞尼與丹多洛之間，然後被帶到小廣場去。教宗、總督、宗主教以及有名望的市民列隊走向聖馬可教堂時，群眾分開兩邊讓出路來，然後在聖馬可教堂裡舉行了一台歌唱彌撒，教宗祝福了教堂裡的人以及外面廣場上的群眾。之後，他上了總督的長槳帆船，船載著他順著大運河來到里奧托市場附近的宗主教府邸，接下來兩星期裡，亞歷山大三世會繼續在宗主教丹多洛府上作客。

歷經行程排得滿滿的各種典禮以及享受威尼斯給予的大量特權之後，亞歷山大三世於四月九日離開此城，前往附近的義大利城市費拉拉，在那裡跟倫巴底城鎮以及皇帝的代表們會面，試圖商定舉行和會的地點。已經開始質疑教宗對他們承諾有多深的倫巴底人堅持選在波隆那（Bologna），覺得在那裡他們才控制得了事情。毫不意外，腓特烈一世的代表們反對這個選擇，建議選在拉文納（Ravena）、帕維亞或威尼斯。皇帝本人比較喜歡威尼斯，因為威尼斯中立、信得過，而且「只臣服於上帝」，這點卻正是倫巴底人所反對的。雖然如此，但是經過多番角力之後，亞歷山大三世終於勸服了倫巴底人讓步。為了緩和他們的憂慮，教宗請腓特烈一世個人逗留在威尼斯境外，只派他的代表和幕僚前去，直到各方都同意了最後的談和。皇帝同意了。於是遣使去見總督齊亞尼，要求立誓保證前往威尼斯一路上的安全，這點總督馬上就批准了。

於是腓特烈一世去了拉文納，在那裡接到他派在威尼斯的大使定期送來的報告，與此同時，教宗亞歷山大三世則在費拉拉過了復活節，然後偕其紅衣主教們在五月十日回到威尼斯。他再度受到盛大迎接，護送他到聖馬可，然後前往位於里奧托的宗主教丹多洛府邸，那裡已經變成了一切談判的總部了。每天兩次，宗主教在其府內接待為另一輪談判而前來的不同代表們。府邸內住滿了人，包括教宗、手下的紅衣主教們，以及來自義大利各處的其他神職特使們。里奧托區向來就熙熙攘攘，十分繁忙，現在摩肩擦踵的不僅是生意人，還有外交使節。事實上，威尼斯各處都接待了訪客，因為此城暴增了幾千名要人與教會人士，希望影響和談或者從皇帝或教宗那裡得到恩惠。

談判拖拖拉拉進行了很多週，然而到了七月初時，情況很明顯，協議就快達成了。為了盡量減少最後談判期間的延誤，腓特烈一世要求讓他從拉文納搬到潟湖南端的基奧賈去。七月六日左右，亞歷山大三世批准了這要求，條件是皇帝得要重申他的承諾：未得教宗允許，不得進入威尼斯。腓特烈一世抵達基奧賈才不久，一團紅衣主教以及神聖羅馬帝國代表就被派去取得皇帝對和談最後草案的批准，若他同意，就會結束分裂，並准予倫巴底人與諾曼人休戰。大家都在宗主教府邸裡滿懷希望期待著。

在一座有八萬人左右的城市裡，大部分人又充滿焦慮的期待，因此謠言開始在威尼斯滿天飛也就不足為奇了，不過，其中一項謠言卻差點搞砸了和平。總督府中有此憂慮：擔心談判或最後舉行儀式的地點可能會移到別的城市去，腓特烈一世遷移到基奧賈之後，更加深了這種憂慮。基奧賈只不過是個苦於「蒼蠅、蚊蚋和炎熱」的鄉下漁鎮而已，沒有人預期皇帝會在那裡逗留很久。總督已經備好船隻，隨時可將皇帝帶到安逸舒適的總督府，然而在教宗下令之前，總督什麼也不能做。一晚，他們正等待著關於草約消息時，總督及其廷員接到了一份錯誤報告，說腓特烈一世已經批准了和平條約並準備立刻離開基奧賈。總督唯恐皇帝會去大陸而非待在基奧賈，於是派信使到宗主教府邸去確定這些報告的真假。被人從床上叫起來的教宗亞歷山大三世告訴特使說，他並沒有接到手下紅衣主教們的消息，並向信使們保證，說他一獲悉皇帝同意了和平條約之後，就會馬上批准接皇帝到威尼斯來。都談好了之後，大家就又回到床上睡覺去了。

但是夜訪教宗這場好戲卻在里奧托市場鬧得揚揚沸沸，謠言很快就傳遍了全城，說是總督以及其他一些威尼斯要人正在跟皇帝祕密會談，要帶他進城，好讓他能抓住教宗並控制和平會議。由於謠言散布太廣了，以致倫巴底代表們趕緊打包逃到了特雷維索。諾曼人代表們也催促亞歷山大三世趕快逃跑，免得落入腓特烈一世手中。不過，教宗的消息要比威尼斯街頭的好得多，他告訴諾曼人說，應該先等基奧賈有確實消息傳來之後再採取行動。諾曼人受挫之餘，衝進了總督府，要求見總督。齊亞尼試圖向他們解釋說整件事純屬誤會，他堅稱威尼斯人只想為皇帝提供舒適住所，並確保會在威尼斯慶祝簽署和平條約。諾曼人聽了還是不信，回到他們的船上，然後駕船經過大運河，吹響號角，對著願意聽他們說的人宣告說，他們正要離開威尼斯，因為總督是個不講信義的人。他們還威脅說要對在諾曼港口的威尼斯僑民及其資產不利。隨著消息散播開來，成千上萬的威尼斯人匯聚到了總督府，也要求一個解釋。總督齊亞尼氣急敗壞又心生恐懼，重申立場，表明他未獲教宗同意之前，是不會把皇帝接來威尼斯的。然後遣使去見教宗，請求教宗包涵這整齣鬧劇，並勒令在教宗下令接皇帝前來之前，威尼斯任何人皆不准談論此事。

最後，在七月二十一與二十二日這兩天，各方人士皆對新制定好的和約條款發過誓之後，教宗就叫總督齊亞尼去把那個不聽話的兒子帶到他這裡來。翌日，六艘富麗的長槳帆船載著大批各界要人前往基奧賈去接皇帝，把他帶到利多島上的聖尼古拉修院。與此同時，市民則忙著為這宗大事布置聖馬可廣場，小廣場沿岸一路豎起了船桅杆，每根上面都掛了聖馬可旗幟。教堂前面搭了講台，以便安置教宗寶座以及十幾位會圍在他身邊的高級教士。

第二天是七月二十四日，星期天，教宗亞歷山大三世起了個大早，然後去聖馬可教堂望彌撒。接著他派了四名紅衣主教到利多島，去接受腓特烈一世放棄分裂以及承諾順服教宗。之後，總督齊亞尼、宗主教丹多洛，以及無數威尼斯其他顯赫人士登上了總督的長槳船前往利多迎接皇帝，將他帶到聖馬可。上午十點，長槳船上的人上岸，列隊從布置華麗的小廣場中央穿過，走到教堂那裡，教宗已經坐在寶座上，身邊環繞著紅衣主教、大主教以及主教們。宗主教丹多洛也在隊伍中，這時在教宗右邊就位。腓特烈一世走近亞歷山大三世，脫下身上的紫斗篷，跪下，然後親吻教宗的腳。教宗喜極而泣，站起身來扶起皇帝，然後給了他代表和平的親吻。威尼斯到處響起鐘聲，人們提高嗓門念著《謝主頌》，「威尼斯和平條約」終於完成締結了。

⁂

亞歷山大三世於一一七七年到訪威尼斯成了威尼斯人歷史寶庫裡的珍寶，的確，在威尼斯跟這些事件有關的城市儀式比其他的都要多，不到一個世紀，就因威尼斯和約而附會出了一大堆故事，其中許多編出來解釋「御准特權」（trionfi），這是跟總督一職有關的某些特權與儀式。據說教宗第一次到訪威尼斯是裝扮成乞丐偷偷進城的，因為他在其他地方都不安全，結果被人在一所教堂門口發現了他（雖然究竟是哪座教堂成了幾世紀的爭論焦點），總督與威尼斯百姓滿懷孝心給了教宗棲身之所，以及一切該有的敬意表現。亞歷山大三世出於感激，就賜威尼斯總督在節慶日子遊行時可以用一支白蠟燭為先導，象徵他們的榮譽以及純潔的信仰。當齊亞尼致函給身在帕維亞的腓特烈一世促他談和時，據說亞歷山大三世宣告總督不該像其他統治者一樣用融蠟封函，而該像教宗和皇帝一樣用鉛液封函。當腓特烈一世接獲用鉛封函的信件時，勃然大怒，命齊亞尼將教宗鎖上手銬腳鐐交來給他。齊亞尼拒絕了，於是皇帝就派出由其子奧托指揮的龐大艦隊去摧毀威尼斯，並將教宗擒來。但一支規模小得多的威尼斯艦隊不僅大敗日耳曼軍艦，而且還英勇擒獲奧托。在這場戰役之前，亞歷山大三世贈予齊亞尼及其後繼者一把寶劍，此劍不但代表這場戰爭的正義性，並允諾但凡觸摸此劍者皆可獲得赦罪。

但是跟威尼斯和約相關的御准特權中，最有名的就是金戒指了，這是教宗賜給總督，以便在耶穌升天節使用。據說在齊亞尼的海軍大勝奧托之後，亞歷山大三世贈送給總督該枚戒指，並說：

> 齊亞尼啊！拿著這枚戒指，你和你的後繼者將以此每年迎娶海洋，以便後人知道海洋的主權屬於你們，如同古老財產並透過征服權而為你所持有，因此海洋如妻子受丈夫管轄般，也在你的主權之下。

於是這就產生出威尼斯城市慶典之中，最獨特又持久的一項儀式。每年在耶穌升天節當天，宗主教以及大批貴族與市民乘船來到利多島的東端，這是潟湖與海洋相接之處，然後舉行一場典禮，在典禮中威尼斯共和國迎娶了亞得里亞海。經過祝禱以及灑聖水到海裡之後，總督就會把一枚金戒指拋到海裡，宣告說：「海洋啊！我們迎娶妳，以表真正並永久的主權。」

這些多采多姿的傳說認定威尼斯和約所以能締結，並非經過複雜的談判，而是很單純藉由釋放腓特烈之子奧托而已，奧托允諾會去說服其父跟教宗達成協議。就這樣，一一七七年耶穌升天節那天，皇帝在聖馬可教堂外面跪在教宗面前，並親吻他的腳。為了紀念那一天，教宗大赦所有在升天節那天到訪聖馬可的人。之後，據我們所知，齊亞尼、腓特烈一世以及亞歷山大三世乘船去安科納（Ancona），那裡的市民以兩頂華蓋迎接教宗與皇帝，然而，亞歷山大三世卻堅持要人再拿一頂華蓋來給總督用，並諭令從此所有的繼任者都享有同樣榮耀。當他們快來到羅馬時，八面旗幟以及許多銀號角迎接著教宗，他又把這項特權賜予了總督。於是總督的「御准特權」到此全部到齊：白蠟燭、鉛液封函、寶劍、金戒指、華蓋、旗幟，以及銀號角。這些儀典裝飾用品只跟無所不能的權勢有關，但威尼斯總督卻因服侍上帝及其教會而取得了使用它們的特權。

但這些多采多姿的傳說沒有幾分是真的。教宗從來沒喬裝成乞丐，而總督採用鉛液來封函的習慣可以追溯至一一七七年以前。白蠟燭最初是懺悔的象徵，在總督每年到訪聖吉米尼亞諾教堂時採用，做為未經教會方面允許就拆除了這座較早期教堂的補償。就像封函一樣，寶劍、華蓋、旗幟以及號角等，也都是在十二世紀不同的時期仿效拜占庭禮儀而採用的。至於升天節那天的迎娶海洋，起碼有部分儀式在十一世紀已經有了，當時總督是出席一項年度祝福亞得里亞海的儀式。很可能亞歷山大三世在一一七七年也出席了這項典禮，又或者他的確給了一枚金戒指。但這項儀式本身卻古老得多。

這倒不是說威尼斯未從滿懷感激的教宗那裡得到半點東西，拖延已久的和解通常會帶來滿滿的善意，教宗與皇帝決定要在威尼斯多逗留一陣子，以特權及厚禮來酬謝共和國以及其他友人。宗主教丹多洛與亞歷山大三世都是改革修會的大力支持者，尤其是對律修會修士。四月間，在教宗首次到訪威尼斯時，他就奉獻給律修會修士一座新教堂，慈悲聖母堂。如今和約已定，丹多洛可以要求更多恩惠了。看來似乎他是把教宗的注意力轉移到了聖救主教堂上，三十幾年前，該教堂的神職人員轉為律修會修士，成了宗主教與城堡島主教激烈鬥爭的導火線，這場鬥爭最後導致宗主教及其家族被流放。在宗主教丹多洛及皇帝陪同下，教宗奉獻了這座重新建好的教堂，他祝福了主祭壇，在幾個不同的神龕處施予很多特赦，並在教堂裡舉行了第一次彌撒。這是一場非常光榮的典禮，聖救主堂的律修士們在後來的世紀裡都會很自豪地重述這一切經過。對於宗主教丹多洛而言，這的確是很令人滿意的一刻。

雖然丹多洛可以喜孜孜看著教宗對聖教主堂的厚愛，但在其他事情上可就沒有這麼好了。威尼斯和約締結過後，新的政局正在密謀針對他在潟湖以外地區的統轄權益，這方面再也沒有其他地方比附近與宗主教長期較勁的阿奎萊亞更明顯的了，只要阿奎萊亞支持皇帝那邊的對立教宗，格拉多就倒向亞歷山大三世那邊。然而隨著阿奎萊亞宗主教特列芬的烏里希二世的加入，局面就改變了。烏里希以挑釁之姿開始了他的宗主教一職，猛烈攻擊格拉多的主教座堂，結果促使總督維塔利二世·米凱里領導了一次反攻，不但擊退了入侵者，而且還俘虜了烏里希本人以及他手下十二位主教座堂教士。做為釋放條件，烏里希允諾從此每逢嘉年華（Carnevale）最後一天的謝肉星期二那天，他和繼任者會送一條公牛和十二隻豬給威尼斯百姓，代表這位阿奎萊亞宗主教以及手下主教座堂的十二位教士。如此這般又開啟了威尼斯史上另一項最持久的市民慶典活動，多個世紀以來，每年都鄭重其事把這些家畜帶到聖馬可廣場上，然後在總督及其委員會的監督之下，這些畜生受到審判、定罪並處決。狂歡者接著就在廣場上追逐這些畜生，然後將牠們斬首、烤熟，大吃一頓。這項活動在十五世紀實在太受歡迎了，當阿奎萊亞宗主教區與格拉多的合併時，威尼斯政府仍照樣用公費提供每年一度的公牛與豬。

一一六四年對立教宗維克托四世去世，烏里希換邊站，帶著他的教會倒向了亞歷山大三世。這使得他處於很獨特的地位。他是靠著跟腓特烈一世的交情才坐上阿奎萊亞宗主教寶座的。然而威尼斯在大陸的影響力日增，意味阿奎萊亞及其教區也日益處於威尼斯影響範圍之內。烏里希憑著八面玲瓏的政治手段保持和皇帝的交情，又承認了亞歷山大三世為教宗，同時還又享有威尼斯的支持。他就利用這地位多年來在這場較勁中扮演忠誠的調解人角色，並在一一六九年成了教宗使節。如今教宗和皇帝和解了，這兩人都希望能犒賞烏里希的效勞。腓特烈一世擴大了阿奎萊亞宗主教的世俗統轄權範圍，亞歷山大三世則確認了阿奎萊亞宗主教配戴披帶的權利，這是都主教才能配戴的羊毛帶，而且還確認了他對十六個教區擁有教會管轄權，包括伊斯特里亞半島上原本是格拉多宗主教聲稱屬於其轄下的那些教區。

格拉多和阿奎萊亞之間還有很多其他爭論，但教宗、皇帝和總督意願一致，希望這些爭論最後都能解決。一一七九年三月，宗主教丹多洛及其手下主教們前往羅馬出席第三次拉特蘭大公會議（Third Lateran Council），在會上與宗主教烏里希的代表們敲定了和解細節。一一八〇年七月二十四日，當著亞歷山大三世與九位紅衣主教面前，宗主教丹多洛正式結束了格拉多與阿奎萊亞之間的古老糾紛。

在威尼斯舉行的堂皇盛大慶典很快就結束了，市民開始回復到平常日子的營生去，或者該說盡量能回復正常，因為這時還有成千上萬海外威尼斯人身為人質。一一七八年的頭幾個月裡，年邁的總督齊亞尼病得很嚴重，自然就引發了要用什麼方式選擇繼任者的問題。總督府的智者委員會顯然想要保有選擇新總督的權利，他們在一一七二年已經運用過這權利。然而這權利究竟是無限期授予他們，抑或只是在緊急時期的權宜之計呢？齊亞尼就跟他廷中成員一樣，也不想要讓百姓來碰選舉的事。這些人本然就想把權力集中在他們手裡，但他們也真心害怕人民大會的莽撞，這種莽撞曾導致艦隊在希臘被毀，隨即又造成總督遇害。自從一一七二年以來，總督的議會規模已擴大很多，開始變得像後來它成為的大議會。任何治理實體只要規模一大就會滋生派系，為了避免這問題，決定挑選出四人，由他們輪流再從總督議會中選出四十人擔任新總督的選舉人。這四十人在宣誓會為威尼斯最佳利益而行動之後，就以少數服從多數的投票方式做出決定。

選出了四人之後，總督齊亞尼就退隱到聖喬治馬焦雷修院，於一一七八年四月初在修院去世。三天後，那四人出現在擠滿人的聖馬可教堂內，宣讀出他們擬定的四十人名單以獲百姓贊同。與會百姓中肯定有人留意到，如今不再像過往威尼斯史上是把百姓叫來選新總督，或甚至是讓他們來批准由他人選出的總督。就像六年前他們曾經做過的那樣，反而現在只要他們賦權給這些負責選總督的人。然而，就算有人反對過的話，也沒有記載下來。選出來的四十人都是城中最有權勢、備受尊敬的人物，其中許多人都跟維塔利二世．米凱里有關係，米凱里在威尼斯政壇上依然留有深遠的陰影。等到這四十人投票時，他們又轉向米凱里的圈內人，選出奧里奧・馬斯洛比埃羅（Orio Mastropiero, 1178-1192）。就像齊亞尼一樣，馬斯洛比埃羅也是出身於相對新貴的家族，其家族靠經商致富，沒多久前才躋身威尼斯政權中的最高層。他就跟同僚一樣，也是個保守派人物，一切都講究謹慎從事、中庸之道，這方面尤其表現在處理威尼斯與拜占庭的關係上。威尼斯的首要之務仍然是設法解救人質，因為仍有成千上萬人困在君士坦丁堡獄中受苦。

不過，雖然那些牢房無疑很不舒適，但卻保護了被囚的威尼斯人免於不久之後，就會在拜占庭首都發生的血染街頭大屠殺。一一八〇年九月二十四日，皇帝曼努埃爾一世駕崩，當時仍在跟威尼斯處於交戰中。他留下了一個十二歲的兒子阿歷克塞二世。以拜占庭作風的慣例，隨之而來的是連串叛亂，更加上了君士坦丁堡街頭巷尾對歐洲基督徒所懷的深仇大恨（由於他們宗教禮儀採用拉丁文之故，因此被稱為「拉丁人」）。一一八二年，拜占庭朋土斯（Pontus）行省長官安德洛尼卡・科穆寧（Andronicus Comnenus）接手幼帝的攝政。為了回報支持他的君士坦丁堡人，並開始清理掉市內的義大利人區，安德洛尼卡示意希臘市民可以肆意對拉丁人鄰居洩恨，基本上就是核准殺人。隨之而來發生在君士坦丁堡的基督徒大屠殺是高效殘暴，希臘暴徒湧進黃金角沿岸的拉丁居民區，殺人、強姦，折磨受害者。最容易下手的目標就是老弱婦孺，都被無情砍倒。神父與僧侶也遭屠殺，教宗派駐在君士坦丁堡的使節遭斬首，頭顱綁在狗尾上，然後追著這條狗滿街跑。

這時威尼斯和君士坦丁堡的疏遠反而像好事了。一一八二年城裡僅存還活著的威尼斯人就是那些安然待在獄中的。為了報復屠殺其公民，比薩與熱那亞政府於是對拜占庭宣戰，諾曼人也摩拳擦掌準備捲土重來展開攻擊，安德洛尼卡別無選擇，因為把其他人都得罪光了，唯有轉向威尼斯尋求支持。他立刻釋放了所有威尼斯人質，並允諾會分期償還索償賠款。他還將威尼斯人區的物業歸還原主。威尼斯商人再度群聚於他們非常熟悉、位於博斯普魯斯海峽的這個賺大錢城市，獲釋的人質也開始於一一八三年一月紛紛回國。第一筆賠償金拖了將近三年才送來，但威尼斯人很樂意等待。因為最重要的是人質已回國，而且威尼斯也終於跟拜占庭帝國恢復了良好關係。

當年邁總督馬斯洛比埃羅於一一九二年五月退位時，總督議會召集了瀉湖百姓在聖馬可集會，以便批准四十名選舉人，他們很聰明地稱之為「慣例方式」選舉總督（雖然實際上這慣例只做過一次而已）。選舉委員會再度選出了某「新貴」家族的一位年邁成員恩里科・丹多洛（Enrico Dandolo, 1192-1205），他是同名的宗主教之姪兒，當時還看不出他有什麼本事會成為卓爾不凡的總督。雖然他可以自詡在為國服務方面有過很卓著的生涯，但八十五歲的丹多洛卻飽受視覺皮質損傷的失明之苦，這是在將近二十年前頭部受過重擊所造成的後果。那些選舉人必然認定丹多洛的總督任期會很短又風平浪靜。

但他們都錯了。恩里科・丹多洛將會成為威尼斯史上最有名的人物，而且在他當總督時會讓威尼斯從根本上轉型，由商人共和國幻化為海上帝國。然而這一切仍在未來之中。這位老人由人帶領走向聖馬可祭壇去接受總督的就職配戴物時，看起來就像個瘦小、幾乎無助的人，但其實他是個精力充沛、頭腦敏銳的人，而且會活到將近一百歲。百姓看著他們的新總督走向祭壇，宣誓就職，總督就職宣誓的歷史已有多久不得而知，但丹多洛的誓言卻是留存下來最早的一份。這是份相當長的文件，總共有十七個部分。誓言以好的共和形式表現出來，多數承諾都是關於總督「不可以做」的事，諸如禁止轉讓國家資金或財產、洩露國家機密、准許禁止出口的項目、進行外交、任命公證人，或在未經總督議會許可之下管理公共商務，這個議會是由代表威尼斯各界的要人組成，規模愈來愈大。之後幾個世紀裡總督就職誓言也愈來愈長，額外的禁令也愈來愈多，以其自有方式變得跟美國憲法很像，列舉並限制政府的權力。丹多洛的就職誓言不僅限制了他的權力範圍，而且也規定了他最大的責任，是要「誠信無欺為威尼斯人民的榮譽及利益而考量、用心並努力」。

這點他做到了。從丹多洛上任起就可很清楚看出他是個行動派，首次由他下令編纂了威尼斯的刑法與民法，大大改革了威尼斯的鑄幣，發行了最初的代幣「四分錢」（quartarolo），以及自從羅馬帝國陷落以來在歐洲發行的第一批大銀幣格羅梭（grosso）。大銀幣後來會成為國際匯兌用的硬幣，銀幣一面鑄有總督從聖馬可本人接過翼獅旗幟的圖像，可謂大膽宣示了威尼斯政府之權力無遠弗屆。

⁂

不過，還存在著很多挑戰，尤其是位於達爾馬提亞海岸的札拉，更是日益令人頭痛。此城多年來都處於威尼斯政教控制下，尤其自從該城主教座已歸格拉多宗主教轄下之後，更是如此，然而民心不服，威尼斯鎮壓過一場又一場叛亂，直到一一八〇年，札拉人終於贏得了自由。接下來的二十年裡，札拉人在威尼斯人控制的達爾馬提亞海岸，一直保持成為唯一拒不合作者。威尼斯商人害怕藏匿在札拉沿岸的海盜，而威尼斯則垂涎這座叛變城市周圍森林裡的橡木資源。一一八七年，總督奧里奧．馬斯洛比埃羅曾向共和國的顯要市民借錢去跟札拉打仗，但札拉人自己卻去跟匈牙利國王貝拉三世（Bela III）結盟，後者建了一座堅固的堡壘來抵禦威尼斯人。這場仗打得很短，威尼斯人才剛開始圍城，教宗格列哥里八世（Gregory VIII）就下令歐洲各地停止一切敵對，以便準備第三次十字軍東征。威尼斯從命了，跟札拉人簽署了為期兩年的休戰協議。一一九〇年，就在休戰協議到期後不久，總督馬斯洛比埃羅派出另一支艦隊去打札拉，結果一敗塗地，威尼斯人非但未能攻占該城，而且在過程中還喪失了附近島嶼帕戈（Pago）、歐瑟羅（Ossero）和阿爾貝（Arbe）的控制權。總督恩里科·丹多洛上任後率先採取的行動之一，就是在一一九三年發動另一場攻勢，奪回這些島嶼，但卻未能平息札拉的反抗。

威尼斯跟拜占庭的關係也很緊張，雖然安德洛尼卡一世已經恢復了威尼斯人區並釋放了人質，但總督仍繼續催逼皇帝恢復威尼斯人在帝國港口的貿易特權。丹多洛花了六年時間費盡心血去跟君士坦丁堡交涉，終而獲得一一九八年新頒布的金璽詔書。新皇帝阿歷克塞三世·安格洛斯（Alexius III Angelus）擺明了青睞於不久前和好的比薩人，有意收羅他們來為拜占庭帝國的海防效勞。這當然造成了跟威尼斯人的摩擦，然而撇開在亞得里亞海上的一些小衝突不說的話，大致上還算是相安無事。

皇帝的金璽詔書確認了威尼斯人在很多拜占庭港口皆享有免關稅及免通行費權，並進一步規定威尼斯僑民的刑事與民事案件應由威尼斯法官來審判，殺人或叛變的案子則除外。這是份很可觀的文件，經過費盡苦心的交涉談判並制定出來，可惜阿歷克塞三世沒怎麼當它一回事，拜占庭官員繼續要求威尼斯商人繳納進出口關稅，儘管有來自君士坦丁堡的最高承諾以及金璽詔書的特許權。

到了十三世紀之交，威尼斯在一個封建君主制度的世界裡已經成長為一個繁榮、生氣蓬勃又充滿樂觀的共和國了，不過再過幾年，它還會更上層樓。在出乎意料之下，而且是完全違背威尼斯人的意願，他們的共和國會發展成為一個帝國。

第六章
海上帝國的誕生：威尼斯與第四次十字軍東征

一二〇一年一場在歐洲各地醞釀的風暴很快就會沖刷到威尼斯岸邊來，不過來時並不像風暴，而是像一艘載了六名法蘭西人的小木船。不過，它始終是場風暴，而且會席捲肆虐威尼斯、動搖它、剝奪它，等到風暴終於過去後，卻讓威尼斯轉型成某種全新的東西。

在那個薄霧籠罩的二月早上，穿越薄霧而來的船上載了幾位重要人物，而他們又代表了更重要的人物。他們從法國帶來了一場浩大聖靈運動的消息。差不多在三年前，年輕又充滿活力的教宗英諾森三世（Innocent III）宣布發起一場浩大的十字軍東征，以便將耶路撒冷收歸基督徒統治，因為強大的穆斯林統治者薩拉丁（Saladin）在十幾年前於聖地粉碎了基督教軍隊，征服了耶路撒冷。他甚至奪得了真十字架遺物，基督徒認為這是將基督釘上十字架的木頭。歐洲首先的反應是發起第三次十字軍東征，由擁有雄厚財力與大軍的強勢君主們領導。在英格蘭的獅心王理查（Richard the

Lionheart）指揮下，第三次十字軍東征設法挽救了耶路撒冷王國，但卻未能奪回耶路撒冷本身。

穆斯林征服耶路撒冷並奪得真十字架，這在中世紀歐洲絕非等閒小事，而是很明顯的證據，顯示出上帝對基督徒社會的不悅以及號召（實際上是要求）採取行動。從田地裡低微的農奴到寶座上尊貴的國王，感受皆是相同：歐洲的靈魂出了問題。

威尼斯人就跟基督教世界裡其他人一樣，深受這些事件困擾。然而他們跟大多數歐洲人不一樣的地方是他們對這些有第一手經驗，成千上萬的威尼斯人在十字軍王國（這包括今天大部分的敘利亞、黎巴嫩與以色列）的城市裡生活、工作，威尼斯並以一個國家的身分從事過三次十字軍東征。雖然自從上一次他們參加十字軍東征以來已經過了八十幾年，威尼斯人仍然堅定地為這些征戰而自豪，繼續美化那些參與過十字軍的總督，因為他們為基督教世界以及聖馬可共和國贏得了勝利。

失明的威尼斯總督恩里科．丹多洛很清楚上一次的十字軍東征：當年號召時他也在場。一一二〇年時的他還不到十五歲，很可能當其父維塔利在聖馬可教堂聽總督多梅尼科．米凱里號召威尼斯人團結起來加入十字軍時，他就跟父親站在一起。他也很可能是到了一二〇一年時唯一還在世，還記得一一二二年十字軍事情的人。即使從現代標準來看，他也是很老邁的人，當那艘船載著六名法蘭西人來到他門口時，他已經快九十四歲了。儘管他高齡又失明，丹多洛依然是個堅強、活躍、腦筋動得又快的人。

總督看不見那六個法蘭西人，但卻很清楚他們為什麼來了。教宗宣揚了兩年多的新十字軍終於在法蘭西成形。在埃克利（Ecry）的一場比武大賽中，三位強勢的領主香檳（Champagne）伯爵提博（Thibaut）、法蘭德斯（Flanders）伯爵鮑德溫，以及布洛瓦（Blois）伯爵路易宣誓加入十字軍，領取了布條用來在衣服上縫成十字架表示他們成為了上帝的戰士。當下的熱情以及充滿騎士精神的一幕使得其他成千上萬名武士也跟著照做。在佈道者納伊利的富爾克（Fulk of Neuilly）舌燦蓮花煽動之下，更進一步助長了這股火熱的虔誠之情，他甚至說服乞丐也去宣誓加入十字軍，雖然這些人沒有一個負擔得起旅費。竊竊私語的謠言在威尼斯散播開來，說有幾十萬名戰士的大軍正在歐洲各地逐漸形成。聖靈再度在基督徒之間做工了。

雖然這六位法蘭西人身分地位都很高，而且是充滿騎士氣概的優秀戰士，但卻沒一個是成形中十字軍的領袖，不過也差不到哪裡去，所以三位主導的十字軍領主提博、鮑德溫以及路易挑選了這六人前往義大利去為十字軍東征做準備。他們給了這幾位值得信賴的特使空白支票，沒錯，這六人帶了好幾大張羊皮紙，上面蓋了領主們的印鑑，安穩妥當地收藏在他們的袋子裡，每張羊皮紙都是空白的，準備填上特使們認為對十字軍未來最有利的協議。他們來威尼斯尋求的正是威尼斯人手邊最多的：船舶。

這是第四次十字軍東征（史學家這樣稱呼它）。一二〇〇年初，當歐洲各地的戰士還在繼續宣誓加入十字軍之際，主導的貴族在法蘭西北部美麗的蘇瓦松（Soisson）大修院裡召開了戰略會議，希望解決這麼大批軍隊千里迢迢前往聖地的交通問題。早期的十字軍乾脆就選擇了走路前去，但這畢竟是很漫長的路途，而且沿途有許多王國，不是那麼歡迎十字軍路過其國境。

十年多前，第三次十字軍曾試圖採用不同的方式，直接由歐洲航行到聖地，好處是直接得多，比起傳統陸路要行經匈牙利、拜占庭帝國以及安納托利亞的土耳其人領域也少很多麻煩。但是第三次十字軍東征是由擁有國庫的國王們領導的，尤其是獅心王理查，他向英格蘭百姓強徵薩拉丁什一稅，帶著這筆龐大收入來東征。英格蘭與法蘭西國王都有辦法組大艦隊來運送成千上萬的士兵、成群家畜，以及無數噸重的糧食飄洋過海。

第四次十字軍東征的領袖中沒有國王，因此缺乏那些條件。他們想要像他們所崇敬的理查那樣也航行到東方去，但他們既沒有艦隊也沒有錢去付錢僱用一支，但他們決心不讓這些問題擋了他們的路。在蘇瓦松開會時，他們定好整批十字軍約在一二〇二年夏天於一個歐洲港口會合，然後再分別向每個十字軍收取個人的路費和補給費。至於要在哪個港口，就由這六名特使決定，然後給了他們空白的羊皮紙以及許多祝福，他們就南下越過阿爾卑斯山。

為什麼這六人選擇了威尼斯呢？其中一人維爾阿杜安的若弗魯瓦（Geoffrey of Villehardouin）後來描述說這純粹是個簡單的決定，他們認為威尼斯最能滿足他們所需，能提供一支很龐大的艦隊。但此外必然還有更多因素。威尼斯的主要競爭者熱那亞和比薩正在彼此交戰，因此擺明了他們是無法協助一支十字軍的。這些特使可能也已經獲悉教宗英諾森三世一開始就打算要威尼斯參與這次十字軍東征。

三年前，教宗曾派遣教廷使節紅衣主教蘇弗雷多（Soffredo），前往威尼斯為聖地尋求協助，英諾森可能希望威尼斯人會像一一二一年曾經有過的反應一樣，當時總督米凱里接下了教廷旗幟並率其人民參加十字軍。要真是這樣的話，他就會失望了。總督丹多洛並不反對十字軍，事實上，他可能還垂青此理念，但威尼斯的武力是在海上，所以前幾次參與十字軍東征都是以針對沿海城市為主。這次新的十字軍東征目標是耶路撒冷，離海洋有數里之遙，威尼斯人可以加入助一臂之力，但必須要有一支陸軍來完成此事才行。英諾森三世也知道這一點，所以他才會派另一位教廷使節前往法蘭西叫停該王國與英格蘭之間的戰爭。強制達成休戰之後，教宗希望能在法蘭西籌組他要的十字軍新部隊以及在威尼斯的船隻。

丹多洛對於教宗是否真能結束戰爭抱持懷疑，但仍然存著希望。他命手下兩位最優秀的特使安德烈亞・杜納（Andrea Donà）與貝內德托・格里留尼（Benedetto Grillioni）陪同紅衣主教回羅馬去，並向教宗保證威尼斯會繼續為聖地奉獻，並決心要為基督教世界收復耶路撒冷與真十字架。然而，他們也指出，威尼斯人不像歐洲其他地方，他們是每天都肩負著十字軍重任的。英諾森三世的前任，教宗格列哥里八世曾諭令不准基督徒商人跟穆斯林打交道，導致威尼斯原本打算在埃及發展商業的計畫無限延期。熱那亞人與比薩人雖然也是基督徒，卻無視於教會的限制，繼續在穆斯林的非洲大做生意。但是大部分威尼斯人都將船駛往基督徒的領域如希臘、十字軍國家以及君士坦丁堡等。杜納與格里留尼辯稱說，這項諭令讓威尼斯人耗費金錢，這些錢大可以用來裝備船隻，為十字軍準備艦隊。他們提醒教宗說，威尼斯不像歐洲其他地方，威尼斯人是沒有農業可從事的，他們的生計是靠海外經商。要是英諾森三世為了整個基督教世界的好而禁止其他歐洲人種植某些作物，那些人又會有怎樣的反應呢？

教宗對於這番說辭並不高興，但他想要取得威尼斯人協助，而且可能也多少從他們的怨言中看出幾分道理，他的回應是恩准一項特許，威尼斯人可以在穆斯林的港口與穆斯林做非戰略性商品的貿易。不過，他也清楚表明，他指望這項措施能加強威尼斯用來援助耶路撒冷的能力。丹多洛對此決定非常高興，至於十字軍一事，他卻並未立即採取行動。等真的形成了一支十字軍，他再來應付這個問題也不遲。但在一一九八年看起來卻不像是真的會成事。

兩年時間造成的差別很大。教宗使節好歹總算設法讓歐洲和平了，雖然獅心王理查不幸駕崩，但十字軍終於還是開始成形。丹多洛知道這六名法蘭西人為什麼來威尼斯，他多少已經一直在期待著他們的到來。

總督命人在聖馬可附近為這幾位特使安排了舒適的下榻處，等他們有機會休息一下恢復精神之後，他就登門造訪他們。維爾阿杜安在回憶錄裡提到對這位年邁失明的總督印象有多深刻，總督看來如此聰明又有智慧。但維爾阿杜安是來談公事的，不是來交朋友的。他把那些北方領主們開出的信用狀遞給總督的助手，聲明這六位特使擁有全權以他們的名義做出承諾並訂立合約，並被視為等同領主們本身所行使的一樣。

丹多洛問這幾位法蘭西來客想從威尼斯人處得到什麼？特使們反問總督：總督是否有權代表威尼斯國家與人民締結一項協議？不，總督回答說，總督已有一段時日沒有此權力了，事實上，法律甚至禁止總督在未獲議會批准之前，先跟外國人談判。特使於是要求總督隔日召集議會。

然而這可不是個簡單的要求，到這時期，總督府已經成了很忙碌的地方，待處理的案子清單很長，其中很多都急需處理，有時間緊迫性，若特使們不願向總督說明是什麼事情的話，他告訴他們說，那就起碼要等四天他才能安排他們到小議會與總督府上去陳述。說完總督就告辭而去。

四天後，法蘭西特使們被請到設防的古老總督府去，來到總督辦公室裡，維爾阿杜安形容該室「富麗堂皇」。他們在此室內見到了坐著的丹多洛，身邊環繞著小議會的六名成員，熱烈歡迎過他們之後，再度要求他們陳述公事。這回他們毫不遲疑地說了：

大人，我們代表法蘭西的偉大領主們前來，他們已宣誓加入十字軍，若神許可的話，他們要為耶穌基督雪恥報仇並征服耶路撒冷。由於他們知道再沒有其他勢力比您以及您的百姓更強大的，所以請求您看在上帝的愛份上，憐憫那片海外之地以及對耶穌基督造成的恥辱，考量他們如何能取得船隻與一支艦隊。

雖然這番開場白說得很真心誠意，但卻未道出威尼斯人還不知道的事情。丹多洛於是要求他們說得更具體一點，他們究竟想要什麼樣的海上船隻呢？

問得好，這是個法蘭西特使們似乎沒有充分考慮過的問題。當然，大部分答案都在他們的專業範圍之外。這些人都是戰士，精通如何集結部隊、圍攻防禦工事，以及在戰場上廝殺。他們懂得如何養一支軍隊，但對於船舶與海上旅行所知極少，更別提海上作戰了。大概是談到了這個節骨眼上，特使們才告訴總督及其議會預計的十字軍規模是：兩萬名步兵、九千名騎士扈從，還有四千五百名武士及其馬匹，全部都需要運送出亞得里亞海並橫渡地中海。他們問這些威尼斯領導人，運載這麼大批的部隊需要什麼樣的船，以及威尼斯的財力是否做得來這件事。

中世紀的威尼斯人很習慣於擬定海上旅程合約，當下那時刻的里奧托市場上，就有公證人正忙著起草這類協議。但是這些特使們要求的卻是自成一格的協議，要運送那許多人馬，還不提所需的大量糧食，需要的是打自羅馬帝國以來歐洲所建造過的最大一支艦隊。這項目的規模令人震驚。丹多洛及其議會顯然都嚇了一跳。沒錯，他們本就期待會有一支十字軍，但卻沒想到規模會這麼大。總督告訴特使們說他們要求的是非同等閒的事，這可不是羊皮紙上隨便計算一下就可知結果的，此事需要從長計議。威尼斯人是否能製造這麼大一支艦隊呢？要是能的話，有多少艘是要徵用威尼斯商人的船，又有多少艘需要另外打造？需要的糧食是哪一種，而且威尼斯人要去哪裡取得？因為他們的農業生產大部分包括的只是園藝所出而已。就算這些都可能成事，會花多少錢呢？這些都是很嚴肅的問題，丹多洛及其議會委員們得要把這些都處理得很妥當才行。要是他們過度耗費公眾資源或者沒收到足夠的付款，後果就不堪設想。另一方面，要是安排妥當的話，威尼斯當然就能發一筆大財，而且又能履行他們為耶路撒冷而戰的職責。

總督告訴特使們說，他及議會需要時間蒐集所需資料以便制定出能成事的計畫，這是說，要是真的能這樣做的話。他告訴他們，希望八天內有消息給他們，不過也警告說可能需時更久。法蘭西人對這拖延有點失望，出了總督府之後卻也無疑在威尼斯很愉快觀光了一星期。八天後他們又被請回到總督府去，丹多洛及其議會正等著他們。

直到這第二次會晤時，特使們才告知總督及其手下，十字軍的目的地是埃及而非聖地。那些十字軍領導人之所以有此戰略選擇，最初是在第三次十字軍東征時由國王理查提出的，擒賊先擒王，粉碎了穆斯林在該地區的勢力，以確保耶路撒冷長期安全。但十字軍士卒多半不喜此戰略，他們宣誓加入十字軍是為基督之地而戰，不是為金字塔而戰。第四次十字軍領導人們打算乾脆不讓軍中士卒知道要前往何處以繞過這個問題。他們會對目的地保密直到船靠岸尼羅河三角洲，讓士卒別無選擇只好接受這處新戰場。

不過，改變目的地當然會讓某些威尼斯領導人失算，因此他們還要從長計議也就不足為奇了。然而到最後，威尼斯人還是提出了他們的方案，丹多洛清楚向特使們表明這還不是定案，就算這些武士們認為此提案是可接受的，但仍需要經過大議會以及人民大會的批准才行。法蘭西人理解了這一點之後，丹多洛就攤出了條款。

威尼斯會為這支軍隊提供一年的運輸以及大量的糧食，收費是每名武士四個馬克銀幣，每匹馬四個馬克銀幣，其他則每人兩馬克銀幣。特使跟威尼斯人講價，把每匹馬（或可能是每名武士）的旅費降到兩馬克銀幣。此外，威尼斯人也同意加入十字軍，並免費提供五十艘全副武裝的長槳帆船，條件是所有戰利品都由法蘭西人與威尼斯人平分。

雖然艦隊的議價是按人頭計算，但對威尼斯人最重要的是合約最後擬定時的付費，是一整筆金額。他們要生產一定規模的艦隊，總得以某種形式付費給他們，但他們卻不想要一個個去向十字軍收費。於是，法蘭西特使同意代表他們的領主付一筆款項，然後他們會再去分別跟十字軍收費。這看起來可能是小事，但其實卻不是。事實上，這正是後來問題的核心所在，而且這些問題終於一發不可收拾，最終導致十字軍東征計畫對威尼斯造成了轉型的影響。

談完之後，法蘭西特使們翌日接受了這份提案。丹多洛承諾會盡快讓提案通過威尼斯政府流程。三天後，他召開大議會，那時包括四十位人民代表。他憑著「機智與智慧」說服了成員接受此計畫。根據維爾阿杜安記載，丹多洛接著又召集愈來愈大批的市民團體，起初是百人，然後是兩百人，之後是千人的，陸續取得他們的批准之後才再做下一步。維爾阿杜安可能只是簡單闡述他聽到的事而已，但也很可能是丹多洛又用回從前總督為取得某措施的批准，而臨時召集群眾為此目的開會。就政治上而言，這是很有道理的，因為每一次群眾的批准，就愈有可能讓這項提案在下一次更大的委員會中不會遭到拒絕。

法蘭西特使在威尼斯待了兩個多星期後，他們所負的任務就已經不再是祕密了。全城都知道有項要讓威尼斯再度參與十字軍東征的計畫，現在這計畫需要他們的批准。成千上萬的人湧向聖馬可廣場，盡量設法擠進富麗的教堂裡。他們在教堂裡望了聖靈彌撒，傳統上這彌撒是在從事某種壯舉之前才唱的。望完彌撒之後，總督介紹這些特使，然後請他們對群眾講話，想來是透過一名翻譯。

當這些武士很不自然地走到前面時，巨穴般的教堂裡一片死寂。維爾阿杜安後來回憶說，威尼斯人非常好奇地盯著他們看，因為很少有武士打扮的北方領主來到這個商人雲集的港口。香檳的領主先奉承了一下威尼斯人，跟會眾說法蘭西最有勢力的領主們派他們來威尼斯，因為知道威尼斯稱霸海上，無其他城市能出其右。接著他描述十字軍正在歐洲各地逐漸成形，成千上萬的戰士都已宣誓加入十字軍，為了信仰而與親人別離。維爾阿杜安以真摯的情感請求威尼斯人加入他們的法蘭西弟兄們，憐憫聖城，為耶穌基督的聖地遭到褻瀆而復仇雪恥。

維爾阿杜安說完，餘音嫋嫋仍在金色穹頂中迴響，他就步下了讀經台，站在民眾面前。他默然示意五個同僚，於是他們就走到前面跟他一起。有感於耶路撒冷的困境、真十字架被糟蹋，以及基督釘十字架的傷痕再度從他子民所受迫害中呈現出來，於是這六位特使痛心而泣。接著他們做出了更令人意料不到的事：他們在威尼斯人面前跪了下來。維爾阿杜安在悲楚流淚中終於開了口，他誓言他們會一直待在原地，永遠跪下去，請求威尼斯協助，直到獲得賜准為止。

他們也沒有等多久，群情激動落淚，如潮情緒席捲了整座教堂。維爾阿杜安才剛懇求完，百姓就都舉起了手，眾口同呼：「我們批准！我們批准！」這些法蘭西特使們欣喜站起身來，此刻廣大群眾則高歌、高呼，陷入陶醉中。在這個人民所表態的同意之下，威尼斯再度加入了十字軍東征。

翌日，這幾位欣喜的法蘭西特使被請到了總督府裡，大小議會的成員都齊聚一堂。公證人一直在忙著起草合約的多份複本，這是十字軍東征的生意面，所有物流細節都要在羊皮紙上寫得一清二楚，好讓那靈性大業得以發生。但並不是說威尼斯的領導人等在做這些承諾時沒有懷著宗教情感，聖人遺物被帶進了議會廳裡，每位威尼斯議員都對著寶貴的部分遺體宣誓會維護合約條款，然後失明的總督就被引領到聖物前。他含淚跪下，承諾會兌現協議的每個部分。這個諾言他後來會無微不至地去守住。

準備第四次十字軍東征是威尼斯有史以來最大的計畫。威尼斯人已經允諾要在短短十八個月內生產一支艦隊，包括四百五十艘大運輸船，五十艘配備了全部人手的長槳軍艦，以及許多噸糧食。大多數用來運載十字軍、糧草以及軍用裝備的運輸船，是大型圓體狀的帆船，跟威尼斯商人慣用的商船同類。丹多洛及其議會下令暫停所有海外貿易，命威尼斯人將其商船帶回國，以便於一二〇二年六月跟十字軍一起出發東征。這件事本身就已經意味著一筆龐大開銷了。關閉海外貿易流會耗費威尼斯及其人民很大的代價。

艦隊大部分船隻得要用國家經費來打造，更別說馬匹運輸裝備得要從零造起了。這些船隻代表了中世紀軍事技術的重大改進，配備了坡道式踏板可讓馬經此踏板走上船，而不是把馬吊上船，以前這種方式經常會傷害到馬匹。上船後，這些馬都安置在各自的馬房裡，而且用轡繩固定好以保護牠們，免得在甲板傾斜時摔倒。

然後還有長槳帆船軍艦。這些長身、流線型的船隻配備的人手，都是訓練有素的威尼斯水手，他們能夠靈活運用一百支槳划動船隻，得心應手去衝撞敵船並登上對方的船。這些長槳帆船對於艦隊沿途的防禦，以及抵達目的地後摧毀埃及海軍兵力至關重要，在後來的世紀裡，這些船隻會在著名的威尼斯軍械庫生產，但在一二〇一年時，卻是由十幾家、可能幾百家分布於該城的船塢建造。威尼斯派遣仲介經由波河平原各河流與道路去簽下預購合約，為十字軍購買小麥以及其他食品原料。這批糧食的取得以及運送是一項艱巨的任務，因為並非只為三萬三千五百人備糧而已，還有四千五百匹馬匹牲口。

此外，還有人力問題。一二〇〇年時，威尼斯人口大約十萬左右，是歐洲第二大城市（僅次於羅馬）。要為議定的艦隊配備人手，就需要三萬名以上的水手與海兵，全城大概只有剛好派得上用場的壯丁人數，但這一來就會讓威尼斯沒有了壯丁，同樣也就沒有了保護力量。因此威尼斯打算只派一半壯丁，他們用抽籤方式決定該由哪一半壯丁參加。於是在一個大容器裡放了很多個蠟球，一半的蠟球內有一小片羊皮紙。每個教區的神父負責召集壯男，祝福蠟球，然後主持摸彩。摸到內有羊皮紙蠟球者就要加入十字軍。至於另外一萬五千名壯丁，威尼斯人則需要從大陸區以及達爾馬提亞沿岸的屬地去招募。

離開威尼斯之前，維爾阿杜安及其同僚商借了兩千馬克銀幣做為打造艦隊的預付款，這是威尼斯人最後一次見到法蘭西人的錢，十字軍已經同意會定期分期付款，但這些分期付款都沒有兌現。事實上，除了有十字軍的人開始於六月出現之外，就再也沒有別的什麼玩意兒來自十字軍了。這就讓威尼斯人陷入困境。要是十字軍有按承諾付款的話，就可以用來抵銷打造艦隊的費用。但是照眼下這樣的情況，到了一二〇二年六月大軍出發時，威尼斯就會被迫承擔所有費用。許多威尼斯人都被欠了大筆錢，要是收不回錢，他們就有破產的風險。對他們以及總督來說，這孤注一擲的風險空前巨大。

此外，雖然威尼斯有充分住宿提供給朝聖者與遊客，但卻沒有足夠的空間來容納三萬三千五百人，更別說四千五百匹馬了。於是，這些十字軍就被送到了荒涼的利多島上，那裡的視野可看到市區以及已經準備好要運載他們前往東方的龐大艦隊。每天都有一批批新的十字軍滿懷興奮期待抵達此島，在島上紮營，準備武器，期待在捍衛基督教世界時大顯身手。威尼斯人也同樣懷著歡欣鼓舞的心情，那些來頭較大的領主如法蘭德斯的鮑德溫、聖波爾的于格（Hugh of St. Pol）、蒙費拉托的博尼法斯（Boniface of Montferrat）抵達時，更是特別慶祝一番，因為他們帶來了強大軍隊、美麗旗幟，以及可觀的東征軍貲。

然而到了六月二十九日那天，這種心情開始惡化。根據合約，這天應該是付清款項、艦隊啟航的日子，結果兩者都沒發生。利多島上林立的精美營帳、昂首闊步的馬匹以及營火堆之間，總共只來了一萬一千名十字軍，其中有些還是窮得無法餬口的人。由於是要向參加十字軍的人個別收費，這意味領導人只能收到艦隊原價的三分之一款項。就像所有的負債者一樣，十字軍也要求債主耐心點，再多給幾星期寬限，以便等那些姍姍來遲者。

身為商人，威尼斯人是靠他們的書面合約來營生。於是里奧托市場攤位以及漁業碼頭開始可以聽到竊竊私語和不滿抱怨，當然，抱怨的對象是法蘭西人，他們應該對盟友好些，到期就該付清欠款。但無疑他們也抱怨他們的領導人，也就是總督及其議會，是他們擁護這個突如其來有問題的冒險事業。

過了幾週，情況並未好轉。有更多十字軍到來，但不過一兩千人而已，根本離他們還在等待中的兩萬人差得遠了。當教宗使節紅衣主教彼得・卡普亞諾（Peter Capuano）於七月二十二日抵達時，曾讓威尼斯人興起了些許希望，但他並沒有帶錢來，而是來解除那些宣誓加入十字軍的貧病者的誓言，然後打發他們回家。除此之外，他能做的就跟其他人一樣，繼續等待更多人到來。

那些不見蹤影的十字軍究竟在哪裡呢？他們無處不在，就除了不在威尼斯。雖然十字軍領導人約好在威尼斯會合，但對於個別兵士卻無約束力。中世紀的十字軍並不像一支現代軍隊，加入之後就置身於一套指揮系統中聽命。十字軍是由成千上萬個不同的人組成的，每個人各自向上帝立誓成為十字軍，至於這人要怎樣實現誓言，則在於他個人，不會單純因為法蘭德斯、香檳以及布洛瓦的領主們在羊皮紙上蓋了印，他們就有義務在威尼斯搭船上路。要是更方便或者更省錢的話，一名十字軍大可以在馬賽或巴里、布林迪西（Brindisi）或任何其他有船前往東方的港口付費搭船。

不見蹤跡的那兩萬人就正是這樣做了。在威尼斯因計畫不周而導致事情變得愈來愈混亂，成了自我應驗的預言。隨著更多的十字軍曉得發生在威尼斯的問題後，他們就避開了這城市，結果使得情況更加惡化。到了一二〇二年七月底，事情糟到了如此地步，以致沒有剛啟程的十字軍想來蹚這池渾水。因此當初預計有三萬三千五百名十字軍，此時在利多島上卻只有一萬兩千名準備啟程。

七月底或八月初時，寬限期滿，必須要付款了。丹多洛要十字軍領主們交出八萬五千馬克銀幣，以便讓十字軍踏上東征路。於是立刻就向每名十字軍收取船費，收到的費用不足該額時，領主們就命每個十字軍盡付其個人所有以便補足餘額。領導層的貴族交出了他們的貴重金屬以及大部分東征軍貲，以做為軍中士卒的榜樣。但並非每個十字軍都認同他們的領導人，從他們的角度來看，他們已經付了需付的，不該只因為領導人錯估了軍隊的規模而強迫他們付出更多。就讓他們為自己的錯誤去付出吧！最後十字軍能夠籌到的總額是五萬一千馬克銀幣，但仍欠三萬四千馬克，而且再也籌不出錢來了。

第四次十字軍東征是對一一七〇年代共和國新政府改革創制的最終考驗。換了在一個世紀之前，威尼斯百姓在憤怒、遭背叛與厭惡的情緒驅使下，很可能就已經要求把十字軍趕出城去，並留下所有已付款項當作違約的罰金。幸虧有了改革，總督及其議會現在成了民怒以及謹慎行事之間的緩衝。在跟議會開會時，丹多洛斷然排除把十字軍從潟湖趕出去的想法，他指出這樣做會讓威尼斯在基督教世界裡的聲譽受損，他也懷疑歐洲其他國家是否會同意他們留下已付的五萬一千馬克是說得過去的。然後還有很實際的驅趕問題，威尼斯這麼多世紀以來所以能生存並繁榮，就是因為沒有一支軍隊能夠克服其水域防禦工事，如今這麼龐大、全副武裝又充滿怒氣的軍隊就紮營在利多島上，萬一這些法蘭西武士拒絕離去，威尼斯的水手要怎樣才動得了他們呢？

丹多洛提出了另一解決方案。威尼斯國可將十字軍所拖欠的三萬四千馬克視為貸款，只要他們允諾用他們那份十字軍戰利品來償還即可。亞歷山卓和杜姆亞特（Damietta）都是富裕城市，大可輕易取得所需戰利品來付清十字軍的債款。由於此時航往埃及為時已晚，丹多洛又進一步提議，貸款的附帶規定是十字軍必須同意在札拉過冬。札拉海盜對威尼斯航運構成危險已有一段時日，因此收復該城的控制權乃意在說服議會某些成員，因為他們對於要把三萬四千馬克銀幣放貸給信用不佳的十字軍，其風險讓他們感到猶豫不決。雖然很謹慎提防，但議會還是批准了這項計畫。

幾天後，總督前往位在利多島上領主們的會議營帳裡，氣氛很緊張，就像大議會一樣，十字軍領導人對於丹多洛的計畫也不是很起勁。他們願意將未來可取得的戰利品做為抵押來償還債款，但為什麼他們還要幫威尼斯去跟札拉交惡，去打這場跟十字軍東征毫不相干的仗呢？札拉還是個基督教城市呢！丹多洛這位手段高明的談判者明白沒有了札拉，大議會是不會接受妥協的。他需要十字軍退讓一步，於是他提醒對方：問題是他們自己造成的，威尼斯人已經準備好要在六月二十九日運送他們去埃及，他給他們上了一堂關於地中海氣候的課，說要在九月過後的冬季暴風中渡海幾乎是不可能的事。十字軍需要有個地方過冬，札拉不像利多這片沙洲，可是個富裕之城，有著各種便利設施。再者，它還是個造反城市，這在封建武士眼中是很可惡的。如此這般，藉由協助盟友撥亂反正，十字軍就能解決兩個最迫切的問題：停滯不前的十字軍以及覓地過冬的需要。面對這番精打細算的說理之後，領主們同意了丹多洛的提案。

這並不容易，但總督已經設法擬出一個巧妙的妥協辦法挽救了十字軍。然而在跟大議會與十字軍領主們談判過程中，總督卻略去了一個關鍵細節。札拉是整個協議中的關鍵，但卻是受教廷保護。此城隸屬匈牙利國王伊姆雷（Emeric）所有，幾年前他曾宣誓加入十字軍，但其實對十字軍東征沒興趣，他宣誓加入只為了保住王位而已。但是當這位國王聽到大軍會陪同威尼斯人來到札拉附近，他立刻提醒教宗英諾森三世自己身為十字軍的權利。根據教會法，所有簽署加入十字軍者，其財產就受到羅馬教廷保護。教宗已經送訊息去給丹多洛，禁止他利用十字軍來解決威尼斯與札拉的爭端。

總督曉得這問題的嚴重性，但他認為還是可以做到的。他辯稱（起碼是對自己辯稱）伊姆雷是個假十字軍，他是利用宣誓加入十字軍來不公正地取得王位。由於伊姆雷不打算加入第四次十字軍東征，因此丹多洛就理所當然認為其領土已不再受教廷保護。這個故事就算完全是假的，但也很有可能性。然而，征服札拉這件唯一能讓十字軍攜手共進的事，也必須讓教宗接受才行。

威尼斯只有另一個人知道教宗禁止征討札拉，他就是教宗使節紅衣主教彼得．卡普亞諾。這個妥協計畫讓他陷入天人交戰。要是他譴責丹多洛，公開了教宗對札拉的保護，那麼彼得就得付上十字軍解散的責任，教宗不會樂見這樣。但另一方面，要是他容許此事，那就違反了教宗的誡命以及教會法，教宗也不會喜歡這樣。因此，這位紅衣主教就想出了第三條路。艦隊準備出發以及十字軍上船之際，他什麼也不說；十字軍沿著亞得里亞海南下時，他也什麼都不說。但是等到艦隊來到札拉城前拋錨停泊時，那時他就會以教宗全權代表身分說話了。這時軍隊都已經在船上，不再是困在一座島上要靠威尼斯供給糧食，事情看來就真的很不一樣。十字軍會獲救，而威尼斯人也會被剝奪掉這場不公的勝利。

這是個很尷尬的計畫。十字軍中的主要教士聽說軍隊會去攻擊一座基督教城市時，當然會去問彼得。教宗真的批准這樣做嗎？沒有，彼得回答說，教宗沒有批准。他勸這些神職同僚對此事保持緘默，直到艦隊啟航，那時他們會盡其全力去阻止進攻札拉。

不用多久，丹多洛就聽說了紅衣主教的計畫。在一次針鋒相對的交談中，總督告訴彼得，若他要禁止征服札拉的話，就該趁他們還在威尼斯時馬上這樣做。彼得客氣婉拒了。這兩人彼此都很了解對方，雙方都懷著同樣祕密，雙方都打算利用此事各遂其不同的目的。丹多洛是不會容忍讓這位自命不凡的使節出賣聖馬可共和國。他通知紅衣主教說，除非他放棄教宗使節的權威，否則不准登上艦隊船隻，但歡迎他加入十字軍做為軍中神父之一。彼得．卡普亞諾大怒，拒絕這樣做。他連珠砲般又是威脅又是警告，衝出房間，收拾行囊離開，前往羅馬。教宗會聽到威尼斯怎樣歪曲了十字軍的事。

這個問題似乎解決了，於是丹多洛與威尼斯人就集中心力在十字軍出發事宜上。還有很多事待完成，經過了幾個月的拖延之後，潟湖此時忙碌如打翻的蜂窩，水手划著船或乘帆船來回於大船之間，將工程器械、武器、馬匹，以及十字軍其餘的糧食等裝載上船。九月八日聖母誕辰那天，威尼斯十字軍及其法蘭西盟友應邀到聖馬可去望一台特別的彌撒。然而，在鐘聲響起，薰香點燃之前，有個大驚奇。年邁的丹多洛一身大禮服爬上了講壇的石階，向其同胞演講，他說：

> 諸君，你們與世上最英勇的人攜手共同從事最偉大的壯舉，此乃前人未曾有過的。我年老體弱，需要休養，身體愈來愈差，但我見到無人能如我這個君主般知道如何治理並引導你們，若你們同意我該加入十字軍以保護並領導你們，吾兒則該留下帶領這個國家，我會與你們及十字軍共進退生死。

總督以由衷之情再創了每個威尼斯人都熟知的一幕。一一二二年，總督多梅尼科．米凱里也曾站上這同一講壇，勸勉威尼斯人為基督而戰，並如他們的領導人一樣穿上十字架圖案的衣服。於是這座大教堂再度響起威尼斯人同意總督請求的呼聲。在歡呼聲夾雜著歌聲中，丹多洛緩緩下了講壇，跪在主祭壇前。神父在此聽取了總督的誓言，並為總督縫上十字架，但卻非如慣例是縫在肩上，而是縫在他的布冠上（這是總督角帽的早期版本），以便大家都看得到。

一二〇二年十月頭一個星期裡舉行了十字軍出發典禮，最後一位上船的是丹多洛，身穿繽紛的元首袍服，登上了總督專用的朱紅長槳帆船。四支專門用在莊嚴場合的銀號角在他面前吹起響亮號聲，鼓聲敲響，吸引大家注意力，典禮開始。各種繽紛長旗幟舉了起來，船身以及船樓兩側都掛了十字軍領主們的盾牌，每一面盾牌都各別塗上了鮮豔色彩，以示區別其主。神職人員爬上了船樓或船尾誦著《求造物主聖靈降臨》。隨著丹多洛的長槳帆船開始向前移動，艦隊其餘船隻也跟隨其後出發，一百支銀號角和銅號角吹響歡送他們，無數大小鼓激昂敲響著。很快他們就經過了右邊熟悉的利多島而駛出了潟湖，進入了亞得里亞海。丹多洛在離開時看不到威尼斯的美，但卻聽得到威尼斯人在望著他們領導人最後一眼時所發出的歡呼聲。

十字軍以及威尼斯半數壯丁和大多數船隻離去之後，威尼斯必然像個安靜、空蕩蕩的地方。留下來的威尼斯人打掃整理力圖恢復到平常之際，也擔憂威尼斯十字軍的命運，更不用說尚欠他們的三萬四千馬克銀幣了。起碼等到札拉重歸威尼斯控制時，他們可以對亞得里亞海上的安全稍微放下心來。

但事情並未盡如所計畫的那樣進行。當紅衣主教彼得氣呼呼離開威尼斯時，他確實做到要讓他在十字軍中的友人及支持者都知道他所受到的待遇，以及他認為威尼斯人正在劫持十字軍。他的黨派之中最有權勢的是伯爵蒙福特的西蒙（Simon of Montfort），一位年輕虔誠又格外謹慎的戰士，指揮著自己手下相當大批的軍隊。西蒙派其友德沃塞爾奈修院（Vaux-de-Cernay）院長居伊陪紅衣主教回羅馬，在羅馬向教宗報告了一切。英諾森三世怒不可遏，立刻寫了一封要言不繁的信函，威脅任何人若對札拉人動武就處以破門律。此函交託給了修院院長，事不宜遲，他立刻十萬火急趕路送去給十字軍。

十字軍於十一月十一日在札拉城牆外紮營，僅是兵力規模就讓城內的人印象深刻了。札拉無疑會陷落，因此，札拉人派代表團去跟總督丹多洛談投降條件。他們得到的回應很不留情，丹多洛會饒他們一命，但條件是他們得要立刻撤離此城。代表團無甚選擇，唯有同意。總督高興之餘，叫札拉人等在他營帳裡，他要先去跟法蘭西盟友商談。

丹多洛把他們單獨留下才不過一會兒工夫而已，但這卻已經是決定性的一會兒了。大院院長居伊帶著信函抵達，在幾位全副武裝的友人陪同下，蒙福特的西蒙趕快把這位僧侶帶到總督營帳裡，在那裡把這受歡迎的消息告訴了札拉代表團，說教宗已經來解救他們，不會攻城了。札拉人千謝萬謝，就回家去告訴他們的同胞一切都很順利。

不難想像這場滑稽悲劇下一幕的情景。丹多洛在十字軍幾位主要領導人陪同下，回到自己營帳準備接受札拉人投降，結果見到的卻是伯爵西蒙、修院院長居伊，以及其他幾位面露令人不安俏皮笑容的武士。那些札拉人到哪裡去了？走了。可是為什麼走了？因為我們告訴他們說，十字軍不會攻擊一個受教宗保護的基督教城市。方寸大亂、大吼、光火。接著大修院院長插了一腳到這場摩擦中，高舉教宗信函，大聲說道：「我代表羅馬的教宗禁止你們攻擊這座城市，因為城裡的人是基督徒，而你們則是十字軍！」

這正是這位威尼斯總督一直要避免的事。他或許是讓紅衣主教彼得沒能宣布這點，但卻沒能攔得住教宗藉由一封草草寫就的信，以及一位快得驚人的修院院長做到此事。迫於情勢，丹多洛太輕忽了教宗，因此傷害了羅馬與威尼斯之間傳統的良好關係。這個傷口不會很快或很容易癒合。

面對這個妥協的崩垮，丹多洛別無選擇，只好去訴諸法蘭西領主們的騎士榮譽。總督先後去找了法蘭德斯的鮑德溫、聖波爾的于格、維爾阿杜安的若弗魯瓦，還有其他十字軍領袖，說：「大人們，這個城市本來已經任我擺布了，但你們的人卻從我手中奪走它。你們允諾過要協助我征服此城，我現在籲請你們兌現諾言。」這些法蘭西領導人在虔誠心與榮譽心之間掙扎，最後起決定作用的卻是蒙福特的西蒙的性格，他在法蘭西同僚之間不大討人喜歡，似乎總是有怨言，而且他們認為他若非想要指揮十字軍就是想看到十字軍垮掉，而他們不會容許任何一者發生。他們同意進攻札拉城，西蒙對此很不屑，就與其手下跟十字軍分開，紮營在別處，拒絕跟這件罪惡的事有瓜葛。札拉市民在城牆上裝飾了十字架橫幅，但經過五天攻擊之後，該城於十一月二十四日淪陷，於是法蘭西和威尼斯的十字軍就移師城內。

日益受困擾的十字軍苦難已經夠多了，圍攻札拉又添了一項破門律作祟，西蒙及其友人非得要讓每個士兵都知道他們的靈魂處境不可，或許他是希望從其他領主手中奪得十字軍的控制權，因為這些領主似乎正帶著手下直接走向地獄。隨著這些話在法蘭西人之間傳開，威尼斯人也就免不了成了壞人。是他們把十字軍留在威尼斯，等到啟航前往聖地時已經太晚了；是他們向武士們索費過高，榨光了他們身上每一分錢而且還要索取更多；也是他們要十字軍去攻擊一座基督教城市，甚至是在教宗嚴禁之後。在威尼斯時，士兵滿肚子不爽卻無法採取行動，但是在札拉就可以了，法蘭西十字軍開始組織成團去攻擊威尼斯人。領主們騎上馬衝過札拉街上，平息了一區打鬥結果別處又起。到了早上，當這場殺戮終於停止時，大約死了一百人，更多的人則受了傷。

為了恢復平靜，十字軍的隨軍主教們發布了一道一般赦免令，解除重重壓在士兵心頭的破門律。任何對教會法有點基本常識的人都知道，這種赦免令是無效的，只有教宗才能解除他所下的破門律。幸虧沒有一個十字軍有這種教會法基本常識，於是冬季其餘的日子裡大多相安無事。

征服札拉對威尼斯是好事一樁，因為除掉了自家後院裡的敵人，但威尼斯並未因此成為海上帝國。接下來的一幕好戲發生在聖誕節前後，又一次，是因為一艘船的來到而起。駛進札拉港口的小船上載來了斯瓦比亞的腓力（Philip of Swabia）的特使，腓力是很有勢力的領主，自稱是日耳曼國王，但他正在跟另一位也同樣自稱為王的領主打仗。這些日耳曼特使帶來了一個背信棄義又充滿陰謀詭詐的故事。

這是個很精采的故事，大約始於十年前的君士坦丁堡。一一九五年四月的一天，皇帝伊薩克二世·安格洛斯（Isaac II Angelus）與其弟阿歷克塞去狩獵，卻不知道自己成了獵物。伊薩克一離開自己的貼身侍衛，阿歷克塞及其同謀就抓住皇帝挖出了他眼睛。在拜占庭，這是被認為比較人道的政變手段，因為盲人是不准治國的。伊薩克被安逸舒適地軟禁在君士坦丁堡，而他那位造反的弟弟則加冕成為阿歷克塞三世。這一切在君士坦丁堡都是家常便飯，不過那些封建武士們聽到這場謀反卻忿忿不平。

特使們接下去說，可憐的伊薩克有個兒子，名字跟叔父一樣，也叫阿歷克塞。一二〇〇年時，他才十五歲左右，年輕的阿歷克塞設法安排了一場大膽逃亡行動，登上了一艘駛往西歐的比薩商船。他喬裝成普通水手，在安科納上了岸，然後前往日耳曼來到斯瓦比亞的腓力的宮廷。腓力的妻子伊琳娜正是這個年輕人的姊姊。伊琳娜求其夫協助阿歷克塞，然而腓力忙於自己的戰爭而分身不暇。於是，他就遣使去找十字軍，招募他們來協助這個年輕人。

講完故事時，這些日耳曼人敦促十字軍領主們拔刀相助這位可憐的太子，他們聲稱，太子受害於大逆不道的叛者，君士坦丁堡的百姓都在暴君阿歷克塞三世的壓迫下過著水深火熱的日子，盼望著太子來做他們名正言順的統治者。這些特使甚至堅稱只要年輕的阿歷克塞一到，拜占庭百姓就會推翻邪惡的叔叔。十字軍本就理所當然應該捍衛那些手無寸鐵者並解救受壓迫者。而且不過是在前往東方的路上順便繞一下路而已，更何況，若十字軍同意為太子做此事，他會重賞他們。身為名正言順的皇帝，他會為他們提供前往君士坦丁堡路上所需補給。然後，等他懲治了邪惡的叔叔並即位後，他會付給十字軍二十萬馬克銀幣，這筆錢用來償還欠威尼斯人的債務綽綽有餘，值得他們一試。而且還不止這樣，他也承諾會籌組一支一萬名士兵的軍隊，自己加入十字軍一年，終其一生他會在聖地維持一支有五百名武士的駐軍。這合作對教宗也有好處，新皇帝會讓希臘東正教會服從於羅馬，這樣一來就結束掉拉丁與希臘教會一個多世紀的大分裂。

這番提議似乎來得正是時候，十字軍此時不僅已無分文，而且到了一二〇三年五月時連軍糧也將告罄。去為阿歷克塞三世效命似乎是填飽肚子和荷包的方法，又能守住大業。威尼斯總督當然想要十字軍東征成功，但他也看出對他城市與百姓的危險。威尼斯人有大部分海外貿易都是在拜占庭帝國裡做的，位於君士坦丁堡內的威尼斯人區是個生氣蓬勃盈利的城中城，他們幹麼要希望去攪亂這一切呢？總督丹多洛對於阿歷克塞三世篡其兄之目一事知之甚詳，不過在拜占庭就是這樣處理，整體而言，威尼斯與目前皇帝的關係還算不錯。丹多洛本人還在一一九八年跟阿歷克塞三世達成了一項貿易協定，如果威尼斯帶著一支軍隊和一位對手航入拜占庭水域的話，這項協議就泡湯了。當然，他們也可能成功推翻那位皇帝，但這對威尼斯而言卻是場很大的賭博。航去埃及就沒有這種風險，而且取得豐厚戰利品的機會多得是。

但此事的決定權並不在這位總督手上，雖然他當時還不知道，不過已經有些十字軍領袖承諾他們及十字軍會協助這位太子復國。十字軍名義上的領導人蒙費拉托的博尼法斯是斯瓦比亞的腓力的附庸，其實兩年前當十字軍還在形成之中時，他就見過這位拜占庭太子了，那時就已允諾會設法利用軍隊協助他。博尼法斯已經去過羅馬要說服教宗准許十字軍這麼做，但教宗斷然拒絕了。總督丹多洛也不知道，幾位帶頭的十字軍領主，尤其是博尼法斯、法蘭德斯的鮑德溫、聖波爾的于格，還有布洛瓦的路易早在幾個月前仍在威尼斯等待之際，就跟斯瓦比亞的腓力達成了協議，如果阿歷克塞在東方協助他們的話，他們就同意在君士坦丁堡協助阿歷克塞。因此，總督是處於很大壓力之下，要他接受這位太子的提議。到最後，他接受了。

然後就向十字軍士卒揭露了這個新計畫。威尼斯人大多熟知前往君士坦丁堡的路徑，對此改變沒有異議。事實上，他們可能還以為（當然，是錯誤的）是教宗下令繞這趟路的。至於法蘭西人則反對此事，但他們的領導人還是簽了合約，於是十字軍就開拔前往君士坦丁堡。

與此同時，札拉也不斷拚命惹麻煩。一二〇三年春，札拉和匈牙利戰士聯手對十字軍在城內的軍營展開游擊戰，眼前他們只是煩人而已，但等到十字軍出發後，這些戰士就會很有機會奪回此城。丹多洛不能讓札拉海盜趁共和國大多數軍隊離去後肆虐亞得里亞海。四月七日全體十字軍撤出札拉，在附近紮營，然後接下來威尼斯人花了幾星期將該城夷為平地。等他們完畢之後，只剩下遍地瓦礫以及教堂留在原處，見證此城曾經存在過。

當十字軍艦隊兩百艘左右的船揚帆前往君士坦丁堡時，教宗及其使節只能滿肚子挫折與怒氣眼睜睜看著。英諾森三世認定丹多洛及威尼斯人劫持了十字軍，以便利用來先跟札拉算帳，現在又去跟君士坦丁堡算舊帳。雖然法蘭西十字軍有遣使去求教宗寬恕他們的罪，但威尼斯人卻沒派人來求任何事。丹多洛知道教宗會堅持要威尼斯把札拉歸還給匈牙利國王，所以他決定等到把札拉夷為平地之後才去尋求寬恕。不過，到那時為時已晚。當教宗使節赦免了法蘭西十字軍的罪時，他還針對威尼斯人頒布了正式的教宗破門律敕令，丹多洛告訴十字軍的領主們，要是這項破門律公開了，威尼斯人就會放棄十字軍東征。蒙費拉托的博尼法斯只好乖乖把敕令壓下來，這件事暫時到此為止。所有的威尼斯十字軍都被逐出了教會，可是只有丹多洛知道這件事。他會把十字軍東征其餘時候大部分花在為自己及其同胞尋求赦免上。

一二〇三年六月二十三日，載著十字軍以及年輕阿歷克塞的威尼斯艦隊，來到了君士坦丁堡就在眼前的距離內。對於總督以及威尼斯人而言，這是很孰悉的景象，但對法蘭西人卻不是，他們之中甚少人曾踏足過這座帝國之都，事實上，他們很少人知道世上原來還存在著一座這麼大的城市。他們從未見過如此之多的壯麗宮殿府邸，眾多希臘東正教教堂的大圓頂也是既奇怪又令人驚豔的景象。君士坦丁堡簡直就讓這些北方人大開眼界，西歐最大的十個城市塞進了它的城牆之內都還綽綽有餘。就在十字軍向北航駛通過博斯普魯斯海峽，直接經過此城外面時，成群的希臘人群聚海牆（seawalls）上來看這龐大的艦隊。由於城內的山丘地勢，因此其他許多人也可以從屋頂上或甚至舊衛城（現代的瑟拉琉岬角〔Seraglio Point〕）的青草丘上看到這些船。在一座充滿奇觀的城市裡，不尋常景象都成了普通的事，這麼大又多采多姿的十字軍艦隊反倒成了看熱鬧的對象。

十字軍在博斯普魯斯海峽的亞洲那岸紮了營，在那裡等著百姓推翻他們的暴君，結果毫無動靜。等了幾個星期之後，七月三日那天，威尼斯五十艘長槳軍艦全部划過了博斯普魯斯海峽，來到很靠近首都海牆的位置。丹多洛、蒙費拉托的博尼法斯還有年輕的阿歷克塞都在其中一艘軍艦上，也許因為總督的富麗船隻之故，這些長槳船吸引來了大批看熱鬧的人。十字軍一邊拉太子亮相，一邊高喊：「看哪！這才是你們的主子！」他們高聲數落著阿歷克塞三世的罪狀，並強調說他們不是來傷害百姓的，而是來捍衛並協助他們的。他們敦促希臘人採取行動對付那名篡位者，結果，居民反倒採取行動對付起十字軍來，向他們扔出大小石頭，如雨落下，辱罵聲不絕。兩天後，第四次十字軍準備好要進攻君士坦丁堡。

就軍事上而言，十字軍的兵力實在太少，不足以征服像君士坦丁堡這麼大的對象，但它的兵力又大到足以造成損害。七月十七日威尼斯發動了大攻擊，包括裝備了船樓與飛橋運輸船在內的艦隊，朝著內港那邊的海牆駛去。就在這些運輸船來到射程範圍內時，拜占庭的砲兵爬上塔樓，開始發射出連珠砲般的石彈，但卻奇蹟地沒有損壞到這些船。弩手與箭手從兩邊發射，弩箭滿天飛，防守者凶悍的發射使得運輸船的船長們不敢讓船太逼近海岸。有幾艘船得以用飛橋挨近了城牆，但很快又撤離，以免被致命的如雨落般的石彈擊中。再經過幾番失敗之後，威尼斯人的進攻停滯了下來。

接著，丹多洛做了一件驚人的事，他全副武裝站在長槳船的船艏，聖馬可旗幟在他面前迎風飄揚，失明的老總督一直很留意聽著戰況，以及手下向他報告的情況。當運輸船停止前進時，他命自己那艘長槳戰艦繼續前進，一直來到城牆下搶灘為止。毫不意外，他的手下當然質疑他這個戰略是否有智慧。丹多洛勃然大怒，說要是不把他的船駛上岸邊的話，他一定會讓他們的肉體吃苦頭。於是槳手死命划著船，而這艘朱紅長槳戰艦也就飛快向前駛去。威尼斯的水手們由頭到尾驚訝萬分看著總督的船，從後面的運輸船隊中冒了出來，快速往岸邊划去，在箭林彈雨之中可以見到聖馬可的翼獅旗，其後是總督的身影，依然英勇站在船艏。等到這艘長槳船一登陸，幾名手下就拔起了軍旗插在岸上。這種勇氣的驚人表現鼓舞了威尼斯人士氣，那些圓體船立刻紛紛向前駛去，水手們也衝上了飛橋，有些設法踏足到城牆上，有些則上了岸，爭先恐後爬上了雲梯。拜占庭的防守者四散而逃，讓威尼斯人得以迅速在防禦工事上行動，終於攻占了二十五座城樓。

年邁總督迎風而立，衝鋒陷陣朝君士坦丁堡岸邊勇往直前，這形象當之無愧成為威尼斯史上或甚至是中世紀永垂青史的一幕。也許正因為如此，有時就渲染過度了。從丁托列托（Tintoretto）為大議會廳所繪的油畫畫作，到愛德華・吉朋（Edward Gibbon）《羅馬帝國衰亡史》書中記載，丹多洛都被描繪為率先衝上岸的戰士，帶領其同胞與希臘人作戰。我們如今常在現代寫的歷史故事中讀到這位老邁總督揮舞著聖馬可旗幟，向其部隊高呼，並與軍隊一起跳上岸。不過事實上，丹多洛在整個過程中根本就不曾有過肢體動作，他沒有抓著或揮舞著旗幟，也沒有對其他船隻高呼下令（總之這原本就是不可能的事），他甚至沒有從他的長槳戰艦上下來。丹多洛穿著盔甲，保持穩穩站在移動的船隻上，這對威尼斯人而言是很普通的事，任何人只要見到過搭乘擺渡橫越大運河的老太太，靠沉重購物袋保持站穩，就可證明這點。不過丹多洛的確以其勇氣激起了手下士氣，從而扭轉了戰勢。

攻占了城牆的一小部分並不等同攻占了此城，不過威尼斯人也放火燒了附近一個有錢人住的地區。這對拜占庭人來說就已經夠了，他們才不管是伊薩克二世的弟弟或兒子來統治呢！阿歷克塞三世察覺到危險逼近，就竭盡所能搶先拿了一千磅黃金以及帶得走的許多寶石和珍珠逃離了君士坦丁堡。翌晨，丹多洛以及十字軍眾領袖被伊薩克二世派來的使者吵醒，他已復辟了（儘管失明）。剎那間，十字軍從歹角變成了英雄人物，城門大開以迎他們，而那個曾對他們大開支票的年輕人則登基成為阿歷克塞四世。

十萬馬克銀幣立即送來給十字軍，這些錢的確很受歡迎。按照條約規定，這筆錢由威尼斯人和法蘭西人均分，後者以他們分到的那筆錢來償還拖欠的債務，總算了結那份麻煩多多的合約。雖然法蘭西人還是很拮据，但他們知道會有更多錢進來，因為現在才付了承諾的半數費用而已。

但是阿歷克塞四世已經沒有錢了，他到處去搜刮更多的錢，沒收敵手的財產、掠奪教堂，甚至去盜歷代皇帝的墓取走貴重陪葬物。但是十萬馬克銀幣是筆巨款，阿歷克塞根本就籌不出來。他需要更多寬限時間。他提出願意自費再多租用威尼斯艦隊一年，只要軍隊在君士坦丁堡過冬的話。他向他們保證說，到了一二〇四年三月，他就能償清所餘欠款，並加入十字軍前往埃及。

結果卻並未如此。新皇帝變本加厲意圖籌款償付威尼斯人與法蘭西人，使得皇帝跟十字軍都很不得君士坦丁堡民心。情況惡化到希臘人成群結黨開始在城內的威尼斯人區，以及君士坦丁堡港口一帶的其他歐洲人區縱火。八月十九日，一群武裝的比薩人與威尼斯人展開報復，在市中心的拜占庭人住家區縱火，一陣強風吹過，將火勢蔓延到君士坦丁堡的中段地區，很快就成了史上最具毀滅性的都市火災之一，十萬多名拜占庭市民的家園盡毀於熊熊烈火。拜占庭人對西歐人的怨恨在平時最相安無事時也會燜燒，現在則成了白熱化的火焰。所有在君士坦丁堡的歐洲居民，包括成千上萬的威尼斯人在內，全都逃離家園，遷到港口北邊，去跟十字軍待在一起。戰線因此劃分了出來。

這種公然的仇恨使得阿歷克塞四世要償付十字軍任何東西，都已在政治上成為不可能的事，他意圖跟他們拖，但到最後乾脆表明說他們應該對已經到手的感到滿意了。這分明違反了誓言與合約，對於遵守封建法制的法蘭西人以及從商的威尼斯人而言，同樣都是最深惡痛絕的事。他們威脅說，如果皇帝不能償付欠他們的債款，他們就來個「自取償款」，沒收君士坦丁堡郊區的貨物和錢財。皇帝拒絕了。

如此這般，一二〇三至一二〇四年的冬天，威尼斯人和法蘭西人聯手展開多次襲擊，皇帝則安然躲在宮牆之內，什麼也不做。他手下大軍人數雖然多過十字軍，但卻不敢用兵，理由很簡單，因為他們都是懦弱無用、不老實，而且缺乏訓練。在蛇蠍窩般的拜占庭政壇中，政府回應此種困境的手段照例是發動一場宮廷政變，一位朝中大臣阿歷克塞・莫爾策弗魯斯（Alexius Mourtzouphlos，意指「濃眉」）先是監禁了阿歷克塞四世，然後絞死了他。失明的伊薩克二世也順便同時死去。這名叛賊接著就登基成為阿歷克塞五世。隨著他們的帝國中索人之死，第四次十字軍也就對君士坦丁堡及其刁民宣戰了。

第四次十字軍成為威尼斯史上最自豪的時刻，是有理由的。在這場龐大的努力中，西方世界最大、最富有、防禦工事最佳的城市被堅決的威尼斯人及其船隻攻陷了。當然，法蘭西人也幫了一把，但一二〇四年四月的那場進攻完全只是一場海戰。大批威尼斯商船雙雙對對並排綁在一起航行，以便能把巨大的飛橋運載到君士坦丁堡海牆的北面。這場艱苦戰役耗掉了幾天時間，不過最終威尼斯人及其盟友還是攻破了城牆，占領城牆後面的龐大城市。不過這場勝利並非只靠威尼斯水手的能幹，而是君士坦丁堡的守軍實在異常差勁，稍有風吹草動，拜占庭士兵就如牛隻般四散奔逃。

接下來三天裡，這些西方人狼吞虎嚥般掠奪了君士坦丁堡的財寶。一位拜占庭元老尼西塔斯・卓尼亞鐵斯（Nicetas Choniates）目睹了他心愛的城市遭此劫掠，寫下了歷歷如繪的暴力情景，描述十字軍及其他歐洲人如何將宮殿府邸、教堂、公共場所搜刮一空。無數的古代藝術寶藏盡毀，或熔解鑄幣，或打碎以取出寶石。威尼斯人當然也有份掠奪，但卻不像法蘭西人或其他歐洲人，他們懂得欣賞搶到的東西。丹多洛挽救了成百成千件物品免於毀壞，命人裝箱打包運回威尼斯。至於他選擇要帶走哪些東西似乎並沒有什麼指導原則，或許，只除了這些東西都是罕有又美麗的之外。

今天去參觀聖馬可教堂的人，就會見到很多丹多洛當年送回國的東西，事實上，想不見到也不可能。聖馬可教堂在一二〇〇年時還沒有什麼裝飾，如今則遍覆大理石板、拱頂、圓柱，雕像幾乎是以很隨意的方式陳列，只要那位置能放得下就行。這些大多來自君士坦丁堡，就以那座深色的四帝共治像為例，就放在非常靠近總督府的教堂角落裡，這兩組斑岩雕像描繪的是奧古斯都與凱撒（也就是羅馬帝國的皇帝與副皇帝），以團結的姿態彼此互相擁抱。最初這些雕像是置於高柱上，聳立於君士坦丁堡的集會廣場「友愛廣場」（Philadelphion），在那裡，它們代表了羅馬帝國晚期的結構。但在威尼斯，它們什麼也不代表，但因為很有吸引力，所以就切割開來以便放在這個光禿的角落裡。今天它們和遊客一起分享了這區域，遊客經常在此休息一下，然後前往下一個景點。很少有人留意到這四帝像其中一尊的腳是白色的，這是後來補上的，因為在運送途中一隻腳不見了，所以威尼斯人補做了一隻腳。那隻不見的雕像腳於二十世紀在伊斯坦堡的考古挖掘中發現了，如今陳列在當地的考古博物館中。

到目前為止，丹多洛挽救的物件之中最有名的，莫過於聖馬可教堂的四匹青銅馬，甚少有雕像如這些迷人的駿馬像富有歷史，這些非凡的雕像大小如實體，原本描繪的是一組拉雙輪戰車的馬，還有一尊青銅駕馭戰車者。這些青銅馬乃希臘傑作的複製品，可能鑄成於耶穌時代或者一兩個世紀之後。在第四或第五世紀期間移到君士坦丁堡，後來幾個世紀裡，它們拉著勝出的駕馭者，高踞於氣派的賽馬場起跑閘口處。它們的駕馭者雕像下落如何不得而知，但這四匹青銅馬則被解了轡繩、裝箱，送到了威尼斯。可以想見當威尼斯人拆箱見到這奇怪禮物時的驚訝了，幹麼要運這些青銅馬匹到一座沒有真正馬匹的城市呢？有好幾年威尼斯人為了要把這些馬匹安置在哪裡而爭論不已，但最後決定放在聖馬可教堂的門面上。為什麼把它們放在威尼斯最突出的位置上呢？聖馬可跟馬沒有關聯，聖馬可廣場跟馬也沒有關聯。儘管現代人努力要為這些馬匹安置在此找出些意義，但我們照樣得到同樣答案。就像其他所有來自君士坦丁堡用來裝飾聖馬可教堂的物件一樣，不管是裝飾內部或外部，這些青銅馬所以放在門面上，是因為放在那裡看起來很好看。對於務實、實事求是的威尼斯商人而言，這理由就夠了。

君士坦丁堡的淪陷或許是讓聖馬可教堂大大受惠，但對於威尼斯人卻是真正的險事。威尼斯海外業務的最大份額是經由拜占庭港口而來，尤其是君士坦丁堡。該城及其帝國的淪陷意味著不確定、脫序和危險，這些全都不利於做生意。總督深深了解這一點，所以盡快恢復該地區的穩定就成了他的主要目標。

首要之務就是選出一位新皇帝。六名威尼斯人與六名非威尼斯人被選出來做此決定。這個位子有兩名主要競爭者：十字軍名義上的領袖蒙費拉托的博尼法斯，以及在法蘭西領主之間擁有強力支持、很有勢力的領主法蘭德斯的鮑德溫。六名非威尼斯人為此兩位領袖而分成兩派，如此一來，威尼斯人要把帝位交給他們的總督就成了很簡單的事。然而丹多洛卻不想要這份工作；他九十七歲了，只想趕快回家。更重要的是，他生怕要是選出了一名威尼斯人當皇帝的話，法蘭西人就會棄君士坦丁堡而去，丟下該城毫無防禦力。不過，這些威尼斯選舉者能夠打破另兩位帝王候選人之間的平局。他們選擇了鮑德溫，這樣投票主要是反對博尼法斯，因為他是熱那亞之友，其家族也跟以前的拜占庭王朝關係密切。鮑德溫沒有那種包袱，而且更有可能保持讓法蘭西武士們留在東方。由於威尼斯人沒有獲得王位，十字軍就把君士坦丁堡的宗主教區割讓給他們。

五月十六日，在聖索菲亞教堂舉行了富麗堂皇的典禮，基督教神職人員為君士坦丁堡的新任拉丁皇帝鮑德溫一世主持了加冕禮。這是一場盛事，顯赫的領主們以及威尼斯貴族騎馬浩浩蕩蕩前往皇宮去接這位當選的皇帝，然後再繼續往聖索菲亞教堂前去。鮑德溫身穿羅馬皇帝的華麗服飾，服飾上的寶石如此之多，以致令人驚訝他竟然能全部都穿戴上。就連鞋子也鑲滿了珠寶，披風上飾有紅寶石組成的帝鷹圖案，閃耀到有位觀禮者還以為著了火。鮑德溫進了教堂繼續往前走向主祭壇，陪伴在他身旁的有手持皇家旗幟的布洛瓦的路易；手持帝王寶劍的聖波爾的于格；蒙費拉托的博尼法斯則捧著與他無緣的帝冠。鮑德溫在主祭壇前跪下，十字軍的主教接過帝冠並加以祝福。然後上述三位各以一手共同托著這頂帝冠將之戴在了鮑德溫頭上，宣布他為皇帝。他們在這位新皇帝的頸上掛了一枚大如蘋果的紅寶石，這枚紅寶石以前乃屬於曼努埃爾一世所有。

隨之立即組成了一個委員會，以便這些勝利者瓜分拜占庭帝國。其中有幾處地區是在委員會瓜分權限之外的，克里特島就是其中一處。這是個在戰略地位以及商業上都很重要的島嶼，之前阿歷克塞四世曾把克里特島給了蒙費拉托的博尼法斯，酬謝他助己登上王位。如今拜占庭一片殘破，博尼法斯更屬意於帖撒羅尼迦（Thessalonica），他想要帝國這座第二大城。他出價要把克里特島賣給熱那亞人，但丹多洛搶先出手，以一千馬克銀幣從博尼法斯手中將克里特島買了下來。

這還不是威尼斯到手的全部，根據十字軍東征前彼此間的一項協議，君士坦丁堡以及帝國將分成幾份，四分之一歸皇帝，其他四分之三由威尼斯人和法蘭西人均分。換言之，威尼斯可以瓜分到八分之三的拜占庭帝國。這個瓜分委員會把君士坦丁堡靠近碼頭很大部分地區賞給了威尼斯，從埃拉克萊亞（Heraclea）到馬摩拉海（Marmara）海岸線盡頭的加里波利半島（Gallipoli）的沿海地區，還有哈德良堡。威尼斯也獲授薩拉米斯島（Salamis）、埃伊納島（Aegina）、安德羅斯島（Andros），以及尤比亞島的兩端，還有科林斯灣（Corinth）和摩里亞半島（Morea，即今之伯羅奔尼撒半島）。最後，威尼斯人還得到了希臘西部亞得里亞海沿岸所有土地權，但就跟買下克里特島一樣，這些獎賞只包括去征服這些地區的權利。儘管如此，丹多洛還是馬上就加上了新頭銜，之後幾十年裡的威尼斯總督們都很自豪地冠上此銜：「八分之三羅馬帝國的領主」。這個羅馬帝國是個很短命的帝國，現代史學家稱之為「君士坦丁堡拉丁帝國」，很吃力地撐了五十幾年，終於在一二六一年淪亡。

鮑德溫加冕後不久，年邁的丹多洛就去世了，他在盛大排場的葬禮中長眠在聖索菲亞教堂的樓座區域，這是令威尼斯壯觀的聖馬可教堂相形見絀的教堂。總督丹多洛是唯一安葬在這處基督教世界裡最大教堂的人。

如此這般，威尼斯轉型成了海上帝國，雖然不是立刻就轉型成功，當然也不是沒有經歷些惶恐。身為商人，威尼斯人天生就不喜歡帝國，帝國是很昂貴、麻煩的冒險事業，讓人無法專注於底線何在。威尼斯老早就把控制權延伸到亞得里海沿岸城市，然而對威尼斯人而言，那是他們的海，他們的家園。雖然在地中海東部各城市裡都可見到威尼斯人區，而且威尼斯的護航隊也縱橫於這些異國情調的水域，威尼斯卻從來不曾將其政治或軍事力量擴及到亞得里亞海範圍之外。

起初，威尼斯政府拒絕接受丹多洛為他們贏得的土地，反而，新總督彼得羅·齊亞尼（Pietro Ziani, 1205-1229）頒布了普通許可證，給願意自費去征服這些領土的威尼斯人。一旦征服之後，這些土地就成為拉丁人統治帝國的部分，跟威尼斯共和國沒有任何法律上的關聯。然而這項假裝什麼也沒改變的策略卻行之不久。熱那亞人仍為了丹多洛從他們眼皮下搶購了克里特島而氣得七竅生煙，於一二〇六年對該島發動了侵略。他們也釋放出海盜，例如惡名昭彰的雷歐內·維特拉諾（Leone Vetrano），他奪取了科孚島做為大本營，專門針對希臘沿海的威尼斯航運。

於是威尼斯就向熱那亞宣戰了。頭兩次的艦隊是由拉尼耶洛·丹多洛（Raniero Dandolo）指揮，他是恩里科的獨生子，其父不在時曾由他出任副總督一職。他成功驅逐了海盜，奪回科孚島、科羅尼（Koroni）還有莫東（Modon），並侵入克里特島。在作戰期間他被流箭射中，幾天後死於熱那亞獄中。這場爭奪克里特島之戰又拖拖拉拉打了五年，最後，威尼斯人於一二一一年打敗了熱那亞人，在克里特島建立起唯一的控制權。其後的四個多世紀裡，該島一直是威尼斯帝國的基石。

※

第四次十字軍東征讓威尼斯轉型了，本來認為是一場捍衛信仰的戰爭壯舉卻成了通往帝國的門路。不過在發生過程中時，看起來卻只不過像是個禍源。不僅是十字軍因付款不足而拖延離開威尼斯，而且十字軍本身也大大偏離了正道，最後毀了威尼斯最大的貿易夥伴。愛琴海上的安定破滅，逼得威尼斯人只好為他們的長槳戰艦裝備人手，向一片混亂的廢墟進軍，建立起一個新的海上帝國。這是威尼斯新時代的來臨。

第七章
馬可孛羅的威尼斯：十三世紀的繁榮、權力與虔誠之情

以前有段時期，史學家時興把第四次十字軍東征的結果，歸咎於威尼斯和總督恩里科·丹多洛，他們推理是：因為威尼斯人從征服君士坦丁堡中獲利，所以他們必然早有預謀。十九與二十世紀期間，這種說法又添上了一抹馬克思主義色彩，認為宗教是資產階級的壓迫工具，因此主張貪婪的威尼斯資本家利用假虔誠說服天真的十字軍，把矛頭轉向君士坦丁堡來為自己贏得一個帝國。研究十字軍的史學家則老早就放棄了這種憑空臆造的說法，理由很簡單，因為根本就說不通。第四次十字軍東征破壞了威尼斯賴以謀生的安定市場，並迫使威尼斯公民花生命和國庫代價去建造一個他們自己的帝國，以取代從前那個大致上還可被他們接受的帝國。儘管如此，我們仍不時在小說和旅遊導覽中（低劣歷史傳統上最後固守的陣地），看到那些胸有城府的威尼斯人聰明地扭曲了第四次十字軍東征以達其目的。

對威尼斯人而言，整個君士坦丁堡的拉丁帝國時期都涉及了很謹慎的風險管理。沒錯，總督已經成為「全羅馬帝國八分之三的領主」，但實際上這究竟意味著什麼？威尼斯人從未意圖中索瓜分條約中授予他們的全部領土，能取得愛琴海某些具有戰略重要性的島嶼和港口以保障其商人，他們就很滿足了。君士坦丁堡有八分之三也屬於他們，但該城已非昔日的大都。在十字軍征服它的前夕，住在這座首都城牆內的人多達四十萬，整個大都會區的人口可能有一百多萬。到了一二三〇年代，君士坦丁堡的人口已銳減到四萬左右，城裡大部分一片破敗，遭一二〇三、一二〇四年的火災摧毀，市民棄城他去。雖然如此，君士坦丁堡依然是個繁榮港口，威尼斯人起碼能將那裡的生意上敵手，也就是熱那亞人，排擠出去。威尼斯照說還擁有君士坦丁堡宗主教區的控制權，但這點也從未實現，因為教宗英諾森三世拒絕批准當選的威尼斯僧侶湯瑪斯·莫洛西尼（Thomas Morosini）出任宗主教，不過後來還是有任命他出任此職，以便維持君士坦丁堡的和平。隨後繼任的宗主教也都是威尼斯人，不過英諾森三世及後來的教宗，都很努力不懈維護在東方拜占庭的基督教會之自由，這意味打擊任何要讓威尼斯人成為君士坦丁堡或格拉多宗主教的意圖。

在征服之後，君士坦丁堡的威尼斯人社群大幅增長，畢竟，他們擁有此城很大部分，而且又沒了厲害的商業對手，因此導致設在君士坦丁堡的威尼斯政府跟著擴大，由稱為「執政官」的行政官員來主管，他跟威尼斯的總督一樣有自己的幕僚法庭。本國和外省的政府之間不時會有摩擦，但威尼斯與君士坦丁堡之間百姓與貨物的往返很頻密，因此這兩個政府從未疏遠過。十六世紀的史學家達尼埃萊·巴爾巴羅（Daniele Barbaro）聲稱這個位於君士坦丁堡的外省政府勢力變得如此之大，以致位於本國的政府曾認真考慮把首都從威尼斯遷到君士坦丁堡去。以往史學家多少有點採信這個故事，但其實根本不曾發生過。不僅因為早期的威尼斯史家都不曾提及有過這麼大的事，而且這項計畫根本就說不通。把首都遷到麻煩多多的殖民地去，此舉對於祖國並非勝利而是徹底自尋死路。史上不曾有過殖民國家曾經考慮過、更不用說制定過此類計畫了。還有另一個複雜因素是君士坦丁堡本就是個帝都這個事實，就算威尼斯人可以把法蘭西統治者弄走（這可不是件易事），這也意味著差不多要跟所有人開戰。法蘭西人當然很難接受，教宗也同樣無法接受，結果不用說一定會有十字軍來對付威尼斯。而威尼斯犯眾怒後得來的卻是一座四面受敵的破敗首都，卻丟下那座堅不可摧又繁華的潟湖城市。沒有一個人，尤其是並非愛國的威尼斯人，會認真考慮這麼愚蠢的提案。

這並非說威尼斯在征服君士坦丁堡過程中沒有收穫，威尼斯的軍事力量在此時期有了大幅增長，皆因突然之間威尼斯人發現自己身處險境而做出的反應。十三世紀成立了國家軍械庫，這是座生產軍艦的龐大工廠，在後來的幾世紀裡一直保持積極生產，事實上至今仍是軍事設施。威尼斯的擴張延伸到愛琴海以及東地中海也是機緣巧合。不久前成吉思汗在中國的獲勝以及西進，使得穩定的絲綢之路貿易路線延伸，從太平洋直到黑海、君士坦丁堡以及敘利亞的市場。與此同時，西歐城鎮的增長、貿易復甦、資本回歸，意味著東方奢侈品如今已有了一個現成市場，而威尼斯人則正好有此地利之便可以善加利用。

雖然威尼斯在十三世紀期間表現良好，但君士坦丁堡的拉丁帝國卻非如此，幾乎從一開始，這個新政權就向下沉淪。位於尼西亞、伊庇魯斯（Epirus）、特拉比松的希臘人敵對政權，再加上棘手的保加利亞人，都爭相欲在該地區稱霸。破落的君士坦丁堡照常缺錢，淪落到要向西方乞求軍事與經濟援助。皇帝鮑德溫二世（Baldwin II）的青春期都花在奔波於歐洲一個個宮廷之間，他得到精美飲食招待以及很高的承諾，但卻甚少有實質協助。當他在巴黎時，獲悉他君士坦丁堡的封臣因為向一個威尼斯商人財團貸了一大筆錢，只好把寶貴的聖物耶穌荊冠拿去抵押，這頂荊冠已在君士坦丁堡受尊崇近千年之久。如果這筆錢未能及時償還，債主就可保有這聖物並送回威尼斯。不用說，這些威尼斯商人是希望這筆錢永遠還不出。

鮑德溫二世在巴黎懇求其遠親，年輕的法蘭西國王路易九世（後來的聖路易）贖回這頂荊冠，路易同意了，條件是皇帝要把這頂荊冠贈予法蘭西君主為禮，鮑德溫感激法蘭西的支持以及希望在未來能提供協助，於是就同意了。談妥之後，路易就派遣兩名道明會修士前去君士坦丁堡償債並索回荊冠。然而當他們抵達時，卻發現威尼斯商人已將聖物打包上船正準備航往威尼斯。這真的是很妙的一幕：債主拚命想要避免收到償款，希望這筆債款變成屆期不還的違約貸款。最後這兩位道明會修士還是趕上了威尼斯人，並把路易九世發出的貸款擔保書交給了他們。嚴格來說，這並非付款，因此威尼斯商人還有討價還價的空間。最後終於達成協議，他們眾人一起航往威尼斯，荊冠就先留在威尼斯，直到法蘭西國王能償清所有債款為止。於是，儘管有天氣以及希臘人嘗試未果的陰謀來阻撓聖物離開君士坦丁堡，但他們還是做到了。荊冠於一二三九年初抵達威尼斯，其後幾個月裡就展示在聖馬可教堂裡，但很快又再打包運送過阿爾卑斯山到巴黎去，路易九世在那歡天喜地迎接了荊冠。為了供奉這件聖物，他下令興建了壯觀的聖禮拜堂。令人驚訝的是，這頂荊冠竟然挺過了法國大革命風暴，今天依然保存在巴黎聖母院裡。

威尼斯的錢再多也挽救不了拉丁帝國，在尼西亞的希臘人皇帝約翰．瓦塔克西斯（John Vatatzes）設法消除了他的對手們，並包圍已衰弱的君士坦丁堡，看來此城淪陷不過是遲早的事。

然而，瓦塔克西斯卻出於虛榮心，而竭盡其力鼓勵克服希臘東正教與羅馬天主教神職人員之間的分歧，意圖團結教會，以便他將來可以從教宗手中接受君士坦丁堡。神學上的堅持點其實相當微不足道：在聖餐中是要使用發酵餅還是無酵餅？聖靈是從聖父而來還是從聖父與聖子而來？以及羅馬教廷是否凌駕於其他所有主教座之上？然而，無法克服的則是希臘人對西歐人日益增長的敵意。他們向來認定西方人都是粗魯的野蠻人，是毀掉西羅馬帝國者的後代，結果，他們就經常把神學上的爭議歸結為落後西方的貧乏教育狀況所致。

然而到了十三世紀，這種看法就不再有份量了。事實上，歐洲在財富、勢力和學習上都超越了東方帝國拜占庭。法蘭西、英格蘭和義大利的大學已經培養出世界級的學者，他們已能捍衛基督教的神學，不再讓一個希臘人搖搖頭就打發掉他們。希臘東正教高級修士與羅馬天主教修士之間的對話仍在尼西亞持續進行，從那些紀錄中也很清楚可見希臘人忙著應付這些新的護教士就應付不暇了。任何一種古老文化的成員遭到新的且偶爾又不像樣的成員排擠，自然會憎恨這些新貴。在拜占庭這種憎恨已經滋長了幾個世紀，一二〇四年征服君士坦丁堡更是火上添油，但卻絕對不是因此而產生出這種憎恨。

威尼斯人則置身於這些神學討論之外，他們僅為了維持威尼斯、君士坦丁堡、克里特島以及敘利亞之間的航道治安就已經夠忙的了。這是件很艱難的任務，但十三世紀的威尼斯編年史家馬提諾・達・卡納雷（Martino Da Canale）卻向我們保證威尼斯人做得非常成功。異常大數量的貨物橫渡東地中海進入到威尼斯的市場裡，進一步擴大了這個快速增長城市的財富與人口。此時期威尼斯的勁敵是熱那亞，其商人也在很多同地區做生意（不過熱那亞人在君士坦丁堡一直還是不受歡迎）。偶爾威尼斯人和熱那亞人會暫時拋開恩怨而聯手對付共同敵人，他們就曾這樣對付過腓特烈二世，因為他在義大利各地發起針對教宗與倫巴底人的戰爭。但通常這兩個政權彼此都抱有某種程度的敵意，要衡量他們之間的關係並非總是易事。雖然威尼斯有個愈來愈複雜的政府來監督其擴張中的帝國，但熱那亞人則以較隨意的方式來做生意，家族之間為了稱霸而互鬥。對付敵人時，威尼斯人派出艦隊，熱那亞人則派出海盜。

一二五五年，威尼斯與熱那亞之間爆發了一場大戰，戰火起於阿卡，這座雜亂擴展的港市位於敘利亞不斷縮小的十字軍王國中，事實上，到了一二五五年間，這王國除了阿卡之外所剩無幾。然而埃及馬穆魯克帝國（Mamluk）日益形成的危險，卻未能讓這些基督教團體因此團結起來。威尼斯人和熱那亞人在阿卡都各有其城區，幾年前，一名威尼斯人殺害了一名熱那亞居民，因此而引起的憤怒激烈到導致一群熱那亞暴民拿起武器去攻擊威尼斯人城區，殺害了許多人。威尼斯派出艦隊展開報復，由前總督之子洛倫佐·提埃坡羅（Lorenzo Tiepolo）指揮，他斷了阿卡港口的鐵鏈，放火燒了停泊在那裡的熱那亞船舶，並占領了聖薩巴斯（St. Sabas），這是座位於兩區接壤處的熱那亞教堂或大修院，如此這般開啟了「聖薩巴斯之戰」，這場兩個西方強權之間的戰役後來在東方敘利亞戰場上演出。在阿卡及泰爾大打幾場仗之後，熱那亞人終於敗下陣來，讓威尼斯在一個已經瀕臨垂死邊緣的王國裡贏得苦樂參半的勝利。

那時威尼斯在君士坦丁堡的處境也與此差不多。熱那亞人對於在阿卡吃了敗仗心有不甘，於是與尼西亞皇帝的攝政米海爾·帕里奧洛格斯（Michael Palaeologus）聯盟，不久後他就奪取了帝冠。帕里奧洛格斯就跟在他之前的瓦塔克西斯一樣，也決心要奪回君士坦丁堡，而熱那亞則決心相助，只要過程中傷害到威尼斯就行。事實上，連教宗的破門律和禁令也動搖不了熱那亞人要去支持希臘人的承諾。一二六一年，君士坦丁堡有部分防禦丟空無人，於是帕里奧洛格斯就近的部隊就乾脆由此進去並鞏固了此城。君士坦丁堡的威尼斯人原本準備要抗戰的，可是當帕里奧洛格斯開出條件讓他們的船隻及貨物安然無恙離去時，他們接受了。如此這般，一二〇四年誕生於第四次十字軍東征的拉丁帝國就在瞬間滅亡了。其實這個帝國領域甚少超出過君士坦丁堡城。為自己奪取了拜占庭的皇位之後，皇帝米海爾八世・帕里奧洛格斯犒賞熱那亞人，讓他們在君士坦丁堡的加拉塔以及黑海各港市建立自己的社區。最後讓的這一步對威尼斯人尤其是痛苦打擊，因為這些港口都位於絲綢之路的盡頭。本來可以在黑海賺到的錢非常可觀，但熱那亞人卻篡奪了威尼斯人在那裡的地位。

然而，喪失了君士坦丁堡並無損於威尼斯在愛琴海以及亞得里亞海所擁有的勢力，包括最重要的克里特島在內。米海爾八世或許曾指望可以利用如今成為拜占庭海軍的熱那亞人，化解威尼斯人在該地區的勢力。然而米海爾的成功卻未轉移到熱那亞人身上，在愛琴海上一場又一場的戰役中，威尼斯人始終保持占了上風。皇帝於是改變策略，開始去攏絡威尼斯人，將部分君士坦丁堡歸還給威尼斯商人，不過仍然把威尼斯排除在黑海之外。最後，到了一二六八年時，威尼斯終於完全恢復了在拜占庭做了幾個世紀生意的地位。當然，熱那亞就不怎麼高興了。

雖然不管大小的東方市場或城鎮幾乎都可見到威尼斯人的蹤影，但卻沒有一個威尼斯人如馬可孛羅（Marco Polo）旅行得那麼遠，他可算是威尼斯人空前絕後最有名的一個人了。孛羅氏在威尼斯是名門家族，靠海外貿易致富，並在威尼斯城裡各處定居。他們並非冒險家，但卻是很優秀的生意人，總是在尋找新市場。馬可的父親尼可洛及叔叔馬費歐於一二六〇年間，一直在君士坦丁堡做生意，剛好就是該城落入米海爾．帕里奧洛格斯手中的前一年。他們在君士坦丁堡蒐購了一系列的珠寶，然後北航入黑海，打算把這些寶石賣給一些有錢又有品味買下這種奢侈品的蒙古王子。他們沿著窩瓦河來到別兒哥汗的宮廷，他們的投資在那裡得到很好的回報，於是就決定多留一年。然而就在此時，別兒哥跟波斯的可汗打起仗來，使得回黑海的路途不安全。消息傳來，孛羅兄弟聽說了君士坦丁堡的淪陷以及威尼斯人在那裡已無立足之地，於是決定冒險東行，越過沙漠去布哈拉（Bukhara，在今天的烏茲別克），在那裡逗留了三年，學習蒙古人的語言與風俗習慣，同時繼續做買賣過著好日子，偶爾也提供一些關於西方的建議。逗留期間，他們跟波斯可汗所遣某些使節有了交情，這些使節正要前往新的蒙古統治者偉大的忽必烈汗朝廷去。在之前的幾十年中，曾有些基督教傳教士被派到蒙古人那裡去。這些使節向孛羅兄弟保證說忽必烈大致上對基督教以及西歐文化頗著迷，要是他們去拜訪忽必烈的話，忽必烈會很闊綽地賜以厚禮及榮耀。這對孛羅兄弟來說就夠了，於是他們很熱切地加入了商旅隊伍向東而去。

當兩兄弟來到大汗的朝廷（可能是在今天蒙古的哈拉和林），忽必烈待他們如王室人物，並問了他們一大堆關於西方世界的問題，一如波斯使節所料。他很迫切想知道羅馬皇帝們的事，他所說的皇帝是指日耳曼以及拜占庭的統治者。歐洲大學裡可以見到的嶄新學習方式也很讓他著迷，事實上，他還寫了一封信給教宗克雷芒四世（Clement IV），請教宗派一百名可以教蒙古人三學科與四學科[1]（此乃進階課程）的學者前來，而且這些學者要能說服他們相信基督教的信仰真理。忽必烈汗對基督教實在太感興趣了，便請孛羅兄弟親自幫他送信去給教宗，並順道在耶路撒冷的聖墓教堂幫他取些長明燈的燈油。

兄弟倆遵囑完成任務，長途跋涉終於在一二六九年回到了威尼斯，但卻發現克雷芒四世已去世，紅衣主教們為了選出替補者而陷入僵局。事實上，直到兩年後才選出了格列哥里十世（Gregory X），在此之前都沒有新的教宗。格列哥里十世曾任教廷駐埃及與阿卡的使節，對於大汗的來信非常感興趣。雖然蒙古帝國向西擴張讓歐洲人頗擔憂，但也有許多人從中看到一線希望。在西方的基督徒經歷了艱難時期，很迫切需要盟友，不管是在哪裡找到的都好。穆斯林的勢力在埃及蘇丹拜巴爾（Baybars）領導下崛起，他率領其令人生畏的奴隸軍隊，也就是「馬穆魯克」，對基督徒發動了無情的聖戰襲擊，而地中海東部所剩無幾的基督教殘國根本就不是他的對手。一二六三年，拜巴爾領軍對加利利（Galilee）發動了一場毀滅性的攻擊，摧毀了拿撒勒主教座堂。兩年後他征服了基督徒的凱撒利亞（Caesarea）以及阿蘇夫（Arsuf）。一二六六年他奪下了聖殿騎士的采法特（Safad）堡壘，先允諾會饒過居民性命，但之後卻屠殺了他們，第二年他對雅法也施以差不多的手法。不過，對於基督教世界而言，最大的打擊卻是拜巴爾於一二六八年很殘暴地征服了安條克，這位蘇丹下令關上城門，而成千上萬居民包括婦孺在內都遭屠殺。這種暴行甚至連穆斯林編年史家也感到震驚。後來獲悉安條克的統治者博希蒙德六世（Bohemond VI）當時正好不在，拜巴爾心有不甘，於是寫了一封信向博希蒙德描述他所錯過的這場大屠殺情景：

1　譯注：三學科（Trivium），文法、邏輯、修辭；四學科（Quadrivium），算術、幾何、天文、音樂。此乃中世紀大學所授課程，初級的三學科學完之後，再進階學四學科。

你要是在的話，就會見到你的騎士們匍匐在馬蹄下，你們的房舍被亂兵破壞一盡，被掠奪者洗劫一空，你們的財寶論百斤重量來計算，你們的婦女用一塊錢就可買到四個，而且還是用你們自己的錢來買的！你還會看到你們教堂裡的十字架被砸爛，假福音書的書頁散落，宗主教們的墳墓被翻倒。你會見到你們的穆斯林敵人踐踏你們舉行彌撒的地方，在祭壇上割開僧侶、祭司和執事的喉嚨，為高級主教們帶來猝死，為王室貴族帶來奴役。你會見到火焰在你們的宮殿府邸裡到處亂竄，你們的死者先在現世裡被火燒，然後再到下一個去被火燒，你的宮殿面目全非，聖保羅教堂以及聖彼得主教座堂也被拆除摧毀；然後你會說：「我但願已成塵土，而且不曾有信給我帶來這樣的消息！」

隨著伊斯蘭軍隊不斷無情地向基督徒領域擴張，許多西方人都想知道上帝究竟何時才會採取行動也就不足為奇了。一個多世紀之前，歐洲開始流傳著關於「祭司王約翰」（Prester John）的故事，據說這位神祕人物是位勢力強大又有智慧的君主，統治著一個異常富有的龐大東方帝國。有的說法聲稱他是曾在伯利恆朝拜基督的三賢之一的後代。這個故事流傳甚廣，以致上自權貴、下至農民都認為故事起碼是有道理的。面臨基督教西方有滅亡的可能性，祭司王約翰似乎就成了一條生路。要是基督教的歐洲能通知他自身的險境，他肯定會來消滅這些穆斯林迫害者而解救他們。

這位大汗當然看起來就像是祭司王約翰，他有一個龐大帝國，已經征服了穆斯林的波斯以及巴格達的穆斯林哈里發國的首都。事實上，許多蒙古領袖都是東方基督徒，也就是聶斯脫里教徒（Nestorian）。以前幾位教宗甚至連國王路易九世都曾寫過信去給早期的大汗尋求協助和情報，結果卻不盡如人意。事實則是，蒙古人根本就沒把宗教跟他們的軍事行動扯上關係，而是誰擋了他們的去路他們就征服誰而已，剛好穆斯林就擋了他們的去路，所以就被征服了。然而，忽必烈汗對於基督教感興趣卻像是有了突破。格列哥里十世寫了一封回信交給孛羅兄弟帶回去給忽必烈。教宗沒有派出忽必烈要求的一百名學者（因為會太昂貴而且根本難以成事），倒是派了兩名道明會教士。這次加入孛羅兄弟的還有哥哥尼可洛的兒子，十七歲的馬可，生性愛冒險，有時又頗戲劇化。

這群人面臨漫長又艱難的東行之旅，路上飽受戰爭、暴風雨和酷寒的折磨。兩名道明會教士才來到亞美尼亞（Armenia），就因為當地的暴力而使得他們認為還是回家比較好。三名孛羅家族的人則勇往直前一路來到了北京，那時北京已成為蒙古帝國的首都了，他們在那裡見到這位大汗，大汗見到他們則欣喜萬分。大汗迫不及待看了教宗來信，又恭敬地將取自耶路撒冷的聖油當作至寶，但他印象最深刻的反倒是年輕的馬可孛羅，後來跟馬可變得很親密，在未來的歲月裡，他會經常派馬可代表他出使遠方之地。忽必烈汗尤其喜歡馬可他威尼斯人手法的出使方式。在威尼斯，使節其實基本上就是間諜，其工作不僅是將消息傳達給一個外國朝廷，而且也要將情報送回國給威尼斯政府，透過報告把一切重要的事都告訴政府，不管是風俗習慣、謠言，或甚至是當地食物等等，馬可就這樣為大汗照做。例如，在報告印度中部的印度教徒情況時，他寫道：

那裡的人帶著矛盾去作戰，但卻不穿衣服，而且是不好戰的可鄙民族。他們不殺牛或任何動物做為食物，但是當他們想吃羊肉或其他畜肉或禽肉時，就僱用穆斯林代勞去殺生，因為穆斯林不受限於同一律法和習俗。男女每天都要沐浴兩次，也就是早晚各一次，未完成沐浴之前絕不吃喝；忽略遵守此規的人就會被視為異端……他們喝東西時是不把容器放到嘴裡，絕不讓容器碰到他們的雙唇。當他們給一位生人東西喝時，不會把容器交給對方，要是對方沒有自己的容器，他們就把葡萄酒或其他液體倒入對方雙手中讓對方捧著喝。

這些詳細的報告就形成馬可孛羅著名遊記的基礎，這是本著重於異國之地多過北京王朝的書。

馬可孛羅受僱於忽必烈汗將近二十年，旅行足跡遍及這個遼闊蒙古帝國的天涯海角，遠至蘇門答臘，甚至或許還到過日本。遠離家鄉這麼久之後，孛羅一族終於懇請大汗讓他們放假回國。但忽必烈拒絕了，因為不想失去像馬可這麼有用的朋友。不過，最後他還是被說服，讓這幾名旅行老手護送一位重要的公主去她的新郎那裡，這位新郎就是波斯可汗。忽必烈派很多艘船護送他們前去，還帶了大量黃金、豪華禮物，以及寫給歐洲多位領導人的信函。這場西行之旅並不輕鬆，幾位旅人花了好幾年才到了波斯，然後又到了特拉比松、君士坦丁堡，最後才抵達威尼斯。當這三名旅人抵達時，身穿蒙古人的粗衣，比從前老了二十五歲不只，幾乎沒人認得出他們來，甚至是他們家族的人。當然，孛羅一族戲劇性的歸來消息很快就傳遍了威尼斯，大家都想聽聽他們的故事。馬可一直都樂此不疲地講述這些故事，這些神奇的故事充滿了大批的人、貨物以及財寶，以致許多威尼斯人開始懷疑馬可是在吹牛了，事實上，他很快就在威尼斯大街小巷傳出了「那個百萬」的綽號，意思大概可譯成「百萬先生」。[2]

雖然或許被人家懷疑他們誇大其實，但卻沒人能懷疑孛羅氏是發了大財回來的。他們在金口聖約翰教區裡蓋了一棟宅邸，至今此宅邸仍矗立在「百萬中庭」處。後來威尼斯作家們敘述了許多關於馬可孛羅歸來的迷人故事，鑑於這些旅人愛好戲劇化的作風，這些故事可能真真假假都有。其中一個故事是十六世紀的喬凡尼．巴提斯塔．拉穆西奧（Giovanni Battista Ramusio）敘述的，說這三名旅人在自家宅邸大排筵席慶祝他們的歸來，在上每一道菜之間的空檔，僕役就送上最華美綢緞與天鵝絨縫製的華服給孛羅三人穿戴。最後，當盛宴結束後，馬可離開廳房，再回來時卻穿了他回威尼斯歸途中所穿的那套風塵僕僕骯髒的蒙古袍子。這當然在賓客間引起了一陣騷動，而且還不是一點點憤慨不滿而已。接著就在這時，尼可洛和馬費歐站起身來，手持匕首走向馬可，割開那件襤褸衣服的襯裡，幾百顆鑽石、祖母綠和紅寶石從中滾落到地板上，原來這是大汗對他們表示心意的闊綽手筆。

不過，在十三世紀讓威尼斯致富的卻非孛羅家族所發的大財，每天在里奧托市場上都有一筆筆款項在威尼斯人與外國商人之間轉手，這些款項之大足以讓馬可孛羅袍子裡連綿滾落的寶石價值相形見絀。威尼斯坐落在靠近蜿蜒深入歐洲的道路與河流之處，而稱霸於亞得里亞海也繼續使其理所當然成為做生意之地。在威尼斯可以找到各種商品，使它充當起東西方商貿的主要清算所。威尼斯人的新興財富可以相當清楚地從城市的實體變化上看出來，今天我們看到的威尼斯其基本架構大致上就是在十三世紀期間形成的；疏濬運河、土地穩定好、區域也界定了，威尼斯不再是一系列的島嶼，而成了一座獨一無二的城市。可能是在維塔利二世．米凱里治下時完成的，威尼斯因為行政目的而劃分成了六個區域，就是這位總督的遇害因而促成了威尼斯政府的改革。這六個區域：聖馬可

2　譯注：表面上是「百萬富翁」之意，但當時的威尼斯人其實是以此指「百萬謊言」。

區、城堡區、卡納雷吉歐區、聖十字區、聖保羅區、多爾索杜羅區，至今仍沿用，不只是當地的行政管理而且也用在郵件遞送上（威尼斯的地址是出了名的難解，因為只包含了一個門牌號碼和區域名稱）。

聖馬可廣場在十二世紀期間就已經開始形成目前的模樣了，到了十三世紀，大運河也同樣定型如現狀。一二〇〇年以前，大部分威尼斯人的生活凝聚點是在每座島嶼教堂建築群外的空地，然而，隨著此城填掉許多水道，逐漸變成了一個島嶼而非很多個，這些建築群之間的分野也就模糊不清了。聖馬可廣場的大空間因此成了此城的空地，一個統一國家公民聚集的地方。大運河也在同樣方式下成了此城的中央大道，各種交通運輸絡繹不絕。之前富有的威尼斯人豪宅都是面對其本地的空地，如今門面則轉向了大運河。最有錢的威尼斯人爭先恐後沿著這條水道搶占一席之地，每個人都意圖將宅邸蓋得比別人的更富麗堂皇。其中留存至今最古老的一座是法塞提府邸（Ca' Farsetti），乃總督恩里科．丹多洛之子，拉尼耶利．丹多洛（Ranieri Dandolo）所建。這座令人驚豔的哥德式建物位於里奧托橋附近，如今用來做威尼斯的市政廳。曾出外征戰的老總督成長於十二世紀中，有過一棟樸素的木造住宅，面對聖路加廣場，也就是今天科內至瓦瑪蘭府邸（Valmaran）的地點。但其子卻蓋了一座宏偉的石造建物，不僅只是讓丹多洛家族的人看看而已，而且還為各房兄弟、配偶、兒女提供了互不干擾的生活空間，以及做家族生意用的倉儲空間。這種風格的府邸大廈會成為威尼斯的特色，兼具吸引力與功能性。然而，有一點卻跟義大利其他城市的府邸不同，威尼斯的建築構造是一直都保持無設防的，這個特點充分說明了在威尼斯共和國是沒有派系鬥爭與無法無天這種情況。

雖然中世紀期間基督教世界不斷萎縮，但歐洲人仍然非常虔誠，事實上，伊斯蘭的連番勝利對基督徒而言，只強調出了上帝的不悅，以及得要趕快悔罪並回歸上帝的必要。民間虔敬運動席捲了歐洲，尤其是十三世紀期間發展中的鄉鎮與城市，威尼斯更是無出其右的明顯，當時的威尼斯繼續在擴張其財富與規模。威尼斯人將大部分財富都捐獻給教會機構，反過來說，這也就意味更大規模的教區教堂以及促進興建附屬修院。在十三世紀，這也意味托缽修會很快就為人所接受。這種新修會的首創者是阿西西的聖方濟，他是一名富有布商的兒子。方濟及其同伴捨棄自己所有財物，在歐洲擴展中的都市中心佈道並服侍貧者。他們擁抱謙卑，緊緊遵循耶穌在馬太福音第十章、第八節給使徒的簡單指示：「你們白白的得來，也要白白地捨去。」一二一〇年，教宗英諾森三世認可了這個「小兄弟會」（Friars Minor）新修會的成立，這個修會也稱為「方濟會」，成長快速驚人。這些方濟會修士因其無私與聖潔而受到尊敬。隨著義大利北部商業城市的財富增長，許多商人慮及基督在講道和比喻中所提到富人的出路，而一無所有的方濟會正好給了這些富人一條靈性滿足的出路，要不就加入修會，要不就在財務上支持其慈善工作。聖方濟在中世紀歐洲所達到的歡迎程度有若現代的音樂或電影明星般（不過在現代娛樂業中就沒有人可與安靜謙卑的聖方濟並駕齊驅）。他在一二一九年加入第五次十字軍東征時曾順路到訪威尼斯，後來在一二二〇年從埃及回來的歸途中又到過威尼斯。據傳統說法，方濟在一座威尼斯島上建立了一所新的女修院，後來就跟著用其名及其旅程而命名為「荒漠聖方濟」（San Francesco del Deserto）。

方濟會修士並非唯一出現在威尼斯街道上的托缽修士，就在方濟逐漸形成其修會之際，另一位佈道者聖道明也在法國南部從事打擊異端卡特里派（Cathar）的工作，卡特里是一種排斥基督教會的二元論信仰。英諾森三世在一二一六年認可了道明會，該會的散播速度幾乎跟方濟會一樣快。道明會修士跟方濟會的一樣，也是在街上化緣，一無所有。但是道明建立的傳道修會則裝備了捍衛基督教信仰以及照顧信徒靈魂所需，因此，道明會修士比方濟會修士注重教育，起碼剛開始時是如此。不過，兩個修會都體現出了復興與改革精神，而此精神則滲透了中世紀末期的歐洲。

在方濟會早期，信徒除了能提供修士吃、住，以及提供一些善意協助之外，就沒有什麼可支援的，因為他們沒有教堂，事實上，聖方濟還曾親自拆毀一棟建物，那是阿西西的百姓打算要為他建造的。但聖方濟於一二二六年去世，不久之後，方濟會在財產使用的規則就修改了。威尼斯人，其中包括很大部分關切自身靈魂健康的有錢人，趕快在他們自己的城市裡讓這些修士落地生根。這些人之中有總督賈科莫．提埃坡羅（Giacomo Tiepolo, 1229-1249），此君出身於威尼斯古老家族，在當選為總督之前，曾經做過第一任克里特島總督，以及君士坦丁堡威尼斯人殖民地的執政官。提埃坡羅捐出了城中空地給方濟會與道明會修士用來興建教堂。他給道明會的是位於至美聖母堂教區北面的一處沼澤地，道明會修士曾經在此蓋了一座小聖堂。提埃坡羅於一二三四年六月賜予的土地至今仍存，由於中世紀的男女經常為其社群的靈性福祉操心，因此這土地贈予也就挺急迫的。「讓他們（指道明會修士）留在威尼斯，」提埃坡羅寫道，「在我們以及全體百姓看來是一種迫切需要。」

道明會立刻動手興建一座石造教堂，用來供奉聖約翰暨聖保羅，然而，這兩位卻非新約聖經裡提到的那兩位著名使徒，而是十四世紀期間的殉道者，是羅馬道明會教堂所供奉主保聖人。這座聖約翰暨聖保羅（後來以威尼斯方言所稱的「札尼波羅」〔Zanipolo〕而聞名）很快就竣工了，這要歸功於無數威尼斯善男信女的慷慨解囊。事實上，甚至在教堂落成之後，捐款仍源源不絕湧入，多到道明會決定在一三三三年拆掉它，開始興建今天所見到的義大利哥德式龐大建物。道明會修士乃傳道者兼神學家，他們成了正統信仰的護衛者，基督真理的保護者，他們是聖潔的人，所以也就難怪百姓都想盡量接近他們。在威尼斯，從許多總督皆欲葬在道明會這座宏偉教堂裡可以看出這點。至少有二十五位威尼斯總督仍然長眠在此教堂範圍內。從前的做法是為臨終的總督穿上本篤會的道袍，然後安葬在一所男修院中，跟那些僧侶葬在一起，如今則代之以穿上這些托缽僧的粗袍，其墳墓則跟那些托缽僧的墳在一起。道明會的施主總督賈科莫·提埃坡羅葬於聖約翰暨聖保羅教堂的一座石雕棺中，置於教堂前面的中庭裡。一四三一年，其棺（也葬有其子總督洛倫佐·提埃坡羅）被抬離地面，改安放到新哥德式教堂門面上，不再貼地，到今天仍留在那裡，就在正門左邊，但幾乎每個人都視而不見，只有威尼斯兒童拿它來當足球的球門練球。

總督提埃坡羅賜予道明會土地後兩年，將靠近聖托馬教區的一座廢棄大修院捐贈給了方濟會。一二五〇年他們開始動工興建教堂用來供奉升天聖母，也就是聖方濟會榮耀聖母教堂（威尼斯人很快就只稱它為「方濟堂」），同樣也受惠於資助道明會的全城善男信女，得到同等程度的財務支持。教堂於一三三八年落成，但幾乎馬上又開始蓋起一座新教堂。就跟聖約翰暨聖保羅教堂一樣，新的方濟堂也是壯麗的哥德式教堂，在各方面都跟道明會的教堂堪與匹敵。事實上，這兩個修會的互相較勁起碼是他們各自努力的一個原因。許多威尼斯顯赫人士都希望安葬在這座高聳的聖堂裡，雖然這教堂不如札尼波羅堂那麼受總督歡迎。方濟堂至今仍是令人驚豔的建物，飾有文藝復興的傑作，但卻仍然保持了中世紀的環境氣氛。

總督賈科莫·提埃坡羅也因為一二四二年制訂的《成文法》（*Statuto*），而長久為人所記得。威尼斯這部廣泛編纂成文的民法是建立在總督恩里科·丹多洛（也或許是在其子擔任副總督期間）的工作基礎上，制定出一套有組織的法律與程序，用於管理申索財產方面的執法。由於在不斷變化的地理範圍內人口激增之故，十三世紀的威尼斯一點也不缺乏這類糾紛。城市變得愈富裕人口愈多，來到城市法官面前的這類案件也愈多。早期的幾個世紀裡，這些案件都是到總督面前去理論，後來又加上他的法庭陪審。然而威尼斯富有的中產階級崛起，不斷激增的案件數量迫使系統得要在大體上做出改變。原告至少要把他們的爭端提交給兩名法官，而原告也至少得要有一位律師為代表（通常是熟悉法律的人，或起碼也是跟法官們很熟的人）。初步聆訊與證詞可以在威尼斯不同的地方進行，但所有案件最後審判還是需要有總督在場，總督其實對於決定本身幾乎無法置喙，只有在法官們僵持時，他才能決定一個案件。提埃坡羅的《成文法》異常重要，幾世紀以來形成了威尼斯民法的基礎。

威尼斯政府也不斷成長演變，以迎合這個繁華大都會的需要。保守的威尼斯人珍惜他們的傳統，然而搭配了他們扎實的商業感於是就不斷精益求精，更上層樓。威尼斯市民增長人數以及財富飆升的程度依然快速，誠如過去幾世紀以來那樣，新興家族想要擁有政治權力以配得上他們的經濟勢力，而他們也能夠因此逐步爬升到威尼斯社會的上層。在整個十三世紀期間，總督府議員人數不斷增加，事實上，這個群體大到開始跟總督及其「小議會」分開來開會。這個更大的群體後來終於變成了「大議會」，威尼斯共和國的引擎。就跟在它之前那些因應情況而臨時聚集的會一樣，大議會是由富戶的重要人物組成，由於人數不斷增長，他們也就成了威尼斯的人民代表。當然，嚴格來說他們不算代表，因為他們並非由市民票選出來的，其成員反而是由大議會內部選出來的，而且職位可以無限續任。不過，到了十三世紀中葉，這些成員為數大概已有四百或四百多，他們分別住在威尼斯各教區內，並與其鄰里的勞工及同業公會成員關係密切。由於威尼斯所有的政治勢力都源自人民，因此大議會也就成了這股勢力的新貌。

就像許多這類政體一樣，也會出現派系與黨派忠誠的傾向，不過威尼斯人卻竭盡其力來對抗這種傾向。或許行遍萬里路的威尼斯人已經看夠了其他義大利城市，以及拜占庭帝國內的派系戰爭帶來的殺戮與毀滅，因此在國內時就對此油然生出一種良性的恐懼感；又或許他們對派系的厭惡根本，就是每戶有錢人家已斷定光是靠派系，是不可能統治威尼斯的，沒有誰是可以獨力做到統治威尼斯。無論是何種原因，總之威尼斯政府組織永遠會是個有眾多檢驗與制衡的政體，每一種檢驗與制衡旨在確保不讓任何一個人、或一群人取得異乎尋常的勢力。

從威尼斯人發展出選總督的那套錯綜複雜程序，最能看出這種推動變化的力量，從前百姓湧到空地開始喊名字的日子一去不復返，一一七八年成立的選舉委員會繼續負責遴選總督，不過卻擴充到四十一名成員，以避免選舉結果打平而陷入僵局。可是萬一有個派系有辦法把這四十一個成員都收歸己有，而拿到總督職位怎麼辦？新的威尼斯制度使得這點辦不到，此制度旨在過濾掉黨派關係，同時爭取人的智慧以及上帝的旨意，來為威尼斯人民做出最好的選擇。選舉始於召集大議會開會，朗讀出了程序之後，就在一個甕中裝滿蠟球，每個蠟球代表一個成員，其中三十個蠟球裡有一小片寫有「選民」的羊皮紙。威尼斯人在這場集會之前以及過程中祈禱上帝藉由抽籤表明祂的旨意。每位大議會成員隨機走向該甕，一名隨機由街上拉來的男孩則為每名議員抽出一個蠟球。要是蠟球裡有羊皮紙，就會宣布該成員的姓名，然後他就到隔壁房間去，同時，新選民家族成員也都要從大議會離席，因為每個宗族只准一個人當選選舉委員。這樣的程序當然頗費工夫，但是最後有三十名選民終於宣誓就職。

然而，並非由這三十人選出總督，事實上，這並非過程的結束，而是才剛開始。很快又擺出了另一個甕，再度放進三十個蠟球，這回要抽出九個人。然後這九人求神賜予智慧然後選出一個四十人的委員會，這四十人於是奉召來到會議廳接管這個過程，再用四十個蠟球抽籤減少到十二個人。抽出的十二人接著票選出一個有二十五位選民的新委員會。等這二十五人宣誓就職之後，他們便走到甕那裡抽出更多蠟球，直到抽出九人為止。這九人再選出一個有四十五人的新委員會，四十五人再用蠟球抽籤而減少到十一人。經過這麼多次的票選和抽籤之後，大任就落在這十一人肩上，不是由他們負責選出總督，而是由他們負責票選出最後的四十一人委員會。

這四十一人開會充滿了儀式與祈禱，選舉是在總督府內閉門進行，讓他們無法受到外界任何影響。首先，備有四十一張羊皮紙條，編號從一到四十一，隨機發給每位選民。接著由一號選民開始，每位選民會起身提名一位威尼斯人當下任總督。這些提名會有一些重複，因為沒有紀錄顯示出獲提名者曾超過七、八位。在這些提名之後，第一位提名者通常會說說關於他為什麼選中這個人的理由。接著會傳喚獲提名者本人（若他還不是一名選民的話），由他來做個簡短的演講，然後就被關到一個小房間裡，與此同時，選民可以攤出所有他們聽到的謠言或理由說明為何不該由此獲提名者來當總督。然後，讓獲提名者回到會議廳，向他宣讀反對意見但不會歸因於任何選舉成員。這時他有機會可以駁斥那些批評與指控。之後，他再度離席迴避，這時同樣的機會則給了那些希望說明為何這位獲提名者適任的選民成員。最後，四十一名選舉成員按順序魚貫走向房間前頭，那裡有一個白箱子（贊成獲提名者）和一個紅箱子（反對獲提名者）。這些選民以匿名方式將一個刻畫有十字架的紅球投入他們所選的箱子裡。投票完之後，先打開白箱子，要是裡面有二十五個球的話，這位獲提名者就當選了；要是沒有，整個過程就再為第二位獲提名者重複一次，然後是第三位，以此類推。

選擇威尼斯最高職位的這個過程顯然一點也不是為了精簡而定，恰恰相反，是要刻意讓它繁瑣到只有上帝才能影響它。選出新總督還是要向人民交代由他們批准，但人民是沒有辦法在不鬧亂的情況下拒絕接受的。不過通常的反應都是歡天喜地，這倒並非只因新任總督會向民眾大撒金幣而已，和平又穩當的選舉是對威尼斯安定的肯定，而安定不僅令人愉快，對生意也非常有好處。

第八章
西方的發現：十四世紀初的戰爭、財富以及改革

一二八九年，總督喬凡尼．丹多洛去世，在簡單隆重的儀式中安葬於聖約翰暨聖保羅教堂中庭裡，他是那位征服君士坦丁堡總督的親戚。之後，威尼斯錯綜複雜的選舉制度就開始啟動，但出於至今尚不明的某些原因，一大群威尼斯烏合之眾卻在聖馬可廣場聚集，要求加冕賈科莫．提埃坡羅讓他成為新總督。提埃坡羅當然是個合理的選擇，家族是名門望族，同名的祖父就是有名的賈科莫．提埃坡羅，曾很熱切歡迎方濟會與道明會修士們來威尼斯落腳。其父洛倫佐．提埃坡羅也當過威尼斯總督（1268-1275），如今與祖父共眠於裝飾富麗的石棺裡，葬於道明會教堂門前。小賈科莫．提埃坡羅也屢次於國內外指揮威尼斯艦隊獲勝因此脫穎而出。

問題卻不在於這個人，而是在於這種方式。聚集在聖馬可廣場的人是在援引已經一個多世紀沒用過的選總督方式。那個方式照說已經棄而不用了，而由大議會錯綜複雜的新選舉過程所取代。突

然間，當初為了讓政府擺脫暴徒肆意而為，才苦心制定出來的改革卻顯得非常岌岌可危地脆弱。

這個重生的人民大會似乎占了上風，大議會立刻暫停了其本身的選舉，靜觀其變。若人民大會奪回了遴選威尼斯總督的權利，就很難看出大議會怎麼能保留他們以人民名義所得到的其他權力。要是這情況發生的話，威尼斯的歷史或許就會跟義大利其他城邦一樣發展下去，有權勢的家族透過暴力、騷亂與威嚇而獨攬大權。

但這情況並未發生。出於愛國心、恐懼，或兩者兼有，受人愛戴的賈科莫推辭了人民給他的這份榮幸，並很快退隱到他位在大陸的家園去了。他的離去讓這場運動立即變得師出無名，因此大議會又繼續進行審議，終於選出了彼得羅・格拉丹尼格（Pietro Gradenigo, 1289-1311），這是位出身於威尼斯古老家族的傑出公僕。雖然人民盡責地批准了這個選擇，但全城各處都可無誤地聽到不滿的抱怨。

一二八九年的選舉暴露出威尼斯共和制度的一個明顯缺陷，但卻非選舉過程，反倒是大議會本身的體質。威尼斯不斷增加的人口與財富為議會帶來了一股壓力，隨著更多家族在經濟上的崛起，他們自然會為自家成員謀求選舉進大議會的門路。然而，大議會在一二八九年時的席位已經多達五百左右，擠滿了出身於重要家族的要人，有些家族是因其歷史悠久而受敬重，雖然這些家族已不再富裕。總之，當前的大議會成員是很不願意為這些吵著要加入威尼斯這個獨家俱樂部的暴發戶，讓出位子來。

此外還有外國人的問題。這座商貿城市的大都會人口久已包含許多外國人，有些已跟威尼斯豪門通婚，因此也在找通往政治權力的門路。不久前在東方發生的種種事件更進一步讓事情變得複雜。因為成千上萬威尼斯僑民被迫遷返祖國，而他們大部分時間或一輩子本來都是住在海外。這在一二九一年之後尤其如此，因為這一年穆斯林軍隊征服了阿卡城，這是十字軍國家在敘利亞最後殘餘部分，對威尼斯而言也是主要港口城市。這些歸僑在法律上是威尼斯人，但在文化上卻是外國人，他們真的是應該在大議會上具有一席之位的那種人嗎？

由於大議會的主要工作就是選舉出人來擔任政府高職，也由於獲得這些職位就必須要有大議會成員資格，因此這個機構已經成了威尼斯權力與威望的把關者。問題在於這個機構也選舉本身的成員，因此成員自然不歡迎他們認為在他們之下的新團體加入，而寧願捍衛自身地位的獨有性。已身在大議會與不得其門而入者之間的緊張對峙變得很明顯可見，而且已經導致幾次未能成功的改革提議。看來一二八九年突然發生的人民大會集結，本身就是這類緊張對峙的流露。那些未能進入大議會的人相當受挫折，以致決定要剝奪掉大議會最重要的功能之一。他們的嘗試最終雖告失敗，卻也幾乎未減他們對於權力集中的挫折感。

新總督彼得羅．格拉丹尼格及其幕僚很努力要找出解決此問題的辦法，但似乎總有一個選區代表反對任何特定改革。最後，他們終於找到了答案，一種緩慢、漸進的改革，既能保有大議會的完整性，又能減輕它無法代表這個新興城市各方利益所造成的壓力。首先立即廢除掉這個立法機構規模大小的限制，所有目前已在大議會，或過去四年裡曾為大議會服務的威尼斯人，只要取得四十人中的十二人同意，就可以成為正式的終身成員，這四十人的組成乃由大議會遴選出來，負責監督選舉與成員評估。付諸實行時，這些改革意味近年來進入大議會的每個人實際上從此都成了永久成員。此外，採取簡單的提名方式，只要有三位現任成員提名，就可引進新成員，由總督及其督廷確認，然後由四十人之中的十二人批准即可。換句話說，門檻不僅可以跨過，而且還相當低。一二九七年，大議會確認了整套改革方案。

結果是大議會擴大得驚人，到了一三〇〇年已經有超過一千一百名成員。換句話說，大約有百分之一的威尼斯人口是大議會的成員，就一個代議政府而言，這比率是極高的。（相形之下，美國政府所包括的民代只占萬分之二人口而已。）隨著大約兩百個新崛起家族進入大議會，並從而取得其他高職，對威尼斯政府不滿而產生的暴力也就消失了。有相當經濟影響力的新興家族毫無困難就可在這個改革的政府中找到一席之地；至於在艱難時期已沒落的古老家族也保證有一席之地，因為他們已經固定在議會中代表了許多年。

不過，這套新制度最天才的一點，是在於新成員需要有四十人所投的一定票數才能確認進入大議會，在第一輪蜂擁而來的入會申請之後，日後希望入會的人自然漸漸減少，因此，大議會就得以慢慢提高四十人所投的入會批准票數。簡言之，一旦那些人有辦法在大議會取得了一席之地並被接納後，成員就可以慢慢把身後的門關上。最後，到了一三二三年時，經過二十五年多的擴充，大議會終於把門完全關上了，此稱之為「塞拉塔」（Serrata），也就是「大議會閉鎖」。從此，大議會的新成員得要有位先人曾經擔任過政府高職才行，這些職位只由大議會的成員填補，因此政府機構也等於由家族世襲了。

很久以前，史學家常把塞拉塔視為威尼斯共和國制度的死亡與封閉的寡頭政治之誕生，但其實兩者皆非。種種導向塞拉塔的改革大大增加了人民對威尼斯政府的參與，使之成為世上最代表民意的政府。塞拉塔並未產生出寡頭政治，因為議會包括了幾百個家族及上千名成員，反而還讓那些重要的（甚至是沒那麼重要的）家族，能確信無人能奪走他們在政府與社會上的地位。因此，塞拉塔具有澆熄大議會裡派系最惡毒形式之效果。而且塞拉塔也不曾真正關閉入會之門，威尼斯人只要為國服務功業彪炳而出類拔萃者，還是可以為自己及其家族取得成員資格，雖然這種情況很少見。

塞拉塔代表了一一七二年動亂中首次提出的政府模式之最終勝利。那些在十二世紀文件中被稱為「好人」或「智者」深具影響力的市民，已經成功位居於威尼斯共和國的中心。他們從所代表的人民那裡繼承了所有政治權威的基礎；從他們負責檢驗的總督那裡，他們要求有權執行同等權力。結果大議會就成了威尼斯政府的跳動心臟。

到了十四世紀，威尼斯政府的基本組合已各就各位。在最下層的是人民大會，這包括所有的男性市民。在實際操作上，人民大會只有在確認當選的總督時才開會。人民大會之上是大議會，由於議會的規模很大，不適於迅速採取行動，因此大議會就選出了「四十人議會」做為更高機構，功能猶如上訴法庭，並為大議會的辯論及投票準備某些立法。大議會另有一個六十人的委員會，後來稱之為「元老院」，其任務乃指揮艦隊、指派船長，以及遣使等，所有這一切整體上仍需要取得議會的批准才行。十四世紀期間，四十人議會乃大議會最重要的委員會，不過後來元老院在這方面取代了它。四十人議會選舉出三名首腦（capi）為議會主持者，不管總督的議會何時召開，這三人都會出席。總督的議會包括六人，可能是威尼斯六個行政區各選出一人組成，這些人形成了總督的核心圈。他們任期為一年，任期結束後幾年裡都不得重選。這十個人：三名首腦、六名區議員，加上總督，稱為「最高執政團」（Signoria），乃政府的最高委員會，不過卻完全聽命於大議會的指揮。

一三二三年後，威尼斯人已有可能列出有權加入大議會家族的確切名單，當然，他們也這樣做了，將之稱為《黃金名冊》。因此，威尼斯在法律上畫出了世襲統治階層的界線，這個階層的成員被稱為「貴冑」或「貴族」，然而這些用語卻有誤導之嫌。在歐洲其他地方，「貴族」一詞都是用來指稱封建領主，可對其領土上的人民及機構行使極大的權力。在歐洲大陸的伯爵、男爵以及公爵可指揮當地部隊、提高稅收，並對其子民執法。威尼斯的貴族則只是在大議會中有席位而已，他們絕不凌駕於法律之上，在威尼斯無人可以凌駕於法律之上。但儘管如此，這仍是具有很大威望的地位，威尼斯非貴族的父親們都夢想把女兒嫁入貴族家庭，這樣一來他們外孫就會成為貴族。在威尼斯，所穿服裝、配戴的珠寶首飾也按階級而有不同規定，不管一個人多有錢，要真正打扮得很奢華就得先成為貴族才行。

由於威尼斯的生計是以市場為基礎，因此隨著時間推移，《黃金名冊》中有些家族好景，有些則不。一般來說，貴族都會盡量彼此關照，名門望族的成員要是家道中落，其他人往往會票選他擔任薪水優渥的公職。當然，新的財富則是由塞拉塔之後貴族圈外的新興家族所創造，假以時日，可能會導致前總督格拉丹尼格改革之前，所出現的不平衡同樣情況。為了避免此情況，威尼斯人又創出了名為「公民」（cittadini）的另一階層，頗類似古羅馬的騎士階層，威尼斯的公民階層包括為國服務有功，或家財萬貫因而使得本身高出於普通百姓之上的家族，但他們卻又因為塞拉塔之故而不得晉身貴族階層。公民階層的新成員必須是過去二十五年裡定居在威尼斯的市民，而且要由現任公民來提名。成千個公民階層家族的姓氏列於他們自己的登記簿上，這登記簿則很適如其分稱為《白銀名冊》。公民階層的創建為政治及派系緊張對峙提供了有用的安全閥，而且與貴族階層不同的是，這個階層永不關閉，所以人人都可立志加入。此外，隨著威尼斯帝國政府日益擴大與複雜，因此也產生出了新的行政職位，而這些職位則都只讓公民出任。他們在威尼斯政府的運作中至關重要，而且也在威尼斯社會裡明顯可見。而且當然，少數一些財富與為國服務達到最高水平者也總是有望可晉升到貴族階層。

這些改革執行得很緩慢又謹慎萬分，使得威尼斯免於像中世紀及文藝復興時期其他所有義大利城邦那樣，陷入戰爭與暴政。這些改革並不完美（我們之後就會看到），但的確為所有威尼斯人，不管是位於社會哪個階層，提供了一條表達政治的大道。而且同樣重要的是，這些改革也提供了上進的可能性，這在那時代對大部分歐洲人而言是難以想像的事。

然而，許多好處卻是由格拉丹尼格的繼任者們所享有，而非進行改革的總督本人。他是在爭議中選上總督的，自不免總是有人等著看他行差踏錯，以此證明他們有眼光。格拉丹尼格不幸於多事之秋統治威尼斯，整個歐洲都正在哀悼阿卡淪陷於穆斯林軍隊之手。耶路撒冷的十字軍王國乃一〇九九年由第一次十字軍所建，護衛這塊聖地已將近兩個世紀。今天的我們要理解中世紀西方基督徒對於聖地的關注有多深會很困難。耶路撒冷本身就是個神聖遺跡，因耶穌基督的生平、死亡以及復活而成聖。一次又一次的十字軍東征非但未能收復此城讓基督徒來永久控制，而且穆斯林的勢力更不斷增長，這還不只是中東而已，而是全世界。基督徒的軍隊只有在西班牙對抗穆斯林帝國能取得勝利。阿卡是中東最後一個基督教城市，其淪陷與毀滅使得歐洲人心中充滿了困惑、憤怒與恐懼。

對於威尼斯而言，阿卡的淪陷簡直就是一切都完蛋了，不僅是靈性和情感上的，經濟上也如此。威尼斯人自從在君士坦丁堡失去優勢地位之後，已經轉而強烈依賴阿卡來取得東方奢侈品貨源。他們在聖薩巴斯戰役中打贏了熱那亞，使得威尼斯人在這座設防的海岸城市占了上風，而今這一切卻都失去了。威尼斯商船開始北上博斯普魯斯海峽，經由君士坦丁堡前往黑海的港市尋求那些相同的貨物，但熱那亞人卻已經在此水域中捷足先登，而且看出了扼殺其對手經濟命脈的機會。一二九一年休戰到期以後，熱那亞的分遣艦隊就開始公然攻擊威尼斯人在東地中海，以及威尼斯屬下克里特島的護航隊，更糟的是，他們在博斯普魯斯海峽建立了封鎖線，拒絕讓威尼斯船隻進入黑海。然後熱那亞人在一二九五年攻擊了君士坦丁堡裡的威尼斯人區，屠殺了許多居民。拜占庭皇帝安德洛尼卡二世．帕里奧洛格斯（Andronicus II Palaeologus）偏袒熱那亞人，更助紂為虐逮捕了大多數剩下的威尼斯人。威尼斯於是就向這兩個政權宣戰。

不到幾個星期，一支由四十艘長槳帆船組成的艦隊就在號稱「魔爪」（Malabranca）的羅傑．莫洛西尼指揮下離開了潟湖，航向君士坦丁堡，攻擊位於加拉塔的熱那亞人區，然後又以所有在博斯普魯斯海峽南來北往的熱那亞及希臘航運船隻為攻擊目標。控制住了君士坦丁堡的內港（黃金角）之後，「魔爪」就準備進攻位於君士坦丁堡西北遠處角落裡的布雷契耐宮（Blachernae Palace）。由於生怕會失去其城市、帝冠，又或者是兩者，安德洛尼卡二世同意與威尼斯言歸於好，釋放所有俘虜，並歸還沒收的貨物和錢財。

另一支艦隊在喬凡尼．索蘭佐（Giovanni Soranzo）指揮下，設法突破了熱那亞人在博斯普魯斯海峽北口設下的封鎖，駛入黑海，並奪下位於克里米亞的港市卡法（Caffa，現代的費奧多西亞〔Feodosiya〕）。不過，熱那亞人可沒有這麼容易被打敗，他們繼續保住在愛琴海的地位，並甚至開始在亞得里亞海對威尼斯展開大攻勢。一二九八年，達爾馬提亞海岸外靠近庫索拉（Curzola，今之科爾丘拉島〔Korčula〕）城市的地方發生了一場大規模戰役，熱那亞人在此處毅然決然打敗了威尼斯人，擊沉他們九十五艘船，殺掉九千名左右的威尼斯人並俘虜了五千人，俘虜之中包括馬可孛羅，後人因為他隨之而受到的囚禁而受益良多，因為他就是在囚禁期間裡口述他的《遊記》，至今仍是無價之寶。一二九九年，與熱那亞漫長的戰爭終告結束，然而隨後的和平卻仍不易。

就在威尼斯與熱那亞為了港口與航線作戰之際，中東穆斯林的勢力繼續壯大，一三〇二年，鄂圖曼帝國建國者蘇丹奧斯曼一世（Osman I）在尼科米底亞（Nicomedia）附近，打敗了一支拜占庭軍隊，然後繼續征服大部分的小亞細亞。在極端需要協助之下，皇帝安德洛尼卡二世飢不擇食地僱用來自西方的傭兵，包括加泰隆尼亞大軍團，這是大部分從西班牙找來的傭兵團，結果到頭來對拜占庭造成的危險反而比土耳其人更甚。在一個迅速萎縮的帝國裡要支付這些帳單，安德洛尼卡採用讓拜占庭貨幣貶值手段已有一段時期，然而威尼斯人還在繼續用拜占庭貨幣在海外做很多生意。結果威尼斯人回應貶值問題是鑄造出共和國的第一枚金幣，威尼斯達克特[1]，在後來幾世紀裡一直成為歐洲人固若磐石的貨幣。

位於東方的拜占庭帝國走向衰落，卻對照出了西歐繁榮的興起。日耳曼帝國以及義大利依然處

1　譯注：達克特（ducat），歐洲從中世紀後期至二十世紀期間，做為流通貨幣而使用的金幣或銀幣。期間，各種達克特的金屬含量和購買力都大不相同。威尼斯的達克特金幣獲得了廣泛的國際認可，等同於中世紀拜占庭的超純金幣、熱那亞的熱那維諾與佛羅倫斯的弗羅林，或是現代的英鎊和美元。

於四分五裂動盪不安中，但是英格蘭與法蘭西的諸王國卻在日益強大的君主之下逐漸統一。歐洲的文化與學習蓬勃發展，而昔日曾如此強盛的東方基督教世界卻在古代廢墟中，湮沒在穆斯林的占領下。威尼斯人向來就生活在這兩個世界之間，自然會受到散播於歐洲各處宮廷裡的，法蘭西騎士精神的文學、歌曲以及華麗排場所吸引。他們也很難不留意到東方的財富雖然還是很龐大，可是大部分已經落到了穆斯林手中。在基督教世界裡，重心已經明顯西移，這就導致某些有前瞻思維的威尼斯人重新評估長久以來，威尼斯人不願將勢力投射到大陸的傳統，他們建議說，或許到了威尼斯該在西方弄個帝國的時候了，以便用來做為對抗東方無常的保障。

此策略於一三〇八年受到了考驗，因為有三兄弟為了爭奪波河流域的費拉拉城控制權，而彼此爆發戰爭，其中一個中索者弗雷斯科（Fresco）向威尼斯軍隊尋求協助並得到了支持。對威尼斯人來說，這簡直就像個黃金良機，可以對具有商業重要性的波河取得實質控制。然而，隨著威尼斯的軍隊進駐扼守該城通往波河橋梁的特達多（Tedaldo）城堡，威尼斯人就捲進了一場遠超出於費拉拉範圍之外的派系戰爭裡。在中世紀義大利，政治派系大都分別跟以下兩黨之一結盟：教宗黨（Guelfs）和保皇黨（Ghibellines）。兩黨的形成可追溯自十一世紀，以及歷代教宗與神聖羅馬帝國皇帝之間在義大利的爭端。由於那些同樣的爭端不時重新浮現，經常又扯上義大利城邦的獨立性、日耳曼財富以及教會的自由，於是兩黨本身就一直歷久不衰了。廣義上來說，教宗黨就是傾教宗，保皇黨則傾皇帝。然而到了十四世紀，義大利各城市之間的派系鬥爭卻已很少涉及這些事，因此教宗黨與保皇黨通常只不過對立黨派之間所接受的名稱而已。義大利北部每個城市都可見到兩黨存在，當然，只除了威尼斯。

一三〇八年威尼斯人抵達特達多城堡，就已經跟費拉拉的保皇黨聯盟了，或起碼也是其中一群保皇黨。教宗克雷芒五世（Clement V）反對弗雷斯科的申索，卻支持他兩位教宗黨兄弟。威尼斯人指出弗雷斯科比較有申索權，然而教宗特使乾脆唱反調，而且也是正確的，說費拉拉本就是教宗封地，因此其領主克雷芒五世才有權作主解決這幾個兄弟之間的爭端，而非威尼斯人，因此派出了教廷部隊前往費拉拉。雖然爆發了些小規模衝突，但大家都同意此事應以和平手段解決。教宗遣使往威尼斯，提出條件，讓威尼斯人以教宗封臣身分治理費拉拉，只要他們付出兩萬達克特幣年租給教宗即可。大議會拒絕了。等到特使們回到費拉拉後，他們就針對總督格拉丹尼格頒布了破門律，將威尼斯置於不准施行各種聖禮的禁令之下。

在中世紀末歐洲最動盪的世界裡，一個人或一個國家跟羅馬教廷起衝突並非不尋常的事，到頭來，教宗慣用的破門律以及禁行聖禮令手段對大多數地方已成了家常便飯，根本就不當一回事。但在威尼斯卻不是這樣，威尼斯人一直都是很虔誠的信徒，對基督教及他們的精神之父教宗懷著強烈的奉獻精神。一一七七年的威尼斯合約就是威尼斯人協助教宗亞歷山大三世取得壓倒腓特烈一世的勝利，這在其歷史上以及公民身分上都留下了明確的定義。因此，總督被處以破門律是不能不當一回事的。禁止全威尼斯施行各種聖禮的禁令就更嚴重。這才不過是第三次用這種精神武器來對付威尼斯，威尼斯人可一點也受不了。

大議會馬上召開，來研究事態的緊急性。賈科莫・奎里尼（Giacomo Querini）為很多人說話，堅持威尼斯該撤出費拉拉。他辯稱，這整個往大陸擴張的行動實在太不符合威尼斯作風，而且實質上和精神上都有危險。所有國家的首要之務是服從上帝及其在地上的牧者，也就是教宗。更何況，與熱那亞戰爭留下的傷口記憶猶新，沒有時間另啟戰端，而且還很可能是場更大規模的戰爭。總督格拉丹尼格則為此問題的另一面而說話。他說，威尼斯人需要在這危險的世界裡鞏固他們的未來，像這樣可以取得波河流域航運控制權的大好機會是千載難逢，教宗派在費拉拉的使節可以很容易就被當前人在亞維儂（Avignon）的教宗所推翻，要是威尼斯能在費拉拉扎穩，克雷芒就會接受威尼斯人對此城的控制。畢竟，威尼斯人幾世紀以來都乖乖聽命於教會。大議會多數人都同意了總督，但議會廳裡以及威尼斯街上的緊張對峙依然嚴重。

幾個月之後，消息傳到威尼斯，格拉丹尼格錯估了克雷芒五世，這位教宗對於威尼斯中索費拉拉一點也不高興。為防事態惡化，最高執政團遣使往亞維儂去申辯，但事態變化得太快了。一三〇九年三月二十七日，克雷芒五世針對威尼斯人民下了一道毀滅性的諭令，不但把總督及最高執政團逐出教會，而且還逐出了聖馬可共和國的公民。諭令宣告沒收全世界各地所有威尼斯人財產，禁止基督徒提供食糧或貨物給任何威尼斯人，剝奪威尼斯人所有合法權利。此外，並勒令所有神職人員離開威尼斯及其領土範圍。教宗的攻擊既全面又充滿毀滅性，威尼斯人在外國企業與銀行投資了龐大財富，也在外國貨倉裡儲有貨物，現在這一切都可能被沒收掉。綜觀其史，威尼斯一直有很大部分人口居住在威尼斯以外的地方，那些住在拜占庭帝國、克里特島或位於東方的其他威尼斯港口者，可以不受教宗法令限制，但是在西方做生意的威尼斯人之財富、產業以及生命就面臨了嚴重危險。

然而危險才剛開始而已。當總督及其議員仍拒絕從費拉拉撤兵時，教宗克雷芒五世就號召了一支十字軍。義大利北部各地紛紛有士兵開始宣誓加入十字軍，發動這場針對威尼斯的聖戰，然而威尼斯本身參加過的十字軍次數，卻比基督教世界裡其他任何國家都要多。這支新十字軍是出於宗教虔誠以及尋求救贖的願望而組成，但也因為在費拉拉打敗威尼斯就可強迫這股海上勢力離開義大利大陸。不過，結果這場戰爭並未延續很久。疾病侵襲了費拉拉的威尼斯駐軍，駐軍很快就被十字軍和教宗的軍隊打敗了，大部分駐軍都死於劍下，有些則被弄瞎而獲釋。威尼斯的指揮官馬可・奎里尼設法安然無恙逃脫，他回到威尼斯，聲稱沒有得到總督及其議員們的充分支持。

威尼斯人喪失了費拉拉，喪失了他們的駐軍，現在更生怕會喪失掉他們的靈魂。他們認為都是因為總督格拉丹尼格的一意孤行，意圖把威尼斯勢力擴張到大陸區去才有此後果。那些曾在一二八九年參與人民大會要求選舉賈科莫・提埃坡羅為總督的人，開始吵鬧說他們的人選就不會把威尼斯帶到這樣的絕境。其他人如賈科莫・奎里尼曾主張從費拉拉和平撤兵，則為總督計畫的愚蠢而哀嘆。這兩群人都指出，要是當初接受了他們的意見，現在就沒事了。

人民情緒高漲到不僅城裡大街小巷爆發了暴力衝突，連大議會本身也難倖免，看來就像快要鬧革命了。一群心懷不滿的貴族，包括馬可・奎里尼以及提埃坡羅家族的一些人抓住此時刻，在里奧托附近的奎里尼府上組織了一次會議，謀劃一場縝密的政變：他們會掃除總督與最高執政團，代以賈科莫・提埃坡羅之子貝雅蒙特（Bajamonte），一個膽大妄為的領導者。貝雅蒙特・提埃坡羅曾在威尼斯位於希臘的殖民地莫東當過總督，濫用公款並壓榨其子民，以便過得像個拜占庭君王。後來貝雅蒙特被起訴時，他就離開該城來到義大利生悶氣。這時他強力支持此計畫，要把威尼斯從格拉丹尼格的暴政中解放出來，好代以他自己的暴政。說真的貝雅蒙特・提埃坡羅並沒什麼特別的，中世紀末的義大利到處都有像他這種人，起碼有十幾個有良好人脈的強人，尋求在一個失敗社群的灰燼中建立起一個王國。這時，貝雅蒙特認為輪到他在威尼斯做同樣的事了。

政變訂在一三〇九年六月十五日，武裝的陰謀叛變者及其支持者會於日落前在奎里尼府集合，從那裡分成兩隊走過里奧托橋（當時還是木橋）。一隊人由馬可·奎里尼率領，會走向法布利街（Calle de' Fabbri），另一隊由貝雅蒙特·提埃坡羅帶領，會經由馬切利亞（Merceria），當時這是一條繁忙的街道，林立著富麗的商店。另一名密謀者巴多爾洛·巴多爾（Badoero Badoer）同意在帕多瓦糾集人，約好同一時間內從海上進攻。這三隊人會在破曉時分於聖馬可廣場上匯合，然後攻占總督府。

這計畫從一開始就進行得很糟。一名密謀者對推翻威尼斯共和國一事三思過後，向總督格拉丹尼格密告了政變的事。格拉丹尼格立刻召集軍械庫的工人，因為他們也在必要時充當總督的近身護衛。四十人議會以及最高執政團及其僕役都武裝了起來，因此以超過對方的人數做好迎接攻擊的準備。天氣也不跟密謀者配合，狂風暴雨使得巴多爾的船隻無法離開大陸，等到終於可以啟航了，卻又很快被來自基奧賈的效忠派逮到。馬可·奎里尼及其手下衝到廣場時，卻發現到處都是武裝精良的捍衛者，他們很快就被打發掉了，馬可本人卻在混戰中被殺。大聲喧譁的貝雅蒙特·提埃坡羅繼續帶領他的人往廣場行進，絲毫不察正等著他的是什麼。走在他隊伍最前面的男人扛著軍旗，上面只有簡單的「自由」字樣。就在這名旗手行經到正要走進廣場時（可能是從今天鐘樓下面那處拱門走過），一名婦人扔了個石臼到他頭上，當場把他砸死了。（一幅刻於一八六一年的淺浮雕仍然描繪了這名英勇婦女。若從廣場往鐘樓底下走過，抬頭左望就可看見這淺浮雕。）這對提埃坡羅就夠了。他下令撤退，往回逃向里奧托橋，他的手下把橋毀掉，以阻擋效忠部隊的追趕。他躲在自家府邸中，直到總督格拉丹尼格同意讓他過流放生活，他才投降。至於其他領導人如馬可・奎里尼則死在廣場上，巴多爾未幾也加入了他。他在酷刑拷問下，招認了一切，後來在聖馬可小廣場的兩根柱子之間被斬首。

⁂

這次政變未遂嚇壞了威尼斯政府的人，由於城內民情依然高漲，因此他們生怕還會再有另一次政變。在此政變之前，大議會曾命城市警衛（Signori di Notte）要確保城內沒有一個人武裝，現在他們的決定卻倒過來了。大議會隨時都要有武裝警衛包圍守護，所有成員本身也准許佩帶武器。每個城區都要負責提供訓練有素的武裝警衛以維持區內治安，並在臨時通知有緊急狀況時就立刻來到聖馬可。為了監督這些安全事務，大議會票選出了一個臨時特設的十人委員會，結果就像許多本來旨在臨時應付緊急狀況的許多國家機關一樣，威尼斯人很快就發現這十人委員會不可或缺，於是它就成了永久機關，其主要功能是蒐集情報以及從事外交任務（通常這兩者是差不多的），還有調查並起訴叛國罪。不過，在緊急狀況時，它還可代替大議會，這樣一來就能讓最高執政團迅速應對處理事情。在後來的歲月裡，十人委員會權力變得太大了，以致成員只能當選一年，而且永不可再重選。十人委員會的三名領導人每次只能輪流擔任一個月，為了避免任何賄賂機會，任期間也不准離開總督府。

隨著時間推移，十人委員會對於偵測國家敵人變得非常拿手，間諜活躍於客棧和酒館，尤其留意偷聽是否有外國間諜，但也留意針對政府的國內陰謀。或許設置於城市各處馳名的「獅口」

（Bocche di Leone）堪稱十人委員會最明顯的面貌，現代遊客來到總督府時，免不了會看到「指南針大廳」（Sala della Bussola）入口旁邊的一個獅口，不過只因為這是最有名的獅口而已。這個獅口的目的是讓威尼斯市民有管道可以向有關當局舉報非法活動。這些書面報告，有的有署名，有的沒有，都拿去「餵」這些耳聽八方的獅子，之後會由十人委員會及最高執政團來審查。在後來的世紀裡，外國人經常譴責獅口，說它們是證據，顯示了威尼斯政府黑暗、詭祕與壓迫性的一面。例如馬克．吐溫（Mark Twain），他曾在一八六七年參觀過總督府，就在其書《傻子旅行記》（*The Innocents Abroad*）中記載說：「這些是可怕的獅口！……這些是喉嚨，嚇下了無名指控，在夜闌人靜時由一個敵人偷偷塞了進去，讓許多無辜者受害……。」這類描述仍然主導著現代許多旅遊導覽。

事實上，十人委員會有一套極其複雜的系統來評定所有從獅口接到的舉報，尤其是那些沒有署名的。整個過程用了很多頁面來詳細說明指示，用意幾乎是排除了所有匿名舉報，只調查那些有強烈理由相信可能是準確的舉報。而且這還只是調查而已，逮捕和定罪還需在法庭上提出真憑實據來才行。事實上，獅口運作得太好了，以致政府其他機構也開始採用。例如，今天我們還是可以在威尼斯各處見到不同的獅口，用來舉報各種不同的犯罪行為。位於札特雷（Zattere）的聖母訪親堂（Santa Maria della Visitazione）牆上就有銘文：「舉報有違多爾索杜羅區大眾健康的行為活動」，這在黑死病期間是很重要的事。軍械庫附近的聖瑪爾定教堂（San Martino）也有一個類似的獅口，用來舉報異端邪說以及不虔敬的行為。

這套新的治安措施運作得很好，因此後來就再也沒有發生過困擾上次總督選舉的問題。一三一一年，彼得羅．格拉丹尼格去世，憲法程序也進行得很順利，選出了年邁、德高望重的馬里諾．佐爾齊（Marino Zorzi, 1311-1312）。也許選民是希望這位虔敬的人能夠跟教宗談和，但他加冕上任後只活了十個月。繼任者喬凡尼・索蘭佐（Giovanni Soranzo, 1312-1328）是上次與熱那亞作戰期間在卡法立功的英雄，雖然已經七十幾歲了，但他活得比佐爾齊要久一點。當然，他的首要之務就是要跟克雷芒五世把事情處理好。在允諾會支付一筆為數龐大的九萬弗羅林幣之後，威尼斯人終於得到了赦免並解除禁行聖禮的禁令。由於這筆款項太大了，因此大議會被迫要向公民強制貸款以籌這筆錢。他們認為很划算，與教宗達成和平後，讓威尼斯人得以再度跟歐洲其他基督徒同胞達成有約束的協議，而教會的制裁懲罰所造成的破壞也很快開始癒合，威尼斯又繁榮起來。尤其重要的是，日耳曼人來到威尼斯貿易或工作的人數增加了，事實上，由於來的人很多，因此還給了他們所屬的商館（Fondaco），這是一種兼具住宿、倉儲以及開展業務功能的大樓。「日耳曼人商館」蓋在里奧托橋聖馬可區這邊，原有大樓是木造建物，但在十六世紀期間由目前的石造大樓取代，今天則成了威尼斯的郵政總局。

雖然他們在大陸的第一次冒險嘗試結果一塌糊塗，威尼斯人卻發現他們愈來愈涉足於西方事務。簡單的事實就是在義大利的事件已經變得太重要，不容忽視。始於佛羅倫斯的文藝復興蔓延到義大利北部各地，義大利城市變得愈來愈富有、強大。十四世紀期間，大多數城市都由領主們所控制，這些專橫領主對鄰國發動戰爭，任意揮霍，僱用有首領的傭兵團。威尼斯共和國在國內保護了其子民不受領主侵害，但卻無法忽視領主們在大陸上的戰爭。

對威尼斯人來說，這些領主之中最麻煩的是斯卡拉氏兄弟（Della Scala brothers）。較早前幾年，斯卡拉氏奪取了威尼斯以西大約六十里處的繁榮城市維洛納控制權，透過暴力、威脅以及入侵等手段，斯卡拉兄弟設法在義大利北部奪得了相當大的領土，其統治遍及維琴察、費爾特雷（Feltre）、貝盧諾（Belluno）、布雷西亞（Brescia）、帕爾馬（Parma）和盧卡（Lucca）。到了一三二九年，隨著斯卡拉氏征服帕多瓦及特雷維索，其版圖已幾乎擴張到威尼斯潟湖本身了。這對威尼斯人來說代表了嚴重的威脅，因為斯卡拉氏如今控制往波河以及其他大陸市場區的通路。馬斯提諾・斯卡拉（Mastino Della Scala）對在波河與其他河流往來運輸的威尼斯貨物，嚴徵通行費，對運往威尼斯的食糧徵收出口稅。維尼斯有十萬以上人口需要餵飽，因此極度仰賴從大陸源源不絕運來的產品，這些新稅不僅提高了一般民眾的食糧價格，也對威尼斯的教會組織造成嚴重傷害，因為它們都是靠在大陸擁有的莊園收入來維持的。馬斯提諾也威脅到威尼斯的鹽業，因為他在離基奧賈不遠處建立了自己的鹽田，並以一座強大的堡壘來捍衛此處鹽田。

總督弗朗切斯科・丹多洛（Francesco Dandolo, 1328-1339）是位很有成就的外交家，他偏向談判多過開戰。事實上，就是他於一三一三年威尼斯在大陸受挫之後，成功跟教宗克雷芒五世談和的，他希望跟馬斯提諾・斯卡拉也同樣談判成功。丹多洛強烈反對威尼斯糾纏到大陸問題裡。威尼斯人是水手，不是士兵，他們是生意人，不是農夫。跟斯卡拉氏開戰就意味要僱用傭兵，以及隨之而來的種種問題。但這種立場使得總督在大議會與民眾之間都處於少數。威尼斯人想要跟這個近在眼前的威脅對抗，消息一傳開說威尼斯正在僱用傭兵，於是一群群來自英格蘭、法蘭西、日耳曼以及義大利的傭兵紛紛抵達拉文納，然後運載到利多島。斯卡拉家族樹敵眾多，他們都很樂意幫忙粉碎斯卡拉氏所掌之權。佛羅倫斯人被斯卡拉氏奪去了盧卡，因此送錢資助作戰。卡拉拉（Carrara）家族在帕多瓦失去地位，因此也很願意盡其所能幫忙打敗斯卡拉氏。一三三六年七月十四日，威尼斯宣戰了，到了十二月，威尼斯的部隊已來到帕多瓦與特雷維索附近，成功又帶來了更多盟友，義大利其他主要城邦的統治家族如米蘭的維斯孔蒂（Vicsconti）家族、費拉拉的埃斯特（Este）家族、曼托瓦的貢薩格（Gonzaga）家族，都跟威尼斯組成了聯盟，要粉碎斯卡拉氏。到了一三三七年八月，戰爭結束了，威尼斯的威脅也化解掉了。

現在他們得要決定如何處理戰利品。斯卡拉氏在和平條約中將帕多瓦、特雷維索及周圍領土都割讓給了威尼斯，威尼斯人馬上就把帕多瓦給了卡拉拉家族，因為他們忠心耿耿幫忙打贏了戰爭。其他土地也分給了其他盟友，但是特雷維索及其屬土則直接落到威尼斯手裡，這是威尼斯首次在西方直接控有一個城邦，因此不免引起憂慮，擔心這點本身會不會造成失去了威尼斯人的某些特色。他們用一套從東方省分與城區學來的行政技巧來治理特雷維索，通過適當又複雜且間接的投票，該城會選出一位執政官，此君會連同一個大議會（類似威尼斯的大議會）以及一個小議會（類似六人議會）來執政。總的來說，政府在地方行政與司法等事務上有很寬鬆的自由度。一名由威尼斯十人委員會指派並對該會負責報告的教區長，則留在特雷維索，提供建議，必要時可以否決省政府的決定。這套系統運行良好，糅和了適量的本地控制監督，經過一些修改，當威尼斯日後進一步在大陸擴張時，會一再運用這模式。

併吞特雷維索是威尼斯直接進入義大利北部動盪世界的大膽創舉，還陸續有後話。儘管長久以來威尼斯人很不情願在大陸發展勢力，但現在開始認為要保有他們的地位以及異常繁榮，勢必如此做才行。海上帝國正在變成一個傳統帝國，當初逃到潟湖的難民終於又回到祖先的老家，然而卻已非受害者，而是主宰者了。

第九章

十四世紀的瘟疫與叛國

今天我們想到威尼斯時，心目中勾劃出的景象免不了是聖馬可灣令人驚豔的外觀，廣闊的水面從總督府延伸向聖喬治馬焦雷教堂，莫羅的兩根圓柱，每根柱頂都有此城的精神保護者，雙柱高聳入天，形成了小廣場的長通道，再過去就是壯觀華麗的聖馬可教堂。然而，這景色有一半則是非凡的總督府，幾乎就盤踞在海邊，從小廣場延伸到總督府河，河上橫跨聞名的嘆息橋（Ponte dei Sospiri）。世上甚少有建物像威尼斯總督府這樣經常被人畫下來、拍照或描述過。各時代最偉大的藝術家和作家都曾竭盡其力要表達其獨特之美，以及不受時間影響的悠然恬靜。

更令人驚訝的是，並沒有哪個人真正設計出這種建築上的大成就，反而，這是幾個世紀的工程項目、修復以及一般改善的結果，總督府甚至不是一座建築而是好幾座並存於一個屋頂之下。就像設在總督府裡的政府一樣，這座官府是慢慢成長，而且是以因應臨時需要的方式發展出來的。這是一批保守人士的產物，他們緊抓著傳統、歷史以及典章制度不放，但情勢必要時，他們還是願意做出修改或擴充，再也沒有什麼比這座壯觀華麗的總督府更像威尼斯人了。

總督府源於革命大火，西元九七六年，之前的木造總督府焚毀，連同住在其內的總督及其家人。彼得羅一世·奧爾賽奧洛在當選總督後籌款重建了總督府，就像之前的總督府一樣，這座新建築也是沿河興建的設防小建築，靠近教堂，以石造成，隨著威尼斯的權勢與財富在後來的歲月裡日增，營造商採用的建材也愈來愈值錢，用以美化並擴建總督府。總督府隨著威尼斯國家的擴張而擴建，到了十二世紀，已不再僅是總督的公館而已，而是政府大多數機構所在地。套用美國的例子，就好比白宮、國會大廈與最高法院都設在同一屋頂之下。與日俱增的新設官僚機構也往往可在總督府裡找到辦公的地方。

可以預料得到，這樣做的結果會使得總督府看來雜亂無章、不太協調，根本就不是今天看到的樣子。一一七七年簽署威尼斯合約之前，總督賽巴斯提亞諾·齊亞尼將這座建築稍微朝小廣場與海邊擴建了一下，並賦予它更具吸引力的門面。然而，政治改革為此建築帶來了很大壓力，因為它需要容納參與威尼斯政府日益龐大的人數，當塞拉塔使得大議會規模大了一倍以上時，總督彼得羅·格拉丹尼格下令擴建會議廳以便容納所有人。然而等到完工時，威尼斯人已經贏得了特雷維索，而大議會此時也有了將近一千三百名成員，遠超出新大廳的容量。

一三四〇年，大議會投票決定將總督府朝聖馬可灣的海邊擴建，只在海邊留下一小片狹長的土地以供通行。擴建的最初目的是要為大議會蓋一間全新的會議廳，這間新大廳將與海邊平行延伸，蓋在樓上，樓下有連拱長廊，讓往來行人可輕鬆沿著海邊步行。也許算是對那些不滿政府接管了海邊最好土地者的讓步吧！不管究竟如何，這讓總督府產生了很獨特的外觀。雖然總督府是十四世紀威尼斯哥德式風格，但連拱廊及窗戶卻帶有異常輕盈的感覺，看來就像是上下顛倒，重的部分像放在頂部，開放區域則在地面。建築工程會拖延許多次，直到一四二三年才終於竣工。據我們所知，最後一次擴建並非哪一位建築師單一完成的，而是許多設計師、營造商、政客等，各人都朝此目標努力而完成。

開始動土動工擴建時，威尼斯民心極為振奮，這座繁華熱鬧的城市繼續在海外收穫其豐厚的商業利潤，而且不久前還開始在義大利行使其威權，前途看來一片光明。當然，還是存在著很多危險。土耳其人繼續向西迫近，威脅到搖搖欲墜的拜占庭帝國以及來自歐洲的商船；熱那亞人一直都是外患；但卻無人猜到最嚴重危險來自何方，因為在當時看來似乎是一切之中最微不足道的事。

✻

中世紀每艘船上都有老鼠，每座城市也有，自從人類最初建造定居處並儲存食糧開始，老鼠就一直陪伴著文明。這個齧齒動物問題直接導致一萬多年前貓的馴化，但是當然，問題還是存在。城市人口愈多、愈骯髒，老鼠就愈快樂地滋生其中。拜地理之賜，中世紀的威尼斯比歐洲其他大多數城市要乾淨得多，住在內陸區的人通常都把尿盆及其他污水、垃圾等往街上傾倒，但在威尼斯，街道就是水道，每天兩次漲潮就沖洗乾淨了。這也是為何威尼斯能容納十萬以上的人居住，卻沒有任何排污方式的原因之一。但是這個密密麻麻的城市卻包含有大量食物，以及許多可躲藏的地方，因此也就意味有著大批活躍的老鼠。

在進入現代之前，當一艘船駛入港口，人、貨以及老鼠都自由上下船隻。這些老鼠通常都是長達一英尺的黑色老鼠，尋求貨艙裡儲存的食物，當食物耗盡，船隻駛入新港口時，這些老鼠通常就下船離去，另覓好吃好住的去處。有句俗話說：「鼠棄沉船」，其實這跟老鼠在注定沉沒的船上，會跳入水中以免遭難，一點關係也沒有；相反地，這是指一種航海迷信，要是老鼠在一個港口離船的話，這就是會沉船的明顯預兆。人們認為老鼠是動物王國裡旅行經驗最豐富的老手，見到有風險的交通工具馬上就知道，在海上旅行總是充滿危險的時代裡，忽視預兆是不值得的。

老鼠在威尼斯並非新鮮事，但牠們在十四世紀帶來的卻是瘟疫的種子。一三四八年在威尼斯商船上亂竄的黑老鼠帶有跳蚤，跳蚤已感染了鼠疫桿菌，也就是腺鼠疫（bubonic plague）。這種細菌源於中國，在隨著商人向西移動之前，就已經很快在老鼠跳蚤之間散播開來。就跟馬可孛羅的路線一樣，這瘟疫沿著絲綢之路蔓延到黑海克里米亞的各港口。據傳，這場瘟疫最初是在卡法出現的，威尼斯人曾統治此地直到一三〇七年為止，目前此地則在熱那亞人控制下。據說蒙古元帥亞尼柏格曾將染瘟疫而亡的手下屍體發射入城，希望讓他的敵人受到感染。然而，這種疾病看來似乎不太像是能控制得住的。從東方來的商旅隊在黑海許多港口逗留賣貨，發射屍體此舉根本沒必要，只要有欣然的買家就行了。威尼斯人和熱那亞人在這些港口做很多生意，所以這兩個城市率先受到這致命疫癘的襲擊，而且又幾乎是同時，也就不足為奇了。

這種跳船上岸在威尼斯窄街上亂竄的黑老鼠已經染病，牠們一死，感染的跳蚤就從死去的宿主身上跳到新的、活的宿主皮膚上，換句話說，也就是活人。雖然老鼠跳蚤天生偏愛老鼠，但必要的話也會以人類為食。由於中世紀的人身上有跳蚤是很平常的事，因此再多一兩隻也難以察覺。（只有靠現代衛生才消除了這些忠實陪伴了我們數千年的跳蚤。）然後這些老鼠跳蚤把鼠疫桿菌再傳給了人類宿主，桿菌迅速擴散到淋巴結，再從淋巴結擴散到整個身體。

腺鼠疫最初症狀類似流感，有發燒、身體發冷、頭痛、肌肉痠痛等症狀，但很快就包括有其名特點bubo（腹股溝淋巴結炎）的症狀，也就是腹股溝、腋下或頸部的淋巴腺疼痛腫脹。中世紀醫生認為腹股溝淋巴結炎就是引起生病的原因，因此通常採用割開患處釋出感染部分，要是病人幸運的話，這方法倒也無害。然而，這方法卻會把細菌釋放到空氣中，會直接吸入肺內。總之，要是此疾在體內散播夠廣的話，遲早也會感染到肺部。

腺鼠疫是個無情殺手，當年沒有現代的抗生素，不到一星期，感染者就死了大半，不過，要是感染到肺部的話，這瘟疫就更致命。肺炎型瘟疫會導致患者咳出血痰，噴到空氣中被其他人吸入。肺炎型瘟疫在二十四小時內殺死了將近百分之百的患者。吃早飯時還健健康康的人，可以在晚餐時已經死了。

威尼斯有大量船隻、老鼠和人口，使得它成為黑死病（不久瘟疫就有了此稱）最完美的溫床。瘟疫來襲不到一年，就已奪走威尼斯一半左右的人口，多達五萬多人死亡，起碼有五十戶名門望族全部滅絕，可以理解那些活下來的人有多充滿恐懼與困惑。中世紀的人沒有細菌概念，因此對於發生在他們身上的事一點也沒有頭緒。在威尼斯，許多人都認為瘟疫是由一三四八年一月造成威尼斯破壞的一場地震所引起的。這種疾病顯然具有傳染性，但是為何、如何，或甚至這究竟是什麼病，都遠超過了理解範圍之外。毫不令人驚訝，很多人推斷這場疫癘是來自上帝的懲罰，於是就竭盡其力去實現靈性治療的效應。本來就已經蔓延西歐的虔敬運動此時更由黑死病掛帥了，威尼斯及整個義大利到處興起了新的祈禱與慈善團體組織，珍貴聖物被帶上街頭遊行，希望藉此淨化他們；並呼求主保聖人以及聖母來拯救信眾。

終於，所有這一切總算奏效了。瘟疫大屠殺了幾年人命後，威力不斷減弱，已無法再侵擾那些體內產生出抗體者。但是新的受害者陸續到來。一如黑死病當年跟隨著商人從中國來到義大利，此時又繼續沿著歐洲的貿易路線前進，從威尼斯、熱那亞以及馬賽朝北方每個點而去，甚至遠至冰島。各地死亡人數都很可怕，幾百萬人喪命，在這場瘟疫的頭十年裡，歐洲總人口可能喪失了百分之五十。而且這個打擊是在歐洲發生最嚴重饑荒才幾年後就來到，饑荒則是因為全球持續寒化而造成。看來上帝似乎真的在重擊其子民。

倖存者繼續尋求解釋。起初許多歐洲人懷疑是猶太人在井裡下毒，不過等到當地的猶太人被驅逐或殺掉之後，也不見對瘟疫蔓延有何影響時，這種懷疑就很快消退了。他們的焦點於是轉到了基督教世界裡的罪愆，尤其是基督教會的。幾十年來，教宗們已經長駐亞維儂，雖然是安樂鄉但卻非羅馬，羅馬才是聖彼得留下來的教廷所在。亞維儂的教宗們很會掙錢，因此教會的財富增加了。這是個紅衣主教穿戴綾羅綢緞、頭戴獨特冠冕的時代，他們在財富與勢力上才真的是「教會裡的王公」。神職人員濫權例如曠職或兼職情況十分猖獗，引起許多基督徒的疑問：這些有錢的教宗使節、教士及僧侶們到底跟基督的簡單訊息有什麼關係？黑死病被廣泛認為是上帝因這些人對祂的教會所犯之罪孽與過分之舉，而施予的報應，因此引起了四面八方新的呼籲，要求改革。

威尼斯人卻沒這麼急著怪罪教會，或為黑死病尋求跟上天有關的理由，也許因為事實是威尼斯人不像大多數歐洲人，他們可是行遍萬里路，見到過黑死病摧毀蒙古人和穆斯林，就跟摧毀歐洲基督徒一樣徹底。相反地，威尼斯人以務實得多的態度來回應瘟疫。他們當然也祈禱，但從中世紀的角度來看，這是務實的極致。他們也努力減輕瘟疫的影響，在發現死者本身也能傳播疫癘之後，就命殮船每天在城內水道裡巡邏，高呼「死屍！」他們徵用了大型圓體船及駁船來移走死屍，分別送到潟湖裡幾座無人荒島上扔進合葬大墓穴裡。

當瘟疫在一三五〇年消退時，倖存的威尼斯人面臨了人力問題，對於一個要靠水手和長槳戰艦槳手的海洋國家而言，這是至關重要的考慮因素。政府於是大開威尼斯公民身分大門，提供經濟獎勵，例如精簡同業公會的入會申請，讓工匠易於成為會員，以吸引移民。雖然新人口遷入威尼斯，兒童出生，但黑死病依然有捲土重來的危險。貿易船隻從世界各地駛入此城，其中任何一艘都有可能帶有此疫癘。威尼斯人盡力去找出解決此問題的方法。後來在威尼斯嘉年華中更常看到的一景，就是帽兜蓋頭的狂歡者臉上戴著怪異面具，面具上有又長又彎的鼻子。這種面具當初是為了保護醫生免受瘟疫感染而設計出來的，在面具的鼻腔內塞入認為可防疫癘的草藥。在後來的世紀裡，外國人見到這種醫生服裝打扮，以為是四旬節前幾個月滿城服飾的部分。雖然已不再用到草藥了，面具本身起碼多少還是可以保護戴者免受空氣中的病菌感染。當然，乾脆就用一塊布掩住口鼻也有同樣效果，不過就沒有那麼獨特如畫了。

當瘟疫奪走了總督喬凡尼．莫塞尼格（Giovanni Mocenigo, 1478-1485）的生命後，政府就採取了更積極主動的措施，由國庫出資在老拉撒路小島上蓋了一座新醫院，這座小島就在利多島旁邊，以前屬於聖喬治馬焦雷僧侶所有。大議會通過一項新法令，要求那些出現瘟疫症狀者要拘留在島上四十天。照臆測，要是他們能活到這段等候期的最後一天，就表示他們沒有染上瘟疫，或者逃過了瘟疫。不過實行起來時，很少有人能從這座瘟疫島令人心碎的苦痛中歸來。要是一名病人在抵達老拉撒路小島之前未患此疾，肯定也會在離開之前染上。死者就像柴堆一樣堆疊在島上各處的共葬大墳坑裡，二〇〇四年的一項考古挖掘發現了一千五百具骨骸，而這些還只是掩埋在最上面的一小部分而已，這座寧靜小島的綠草地下不知還掩埋了多少具屍體。這令人毛骨悚然的過程因此產生了「檢疫」（quarantine）一詞，就是從病患需要在老拉撒路小島上度過的四十天（quarantia）而來。

檢疫似乎挺管用的，因此威尼斯政府後來又再擴充了這個概念，在另一座更大些的島上建了大批宿舍、貨倉和卸貨碼頭。從此，所有駛入潟湖的船隻都需要先停泊在這個島，此島就稱之為「新拉撒路小島」。船隻停泊好，貨物儲存好，船員和乘客則住進分配到的宿舍裡。新拉撒路小島就像之前它的老表島一樣，也是個檢疫島，不過卻是健康者與患病者一視同仁，都要經過檢疫。行政官員將住進宿舍者分成三類，一類是顯然已經患病的，一類是顯然健康無恙的，還有一類是情況不很明朗者。這是一項很艱巨的任務。島上建築至今猶存，可以容納四千人、兩百匹馬，以及龐大數量的貨物。今天來新拉撒路小島觀光的人仍然可以見到大量塗鴉，都是從前那些在心情沮喪、無聊、害怕時的人所留下來的。等到四十天告終，活下來的人就連同其財物一起獲釋並准許進入威尼斯。

在黑死病第一次爆發期間，擔任總督的是威尼斯最傑出的領袖之一安德烈亞·丹多洛（Andrea Dandolo, 1343-1354），他從很年輕時就表現出驚人的聰明與智慧。他當上聖馬可檢察官，這是個在法律和金融上都很重要的職位，那時他才二十五歲，而且也是威尼斯貴族之中率先去就讀還算很新的帕多瓦大學者之一。他不僅念完課程，可能還拿到了法學博士學位。一三四三年，他才三十七歲，就當選上了總督，這是幾世紀以來第一個年輕人出任該職位。丹多洛可謂在十四世紀義大利新一代人物中的佼佼者，當時成長中的資本主義經濟極重視個人主義，他們就是在這情況下的獲益者。這些人在語言及古典文學上受過良好教育，愈來愈關注現世事物。他們是義大利第一批人文主義者，文藝復興將會從這些人開展而自成一流。丹多洛的好友佩脫拉克（Petrarch）曾形容這位年輕總督是「一個正直的人，廉潔，對自己國家充滿熱情與愛，博學多才，雄辯滔滔，有智慧，和藹可親，而且充滿人性」。雖然當上了總督，丹多洛卻一直不脫學者身分，出於人文主義者對科學與觀察要求正確性的渴望，他孜孜不倦致力於編寫威尼斯新史，其書《延伸描述的記載》（*Chronica per extensum descripta*）取材自早期各種編年史以及文獻材料，很多材料之後都已佚失。這是部非凡作品，一絲不苟地避開了十四及十五世紀間經常充斥於威尼斯編年史中誇大、渲染，以及捏造的愛國故事。此書一直成為研究中世紀威尼斯史學家最重要的材料來源之一。

丹多洛對藝術的興趣也深深改善了聖馬可教堂，很少有總督對美化這座「總督禮拜堂」如此充滿興趣又熱衷的。事實上，他堅稱「這座教堂以前是、現在也是我們大家的」，而且「教堂裡可以埋葬多少人」也完全取決於總督。這點很重要，因為他完全打算要讓自己葬在那裡。他加建了一座新禮拜堂，用來供奉那位拜占庭戰士聖人聖伊斯多羅（St. Isidoro）的遺物。他監督黃金屏風的加工，這是十二世紀初由拜占庭工藝大師們打造的華麗燦爛黃金屏風，用來放在祭壇後面做為裝飾。他也擴建並美化了洗禮堂，一三五四年他去世時就長眠於此，那時他還是個年輕人。他是最後一位葬在聖馬可教堂裡的總督，如今從前的總督禮拜堂已經成為人民的教堂了，之後的總督們葬在別處就很滿足了。

丹多洛的統治一再受到挑戰。威尼斯人再度組十字軍去對付土耳其人，從他們手中奪下了士麥那。一直都很棘手的札拉在一三四五年發生了一場叛亂，結果導致一場艱苦圍城以及來自匈牙利的攻擊。威尼斯政府的注意力大都耗在與熱那亞的漫長戰爭上，從愛琴海打到義大利半島，兩大強權各有打勝時也有慘敗時，雖然熱那亞人占了上風。真正的贏家則是土耳其人，趁著兩大商業共和國鷸蚌相爭，來擴張他們在地區的勢力。外國傭兵也從中獲利，因為威尼斯政府為了要打敗熱那亞人而任意揮霍。佩脫拉克寫了好幾封信並甚至親往威尼斯去勸談和，但他朋友不願意聽。

總督死後，威尼斯與熱那亞的戰爭並未持續很久，幾星期後，威尼斯人在莫東附近的長港蒙受了慘重損失。熱那亞的長槳帆船在帕格尼諾．多里亞（Paganino Doria）指揮下，很技巧地駛入了該港口，毀掉了措手不及的威尼斯艦隊。幾千名威尼斯人，包括指揮尼可洛．皮薩尼（Nicolò Pisani）在內都成了俘虜，還有更多則遭殺害。熱那亞人此時幸災樂禍看著嚴重削弱的威尼斯，但卻無法予以致命一擊，因為在義大利統治米蘭的維斯孔蒂家族取得了熱那亞的控制權，該家族對於花大錢跟威尼斯打仗爭奪外國港口及航道一點興趣也沒有，他們在一三五五年結束了戰爭，僥倖脫險的威尼斯猶有餘悸。

繼任英年早逝的安德烈亞．丹多洛成為總督的是一位老人，馬里諾．法利埃羅（Marino Falier, 1354-1355），在他七十多歲的這輩子裡，法利埃羅曾為威尼斯在很多方面服務過。當貝雅蒙特．提埃坡羅試圖叛國時，他那時是十人委員會的成員。後來肩負過無數次外交任務，跟義大利邦國以及歐洲君王打交道。一三五三年甚至在維也納獲皇帝查理四世（Charles IV）封為騎士，當時騎士精神在歐洲普遍受到頌揚，連威尼斯也有景仰者，因此這是很重要的殊榮。法利埃羅曾在黑海指揮威尼斯艦隊，於對抗熱那亞的戰爭中表現良好。總而言之，他是當威尼斯新領袖的完美之選。

所以接下來發生的事情就很難以理解了。許多原本可以揭露法利埃羅行徑的文件並未能留存下來，因此這個故事就只好靠編年史、連串事件以及傳聞拼湊起來，甚至連當時的威尼斯人也不是很清楚為什麼事情演變得如此糟糕，這點從他們解說此事的所有講法就可證明。謠傳在當選上總督之後，法利埃羅乘船回到威尼斯，於霧中在莫羅登岸，由於不清楚身在何處，這位當選總督就從那兩根柱子之間走過，這是處決罪犯的地方，明智的威尼斯人都會繞道而行。據說，這個前兆注定了他的在位不得善終。有些作家則聲稱這位年邁總督不久前迎娶了一位年輕美女，在大議會裡引起年輕貴族們大量訕笑與黃色笑話。有個故事說總督府裡發現了塗鴉，聲稱（用圖形語言表達）這位年輕嬌妻因為精力旺盛，而不忠於她的新婚夫婿。這些冒犯的塗鴉者受到審判，但卻只不過受到輕責而已。這種寬大（根據不同作者的說法）大大激怒了總督，很快就讓他認為這些威尼斯貴族都是寵壞、傲慢自大的人，對威尼斯不再有利。

今天的史學家傾向於駁斥以戴綠帽來解釋法利埃羅行徑，反而強調他的外交官經驗，這點讓他很清楚在潟湖之外的政治發展是多麼不同。威尼斯的共和政府不僅罕有，而且是獨一無二的。這個世界都是由強勢的獨裁者所統治，他們都獨斷獨行，而威尼斯卻是由日益複雜的憲法體系以及不斷擴充的官僚機構來治理。在義大利，沒有哪個城邦還維持共和體制，它們都由領主統治，這些強人及其家族取得專制控制權，一面卻對共和理想施以口惠。威尼斯不久前大敗於熱那亞的慘重損失，或許讓法利埃羅認為要讓他的國家生存下去就得順應時代，擁抱獨裁。

當然，所有這一切都是純屬臆測。眾所周知很確定的則是，因長港的慘敗而在威尼斯醞釀出了不滿情緒，許多百姓都在怪他們的貴族領袖。當政府採取緊急措施，動員了四艘由經驗豐富船長而非貴族成員指揮的四艘長槳帆船時，士氣更加惡化。這幾艘平民船隻不同於在長港的艦隊，成功襲擊了熱那亞的航運。普通水手與海員，連同軍械庫熟手碼頭工人，都對此番成功感到相當自豪，因此對寵壞貴族們的失敗也就怨聲載道了。

點燃一三五五年事件的星星之火發生於總督府一樓海軍辦公廳，該廳面向聖馬可灣。喬凡尼．丹多洛是位貴族，也是海軍部長的主計官，指派了某人到某艘長槳帆船，這本來也沒什麼不尋常，然而，平民長槳帆船的軍官貝圖丘．以撒雷洛（Bertuccio Isarello）卻拒絕接受此人，因而跟丹多洛激烈爭論起來。最後，丹多洛揍了以撒雷洛，後者怒氣沖沖地走掉了。

這位主計官打錯了對象，以撒雷洛在水手與碼頭工人之中人緣很好，他沿著海邊跑（也就是今天人潮湧湧的莫羅以及斯拉夫人堤岸），告訴每個願意聽的人說丹多洛有多傲慢，並建議一定要對這位貴族的行徑加以追究。一大群粗暴的男人很快就聚集起來，開始在小廣場上來回走動，等著倒楣的丹多洛出現。至於丹多洛，他緊張地窺探窗外，心想不知怎樣才能不被人揍一頓而回到家。最後，他去向總督法利埃羅申訴，總督把以撒雷洛叫到總督府裡，命他解散他那幫人，不准再威脅他的上層。以撒雷洛很不情願地服從了。

不過後來當晚，法利埃羅卻把以撒雷洛叫回總督府閉門密談，這兩人之外還加上了菲利普．卡倫達里歐（Filippo Calendario），此君乃石匠兼營造商，當時正負責監督總督府的擴建工程。就跟以撒雷洛一樣，卡倫達里歐也對威尼斯貴族的傲慢沒有好感，這兩人都算頗富裕，因此當然厭恨小看他們的貴族。總督究竟是因為別人對其妻的評論而挑動了類似厭恨，還是因為認為威尼斯需要有個單一的統治者（又兩者皆有），總之他提議三人聯手合力密謀推翻共和國。

他們制定了一個很有步驟的計畫，雖然這計畫並不太明智。卡倫達里歐與以撒雷洛會聚集二十名信得過的人，然後囑他們各自去招攬四十個人，這八百人（主要都是工人和水手）會在一三五五年四月十五日傍晚於總督府偷偷會合，總督會召開大議會，然後這些密謀者就衝進大廳，殺掉所有那些可恨的貴族。之後就擁立總督法利埃羅為威尼斯的「領主與主子」。由於計畫的其餘部分並沒有經過縝思密考，這讓人感覺此計畫真正的目的是要大快人心殺掉那些驕矜傲慢的貴族。畢竟，殺掉大議會成員不等同謀殺貴族階層，因為有許多貴族都正在海外出差或做生意，其中當然還有貴族的家屬婦孺，他們不能出席大議會。然而此計畫最大的問題是在於需要八百張嘴不透一點口風，這可是人類史上聞所未聞的。

隨著那些領頭人在城中招攬密謀者，消息很快就傳開說有些事情正在醞釀中。總督聲稱這只是個小問題，甚至還逮捕一些聚集在聖馬可廣場上的人，好引起民間對貴族的怨氣。但是十人委員會的獅口卻塞滿了叛國的舉報，可能是某些密謀者三思後的決定，也可能是有些貴族接到平民友人的警告，叫他們四月十五日那天要留在家裡。證據的具體性質沒有表露，但十人委員會很快就確信總督本人可能涉及這項陰謀。四月十四日晚上，十人委員會援引緊急情況時可使用的特權，召集了總督的幕僚、刑事法官、城市警衛，以及六區的區長，這群人下令逮捕卡倫達里歐與以撒雷洛，盤問之下，他們很快就招出了總督。這些領導人接著叫城裡所有貴族都武裝起來，並命六區各派警衛到聖馬可。教區也部署了警衛，其他則亦派巡邏各處查看是否有造反跡象。這場大政變還沒真正開始就已經瓦解了。

就歷史而言，當一名國家領導人被控以叛國罪時，通常結果是會引起亂事和動盪。我們會想到英格蘭查理一世或法蘭西路易十四世的處決，但也可以很容易指出十四世紀期間在義大利多數邦國所發生的派系暴力。然而，威尼斯複雜的憲法體系甚至未有絲毫動搖。一切都以冷靜、理性與沉著之道處之。而且因為國家穩穩保持安定，因此即使其執行人有異心，人民也能沉著以對。街上沒有暴力，沒有騷亂，沒有私刑處決，這是只有威尼斯共和國施行的法治。十人委員會組成了一個法庭，包括委員會其中九名成員（只除了一名，因為他是法利埃羅家族的人）、二十位城中最受尊敬的貴族、六名總督幕僚，以及一位國家律師。這個機關團體於是聆聽了卡倫達里歐與以撒雷洛，以及其他領頭人們的案件，裁決他們罪名都成立。這些人立刻在總督府面向小廣場的樓上處以絞刑。由於卡倫達里歐與以撒雷洛頗得民心，因此就用東西塞住他們的嘴，以免他們煽動樓下外面的群眾。

審判總督是很簡單卻極之苦痛的事。年邁的馬里諾・法利埃羅立刻招認一切，斷言他應該為己罪行受死，他所流的眼淚以及流露的悲傷，就更令人不解他在這起事件裡的角色了。推翻一個把他提拔到最高地位的政府對他是一無所獲的事，他沒有兒女，因此建立一個王朝顯然並非他的計畫。很可能誠如某些史學家所主張的，是他認為威尼斯採用專制會比較好。但若如此的話，他竟然沒有據此論點加以辯護，這就很奇怪。反而，他在法庭上的反應是為愚蠢罪行痛悔不已，這倒真的像是一個自己與妻子受到侮慢嘲弄的男人，在激怒到忍無可忍失控之下做出了輕率的舉動。

一三五五年四月十七日，警衛剝除了法利埃羅身上的總督袍服以及職位象徵物，將他帶到總督府的中庭裡。他走上的那道宏偉的階梯，可能就是現今同一的「巨人階梯」（Scala dei Giganti），站在歷任總督宣誓就職的位置上。劊子手持著閃亮的長劍，就站在他身後。這不是場公開處決，而是某種陰沉的私下了事，政府是在處理一件可厭但卻必須做的事情。劊子手一揮劍砍下了法利埃羅的腦袋，屍首與頭顱皆滾落到階梯底部。然後十人委員會的主席把染血的劍帶到總督府陽台上，展示給下方的民眾看。「你們看，」他大聲說道，「叛徒已受到正義的制裁。」

有人可能會以為處決總督多少會引起威尼斯不安定，的確，連政府成員也這樣認為，因此准許所有貴族在此之後武裝若干時日。但日子很快就恢復正常，這件事就很快拋到腦後了。法利埃羅葬在家族墓穴裡，墓穴位於聖馬可學院裡的平安聖母禮拜堂，離葬在聖約翰暨聖保羅教堂裡的眾多總督很近。（十九世紀打開此墓時，卻見被斬頭顱是放置在這名叛徒的兩膝之間。）佩脫拉克在處決過後的第二個月裡旅行到威尼斯，聽說了這宗駭人事件，但連他也無法理解為何總督會參與這樣的計畫。佩脫拉克飽受義大利許多專制君主垂青招待，因此不會對法利埃羅驟然加以譴責。事實上，他還對這位總督表現出極大的同理心，暗示威尼斯人應該對這位老人施以更多憐憫。但儘管如此，佩脫拉克卻深深理解法利埃羅所受懲罰的根本教訓。「那些要當一段時期總督的人，」他寫道，「我會警告他們好好從眼前這幅景象學學，做為借鑑，他們只是領導人而非領主，不，甚至不算領導人，而是這個國家的榮譽公僕。」只流了一點血，威尼斯就傲然繼續保持做為一個共和國。

⁂

十年後，共和國的心臟，也就是大議會，終於能在新落成的大議會廳裡召開了。如今這個龐大的空間看起來就像裝飾富麗的舞會大廳，那時則擺滿了成百上千議員使用的辦公桌和長凳。瘟疫使得貴族人口銳減，要過一個多世紀這個大廳才又能坐滿人。美麗的壁畫（如今已佚失）裝飾著大廳牆壁，描繪威尼斯史上某些最重大事件。廳北牆上是威尼斯和約的各場景，廳南牆上描繪的大概是第四次十字軍的勝利。大廳最前面有大藝術家亞波的瓜里恩托（Guariento di Arpo）所繪的不朽壁畫《聖母加冕圖》（部分壁畫已恢復，可以在近旁的「軍備廳」裡見到）。沿著牆的最高處掛著歷任總督的肖像，這部分還剩下許多空間可以掛。一三六六年，遷入這座議會廳後才幾個月，大議會下令把馬里諾．法利埃羅的肖像遮蓋掉，但看來似乎只是在肖像上掛上黑幕遮住而已。不過，這場叛國的回憶對於威尼斯人非常重要，因此一五七七年大火毀掉總督府裡的肖像後，修復者重畫的不是總督法利埃羅的肖像，而是之前遮住其肖像的黑幕。上面可以看到這些文字：「這是馬里諾．法利埃羅的位置，因其罪刑而斬首。」成了大議會廳裡最引人矚目的特色之一。

雖然威尼斯仍然非常繁榮，但處決法利埃羅後的幾十年裡卻對共和國產生了重大反挫。匈牙利的國王洛約什一世（Lajos I）與一些較小的勢力聯盟，把威尼斯趕出了達爾馬提亞，這是自從十一世紀以來威尼斯就統治的土地。從前總督們所具有冗長頭銜也縮減到「靠神的恩典，威尼斯總督及其他等等」。不過，威尼斯艦隊照樣在亞得里亞海駕輕就熟，因此貿易護航隊不受影響。事實上，一三六〇與一三七〇年代間的生意還是相當好，雖然熱那亞人奪下賽普勒斯島上的法馬古斯塔城（Famagusta），威尼斯人就乾脆將其貿易市場轉移到該島南部。更重要的是，有了教宗發出的特許作護身符，威尼斯人得以跟穆斯林從事非戰略性貨品的貿易，從而在敘利亞與埃及立足。為了避免在蒙古帝國內惹上麻煩，大多數來自印度的香料貿易都開始改經印度洋與紅海，使得亞歷山卓的市場成了威尼斯人豐厚利潤的來源。

威尼斯人與熱那亞人就像之前幾代那樣，繼續在愛琴海、君士坦丁堡以及黑海競相爭取優勢。不過，總有一種這兩強之間尚未真正了斷的感覺。熱那亞人對於一三五五年被迫簽訂的和約深感惱恨，肯定他們本可以一勞永逸贏得跟威尼斯的爭奪戰的。隨著熱那亞政府在派系與利益兩者間左支右絀，威尼斯人也就得以避免了戰爭，但也只是一段時間而已。

第十章

從勝利到勝利：基奧賈之戰以及大陸帝國的誕生

一三七二年十月，耶路撒冷國王在賽普勒斯島上的法馬古斯塔設下盛宴，當然，耶路撒冷已將近兩個世紀不曾真正有國王來統治了，這位特定的國王彼得二世（Peter II）也不例外。但身為新加冕的賽普勒斯君主，這位十六歲的統治者也因此有資格獲得耶路撒冷王冠，他當然沒有理由不接受。不過，這場慶祝盛宴進行得並不順利。縱然身穿華服的與會嘉賓已在華麗的宴會大廳裡就座了，仍可察覺到空氣中瀰漫著緊張對峙氣氛。當天較早前，這位年輕的國王在法馬古斯塔大街上遊行，慶祝他剛完成的加冕典禮。隨著人群的推擠，一群威尼斯居民衝上前去搶著為這位君主執右韁繩——這是個榮耀位置，通常保留給王公貴族或高級教士。一看到此情景，在該城內也有很大社群的熱那亞人跟著就衝上前去，抓住了左韁繩，並大聲堅持說他們才有資格執韁繩。雙方互相大罵，出言侮辱對方，彼此推擠，驚恐的坐騎與困惑的少年則陷入這場混戰中。最後是靠國王彼得的叔叔安條克（另一個基督教世界早就失去的城市）大公帶著手下擠進這場騷亂中，迫使威尼斯人與熱那亞各自回到人群中的原位去。然後他接過韁繩，親自引領國王至王宮。

在晚宴上，威尼斯人和熱那亞人分別坐在廳內隔得遠遠的席上，起初一切還好。賓客頻頻向新國王致賀詞並為其健康祝酒。事實上，祝酒次數如此之多，以致灌下了如此多的賽普勒斯葡萄酒（該酒以濃烈馳名），這些怒氣沖沖的義大利人從早上衝突騷亂之後勉強保持的一點克制力，也隨之很快消失。威尼斯人和熱那亞人又開始大吵對罵，彼此出言侮辱起來，接著就是威脅恐嚇、你推我擠，到後來就乾脆動手打起架來。熱那亞人有備而來，從斗篷中取出了匕首甚至還有幾把長劍，威尼斯人也是各個都偷帶武器進來，不過他們卻被打得很慘。國王對此風波非常光火，於是傳召禁軍，禁軍吵吵嚷嚷衝了進來，打量了局面之後，就下手攻擊了熱那亞人。有些熱那亞人在宴會廳裡被殺，禁軍則把其他活口帶到就近陽台上，從那裡扔到五樓下的街道上。當這場打架鬧事的消息傳出王宮外後，法馬古斯塔的百姓也都責怪熱那亞人，衝到他們的城區去，燒毀了他們的貨倉。到了早上，這場血腥衝突的餘煙仍濃濃地縈繞在空氣中。

威尼斯人跟熱那亞人之間怨仇很深，深到不能共處一室，更別說是共處一市，而不產生暴力事件。這是一種同行相輕的心理，威尼斯人和熱那亞人彼此很了解對方，雙方都在東方尋求財富，卻都發現對方老擋了自己的財路。他們相似到能掌握對方的策略，卻又不同得足以輕視對方的策略。他們雙方都有許多人願意公開衝突，看來戰爭是威尼斯與熱那亞之間很自然會發生的事。不過，卻沒有一個威尼斯人想像得到，就在法馬古斯塔械鬥幾年後發動的下一場戰爭，竟會威脅到威尼斯自身的生存。

這場戰爭的種子並非在那場宴會械鬥種下的，而是在東方整體政治泥淖中種下的。儘管從前強盛的拜占庭帝國只剩下昔日光輝所留下的一抹黯淡陰影，威尼斯人與熱那亞人卻仍競相在君士坦丁堡及其通往黑海的諸港，角逐一席之地，因為這些地方依舊是東方及中亞貨物的來源地。在東地中海的大消息是鄂圖曼土耳其人驚人的擴張，這是股在兩個多世紀前於安納托利亞定居的穆斯林勢力。尼西亞是今天的伊茲尼克（Iznik），位於小亞細亞西北部，距離首都不遠，於一三三一年陷落於穆斯林之手，附近的尼科米底亞則在一三三七年也步上後塵。十字軍的工作最終功虧一簣，大部分的小亞細亞很快就落入土耳其人的統治之下。只有愛琴海的水域、赫勒斯滂（Hellespont，達達尼爾海峽）與博斯普魯斯海峽，以及航行於其間的基督教艦隊，防止了土耳其人進入歐洲。

看起來似乎很令人吃驚，但幫土耳其人渡過這些水域的卻是拜占庭希臘人本身。拜占庭帝國長期陷入內戰，皆因為了爭奪君士坦丁堡已毀王座而互鬥，一三五一年的另一場內戰席捲了萎縮中的拜占庭帝國。皇帝約翰六世·坎塔庫澤努斯（John VI Cantacuzenus）唯恐失去帝冠，於是就拉攏強大的土耳其人加入其陣線作戰。他讓人將一萬名土耳其人划過海峽，駐紮在加里波利附近，土耳其人很快就在那裡結束了內戰。雖然此計挽救了約翰六世的權力，但帝國（事實上是整個歐洲）都受到了威脅。鄂圖曼部隊不久就開始襲擊起色雷斯（Thrace）領土來，與此同時，皇帝則試圖透過賄賂希望他們回到海峽另一邊的亞洲老家去。之後，一三五四年，一場地震震垮了加里波利城的防禦工事，土耳其人立刻趁機占領該城加以鞏固，據為己有。如此這般，通往歐洲的門戶就打開了。

十五、十六世紀期間，一股不斷滋長、對土耳其人的合理恐懼抓住了歐洲人的心。在蘇丹們的領導下，土耳其人以驚人速度擴張其勢力，擺明了打算征服西方異教徒的欲望。在將近八個世紀裡，基督教世界一直在萎縮中，成了中世紀穆斯林諸國非凡強權下的受害者。昔日發動的十字軍原本是為了要收復基督徒對聖地的控制權，到了十四世紀已重新調整，改以捍衛歐洲免受土耳其人入侵為主。這危機的確相當嚴重。

教宗英諾森六世（Innocent VI）呼籲發起新的十字軍反攻，逼退土耳其人的進攻，而反應最熱烈的國家則莫過於威尼斯了。雖然皇帝約翰五世·帕里奧洛格斯（John V Palaeologus）於一三五四年在君士坦丁堡登基時，曾允諾他本人會改信羅馬天主教，並讓東西教會重新統一，以此換取十字軍的協助，但他卻完全無法提供任何軍事支援。拜占庭在海防方面完全倚賴熱那亞，熱那亞人對此正中下懷。事實上，當拜占庭人試圖建立他們自己的海軍時，住在加拉塔（君士坦丁堡郊區）的熱那亞人就放火把港口裡的海軍船隻燒掉了。

因此，威尼斯與熱那亞在十四世紀期間的爭鋒，是在拜占庭衰落與土耳其人崛起的背景中上演的。威尼斯人自然贊同發動國際十字軍，因為他們承諾會剷除土耳其人的威脅，並擾亂熱那亞在愛琴海與博斯普魯斯海峽的勢力。正因為這些原因，熱那亞不免以懷疑眼光來看待十字軍。皇帝約翰五世起初是緊緊依附熱那亞人求助，甚至把希俄斯島給了他們，做為他們為帝國效勞的代價。在這方面，威尼斯人則提議：若皇帝把特涅多斯島（Tenedos，今之博茲賈島〔Bozcaada〕）割讓給威尼斯，做為十字軍對抗土耳其人的基地的話，威尼斯就把拜占庭政府所欠下的龐大債務，這筆債務包括抵押的帝冠珠寶在內，統統一筆勾銷。特涅多斯島是個不到十五平方英里大的三角形小島，所以被人記得，主要因為此乃古希臘人在特洛伊城門外放了那隻大木馬後，所藏身之地。雖然此島本身沒有價值，但其戰略位置卻對威尼斯通往君士坦丁堡，以及黑海起了很重要的加強作用，因為它扼守達達尼爾海峽，這是南面的海峽，船隻若要進入馬摩拉海並通過首都北邊，就非得先經此海峽不可。熱那亞人當然反對這項交易，皇帝不願惹他的駐防者不高興，於是就駁回了威尼斯人的提議。

整個一三六〇年代期間，威尼斯繼續為十字軍及其他對抗土耳其人的軍事行動貢獻人員與船隻，但卻只取得了微不足道的成功。要動搖鄂圖曼在歐洲的立足點並非易事，雖然由薩伏依伯爵阿梅迪奧六世（Amadeo VI）率領的一支十字軍，設法奪下了加里波利，土耳其部隊那時卻已經征服了位於君士坦丁堡以西的整個色雷斯。一三六九年，土耳其人占領了位於色雷斯中心的阿德里安堡（Adrianople，今之埃爾迪內〔Edirne〕），並將之轉型成為鄂圖曼帝國的西部新首都。如今君士坦丁堡完全被包圍了，成了在遼闊土耳其帝國之海中殘餘的一點拜占庭漂流物。威脅了拜占庭人幾世紀的塞爾維亞與保加利亞領導人，都被迫成了蘇丹穆拉德一世（Murad I）的附庸，甚至羅馬凱撒的繼承者皇帝約翰五世也向這位鄂圖曼蘇丹進貢致敬。

由於迫切欲取得西方援助以對抗土耳其人，約翰五世親自前往羅馬，在那裡宣稱自己是羅馬天主教徒，以此換取西方承諾，派出更大的十字軍。他於歸途中在威尼斯逗留，有好幾個理由使得這次到訪非同尋常。這座富裕的潟湖大城一直以其承傳為傲，因為它是個難民城市，這些難民逃離西方大亂的天下，卻一直對君士坦丁堡的皇帝保持忠貞。如今在威尼斯史上頭一回有拜占庭皇帝到訪，但羅馬帝國昔日的輝煌卻已在過去九個世紀裡一去不復返，因此使得這次的相會不免頗尷尬。約翰並沒發現威尼斯人特別聽話，而威尼斯人也不怎麼喜歡這位乞丐般的皇帝。首先，約翰五世繼續欠著威尼斯銀行家與威尼斯國家大筆錢，由於這些貸款合約都嚴重拖欠，並由於約翰拒絕每一項結清債款的方案，威尼斯人最後就將他以無力償債者身分拘留起來。雖然於法聽起來很有理，但軟禁拜占庭皇帝此舉卻在威尼斯人、歐洲人、拜占庭人之間都很讓人不以為然。為了尋求出路，威尼斯政府向約翰五世提出了他們所能想出最好的解決方案。威尼斯人會將皇帝這筆非同小可的債務一筆勾銷，並歸還拜占庭抵押的帝冠珠寶，甚至給約翰五世一筆豐厚旅費，讓他可以旅行得像個王公，交換條件是威尼斯渴望已久的小島特涅多斯。當然，他們也會放他走。經過一些拖延之後，約翰五世終於接受了這項提議。然而，到了該交付時，約翰五世的兒子安德洛尼卡卻拒絕交出特涅多斯。相反地，約翰的另一個兒子曼努埃爾自己籌了錢去付清給威尼斯人，因此讓其父獲釋。儘管威尼斯政府急欲染指特涅多斯，但也沒什麼選擇，只有服從法治。一三七一年，皇帝債務全數償清，他也很快就獲釋了。

但特涅多斯島的事情還沒了結。回國之後，約翰五世發現自己不但資金短缺，而且還被迫在另一場政變中捍衛自己，這次政變是由其子安德洛尼卡發起的。鎮壓了這場叛變之後，約翰五世實在橫不下心處決其子或甚至弄瞎他（這是對政變失敗者通常會有的懲罰）。於是他折衷只弄瞎其子一眼然後囚禁起來，希望事情就到此結束。幾年後，到了一三七六年，威尼斯駐君士坦丁堡的使節們終於勸服這位麻煩多多的皇帝，把特涅多斯島賣給威尼斯，代價是三萬達克特以及歸還帝冠珠寶。於是發消息去給島上百姓說威尼斯將成為他們的新保護者，不過他們的教堂會依然歸君士坦丁堡管轄，而威尼斯之獅與拜占庭之鷹旗幟會並肩飛揚在每道城牆與塔樓上。熱那亞人可不習慣有皇帝不聽他們的話，於是很快採取行動廢黜約翰五世，一大群武裝熱那亞人闖入皇家牢獄裡，釋放了安德洛尼卡，把他帶回加拉塔，他在那裡見到蘇丹穆拉德一世的代表們正等著要幫他爭取皇位。有了熱那亞人和土耳其人的部隊，安德洛尼卡攻破了一道城門，奪得政權，並將其父與其弟曼努埃爾扔進他待過、才剛逃出的同一黑牢裡。等到論功行賞時，安德洛尼卡四世（Andronicus IV）把加里波利交還給了土耳其人，至於威尼斯人才剛買下的特涅多斯島則給了熱那亞人。

對於大多數威尼斯人而言，失去特涅多斯而且是落到熱那亞人手裡，簡直就是無法接受的事，因為再加上他們在加拉塔的據地，這會讓熱那亞有威力騷擾，或甚至讓威尼斯通往君士坦丁堡與黑海的貿易交通完全停頓下來。特涅多斯島上的小眾希臘百姓覺得熱那亞人的統治也同樣讓他們難以接受，他們很自豪於向約翰五世效忠，拒絕跟造反的安德洛尼卡四世扯上任何關係。當熱那亞人來到要接收他們的賞賜時，特涅多斯島上的拜占庭總督拒絕投降，當熱那亞人試圖以武力占領時，還被擊退了。過後沒多久，威尼斯人抵達時，卻受到盛大歡迎，歡天喜地唱歌，還持十字架遊行。熱那亞人無法容許此種情形，於是命他們手上的拜占庭皇帝安德洛尼卡四世，去把君士坦丁堡的威尼斯市民與貨物都扣押起來，甚至逮捕威尼斯的僑民官（這是負責監管威尼斯人社群的官員）及其委員。在威尼斯的元老對此回應是派出額外的戰艦，由卡洛．贊諾（Carlo Zeno）率領，去加強防禦特涅多斯並襲擊首都附近的拜占庭產業。終於，在一三七七年十一月，由熱那亞人與拜占庭人部隊組成的艦隊進攻特涅多斯，經過一番艱苦生死激戰之後，贊諾及手下擊退了這場進攻，迫使入侵者撤退。威尼斯人與熱那亞人都血濺沙場，兩大強權之間的外交時代再度告終，威尼斯國內的大議會向熱那亞宣戰。

後來為人所知的「基奧賈戰爭」，是威尼斯與熱那亞之間的第四次戰爭，也是最大規模、最後的一次。在這場戰爭結束之前，雙方先在整個地中海各處交鋒，甚至打進了威尼斯的潟湖，在如此大規模的戰爭中，有英雄人物脫穎而出來領導，或許就不足為奇了。第一個就是卡洛．贊諾自己。

就像所有的民族英雄一樣，贊諾早期生涯都裹在離奇傳說裡，有些可能是真的。其父彼得羅於一三四三年威尼斯十字軍在士麥那對抗土耳其人時陣亡。其家族後來欲栽培他在教會發展事業，於是就先把他送到亞維儂的教廷去，然後又送他去帕多瓦大學進修。然而這種書卷生活並未吸引贊諾。那時就跟現在一樣，大學附近有很多酒館和消遣地方，贊諾也經常前去光顧。由於賭錢輸了，他賣掉了書本，加入傭兵軍團，這在義大利中世紀末算是挺有前途的職涯，雖然通常也很短暫。五年後，他回到威尼斯，沒有就業前景，於是又擔任起文職工作，這回是在帕特拉斯（Patras）一所教堂裡，帕特拉斯是位於伯羅奔尼撒半島北部的希臘繁榮港市，擁有大量威尼斯人口。但是教堂生涯始終不適合贊諾，於是，儘管有宗教職務在身，他卻組織並領導了幾次在該地對土耳其人展開的攻擊。後來，在挑戰一位武士決鬥之後，贊諾被教堂解僱了。他結了婚，遷居到君士坦丁堡，在那裡做了幾年生意。威尼斯人購買特涅多斯的過程中他扮演了什麼角色並不清楚，但是當熱那亞人來到島上要接收此島時，毫無疑問他當時是在島上。

經驗豐富的海軍指揮官維托・皮薩尼（Vettor Pisani）比贊諾要傳統，但成就卻毫不遜色，很有個人魅力，有時有點急躁，但他的行事作風十分踏實，不像其他許多貴族同儕，因此在威尼斯平民百姓間有很多追隨者。一三五五年的長港戰役中他脫穎而出，那是跟熱那亞人的最後一場戰爭，當時他在其叔尼可洛・皮薩尼手下服役，其叔在此役中因保衛威尼斯而捐軀。當基奧賈戰爭開始時，贊諾奉命前去尤比亞島，照顧在東方的威尼斯人利益。而維托・皮薩尼則從總督手中接下了聖馬可旗幟，總督命他為「海上統帥」，這是威尼斯最高的軍職。

威尼斯人希望先下手為強，主動出擊來壓倒熱那亞人。皮薩尼被派率領一支小艦隊進入靠近熱那亞的西方水域，隨機發動攻擊。贊諾指揮的海軍部隊武裝也同樣精良，接到的任務則更彈性，只要在東方見到熱那亞人的航運或利益受攻擊時，就伺機下手，同時一面繼續維護那裡的威尼斯人船隻與殖民地。威尼斯與熱那亞雙方都搶著尋求在戰爭中的盟友，毫不奇怪的，雙方都在緊鄰敵國的邦國中找到欣然的支持，這些鄰國當然希望利用這場戰爭來阻撓當地的強國。熱那亞人跟匈牙利國王結盟，此君控有達爾馬提亞，希望將其勢力擴張到亞得里亞海。卡拉拉家族仍然統治著位於威尼斯附近的帕多瓦，加入了熱那亞人這邊，意圖將威尼斯完全趕出大陸。在義大利的另一邊，威尼斯則與米蘭統治者貝納伯・維斯孔蒂（Bernabò Visconti）聯盟，此君正渴望重新控制熱那亞。

一三七八年四月，皮薩尼的艦隊駛出了亞得里亞海，繞過義大利半島，於五月在台伯河不遠處跟一支熱那亞小艦隊交戰，起碼攻克或摧毀了一半，除了一些戰利品之外，他還抓了不少熱那亞貴族到船上來，然後送回威尼斯，在戰爭期間將他們監禁於舒適的環境裡。然後皮薩尼航向了愛琴海，在重返威尼斯的亞得里亞海之前，先去為自己的艦隊增添更多的長槳戰艦。他率領全體艦隊進入了波拉（Pola，即今之普拉港〔Pula〕），並派人送信去給元老院，請准讓他們回國整修艦隊並補給。可是元老院駁回了他的請求，堅持要他留在波拉港，因為在那裡他的艦隊較能好好保護春季時航經亞得里亞海的威尼斯護航隊。這讓皮薩尼的處境頗為難，雖然並非應付不來。當時並無理由認為威尼斯領域中會有如此大的麻煩。然而，一三七九年初夏，一支二十幾艘長槳戰艦組成的熱那亞艦隊出現在波拉近海，雖然皮薩尼反對正面與他們交鋒，但其同袍卻堅持不迎戰就是懦怯。儘管他有所保留，卻還是向他們的看法低頭了，於是皮薩尼率領進攻，設法孤立了熱那亞指揮官的船隻還殺死了他。威尼斯軍中大大鬆了一口氣，看來他們好像已經打贏了。然而，就在此時另外六艘熱那亞長槳戰艦從一座山丘後方划了出來，飛快撞向威尼斯的船隻。由於措手不及，威尼斯艦隊陣腳大亂，很快就被迫投降。數百人被殺或俘虜，但皮薩尼的船以及其他少數幾艘設法逃脫掉了，他們帶著這個駭人消息駛入威尼斯：熱那亞人已經取得了北亞得里亞海的控制權了。

維托．皮薩尼一抵達就立刻被捕，遭控領導不力以及激戰中棄甲而逃罪名。他很快受審並被判所有罪名皆成立。法庭褫奪了他的軍階，五年內禁止擔任公職，並處以六個月徒刑。

皮薩尼在獄中憔悴之際，威尼斯的敵人繼續逼進。匈牙利部隊封鎖了通往北方的河流與道路，帕多瓦的卡拉拉氏則在西面做同樣的事。有了熱那亞控制亞得里亞海，這三大強權已經設法孤立了威尼斯，切斷其食糧與貿易的通路。沒多久，就可見到熱那亞人的船隻駛到了利多及位於潟湖入口的聖尼古拉修院近海處。幾世紀以來威尼斯潟湖從來不擔心會被征服，此時想到可能會被征服，令人不寒而慄的恐懼抓住了每個市民的心。於是立刻發消息找傭兵，傭兵也在付款得到保證後很快就來了。利多的陸上部隊由傭兵團長賈科莫．卡維里（Giacomo Cavelli）指揮，其手下傭兵曾在前幾次戰爭中為威尼斯效勞，表現很好。一個由七名官員組成的緊急委員會日夜守在總督府內，準備應對預期中敵軍入侵潟湖，萬一入侵了，就會先敲響聖尼古拉修院的警鐘，接著聖馬可鐘樓的鐘也會敲響，最後全城各處一百多座教堂的鐘都會敲響。每個教區都要負責集合武裝人員，並在很短時間內把他們帶到聖馬可廣場。

一三七九年八月終於展開進攻，由帕多瓦人與熱那亞人組成的聯軍駛入潟湖，經過一番浴血戰之後，征服了基奧賈。自從西元八九九年馬札爾人來犯之後，就不曾有外國勢力這麼接近過威尼斯。然而這次的威脅更危險，馬札爾人，還有之前的加洛林王朝的人、匈人，都曾帶著陸上部隊奪取了潟湖外圍地方，但卻顯然無路可以進逼其水域核心。而今這水域核心就是威尼斯，歐洲最大又最富裕的都市中心之一，但這回攻擊者並非僅是陸軍，還包括了熱那亞這個海上大國。惶恐不安的威尼斯政府馬上呼籲進行談判，希望能藉此擺脫逐漸套牢他們的絞索。入侵聯軍回應說等他們先把聖馬可教堂那幾匹傲然的銅馬套上韁繩之後，再來討論媾和的問題。

威尼斯的情況看起來真的一片黑暗，大部分海軍都跟著卡洛．贊諾出任務去了，而且沒有人知道他在哪裡或者何時會歸來。在如此緊急情況下，政府向威尼斯富人強制貸款，籌資僱用傭兵來為堡壘與潟湖配備防守人力。由此產生的財產評估稱為「一三七九年估值表」，好處是讓人得以深入審視當時的威尼斯，因為這份表有成千上萬威尼斯人的姓名與所屬教區，還有他們的房地產物業等估值。名列估值表上者需依其財力不等而購買政府債券。威尼斯的作戰人手也短缺，因此政府不採取抽籤方式（這是通常做法），而改為徵召所有身體健全的男人來保衛此城。軍械庫裡，插滿長槳的帆船以破紀錄時間打造出來，然而上船操作的槳手與水手實際上卻原來都是些鞋匠、廚子和會計等。這些新水手們還需要加以訓練，教他們作戰與划槳，而且要趕快。

政府任命了一位新的海上統帥來取代皮薩尼，此君乃頗自負的貴族塔代奧．朱斯蒂尼安（Taddeo Giustinian），他的任命並未能溫暖平民大眾的心，就跟對長港事件一樣，他們把眼前的大難歸咎於一位傲慢的貴族。維托．皮薩尼是貴族，然而他與平民卻有很獨特的融洽關係，街頭巷尾的威尼斯人民埋怨著政府對待皮薩尼的方式很可恥，他們堅稱在波拉打敗仗並非他的錯，而是政府領導們的錯，是他們拒絕了皮薩尼回國補給的要求，可能是因為他們妒忌他的成功，很想看到他失敗。許多威尼斯平民下定決心只肯在皮薩尼指揮下去服役。長槳戰艦的新指揮官們不為所動，在莫羅擺了募兵辦公桌，但老百姓還真說到做到，只有零零星星一小撮人前來報名。與此同時，好幾百名男子從托爾切洛島趕來說他們已準備好要在皮薩尼指揮下去作戰。等到總督安德烈亞・康塔里尼（Andrea Contarini, 1367-1382）告知他們說新統帥是朱斯蒂尼安時，他們就咒罵著回家了。

隨著入侵者開始逼進利多島，總督康塔里尼終於軟硬兼施讓元老院釋放了維托・皮薩尼。那些元老們很不情願這樣做，或許是怕這位受愛戴的海軍元帥會利用他所得的民心推翻政府。但是皮薩尼卻並非凱撒，他出了牢房就立刻去望彌撒，領了聖餐。然後他出現在總督面前，向總督承諾會盡忠報國。後來他走進聖馬可廣場時，不用說，被成千上萬高喊著「維托萬歲」的威尼斯人推擠包圍著，但他嚴斥糾正他們說：「夠了，大夥兒！要說『好福音傳道者聖馬可萬歲！』。」幾天後，皮薩尼坐在莫羅一張海軍募兵登記桌前，幾百人包圍在他身邊，你推我擠，搶著要登記在他指揮的長槳戰艦上服役。政府最後終於讓步，恢復了皮薩尼之前的「海上統帥」職位。

內訌解決了，威尼斯人民與政府於是努力合作抵禦外患，完成了將近四十艘長槳戰艦，並分守於潟湖周圍各關鍵位置上。每天這些長槳戰艦在朱代卡島（Giudecca）與利多島之間划來划去，訓練那些工藝匠與散工如何推動一艘戰艦。最後，到了一三七九年十二月，威尼斯人已經準備好要反攻聚集在基奧賈及其附近的敵軍。反攻計畫堪稱是五個多世紀前用來對付不平計謀的變化版。威尼斯潟湖看起來像是海，但其實卻是一池淺水，平均深度大約為三英尺。在潟湖行船只能循著暗藏在欺人視覺水波下的河流與水道，雖然基奧賈四面環水，但船隻卻只能靠幾條水道抵達該地，威尼斯人打算切斷這些水道。威尼斯長槳戰艦會為一群沉重的駁船與柯克船（cogs，一種大型帆船）護航，這些船都裝滿了石塊，要運到基奧賈附近的水道去沉到水裡。有些長槳戰艦載有新進武器石彈砲，可以用來砸爛基奧賈的防禦，藉此收復該島。這項軍事行動於十二月二十二日展開，在皮薩尼的陪同下，由年邁總督領導，結果大為成功，威尼斯人出奇制勝，扭轉了局面，占了敵人的上風。他們包圍了基奧賈，儘管島上的熱那亞人依然不肯低頭把他們放在眼裡。

這場戰爭始於特涅多斯島，然後繼續在整個地中海各處發生大小衝突戰，但是最拚命的一場戰役卻是在基奧賈打的。熱那亞人很辛苦去清理水道，一面要擊退威尼斯人，卻仍指望他們封鎖潟湖可以讓威尼斯屈服。但是威尼斯人卻在一三八〇年一月接到了急需的好消息：長期不在的卡洛・贊諾偕同十四艘裝備精良又有熟手操作的長槳戰艦，駛入了潟湖。其擾亂熱那亞航運的任務已取得了最大程度的成功。有了他們的部隊停泊在亞得里亞海，熱那亞人已無法在贊諾進攻時捍衛本身。他在熱那亞與西西里島之間巡航時，捕獲了大量熱那亞船隻及豐富的貨物。之後贊諾航往特涅多斯島，加強了該島的防禦工事，然後成功掠奪了熱那亞人在愛琴海以及東地中海的航運。他甚至在羅得島奪取了「里基紐納號」（Richignona），這是當時熱那亞所有柯克船之中最大艘的，運載貨物價值高達五十萬達克特。當他率領艦隊駛入威尼斯殖民地克里特島後，贊諾接到命令，要他立刻回威尼斯去。整修過船隻之後，他就照辦了，在萬眾期待中於一月一日浩浩蕩蕩抵達潟湖。

有了贊諾與皮薩尼攜手合作，威尼斯人士氣高漲。為威尼斯效勞的各義大利與英格蘭傭兵團之間經常打架，傭兵老手贊諾對付這些情況時就特別有用。事實上，當熱那亞人在基奧賈的補給耗盡時，還打算收買威尼斯傭兵團的團長換邊站，這在當年並非不常見的事，但贊諾卻讓此計畫無法實現。一三八〇年六月，在基奧賈島上山窮水盡的熱那亞人終於投降交出了該島。威尼斯最惡劣的戰爭結束了。接下來的那年裡，威尼斯艦隊都在忙著收復亞得里亞海，皮薩尼就在這些收復戰役中陣亡，由贊諾接替其海上統帥職位。經過艱苦談判達成了杜林（Turin）合約，於是這場漫長又艱苦的基奧賈之戰終告結束。威尼斯損失得很少，但卻也毫無所獲。特涅多斯島，這個戰爭導火線而且仍是兩大強國之間爭執不休的議題，反而落到了幫忙達成合約的正直中間人，薩伏依伯爵阿梅迪奧手中，大家希望他用此島做為對抗土耳其人的基地。

對於威尼斯而言，基奧賈之戰所獲並非以實質的戰利品來衡量，而是威尼斯的存亡。儘管威尼斯是個繁榮海上大帝國的首都，卻還是險些被征服，所以幸免於難，是因為共和國政府，儘管這個政府複雜、效率差，但在陷入極大困境時卻能穩如磐石。威尼斯人民雖然不同意政府處理皮薩尼一事的方式，但卻以和平方式表達了他們的不同意。又一次，威尼斯人對於其共和國的愛戴勝過了任何人對他們所產生的吸引力。誠如皮薩尼本人所說的，人民不應該對他，而應該對威尼斯的象徵聖馬可效忠。這個信念不僅使他們度過這場戰爭，而且也讓他們泰然有備從和平中獲益。

⁂

簽署杜林合約一個月後，威尼斯政府獎賞三十個平民家族，授予永久貴族身分。在某種程度上，這是認可他們為這場戰爭所做出的非凡貢獻。然而，像基奧賈之戰這樣的大戰中，幾乎所有威尼斯公民都做出了非凡貢獻，但這三十個家族與眾不同處在於其財富。有一點如何強調也不為過，那就是威尼斯的貴族並非如世上其他多數地方的靜態、擁有土地產業的鄉紳，而是一大群的家族，他們有權利在大議會中當「威尼斯人民」的代表，並且在政府裡任高職。由於威尼斯是個資本主義社會，以國際商業及企業家精神為基礎，與時推移的結果，自然就會有些家族白手起家，有些則沒落下來。在其悠久歷史上，威尼斯人不斷根據這種起伏變化而重複調整權力圈成員，不論是十一世紀時成為總督府「好人」的新興家族，還是在十四世紀期間「塞拉塔」獲許進入大議會的家族。不做調整就會產生不平衡的危險，造成財力衰弱的古老家族統領經濟力強大的新興家族，沒有一個共和國能夠長期忍受這種局面。因此，基奧賈之戰給了政府一個機會，再度增選那些最能幫助聖馬可共和國者，否則要是把他們排除在外，說不定會有害於聖馬可共和國。

當然，任何新進入菁英團體者通常都會被瞧不起，威尼斯人也不例外。老家族（其中許多在幾世紀前還只是新家族而已）自稱為「長者」（longi），這些包括忠貞分子如丹多洛、米凱里、齊亞尼、馬斯洛比埃羅、莫洛西尼，以及格拉丹尼格等家族。十五世紀的威尼斯盛行研究並寫族譜，因為貴族家族都想要找出遠祖跟最早的護民官或潟湖早期定居者的關聯。十六世紀期間，馬可．巴爾巴羅（Marco Barbaro）寫下了龐大的威尼斯氏族族譜概要，呈現了威尼斯貴族世冑真真假假的歷史背景。雖然「長者」有令人刮目相看的世系，但他們如今所聲稱的早期歷史大部分根本就是一廂情願的想法而已。新進的貴族家族則被稱為「短者」（curti），有時據說「長者」和「短者」之間的關係很差，但卻幾乎沒有什麼證據顯示出這點。事實上，這兩群經常通婚，並在國家選舉中互投對方的票。雖然「長者」已享有一定的聲望，但通常也因為他們相對的貧困並愈來愈依賴政府貼補來維持生計，而減輕了聲望。有鑑於家族生意的興衰是基於商業而非農業莊園，因此在接下來幾個世紀裡「短者」崛起而掌權，也就不足為奇了。事實上，後來幾乎所有相繼的威尼斯總督們都是「短者」成員。

基奧賈之戰使得威尼斯經濟傷痕累累，但並未破壞到其根本上的健全。貿易中斷再加上強制向市民徵收貸款的後果已造成嚴重損失，但威尼斯的統治者是生意人，他們懂得金融，很努力工作償付債款，並讓政府債券恢復成為安全投資。熱那亞的表現就沒有這麼好了，內戰與派系暴力造成分裂，這個城市從一個統治者落到下一個手中。熱那亞商人也開始花更多時間在西地中海區，尋找有利可圖的市場。這並非沒道理的決定，土耳其人進軍巴爾幹之後，整個十四世紀末葉繼續迅速發展，鄂圖曼帝國已經成了當代超級強國，而那位蘇丹也能培養大批訓練有素的步兵與騎兵，他還有了土耳其禁衛軍（Janissaries），這是菁英部隊，完全由基督徒奴隸組成，這些新軍在嬰幼兒時期就被人從父母身邊帶走，在軍營中撫養長大，成為最卓越的戰士。歐洲沒有堪與匹敵的部隊，即使是一三九六年發動的尼科波利斯十字軍（Crusade of Nicopolis，可能是發動過的最大一支十字軍），也完全被鄂圖曼部隊摧毀。看來似乎沒有什麼能擋得了土耳其人前進了。

威尼斯則根本連試都不試，他們是水手，戰場則是大海。幸好對他們而言，鄂圖曼土耳其人對海事不感興趣，於是就把愛琴海的控制權大部分都留給了威尼斯。威尼斯巡邏船隊繼續穿梭在亞得里亞海以及希臘島嶼之間，威尼斯人也繼續握有建立在尤比亞島、克里特島以及（不久前才到手的）科孚島上的殖民基地。事實上，鄂圖曼帝國不斷逼進反倒為威尼斯開啟了許多良機，因為許多希臘或法蘭西的領主們決定最好把他們位於巴爾幹的港市賣掉，好過淪陷於土耳其人之手。透過此種途徑，威尼斯大大擴張了其海外殖民地，收購了杜拉佐、斯庫塔里（Scutari）、勒班陀（Lepanto）、帕特拉斯、阿爾戈斯（Argos）、納夫普利翁（Naplion），甚至連雅典以及好幾座希臘島嶼在內。只要尊重蘇丹的權利並付足款項，威尼斯人就得以保有所有他們剛收購的一切。

威尼斯迅速採取行動收集拜占庭帝國這些七零八落的碎片，一則為了讓熱那亞無法染指，一則也為萬一有天這個古老帝國不在了而先買好保險。到了一四〇〇年，拜占庭皇帝曼努埃爾二世・帕里奧洛格斯（Manuel II Palaeologus）的統治範圍只比君士坦丁堡略大一點而已，甚至連這部分也遭蘇丹巴耶濟德一世（Bayezid I）軍隊的包圍。曼努埃爾亟欲尋求協助，於是離開首都，到歐洲展開為期兩年的籌款之旅。西方的文藝復興對希臘與羅馬古風產生了強烈欲求，於是對這位皇帝及其多采多姿的隨侍隊伍大感興趣，曼努埃爾二世所到之處，都受到無限的熱情接待。群眾蜂擁而出向這位勇敢卻謙虛的皇帝歡呼，他已經變成了對抗土耳其人的象徵。周遊義大利之後，曼努埃爾二世來到巴黎，國王查理四世很闊綽地招待了他。翌年，他成了英格蘭國王亨利四世的上賓，也受到類似的歡迎接待。曼努埃爾二世這趟旅程對歐洲時尚以及西方對東方的看法產生了強大影響，但是他的東道主們所允諾的大筆金錢以及龐大軍隊卻從未成真。

面對這樣一個死敵卻沒有什麼外援，看來悠久的拜占庭帝國史最後一章已經寫下了結局。但君士坦丁堡卻竟然被既不受控也沒人真的了解的強大部隊解救了。有位突厥化的蒙古領袖帖木兒（Timur，在歐洲，一般稱他為「跛子帖木兒」），率領了龐大的蒙古軍隊進入安納托利亞，要求土耳其人立刻交出那裡所有的土地。蘇丹巴耶濟德一世丟下了君士坦丁堡圍城，聚集他在安卡拉（Ankara）附近的部隊以抵禦自東而來的入侵。接下來的交戰是中世紀最大之一，帖木兒及其蒙古軍隊非但摧毀了鄂圖曼部隊，而且還俘虜了巴耶濟德一世。根據某些說法，帖木兒將這位蘇丹用鐵鍊鎖住，當成動物關在籠裡，用以示眾。失去了蘇丹以及大部分軍隊，造成土耳其國土內瘋狂爭奪權力，最終導致巴耶濟德三個兒子之間的殘酷內戰，原本讓整個歐洲戰慄的鄂圖曼勢力突然間就煙消雲散了。帖木兒席捲小亞細亞，然後就像來時般迅速，又很快回到了東方，後來他就在那裡去世。鄂圖曼帝國的廢墟散落各處，安納托利亞充斥著競奪王位的小埃米爾以及鄂圖曼的太子黨。巴耶濟德一世的長子蘇萊曼在色雷斯設法取得了阿德里安堡一定程度的控制權，但卻因內戰不停而削弱了。由於生怕西方會組新的十字軍來拯救君士坦丁堡，因此蘇萊曼於一四〇三年將拜占庭帝國喪失的若干國土予以歸還，包括色雷斯的一些港口、伯羅奔尼薩半島、一些愛琴海的島嶼，甚至帖撒羅尼迦城市。他還取消了皇帝納貢義務以及臣服地位，實在是驚人的逆轉。

對威尼斯而言，所有這些消息都是好事。東方鄂圖曼帝國的垮台正好呼應了西方熱那亞類似的沒落。由於內訌問題，熱那亞自行將本身交給法蘭西國王（一段時期），統治熱那亞到一四〇九年。但這並未能消除威尼斯面臨的危險，因為一直都有連群結隊的熱那亞海盜在東部水域逡巡，尋求他們自己的利潤。但熱那亞已不再控制其外交政策，因此另一場大規模戰爭的可能性也就大大減少了。隨著十五世紀期間王國與帝國不斷發生巨大輪替轉變，威尼斯的外交政策也就一直停留在錯綜複雜的階段。結果，本來負責監督外交事務的政府機構的元老院開始主導起威尼斯政府來。大議會仍是威尼斯所有政治權力的寶庫，但由於需要有建立在廣泛外交官網絡上的快速決策，因此實際運作上元老院就開始扮演起國家掌舵中的最大角色來。帕多瓦的統治者弗朗切斯科・卡拉拉意圖切斷威尼斯與日耳曼之間的陸路貿易路線時，正是元老院迅速讓此意圖轉移方向時。當外交失敗後，元老院與米蘭統治者詹・格雷阿佐・維斯孔蒂（Gian Galeazzo Visconti）聯手，發動戰爭一勞永逸解決掉棘手的卡拉拉氏。等到戰爭結束時，威尼斯已經得以恢復特雷維索的全部控制權。過了幾年維斯孔蒂去世後，威尼斯更進一步擴張在大陸的領土，將帕多瓦、維琴察以及維洛納納入版圖中。一四〇〇年，威尼斯元老院甚至開始將登記註冊的審議按陸上與海上分開來。威尼斯人正在收購一個與其海上帝國媲美的大陸帝國。

威尼斯人乘風破浪，貿易延伸到地中海東部以及黑海，造福了祖國威尼斯的經濟。事實上，到了一四一〇年威尼斯已由基奧賈之戰中完全復原，而且強大到達爾馬提亞許多港市都要求回歸到威尼斯統治之下，發現這樣還好過成為匈牙利諸王與那不勒斯爭奪的對象。威尼斯的長槳戰艦與商船航入了亞得里亞海，遠渡重洋尋找利潤，而且也找到了非常多。香料只是最有名的貨物而已，因為稀少、昂貴，而且在西歐的需求很大，但除此之外還有很多其他貨物。由於瘟疫造成歐洲人口銳減，使得一個已然有成且依然充滿活力的經濟體內，產生了嚴重的人力短缺問題。勞動力成本（連帶大部分歐洲人的個人收入）都漲了，反過來說，卻也因此提供了一個經濟誘因，生產節省勞動力的裝置。威尼斯人本身就已經開始採用起一些新的船舶設計如柯克船，這是單桅船，可以由較小群組的船員來操作。當然，國家長槳戰艦的軍事人力是沒得儉省的，但由於所有地中海強國都同樣在瘟疫中受害，因此這只意味著海軍交戰時只有很少軍艦。一三七九年普拉港近海的大戰中包括的船隻不到四十艘，比起瘟疫之前的艦隊，例如第四次十字軍東征，主要船隻就有三百多艘。威尼斯的長槳戰艦在十五世紀期間繼續護送商船隊橫渡亞得里亞海與愛琴海，在威尼斯卸下並售出給商人的貨物，由他們運送往北方，越過阿爾卑斯山，沿途每一筆交易威尼斯都徵稅，而威尼斯的經濟也蓬勃發展。

傳統上，安全的陸路貿易路線一直都不是威尼斯人所關注的，他們很刻意將注意力集中在潟湖及海上。由於義大利北部分裂成許多彼此競爭的自治城鎮與小地區勢力，因此幾乎不用怕所有路線會被封鎖。但十四世紀末領主們的興起，在義大利產生了強大又以擴張版圖為主的國家，可以想見會切斷威尼斯大陸的貿易路線、生產以及原料的通路。事實上，這就是熱那亞與帕多瓦在基奧賈戰爭期間的目標。威尼斯政府的反應是首先化解掉卡拉拉氏加諸的威脅，然後在從潟湖一直到維洛納附近加爾達湖（Garda）的領土上，建立起殖民統治。然而，一旦威尼斯成了大陸強國，其人民就很難不進一步捲入義大利的政治與戰爭中。雖然威尼斯取得的城市大多交由當地自行治理，但還是需要派威尼斯官員前去，這就為需要工作的貴族提供了有利可圖的就業機會。簡而言之，威尼斯帝國小心地擴展到大陸區，不僅看來很謹慎，而且也很自然。

而且也不乏這樣做的機會。一四一八年，匈牙利國王與統治威尼斯北部弗留利的阿奎萊亞宗主教聯盟，他們的目的是要針對威尼斯的據點發動戰略性的攻擊，以奪掉威尼斯的伊斯特里亞半島與達爾馬提亞。然而這個計畫卻陷於困境，一再拖延，障礙重重，最終未能成事。儘管如此，威尼斯人還是以攻擊並打敗宗主教的部隊做為回應，結果宗主教並未得到匈牙利的支援，因為土耳其人又威脅到其邊境了。一四二〇年烏迪內（Ubine）首都淪陷，宗主教被迫將整個弗留利割讓給威尼斯。聖馬可共和國在大陸的據點馬上多了一倍。

到了一四二三年，威尼斯在義大利的擴張已將其人民帶到了一個新的十字路口。詹．格雷阿佐死後，米蘭勢力龐大的維斯孔蒂家族在菲利普．馬利亞（Filippo Maria Visconti）的統治下團結起來，米蘭已握有倫巴底，此時正向南擴張其威權。威尼斯人民的問題是：該怎麼辦？（這對他們的祖先會是不可想像的問題。）當時有五大義大利強國：統治義大利南方與西西里島的那不勒斯；統治羅馬與義大利中部的教宗國；統治托斯卡尼的佛羅倫斯；以及米蘭和威尼斯。當維斯孔蒂氏開始新的征討時，佛羅倫斯聯絡威尼斯以尋求支援。這是很有吸引力的請求，佛羅倫斯跟威尼斯都是共和國，起碼在那時是，它也是義大利文藝復興發源地。沉浸在公民人文主義的華麗文學中，威尼斯貴族當然很容易對佛羅倫斯的請求首肯，加入對抗獨裁者維斯孔蒂暴政的戰爭。

但威尼斯人之前從未認真想過這樣大規模的陸上戰爭。米蘭的維斯孔蒂氏是不容小覷的，目前他們統治了熱那亞，這使得他們在各方面對威尼斯更加危險。此外，跟米蘭作戰就跟那時代所有的義大利戰爭一樣，得要靠由傭兵首領指揮的傭兵團來打仗，這些強勢的傭兵將軍們是按價高者的原則來出售他們的服務，這就所費不貲了。馬里諾・薩努多（Marino Sanudo）在其著作《總督列傳》中告訴我們，八十歲的總督托馬索・莫塞尼格（Tommaso Mocenigo, 1414-1423）就曾大聲疾呼，強烈反對威尼斯參戰。行將就木的總督向其國人發出激切的呼籲，千萬不要讓威尼斯去蹚渾水發動在大陸征討的戰事。他沒有提當初因為義大利問題他們才孤立出來的共同歷史，也不講建立一個無法支撐的帝國之危險，反而是用良好的威尼斯人風格來解釋跟米蘭打仗在商業上毫無意義。和平為威尼斯人民帶來了繁榮，國債已經大幅減少，每年價值一千多萬達克特金幣的貨物流經威尼斯的港口與市場。做為經濟強國，威尼斯已經消耗了倫巴底的成果，因為這些成果都在其市場上自由貿易。總督問道，為何威尼斯人願意為倫巴底帶來殺人放火，並在過程中使得自己也因為軍事耗費而窮下來呢？他大罵帶頭支持開戰的弗朗切斯科・佛斯卡利（Francesco Foscari），說他是滿口謊言的壞蛋，只對擴張自己權勢有興趣，即使這意味著要毀掉威尼斯的經濟。擺在威尼斯人面前的選擇是：繼續在列島、港口以及東地中海的威尼斯人區遵循從前的榮譽與利潤方式，還是要轉向歐洲及其邦國與戰爭呢？

幾星期後，莫塞尼格去世，威尼斯人選出了弗朗切斯科・佛斯卡利（1423-1457）為他們的新總督。

佛斯卡利幾乎立刻就開始準備作戰。一四二五年，佛羅倫斯與威尼斯這兩個共和國正式對米蘭領主菲利普・馬利亞・維斯孔蒂宣戰，陳述其目的乃為保有義大利的自由，因此，接下來三十年裡整個義大利都先後牽涉到這場戰爭中，也就挺說得過去了。威尼斯的部隊深入倫巴底境內，於一四二六年奪得了布雷西亞，兩年後又靠和約取得了貝加莫（Bergamo），至於這場漫長又錯綜複雜戰爭中的諸般曲折，我們就不必為此費神了；總之一句話，這是很典型的義大利事務，充滿了背信棄義、暴力以及不斷轉移的效忠。這場爭鬥的主要演員，當然是那些傭兵首領，這些專業傭兵將軍拿的薪水很大筆，而且因為需要他們服務的交戰國家競相出價，價錢也愈來愈高。傭兵首領是簽約的軍事領袖，按照合約行事。合約規定他們在特定時期之內為某特定國家打仗，以此換取特定金額。雖然威尼斯也派官員跟著傭兵首領上戰場，但主要目的卻是單純表達大致的戰爭目標，並密切關注他們的投資，至於打仗的細節，則留給傭兵首領處理。按照這些軍閥的本性，他們是不選邊站的，當他們跟某國簽下一紙合約後，就盡其義務很有效率去打好仗，然而，合約到期後，這些傭兵首領就恢復成為自由身的代理人，可以輕易換邊站，對前任僱主發動戰爭。

大致上來說，威尼斯人還挺喜歡這種系統的。事實上，要是沒有這些傭兵首領及其傭兵團的話，威尼斯根本就不可能發動陸上戰爭。由於奪得大片領土戰績輝煌的傭兵將軍往往會變成僭主，威尼斯人也很樂於接受這種可以跟軍事領袖保持距離，又易於解散他們的系統。不過，一切也並非盡如人意。卡馬紐拉（Carmagnola）的弗朗切斯科・布薩諾（Francesco Bussone）為威尼斯奪得了布雷西亞與貝加莫，就在他趁勝向米蘭進軍之際，卻出人意外突然停了下來，不管威尼斯政府答應給多少獎金或條件，他都不為所動，不肯繼續進攻。十人議會的密探隨後獲悉原來布薩諾正在偷偷跟前僱主菲利普・馬利亞談條件。這樣的背信棄義是不可原諒的，但要懲罰一個擁有強大軍隊的人可沒那麼簡單。儘管如此，十人議會還是擬出了一項計畫。一四三二年，這位傭兵首領被邀到威尼斯去商談戰略。當他抵達後，在聖馬可受到熱烈歡迎，並給予極高榮譽來慶祝他所獲得的勝利。等到宴會結束，他就迅速遭逮捕、受審，然後在莫羅的兩根長柱之間斬首。一四四七年，菲利普・馬利亞去世卻沒有留下子嗣繼承，威尼斯的前途似乎光明了。

米蘭百姓（再度）推翻了維斯孔蒂氏，並宣布成為一個新的共和國，然而即使這樣做也未結束掉這場戰爭。在佛羅倫斯新統治者科西莫・梅迪奇（Cosimo de' Medici）的協助下，傭兵首領弗朗切斯科・斯福爾札（Francesco Sforza）成了米蘭公爵，得以力抗威尼斯的繼續西進。到了一四五三年，看來已無途徑可停止這場戰爭，而願意投身參戰的傭兵人數也似乎無止境。但接著一切就改變了。難以置信的消息開始傳遍整個歐洲，聞者莫不驚恐。東方最後一個基督教國家已經被勢如破竹的伊斯蘭摧毀，那個曾經看似永存、曾經教化了西歐並孕育出威尼斯的古老帝國已經不在了。

拜占庭已經淪陷。

第十一章
父母之死：君士坦丁堡的陷落與鄂圖曼土耳其人的興起

最早的威尼斯人是羅馬公民，這個西方帝國崩垮，他們成為難民，但仍是統治君士坦丁堡那些皇帝們的忠心子民。拜占庭在各方面來說都是威尼斯的父母，隨著千百年過去，這個孩子成長變得獨立、成熟而且強壯。當然，親子之間也會有爭吵，但拜占庭與威尼斯關係實在太密切了，不可能永久分道揚鑣。一四〇〇年，拜占庭帝國已經一千多歲，變得枯槁、衰弱又病痛滿身。威尼斯共和國則正攀上其權勢與榮耀的顛峰，被迫要應對其父母衰落與死亡這個苦痛的現實。

很久以前，羅馬皇帝們曾經執行過宏偉的擴張與進步。到了皇帝曼努埃爾二世．帕里奧洛格斯，則祈禱只要帝國不要在他尚在人間時滅亡就好。他的祈禱應驗了，雖然只是剛好而已。曼努埃爾二世在位時，這個曾是西方史上最大帝國的幅員，已經縮小到只有君士坦丁堡的範圍。帝都與帝國已成同義詞。不同的群體各據一區以及皇帝城市牆外的一些島嶼。熱那亞人在君士坦丁堡海港對岸的加拉塔，擁有自家圍牆圈住的殖民地，以及其他幾座島嶼，包括列斯伏斯島與希俄斯島。一些希臘獨裁君主和小王公則各自統治著他們擁有的一小片領土。不過，在這地區之中，最大的勢力卻是鄂圖曼帝國，一四〇二年遭到帖木兒重擊後，如今已完全復原。蘇丹穆拉德二世（Murad II）統治著鄂圖曼首都阿德里安堡，決心要掃除掉這個基督教拜占庭帝國最後殘餘部分。一四二二年，他開始對君士坦丁堡與帖撒羅尼迦展開包圍，後者長久以來一直是拜占庭帝國的第二大城，已經在一四〇三年時由蘇萊曼交還給了拜占庭人，但穆拉德二世一心想把它拿回來。

十五世紀初期間，威尼斯在東方的外交政策可算是針對舊秩序的崩垮，而做出的明知不可而為之的策略。儘管君士坦丁堡能給威尼斯的已所剩無幾，除了通往黑海途中的一個港口，雖然幾十年前曾與債務人約翰五世有過不愉快的遭遇，威尼斯人還是對那裡的皇帝們尊敬有加。每五年他們就很盡職地來要金璽詔書，這是精心製作的黃金封印文件，賜予威尼斯人特權，准許他們在拜占庭帝國全境內做生意。儘管這些皇帝們還欠威尼斯很多錢（那些金璽詔書上就注明了這個事實），威尼斯人就是沒辦法把這些羅馬皇帝們的繼承者當成糟糕的君王，就算他們外表上就是。

要在東方從事有利潤的生意，威尼斯人就需要有安全牢靠的航運路線與港口，從一二〇四年起，他們就採用了併購政策，取得前往君士坦丁堡與敘利亞貿易路線沿途的希臘島嶼與殖民地。隨著土耳其人支解拜占庭帝國，這項政策也跟著加強了。威尼斯元老院一點也不心存幻想以為可以挑戰土耳其的勢力，因為這勢力已蔓延到希臘、保加利亞、塞爾維亞以及阿爾巴尼亞，但元老院決心要保有威尼斯人前往東方市場的海上通路。威尼斯控制了大部分的達爾馬提亞海岸、科孚島、莫東與科羅的城市、尤比亞島，以及許多希臘港鎮如納夫普利翁，眾多希臘島嶼，當然，還有克里特島。他們自然對於任何勝過土耳其人之處感到自豪，而土耳其人此時正繼續悍然向西歐進軍。威尼斯人對其共和國的十字軍東征歷史很感陶醉，歐洲沒有一個國家比威尼斯從事十字軍東征的次數更頻繁，但威尼斯人無法去打每一場戰役。戰爭持續在歐洲各地肆虐，可是除了教宗、威尼斯，以及那些位於鄂圖曼不斷向前推進邊界處的國家之外，似乎沒有人留意到土耳其人所構成的危險。

一四二二年，穆拉德二世發動十萬多土耳其部隊進行君士坦丁堡圍城戰，去對付拜占庭不到一萬人的防禦，但君士坦丁堡的防守者擁有此古城龐大的三重陸牆，自從五世紀興建以來，就憑此城牆擊退了每一個入侵者。這次鄂圖曼圍城持續了四個月，穆拉德終於喊停。此城能逃過此劫真像是個奇蹟，事實上，拜占庭希臘人將之歸功於聖母的代禱，聖母一直是君士坦丁堡的特別護佑者，有些人聲稱見到一位騎馬天使沿著城牆梭巡，轉移了每次的進攻。

不幸的是，帖撒羅尼迦就沒有這樣的天使捍衛者，該城百姓想到此城若再度淪陷於土耳其人之手，他們不知會有何下場，就深感恐懼。該城的拜占庭總督（其職銜為「獨裁者」）乃皇帝曼努埃爾二世的兒子，名為安德洛尼卡的年輕人，不知是因為痲瘋還是象皮症而導致他不良於行，他不甘就此失去其城，於是向威尼斯元老院提出了一項奇妙提議：要是威尼斯人允諾保護並供應食糧給帖撒羅尼迦的話，他們就可以擁有此城。那些元老不用花多少時間就接受了這項提議，但此選擇卻是出於情感上的，而非從實際著眼。將拜占庭第二大城，令人垂涎的馬其頓之寶拱手讓予威尼斯，似乎難以拒絕。甚至連元老也強調說他們接受帖撒羅尼迦「乃為了基督教信仰的榮耀，而非出於統治支配的野心」。這也有助於新任總督弗朗切斯科．佛斯卡利贊同一項擴張威尼斯帝國的大膽計畫。他曾支持威尼斯參戰對抗米蘭，這場戰爭仍在義大利北部打得如火如荼，並贊成威尼斯在希臘對土耳其人的侵略做出強烈回應。他當然支持取得帖撒羅尼迦，抵禦成功的話肯定會為威尼斯帶來榮耀，至於是否能同樣為威尼斯帶來利潤，這就難說了。

帖撒羅尼迦曾經是個蓬勃發展的商業中心，在土耳其人的圍城之下，已縮成了一個鬧糧荒、搖搖欲墜的空殼子，此城庇護著大約兩萬五千名無法逃難的居民。一四二三年九月十四日，舉榮聖架節那天，帖撒羅尼迦城正式成為威尼斯帝國的部分。希臘公民在通往港口的街道兩旁列隊高呼歡迎威尼斯人，威尼斯人為他們帶來了部隊、武器，還有最重要的食糧。聖馬可旗幟莊嚴地懸掛在城牆上，插在中央廣場上。但是在威尼斯，即使慶祝活動響徹路上和水道，卻有消息傳來說土耳其人已經加緊努力要奪取帖撒羅尼迦，現在需要更多船隻、更多人手、更多錢，還有更多食糧去讓該城撐住。所需的一切，元老院都送出了，而且還派出了一位大使尼可洛．喬治（Nicolò Giorgio）去蘇丹穆拉德二世朝中談和。喬治解釋說，威尼斯人之所以會接下這個城市，是免得讓其他較不得體的基督徒染指，指的顯然是麻煩多多的熱那亞人。蘇丹聽了一點也不覺得有意思，逮捕了喬治，要求立刻交出帖撒羅尼迦。威尼斯的元老們獲悉後大感憤慨。他們派了更多艘戰艦前往帖撒羅尼迦，「以便讓上述那名土耳其人以及全世界都曉得，逮捕這位大使是很嚴重又不光采的冒犯，而且威尼斯很珍視帖撒羅尼迦這個城市，完全不打算放手」。

帖撒羅尼迦之爭拖了很多年，使得威尼斯人國庫耗費不貲，也流了很多血。然而儘管他們付出了努力，卻無法就其帖撒羅尼迦的擁有權跟蘇丹達成和解，或甚至取得該城公民一定程度的合作。帖撒羅尼迦的希臘人毫不領情，幾乎總是怨聲載道。他們迴避協助防禦其城市，但卻經常責怪威尼斯的統治者們沒有提供足夠食糧和設施來滿足他們的需求。每當希臘人處於最弱的時候，希臘人對威尼斯人的古老偏見總是發揮得最強，因此在街上大肆發洩也就不足為奇了。雖然威尼斯人擔保他們的財產安全、公民權利及其教會的獨立性，但希臘城民仍然抱怨說有這麼多威尼斯人在他們的城裡到處走動實在很討厭。一四二五年六月，他們派了一個正式的代表團去見總督佛斯卡利，向他申訴帖撒羅尼迦的威尼斯公爵貝納伯・洛雷丹（Bernabò Loredan），及其船長賈科莫・丹多洛，堅持要總督命手下跟希臘人保持距離。他們也要求更多食糧與金錢，認為威尼斯人應該花錢來修好帖撒羅尼迦的城牆以及其他建築。總督盡量順其要求，提高運費讓那些獨立商人運送食糧去帖撒羅尼迦，但還是不足以取悅希臘人。

一四二六年，蘇丹穆拉德二世命其手下大約三萬人的部隊，猛攻帖撒羅尼迦的城牆。威尼斯人在這些城牆上部署了七百名弩手，向這些進攻者狂射出如暴雨般的致命之箭，還有港口內的五艘長槳戰艦相助，這些戰艦可能還帶來了小型砲。激戰了一個早上之後，最後土耳其指揮官終於下令撤退。大約有兩千多具土耳其人死屍躺在城外野地上，然而城內的希臘人依然不為所動，事實上，他們才正要開始他們的忘恩負義。有頭有臉的希臘人開始鼓吹向土耳其人投降，其中一些人還記得從前土耳其人於一三八七到一四〇二年間統治的日子，聲稱在各方面比起威尼斯人的治理都要強得多。雖然他們也承認說土耳其人可能會是殘酷的君王，但威尼斯人卻是不著邊際的水手，無法按時帶來晚餐。為了平息騷亂，威尼斯當局逮捕並驅逐了某些鼓吹投降最力者。前任城主安德洛尼卡有病在身，已經送回了君士坦丁堡，他後來進了全能基督修院成為僧侶。

但是在帖撒羅尼迦的民怨卻持續上升，一四二九年第二個希臘人代表團來到了威尼斯，帶來一份詳細清單，列出了三十一項對威尼斯人的不滿，其中大多數都跟威尼斯提供的食糧數量以及在該城內的分配方式有關。但他們也要求，若希臘居民不想再在那裡住下去的話，要准許他們離開。元老院為糧食困難的問題致歉，並允諾會改善，但卻拒絕准許帖撒羅尼迦市民棄城。土耳其人並非堅不可摧，事實上，才不過幾年前威尼斯人就曾擊退過他們。元老院繼續堅持說帖撒羅尼迦是可以得救的。

不幸的是，只有威尼斯人還相信這點。帖撒羅尼迦的船長賈科莫・丹多洛前往阿德里安堡再度嘗試跟蘇丹和談，但就跟他之前的喬治一樣，丹多洛也被套上枷鎖囚在獄中，幾星期後就死在獄中了。威尼斯別無選擇只好宣戰。只要是威尼斯的敵人，熱那亞人一直都很願意熱心協助，於是很快就跟土耳其蘇丹結盟了。

一四三〇年三月土耳其人對帖撒羅尼迦發動了最終的進攻，蘇丹親率十萬多人的大軍從阿德里安堡出發，來對付這座飽受重創的城市。沒有一勞永逸解決這個問題之前，他不打算回去。他帶了駱駝拉來的龐大攻城器械，大批弓箭手，以及許多能找到的用來拋射石彈的砲。之前逃出去的希臘人向穆拉德二世保證說，百姓沒有意願對他的仁政做出反抗。他們說，蘇丹部隊的抵達對市民會是個信號，到時他們會殺掉威尼斯主子，大開城門以迎土耳其人。他們無疑正確估量了同胞們的意願，但卻錯估了其同胞去挑戰武裝精良的威尼斯人的意志，威尼斯人正奉命要不惜代價捍衛該城。威尼斯人再度被迫在得不到希臘人協助下獨力作戰，事實上，他們還不得不派出衛兵來監視希臘人，因為其中有些被逮到正在挖掘逃亡隧道，並讓土耳其人進來。

三月二十九日，進攻開始了。土耳其弓箭手連續不停射箭，以致有一名防守者聲稱根本不可能把手伸出防禦工事之外而不被箭射穿。石彈砲的「人造雷聲」響遍戰場，使得弩手無法重複他們的攻擊，但在一四二六年間，弩手曾有很好的表現。土耳其士兵向前逼進，豎起雲梯搭到受重擊的城牆上，威尼斯人艱苦奮戰，但跟土耳其人的人數相比，實在寡不敵眾。最後，有一名土耳其人隻身爬上雲梯，嘴裡銜著一把匕首，發現有座塔樓只有一名受傷的威尼斯人在防守，他殺掉對方，割下首級扔給城牆下同僚，催他們爬上城牆加入他。這些進攻者爭先恐後爬過了城牆，展開了對帖撒羅尼迦的血腥掠奪，很久以後都不會被遺忘。教堂被搶劫一空，婦女遭姦淫，能找到的每一名基督徒不是淪為奴隸就是死在劍下。威尼斯人堅定不移地奮戰，有兩百多人喪生，包括帖撒羅尼迦公爵的兒子在內。不過等到大局明顯已定，一切都輸掉時，威尼斯人就逃到港口，上了他們的船回國去了。他們得要航行許多英里之後，才能逃離帖撒羅尼迦的慘叫聲以及焚城的瀰漫煙霧。

就在威尼斯於義大利的其他戰爭都進行得相當不錯時，喪失帖撒羅尼迦實在是場苦澀的敗仗。經過了漫長的七年，喪失了成百上千條威尼斯人命，耗費了七十多萬達克特金幣，結果花在帖撒羅尼迦的努力卻什麼成果也看不到，只見到他們盡力去保護的對象對他們的憎恨。到了該媾和的時候了。一四三〇年九月，他們跟穆拉德二世達成了一項和約，在和約中同意放手帖撒羅尼迦，並付出一筆很可觀的金額。交換的條件是蘇丹允諾尊重威尼斯所有的希臘據地，並保持土耳其戰艦不入愛琴海。起碼，那些貿易路線是安全的。

在帖撒羅尼迦一發不可收拾的異常暴力，讓皇帝約翰八世·帕里奧洛格斯（John VIII Palaeologus）深信，只有發動另一次大規模十字軍東征將土耳其人完全趕出歐洲，君士坦丁堡才能倖存下去。幾世紀以來，西方已經派出過許多次十字軍來捍衛拜占庭，事實上，一〇九五年第一次號召十字軍東征正是為此理由。但從那之後，東正教希臘人在羅馬天主教的西方已博得了基督教信仰之敵的名聲，他們是寧可跟穆斯林征服者打交道也不願捍衛基督教王國領土的人。他們在帖撒羅尼迦的行為表現也沒動搖這個斷定。希臘人拒絕接受教宗管轄東正教會，這點更讓西方人眼中的他們成為高傲、目中無人又忤逆，絕非讓人想將他們從毀滅中拯救出來的人。因此，約翰八世認為拜占庭若要得救，就必須結束掉希臘東正教與羅馬天主教之間的大分裂。幾世紀以來，希臘人一直跟羅馬陷於分歧狀態，皆因沒有一個普世大公會議就爭議事項來做出裁決，他們不接受教宗對他們做出的判決。因此，關鍵就在於召開一個真正普世的大公會議，沒有一個希臘人能不服的。

碰巧，一四三〇年代那十年是召開教會會議特別好的時機。歐洲正好有一項宗教改革運動，源自大學並蔓延到全西方，即「教會會議至上主義」（conciliarism）。擁戴此主義者主張應定期召開由主教與高級教士組成的教會會議，為教宗提供建議與指導；有些甚至主張用這些教會會議來完全取代教宗的威權。一四三一年在巴塞爾（Basel）召開了教會會議，但卻很快被教會會議至上主義者接管了，他們希望看到教宗的權力大大削弱。諷刺的是，一位被削弱的教宗卻正是皇帝約翰八世最不想見到的，他要進行的計畫是需要一位古老中世紀模式的教宗，一位能號召歐洲出兵，拿起武器對抗土耳其人並拯救其在東方的基督徒兄弟姊妹。教宗尤金四世（Eugenius IV）就是威尼斯柯雷爾（Correr）家族的富家子弟，深明此點。他與約翰就一個新的教會會議前景開啟談判，一個充分完整的普世大公會議才會將世界各地的基督徒聚集在一起，以癒合大分裂，而且還能就此止住在巴塞爾的教會會議至上主義者的討價還價。

威尼斯協助進行這些談判，派船運載拜占庭大使們往返於義大利，並提供鼓勵給他們。對於威尼斯人而言，教會大分裂不是重大議題，他們老早就逐漸接受了這個事實：雖然他們本身是順服的羅馬天主教徒，但他們在東方的貿易夥伴卻不是。但威尼斯確實支持任何能團結歐洲人以對抗鄂圖曼土耳其人的倡議，帖撒羅尼迦讓威尼斯學到了單打獨鬥是不划算的，土耳其人實在是太強了，等到戰爭結束時，吃虧的只有威尼斯本身。十字軍仍是威尼斯身分很強的一面，但威尼斯人已經不願意獨力揮軍對抗異教徒，而與此同時歐洲其他國家卻袖手旁觀。

最後，所有計畫終於都訂好了。一四三七年，尤金四世將巴塞爾的教會會議轉移到費拉拉舉行，並號召基督教世界裡的高級教士與領袖們來參加。實際上，這就停掉了巴塞爾教會會議，該會已如芒刺在背困擾了教廷六年。少數溫和派離開巴塞爾前往費拉拉，留下的只有最激進的教會會議至上主義者，他們宣稱尤金四世轉移地點的詔書無效，甚至還派特使前往君士坦丁堡去邀請約翰八世前來巴塞爾，允諾會全力支持他。皇帝回絕了這項很可疑的提議。他要去見教宗，只有這個人才能號召組成一支十字軍。六百多名希臘高級教士，包括君士坦丁堡牧首約瑟夫二世（Joseph II）本人，還有皇帝約翰，登上了教宗的長槳帆船向西而去。費拉拉的大公會議的確名副其實是普世的。

雖然這些長槳帆船飄揚的是教宗旗幟，但實際上還是威尼斯的船，因此很快就有常規威尼斯商船隊加入他們一起回國。上了年紀的希臘神職人員以及大排場的皇帝朝廷隨從無法旅行得很快，於是他們在威尼斯人轄下的莫東過冬，然後再北上航往亞得里亞海，於一四三八年二月八號抵達威尼斯。威尼斯人已經準備好迎接他們，這次到訪是很特別的，不僅因為皇帝親自來到潟湖，而且還把朝廷、神職人員，事實上幾乎這個昔日大帝國所餘的所有高官全都帶來了。古羅馬帝國政府在威尼斯登陸，他們來癒合基督教世界，第一步是恢復基督撕裂的衣服，然後邁向消弭穆斯林世界長達幾世紀的優勢。現代的觀察家，以我們完美的後見之明，可能會嗤笑當時這些豪情壯語，當作是為了拯救中世紀世界已完蛋遺物所做的徒勞無功嘗試。但在一四三八年時看來並非這樣，是懷著真的樂觀、真的希望，以及真的相信上帝會很快解救其子民。對於威尼斯人來說，更兼具對其「父母」的孝順之情，他們的「父母」即使在最黑暗的時刻依然尋求上帝的旨意。

二月九日，總督弗朗切斯科．佛斯卡利登上壯麗的總督長槳帆船，此船本身就是座水上王宮，名為「金畫舫」。船身兩側飄揚著拜占庭的皇家鷹旗，船艏則有聖馬可之獅的旗幟迎風飄揚。打扮華麗的槳手帶著有兩國象徵標誌的帽子，非常搶眼。總督的金畫舫並非聖馬可灣中唯一的船隻，整片海面上都擠滿了船隻，從大商船到小貢多拉都有。銅號與弦樂器演奏出音樂，城裡的鐘樓也都敲響了慶祝的鐘聲。總督跨過他的船上到皇帝的船上，皇帝坐在裝飾富麗的寶座上，其弟狄米垂斯（Demetrios）坐在其右。佛斯卡利摘下總督角帽，向皇帝深深一鞠躬。然後在皇帝的邀請之下，坐在皇帝左邊較低矮的寶座上。威尼斯的船與岸邊響起了歡呼聲，以如此盛大場面歡迎拜占庭皇帝及其政府的來到，讓人以為他們仍統治著一個帝國呢！那些華麗的船隻接著划向莫羅，那裡有更多慶典與慶祝活動在進行。大批船隻緩緩沿著大運河航行，兩岸的豪宅擠滿了觀者，從門窗向拜占庭顯耀歡呼，揮舞著旗幟與手帕。當船隻來到里奧托市場時，商家與銀行家都加入了慶祝。他們甚至還升起了里奧托木橋好讓皇帝的船通過，這可是罕有的事，因為會打亂在橋上做生意的攤位。最後，這場水上遊行在富麗的拜占庭式府邸前停泊下來，此豪宅乃於十三世紀由賈科莫．帕米爾（Giacomo Palmier）所建，後來於一三八一年由威尼斯政府購下（即現代的土耳其人商館）。皇帝及其朝廷在威尼斯逗留期間就下榻此處。

拜占庭顯貴們目眩神迷，不僅因為所受到的歡迎，光是威尼斯的財富就讓他們有此感受了。他們很快就讓自己舒服度日起來，雖然威尼斯政府投票決定撥一千達克特幣來供養他們，但這些拜占庭人很快就將之揮霍一空。事實上，等到他們終於準備好說再見時，帳單已經累積到三千多達克特幣了。在兩個半星期裡，皇帝約翰八世接見了無數歐洲領袖們派來的特使，甚至還從巴塞爾教會會議至上主義者那裡得到消息，再度敦促他去出席他們的教會會議，而不要去出席教宗的。他就像之前一樣婉拒了。二月二十七日那天，拜占庭這群鴉鴉烏的政教領袖終於登上他們的船，離開了威尼斯，前往費拉拉。

在一年多的時間裡，希臘東正教與羅馬天主教的高級教士、神學家以及哲學家在此會議上經過討論推敲，逐漸消除了分歧。這是個壯舉，基督教一千多名國際領袖群集費拉拉，有的甚至遠從埃及與衣索比亞而來，幾世紀以來，基督教世界五大古老的宗主教區領袖都到齊了。後來因為該地區發生瘟疫，擔心之下，此會議就在一四三八年底撤離費拉拉，改到佛羅倫斯再繼續召開。這場盛事在文藝復興搖籃也毫未失色，事實上，藝術家貝諾佐·戈佐利（Benozzo Gozzoli）還在為梅迪奇家族禮拜堂所繪的著名壁畫中，將珠光寶氣的皇帝約翰八世描繪成三賢朝聖者之一。在阿爾卑斯山彼端的巴塞爾，曾經風行一時的大公會議由於出席者個個都找藉口溜去參加費拉拉與佛羅倫斯的大公會議，因此日漸萎縮，只剩了一名紅衣主教與十一名主教，巴塞爾大公會議就廢除了教宗尤金四世，另選薩伏依公爵阿瑪迪奧為教宗菲利克斯五世（Felix V），但幾乎沒人留意到此事。菲利克斯從未被瑞士及其統治的薩伏依以外的地方承認為教宗，許多被他任命為紅衣主教者也都婉拒了這份榮幸。阿瑪迪奧抓著教宗頭銜十年，最後還是向羅馬的教宗低頭，因此結束了羅馬天主教會史上最後一場教宗分裂。

這些神學家、高級教士以及政客終於在佛羅倫斯大功告成，一四三九年七月五日，在盛大的慶祝活動中，教宗與皇帝正式簽署了雙方聯合的文件。基督教漫長的希臘與拉丁的分道揚鑣，終告結束，起碼在紙上結束了。皇帝及其神職人員是很有誠意，但卻錯估了東方拜占庭某些派系的勢力，其中有些人是不管在什麼條件之下都不願接受跟西方聯合的。不過這些問題仍存在於未來，眼前基督徒為了東西方的結合歡欣鼓舞，並期望看到一支新的十字軍將土耳其人從歐洲驅逐出去。

就在西方忙著為神學分歧辯論之際，蘇丹可一點也沒閒著，反而動員了一支大軍，趁約翰八世不在時去威脅君士坦丁堡，希望在任何十字軍成形之前奪下此城。拜占庭代表團分批回到受威脅的君士坦丁堡，皇帝約翰八世是最後回來的一批。他在佛羅倫斯待了一個月，然後前往威尼斯，在那裡受到熱烈歡迎，於是決定多待一陣子。由於東方與西方已經聯合了，總督佛斯卡利建議一起到聖馬可教堂祈禱，並根據東正教儀式由希臘神職人員唱彌撒。雖然威尼斯人的意思是要慶祝聯合並榮耀希臘人，但對於某些人卻是難以吞嚥的苦果。因為直到不久前，希臘神職人員還習慣於先採用儀式淨化羅馬天主教徒用過的祭壇後，才會使用。

約翰八世於一四三九年十月離開威尼斯，一四四〇年二月回到君士坦丁堡，他帶回了基督徒的聯合以及歐洲會給予他們所急需援助的消息。然而，有些子民，尤其是僧侶，對消息的反應卻是憤怒與怨恨。後世人有個普遍錯誤認知，以為所有或甚至大部分希臘人都很排斥佛羅倫斯／費拉拉普世大公會議，以及皇帝與牧首所同意的聯合。事實上，大多數希臘人都滿懷希望欣然接受下來，唯有到了君士坦丁堡陷落之後，才出現了虛構出來的呼聲，「寧可要土耳其人的頭巾，也好過要羅馬人的主教法冠！」一口說出來或白紙黑字寫下來。但的確有個希臘小眾的反對聲音，反對與羅馬天主教會聯合，而且竭盡其力落實普世大公會議法令的拜占庭政府與教會當局。

回到羅馬後，教宗尤金四世信守諾言，立刻號召組一支十字軍去拯救拜占庭，並對全西歐宣告徵收什一稅以便資助此舉。由於百年戰爭之故，英格蘭與法蘭西王國發現很難參加，不過勃艮地公爵腓力倒是跟很多武士都加入了。這支十字軍的絕大部分的部隊是來自於波蘭、瓦拉幾亞以及匈牙利，這些王國受到土耳其人入侵的風險最大。這支十字軍由外西凡尼亞[1]的匈雅提．亞諾什（John Hunyadi），與匈牙利國王拉迪斯勞（Ladislas）率領，後世稱之為「瓦爾納十字軍」（Crusade of Varna），共有兩萬多人，於一四四四年向東南歐進軍。

威尼斯也加入了這支十字軍，派出由八艘長槳戰艦組成的艦隊，由海上大元帥阿維斯．洛雷丹（Alvise Loredan）指揮。他們跟腓力的四艘長槳帆船以及教宗尤金四世的十艘船會合，向東航行，計畫駛往黑海然後溯多瑙河而上，去協助向東行軍的步兵。然而，教宗的十艘船其實是威尼斯的長槳帆船，由威尼斯十字軍操作，雖然指揮者是紅衣主教弗朗切斯科．康度梅（Francesco Condulmer），懸掛的卻是教宗旗幟。換句話說，教宗是向威尼斯外包了他的艦隊。不幸對威尼斯人而言的是，教宗顯然並不認為要為此付費。元老院滿腹苦水抱怨說威尼斯在這次十字軍東征上耗費了巨資，但教宗卻繼續拖著根本不出錢，甚至不為他自己的船隻付費。由於無法再等下去，威尼斯十字軍航行出了潟湖，船上掛著兩種旗幟，希望教宗會兌現諾言。

瓦爾納十字軍開始很順利，這支東歐十字軍揮軍深入土耳其境內，奪下了尼希（Nish）與索菲

1 譯注：外西凡尼亞（Transylvania），今羅馬尼亞中西部一帶。

亞（Sofia）兩城。蘇丹穆拉德二世正忙著料理小亞細亞的事，於是提出跟所有基督教勢力簽訂十年休戰協議，以便這支十字軍移出其轄下領域。國王拉迪斯勞急於化解土耳其人對其王國的威脅，即使只有十年也好，因此很快就在一四四四年七月接受了這項提議。與此同時，威尼斯十字軍艦隊已經抵達加里波利半島，他們在那裡接到了休戰消息，奉元老院之命留守在赫勒斯滂。他們照做了。然而，兩百英里外以陸地為據點的十字軍卻因對休戰的普遍不滿而內訌起來，許多士兵抱怨說把他們得來不易的勝利，拿去換了只有短期承諾的和平。最後，十字軍軍中代表教宗的紅衣主教解除了拉迪斯勞向蘇丹宣誓過的休戰誓言，十字軍於九月渡過多瑙河，繼續挺進去對抗鄂圖曼人。當穆拉德二世在小亞細亞聞訊之後，怒不可遏，命其在歐洲的部隊集結起來，並親往君士坦丁堡郊區，渡過博斯普魯斯海峽，與其軍隊會合。威尼斯十字軍仍留守在赫勒斯滂，對這支十字軍打破休戰的決定毫不知情，因此並未阻撓蘇丹西行。蘇丹接掌了其部隊的指揮權之後，就跟十字軍的陸軍在保加利亞的瓦爾納城交戰起來，打得對方全軍覆沒，代表教宗的紅衣主教及匈牙利國王都在這場浴血戰中喪生，成千上萬人被俘或被斬首，只有少數基督徒逃過此劫回到老家。至於威尼斯艦隊，則一直待在赫勒斯滂，對於這場十字軍東征已告結束毫無所覺。

大部分歐洲人都把瓦爾納之難歸咎於那些打破休戰協議的十字軍，但教宗也趁機責怪威尼斯。教宗堅稱說，要是威尼斯人在蘇丹渡過博斯普魯斯海峽時出手對抗，穆拉德二世就沒辦法回到歐洲並指揮其部隊與十字軍交戰了。結果，威尼斯人卻在土耳其領袖趕去粉碎基督徒部隊時袖手旁觀。尤金四世拒絕為外包給威尼斯的船隻與人手付費。元老院回應說，根據情況，威尼斯留守在加里波利半島艦隊的十字軍已經盡其所能了，他們並不知道那支十字軍愚昧地打破了跟穆拉德二世的休戰協議，威尼斯十字軍在土耳其人進攻之際，已經為了留守在赫勒斯滂而度過了艱苦的冬天。元老院堅持說，教宗拒絕付出承諾的費用是不對的，尤其是對如此忠心耿耿的十字軍。

威尼斯人再度被中世紀晚期十字軍的薄情善變本質所背叛，不但教宗拒絕履行承諾，而且威尼斯還再度跟土耳其人交戰起來。熱那亞人住在君士坦丁堡郊區的加拉塔，這本就是阻撓穆拉德渡海峽的理想據點，但熱那亞人卻袖手旁觀，完全對十字軍之舉置身事外。另一方面，威尼斯加入了十字軍，結果卻夾在蘇丹與教宗之間兩面不討好。雖然還是沒收到錢，威尼斯艦隊卻依然留守於加里波利半島，威脅著土耳其人的軍事行動，直到威尼斯終於在一四四六年跟蘇丹達成一項新的和約。

皇帝約翰八世於一四四八年駕崩，由其弟君士坦丁十一世（Constantine XI）繼位，此君乃虔誠、品德高尚的人，虛心接下了這個已毀帝國的帝冠。一四五一年，蘇丹穆拉德二世也去世了，留下強大的鄂圖曼帝國予其年方十九的兒子穆罕默德二世，史上將稱之為「征服者」。穆罕默德二世認為鄂圖曼帝國代表了新的、神聖的、天授的秩序，由是之故，注定要將古羅馬帝國最後殘餘抹去，取代其地位成為世界統治者。做為羅馬的首都，君士坦丁堡勢必成為蘇丹國的所在地不可。

穆罕默德二世並未等很久就開始推動這些計畫了。他召集了數萬人的土耳其部隊，命他們在君士坦丁堡集合。一四五二年四月，穆罕默德二世開始興建宏偉的如梅利堡壘（Rumeli Hisar），就在君士坦丁堡北邊，扼守博斯普魯斯海峽，此設計特地用來阻斷敵方往返於黑海與君士坦丁堡之間的海上交通。堡壘竣工，加上大約十萬名土耳其士兵抵達，穆罕默德二世已經很有效地圍住了拜占庭首都海陸兩面。這並非有史以來包圍君士坦丁堡最大一批兵力，但卻一直是最令人刮目相看的。穆罕默德二世也帶來了一些新發明：火藥大砲。狄奧多西二世（Theodosius II）所修築的三重陸牆已經矗立了千年之久，堅不可摧，但其建築師卻從未想像到強力火砲連續數週日夜轟擊的危險。確實，舊世界正在消失之中。

君士坦丁堡的危急在威尼斯引起深切關注。君士坦丁十一世於一四五二年初遣特使到潟湖來求援。他急需火藥與胸甲，並懇求威尼斯人盡快派軍艦前往君士坦丁堡。元老們立刻送出了所要求的補給，至於軍援則較困難。威尼斯已成義大利主要強權之一，而與米蘭持續進行的戰爭不斷耗掉其軍隊與經濟資源。元老們向拜占庭特使保證說威尼斯會援助的，但也敦促他們去說服佛羅倫斯與教廷一起努力。幾個月後，元老院致函教宗尼古拉五世（Nicholas V），敦請他號召一支十字軍盡速趕去捍衛東方的基督徒。他們也敦促身為紅衣主教的威尼斯人在羅馬教廷為拯救君士坦丁堡而發聲。尼古拉五世在很短時間內竭盡所能做了能做到的，他從那不勒斯派了兩百名弓箭手，並派紅衣主教伊西多爾（Isidore）代表他前去，此君乃基輔希臘東正教的前任大主教。教宗派來的人抵達君士坦丁堡時，民心大振，為表他們決心保持團結聯合，於一四五二年十二月十二日在聖索菲亞教堂裡舉行了一回聯合彌撒，同時採用東正教與天主教的儀式。這是聯合教會首次來到拜占庭最宏偉的教堂裡，只要聖索菲亞教堂仍屬於基督徒的，這聯合儀式就會繼續留在這裡。

君士坦丁堡事件不僅攪擾了威尼斯人的情緒，也攪擾了經濟。往黑海，尤其是往塔納市場的通路，是威尼斯持續繁榮的主要因素。當穆罕默德二世建好了如梅利堡壘後，宣布說，船隻若未先取得准許並付通行稅的話，不准駛經此處。該堡壘還架設了強力火砲，更強調了他的規定。幾艘威尼斯船設法穿越過了交叉砲擊而通過了，可能是趁那些土耳其人還沒機會好好將大砲瞄準之前做到的。不過，一四五二年八月，一艘運載大麥的威尼斯商船卻被大砲擊中而沉船，船長安東尼奧・里佐（Antonio Rizzo）及三十名左右的船員都上了枷鎖被帶到蘇丹面前。穆罕默德命人將里佐放在路邊刺穿他，其餘的威尼斯人皆斬首。休戰顯然結束了。

偉大的君士坦丁堡，從前曾擁有近百萬居民，此時只有五萬人住在破爛廢墟之中。只有城牆還算修補得頗佳。大部分居民都是婦孺，能作戰捍衛其首都的希臘男丁不到五千人。協助他們的外國人大約有兩千人，大部分是威尼斯人，此外還有些克里特島人、熱那亞人，以及其他各地的義大利人。威尼斯的捍衛者是住在君士坦丁堡一群形形色色的僑民，以及圍城開始時碰巧來到的船員，其中有尼科洛．巴爾巴羅，他是駐船上的外科醫生，後來寫下了有關此事件的回憶錄，還有幾位船長，包括加百列．特雷維桑（Gabriele Trevisan）、阿維塞．狄艾多（Alvise Diedo）、賈科莫．科克（Giacomo Coco）。

一四五二年十二月，威尼斯僑民官吉羅拉莫．米諾托（Girolamo Minotto）召集他的議員及城中有影響力的威尼斯人開會，給了他們一個很簡單的問題：是要留在君士坦丁堡作戰，還是上船逃難。投票表決之後很清楚：威尼斯人會與拜占庭並肩作戰。米諾托於是諭令圍城未解除之前，所有威尼斯船隻都不得離開。他立刻派人送信回國，通知威尼斯政府這場危險以及他們要迎戰的決心。

當米諾托的信函於一四五三年二月抵達時，威尼斯元老院迅速採取了行動，下令準備一支由十五艘戰艦組成的中隊於四月啟航。這支艦隊會由海上大元帥賈科莫．洛雷丹指揮，他將盡快趕到君士坦丁堡去協助防禦。元老院並遣使往羅馬以及其他君王處敦請他們盡其所能援助君士坦丁堡。然而只有教宗尼古拉五世回應了威尼斯的呼籲，於三月派出三艘滿載武器與食糧補給的船，並資助幾艘威尼斯長槳帆船。然而，在威尼斯準備戰艦卻拖延得令人惱火，最後元老院命洛雷丹率領五艘船啟航，在前往君士坦丁堡途中於科孚島、莫東、克里特，以及其他威尼斯殖民地再取得更多船隻。助力已在途中，但事態發展卻更快。

再說回君士坦丁堡這邊，皇帝懇求住在加拉塔的熱那亞居民加入基督徒捍衛者，他們卻拒絕了，加拉塔與首都只隔著海港，位於郊區，而且有高牆圍住。他們堅持熱那亞在此事上保持中立，希望不管誰贏了這場競賽，他們都能保持利潤豐厚的地位。另一方面，威尼斯人則全力以赴，投入財力與生命去捍衛君士坦丁堡。元老院已經遣使去會晤蘇丹穆罕默德二世，堅持要對方撤兵。威尼斯人曉得拜占庭對於土耳其人幾乎無法構成威脅，因此就辯稱他們在君士坦丁堡內的長期居留，實質上已使得該城成為威尼斯帝國的殖民地。弦外之音很明顯：攻占君士坦丁堡非但不會結束一場戰爭，反而是開啟了一場與強敵的對抗。皇帝君士坦丁十一世更加強調了這一點，他准許大約一千名威尼斯人持聖馬可翼獅旗幟沿著君士坦丁堡陸牆遊行，好讓土耳其人看見。事實上，皇帝本人也說君士坦丁堡更屬於威尼斯，而非屬於希臘人。

穆罕默德二世一點都不把這些放在心上，他的大砲繼續轟炸，防守者則死命抵禦。四月十二日，穆罕默德命其艦隊突破防守鏈以奪取金角灣，這是位於君士坦丁堡與加拉塔之間的海港。但威尼斯人這天卻占了上風，擊退土耳其人的進攻，挽救了那條鐵鏈。穆罕默德可不是這麼容易氣餒的，四月二十二日晚間，土耳其人設法拖拽了七十多艘較小型的船隻越過加拉塔的山丘，然後直接將它們放到了鐵鏈攔住的海港內。熱那亞人眼睜睜看著這一切行動經過卻袖手旁觀。到了早上，驚訝萬分的防守者衝到他們的船上，賈科莫・科克率領發動海上攻擊，但卻遭一名熱那亞間諜出賣，土耳其人很快就壓倒了他。科克的船被大砲擊中，他及船員都因此遇害。

西方承諾的援助怎麼了？教宗派來的熱那亞船隻受到北風阻撓，滯留在希俄島。由於海軍大元帥洛雷丹的艦隊得要沿途拼湊，因此嚴重拖慢進度然後跌跌撞撞前往尤比亞島，洛雷丹在那裡試圖跟當地總督及威尼斯總督做些額外的協調工作，希望能在六月趕到君士坦丁堡。五月三日，皇帝君士坦丁十一世派了一艘船溜過土耳其人的防線，去查看援軍是否正在前來，結果偵測員帶著令人失望的消息回來說，海平線上什麼也沒有。城裡的防守者唯有撐下去。

但他們的時間到了。五月中旬，蘇丹集結了全部兵力，城牆也已被砲轟了將近一個月了。五月二十八日，他們看著土耳其部隊一列列逼近，防守者曉得大進攻終於來臨。米諾托集合了威尼斯人，命他們到城牆上。「出於愛上帝以及為了這個城市（君士坦丁堡），還有基督教信仰的榮譽，」他叮囑他們說，「每個人都要堅強其心，準備死在崗位上。」

一四五三年五月二十九日開始進攻，穆罕默德二世派了一波波戰士衝向城牆作戰，先派那些素質較低的出馬，最後派他的菁英禁衛軍完成進攻。驚心動魄的激戰持續了多個小時，最後北城牆某個部分的防守點上，熱那亞指揮官喬凡尼・朱斯蒂尼亞尼（Giovanni Giustiniani）在作戰中受了傷，他認定大勢已去，堅持要手下撤退，抬著他上船以便他可以逃命。他這一逃，引起了城牆上一片恐慌，使得禁衛軍得以破城而入。威尼斯部隊投降並成為俘虜。見到「這座城市」已經淪陷，君士坦丁十一世，羅馬帝國最後的皇帝，撕下身上的紫色帝袍，從聖羅曼努斯城門附近的城牆破毀處縱身躍下，對於一個古老帝國而言，也算是高尚的結局了。

按照慣例，蘇丹穆罕默德二世准許手下獲勝部隊洗劫君士坦丁堡三天。他們沒搜刮到什麼財物，但卻有許多人讓他們屠殺、俘虜、強姦或奴役。威尼斯的領導人吉羅拉莫・米諾托遭捕，連同其子以及其他七名威尼斯貴族都被處決。他曾警告過其同胞，為了捍衛拜占庭，他們都已經賭上了性命，當這時刻來到時，他也英勇付出了自己的生命。成百上千的威尼斯人，以及成千上萬的希臘人被土耳其人圍捕，或遭處決，或販賣為奴。少數幾名富裕的威尼斯人得以花錢買回自己性命並回國，帶著這些英勇與敗仗的慘痛故事一起回去。

君士坦丁堡的淪陷對西歐引起的震撼，今天的我們是很難以想像的。雖然拜占庭長期積弱不振，經常有預言說它就快完蛋，但卻沒實現過，因此使得很多人以為它也能挺過這一次猛攻。東方最後一個基督教帝國的毀滅，意味西歐現在是真的要獨自對抗強大的穆斯林世界了。穆罕默德當然直言不諱，征服了君士坦丁堡之後，穆罕默德許諾會讓姊妹城市在他治下團圓——指的顯然就是羅馬。土耳其人很快就會到來，這點沒有一個歐洲人抱任何懷疑了。

對於威尼斯人而言，一四五三年五月二十九日的事件不僅駭人而已，更極具破壞性。並非僅因鄂圖曼蘇丹現在控制了那些海峽，或殺害了成百上千的威尼斯公民，或甚至是奪取了幾十萬達克特幣價值的威尼斯人產業，所有這些當然很令人難過，但砍得最深的傷口卻是失去承傳的無形感受——也就是失去了歷史。才不過十五年前，威尼斯還出於真正的孝順之情來慶祝並榮耀這位拜占庭皇帝，歡天喜地舉行了闊氣排場的慶典。如今這一切都成為過去了，威尼斯共和國這位年邁體弱的父母終於去世了。

第十二章
播種與收穫：中世紀威尼斯與現代金融的誕生

中世紀的威尼斯人是財迷心竅、只顧貪錢的惡棍。

起碼很多人是這樣認為的，但事實上他們並不比其他歐洲人更貪得無厭。不過，威尼斯人與眾不同的是，他們是完全仰賴一套自由流動資本體系。中世紀歐洲絕大部分是農業經濟，多數歐洲人都是靠土地工作，不是農奴就是農民，歐洲國王、貴族以及神職人員的財富主要是建立在耕耘上。土地生產了農業盈餘，這是支撐莊園經濟與資助中世紀熟手戰士所需的本錢。中世紀歐洲人只有少數才得以買到離其家數日行程外地方所生產的消費品，因此，大部分的交易都是實物交換，很少用到錢或根本不用錢的以物易物制度。雖然十一世紀之後歐洲愈來愈常用錢，但主要是在城鎮的市集上見到。在大部分人口生活的農鄉地區，莊園或修道院裡皮革裝訂的大帳本裡依然記錄著蠟燭、葡萄酒、牲口，以及啤酒的付款。

在土地稀少的威尼斯，貿易卻是經濟核心，要讓大量形形色色商品進入到威尼斯的市場裡，這就只有錢才能辦得到。威尼斯人努力賺錢，就跟其他歐洲人努力要取得農作物豐收是一樣的。他們經常提醒其鄰國：威尼斯人不耕地，但卻遠渡重洋以謀生。所以並沒錯，在這個潟湖之城裡，錢的確很重要。威尼斯人花錢、存錢，到最後還鑄錢。他們還找到了跟錢一起工作的新方法以及讓錢來為他們工作——這些創舉至今仍然在塑造我們的世界。

我們很難想像一個沒有金錢的世界，但在羅馬帝國崩垮之後好幾個世紀裡，歐洲人面對的就是這樣的世界。政治、經濟以及法律的無常，使得昔日的羅馬硬幣變得靠不住，因此很快就被人摒棄了。然而，金錢卻是確保雙方在一項買賣中達成公平交易的關鍵工具。例如，有個人要用一條乳牛換兩隻豬，他要怎麼才能知道這樣的交易是公平的呢？畢竟乳牛和豬是很不同的家畜。不過，兩者要是都能根據第三種商品來定出價值，事情就變得清楚得多。要是普遍認為一頭乳牛值五張獸皮，一頭豬值三張獸皮，那麼上述報價顯然就有點少了，乳牛的主人得要再多給一點，多給一張獸皮就行，要不就給一張獸皮等值的東西。

在這個例子裡，獸皮就是貨幣，因為是用來為不同商品定價的工具，讓相異商品項目可以很容易做成買賣。獸皮確實也有實用價值，可以用來製造盔甲，做書籍封面，或用來製鼓。但卻沒有人會需要一萬張獸皮，因為在任何獸皮貨幣經濟中，一個有錢人很可能就會擁有這麼多。換句話說，貨幣也不見得需要具有實用功能，但卻得要是某種普遍為人所接受用來衡量價值的東西，就像其他度量衡制度一樣，必須得要是普遍為人所接受的，否則就一點用處也沒有。貨幣也必須是供應量有限的，不然就沒有了用以衡量定價的性能了。有用的貨幣也應該便於攜帶（不像獸皮）而且耐久；

便於攜帶就使得轉移財富變得容易，耐久使得財富可以儲存。這點至關重要，因為耐久的貨幣才能讓賣家將其貨物賣出換成貨幣，並清楚知道以後再用此貨幣交換某種同等價值的東西。這樣一來就可以讓一個人與時推移累積一大筆財富，遠比沒有金錢制度下所可能累積的要多。

由於貨幣需要廣泛被接受，因此國家就成了唯一有辦法能製造、執行並監管貨幣的實體。在前現代的世界裡，國家用貴重金屬來鑄幣，從而保證每一枚錢幣都有一定重量與成色。擁有一磅銀子的人會發現很難用銀子來買任何東西，因為每次交易商家都會堅持要測試每塊銀子的含量（成色）以及重量。反而把這一磅銀子交給國家鑄幣廠還容易得多，鑄幣廠將這磅銀子鑄成若干可接受價值的錢幣，當然，國家對此服務是要收費的，但還是划算得多。每一枚錢幣上都印有該國標誌，清楚顯明這是哪種錢幣，是哪個國家在保證其價值。前現代的錢幣跟現代世界的不一樣，那時的錢幣價值在於其金屬成色，而非印在其上的文字或數字。因此，不同國家鑄造的錢幣都可在熟知該幣的市場上流通。事實上，在十二世紀之前，甚少有歐洲國家鑄造錢幣，威尼斯也沒有。在十二世紀之前，威尼斯人使用拜占庭幣（bezants）、拜占庭金幣（hyperper）以及其他，還有來自穆斯林國家的錢幣，通稱為撒拉森幣（saraceni），或來自維洛納的帝國錢幣。

雖然查理大帝曾鑄過少數幾種錢幣，但他卻是在西歐建立起貨幣系統基礎的人，這系統本身則大致根據古羅馬那套而來。系統的核心是稱之為「德納留」（denarius）的銀幣。兩百四十枚德納留剛好重達羅馬的一磅（里布拉，libra）。十二枚德納留等於一枚古羅馬帝國的索里迪（solidi）。因此，這個系統很簡單：一磅等於二十枚索里迪，等於兩百四十枚德納留。後來歐洲國家開始製造本國的貨幣時，就繼續採用這個系統。例如，英國一直用到一九七一年為止的那套著名的英鎊、先令以及便士系統，就是這套。雖然這套系統很清楚因而總是用於會計上，但卻甚少跟實際錢幣相符，只有在英格蘭的德納留才保有了最初該有的一點五克重量，以及零點九二五的銀成色。其他地方鑄出來的錢幣都是銀成色愈來愈少，銅成色愈來愈多。這種貶值的鑄幣法使得鑄幣國家富了本身，但卻以通貨膨脹為代價。商家一獲悉錢幣的成色降低了，自然就會要更多錢幣。較古老的、銀成色較高的錢幣於是就被人囤積起來，而且經常熔解掉，有點像今天在美國見到一枚五毛錢的甘迺迪銀幣或華盛頓的二毛五分錢硬幣，大都會收藏起來而不會花掉。歐洲大陸的錢幣貶值變得很常見，以致到了十二世紀時，大多數德納留（便士）絕大部分成色都是銅了。一一六〇年代在帕維亞鑄造出來的錢幣只有零點二克的銀含量，而在維洛納鑄造出來的更只含了零點一克而已！這銀成色剛好夠錢幣出廠時看起來亮閃閃的有光澤，但隨著錢幣不斷易手之後，這層光澤很快就變黑了。（一枚銀幣在用手摩擦過後變成銅紅色稱之為「羞愧臉紅」。）

隨著中世紀的進展，歐洲與中東發展出了一套三金屬貨幣系統。「黑色錢」包括貶值的便士、半便士，以及基本上以含銅為主的低價日常貨幣。「白色錢」指的是銀成色高的錢幣，即使一再易手也保持閃亮光澤。最後是「黃色錢」，高價值的金幣，鑄造時也在技術上盡可能讓成色很純。由於黃金以前（現在也是）比白銀貴重得多，因此金幣只用來做很大型的交易。然而，由於便於攜帶，威尼斯商人要在遠方港口購買成噸的貨物時，金幣就變得很有用。

一座中世紀的農村，可能不會在意經由當地小市場而流動到他們手裡的少數幾枚錢幣的銀成色，但對於威尼斯，商業與貿易是這個社群的命脈，一套健全的貨幣就成了至關重要的事。不確定的幣值意味著不確定的市場，沒有一個生意人會想要這樣。十二世紀大部分期間，威尼斯人從事小型國內交易時，採用維洛納的便士，以及另一種他們自己的小便士，重不到半克，含百分之二十五成色的銀。大型商業交易時則使用拜占庭帝國的錢幣或者耶路撒冷十字軍王國的錢幣。不過中世紀的貨幣情況轉變得很快，就跟政治局勢一樣。一一八〇年代十字軍王國的衰落導致其貨幣貶值，到了一一八七年，當撒拉丁征服了耶路撒冷，在聖地鑄造的金幣純度只有百分之六十八了。拜占庭帝國的情況也好不到哪裡去，威尼斯商人經常用拜占庭的 hyperper 來付款，這是高價值的金幣，黃金成色有八分之七。由於實質上的拜占庭金幣相當稀少（就像今天的千元美鈔一樣），威尼斯人通常都兌換成阿斯普隆幣（aspron trachy），這種錢幣最初值三分之一的拜占庭金幣，含百分之三十黃金，百分之六十白銀，百分之十的銅。比起其他錢幣，這是十二世紀期間威尼斯商人最熟悉的。但是拜占庭的經濟與政治問題也對阿斯普隆幣造成了損失破壞。到了十二世紀中，皇帝曼努埃爾一世．科穆寧已經充分貶值了它，結果四枚才等於一枚拜占庭金幣，而不是三枚。後來的皇帝更進一步讓它貶值，以致到了一一九〇年時，要六枚阿斯普隆幣才能買一枚拜占庭金幣。

當然，這些國內外的幣值波動也造成威尼斯貿易不穩定。為了恢復穩定，總督恩里科．丹多洛，第四次十字軍東征的著名領袖，下令製造全新的威尼斯貨幣。這重大的一步給了威尼斯對其經濟命運更大的控制權。丹多洛停止製造舊有的威尼斯便士銀幣，取代以兩種新錢幣。第一種是低價值的 bianco，也就是半便士，重約半克，銀成色為百分之五。錢幣一面有十字架，另一面有聖馬可的胸像，幣值等同半個維洛納便士。他也鑄了另一種新幣 quartarolo，也就是四分之一便士，由於幾乎不含貴金屬，這是自從古羅馬以來首次在歐洲鑄造的代幣（沒有固有價值）。就跟現代錢幣一樣（仍然模仿中世紀採用銅、銀與黃金的顏色），quartarolo 的本意是用於日常很小的購買上。

雖然這些錢幣在國內很重要，但卻未能解決貿易貨幣貶值的問題。為了應付此問題，恩里科．丹多洛及其政務會將在國際貨幣上留下印記達一個多世紀之久。他們發行了格羅梭幣（grosso），這是五個多世紀以來西歐首次鑄造的高價值錢幣，重約二點二克，含銀量是中世紀技術所能做到最純的程度：成色約為百分之九十八點五。毫無疑問，設計此錢幣乃為取代拜占庭錢幣成為國際貿易的媒介。拜占庭的阿斯普隆幣正面鑄有皇帝和聖徒的像，兩者都持十字架或標誌旗，反面則是坐在寶座上的基督。丹多洛的格羅梭幣很明顯模仿於此，錢幣上一面有他和聖馬可持聖馬可旗幟，反面有寶座基督。格羅梭幣確立了威尼斯在歐洲以及地中海貨幣市場上舉足輕重的地位。一二八四年又更上層樓，鑄了威尼斯第一批金幣達克特，這是以佛羅倫斯的佛倫林幣為藍本而鑄造的高價值錢幣，本欲打算（最終也做到了）在威尼斯國家的控制下，創造出一種穩定的商業或錢幣。威尼斯達克特金幣重量為三十四克拉，純度乃當時技術所能做到最高的程度，很快就在地中海以及歐洲廣泛贏得認可，後來幾個世紀裡一直成為備受推崇的貨幣。

威尼斯人的新發明不僅只擴展到貨幣上而已，還發展出了不少新的金融「產品」，其中有些至今仍在採用。最主要的一項發明就是存款銀行，學者仍在爭論最早的銀行究竟是在佛羅倫斯還是威尼斯出現的；不論究竟如何，威尼斯人肯定是早期採用者。沒有存款銀行的話，現代經濟就根本不可能實現，銀行不僅是保護錢的方法而已，也是在錯綜複雜經濟中保持資金持續有力流通的方式。沒有存款銀行的話，存下來的錢就被藏了起來而從經濟中移了出去，這些錢除了保有當初價值之外，什麼也沒能發揮。然而，存款銀行卻讓存下來的錢得以借貸出去並用來投資，從而產生出更多財富。由於存款銀行的核心是放貸，有人可能以為這是始於中世紀的放債人或當鋪老闆。但並非如此。相反地，它是源於基督當年趕出聖殿的那些人，那些兌換銀錢的人，在中世紀和古代一樣，他們駕馭多種貨幣的能力都至關重要。

就像之前說過的，中世紀貨幣系統很複雜，有許多種不同價值的錢幣，但錢幣上卻未印有其價值，而是由市場來決定其價值。一名來到市集或里奧托攤位的商人可能攜帶了許多各種不同錢幣來買貨，這些錢幣都得要經過估價以知道其可靠性，然後兌換成一種通行貨幣。傳統上，貨幣兌換商提供這種服務，按照兌換額而收取佣金，就跟現代我們在機場看到的貨幣兌換商一樣。然而，要是商家有一大筆錢並打算在幾天之內買很多各種不同的貨，為了每筆交易而留著兌換款項就很累贅麻煩了。反倒是在十一世紀某個時期，里奧托的商家開始把所有的錢都存在一名貨幣兌換商處，兌換商會把這筆錢記在自己的分類帳上，等到商家後來要買進一批貨時，就會回到那名貨幣兌換商那裡，去要他所需的那筆錢。這名貨幣兌換商就會把錢換成適當的貨幣給他，然後在分類帳上標注借記。這名商家就再回到賣家那裡去為貨物付款。

因為在威尼斯廣泛採用這種便利做法，於是後來就轉型成為存款銀行。隨著時間過去，商家將資金存在貨幣兌換商處成了標準做法，而市場上的賣家也同樣這樣做，這意味著在貨幣兌換商帳簿上開戶的人愈來愈多。過不了多久，之前要用錢幣才能實行的交易都改成了在貨幣兌換商的帳簿上執行了。在同一個貨幣兌換商處有戶頭的買家和賣家會一起到兌換商的桌前，要求從買家的戶頭扣除買價，並將之添加到賣家的戶頭裡，完全不需要數錢幣或秤錢幣重量，整個交易過程又快又方便，而且安全。因此建立了giro系統，此字乃由girare而來，意思是流轉或迴轉。

十二世紀期間，此系統大概就是做到這樣地步。經濟成長的真正潛力卻在於有能力讓A顧客透支戶頭從而向B顧客提供信貸。由於許多威尼斯人，包括一般市民在內，都把錢存在兌換商處，因此擁有許多戶頭的兌換商就可以允許透支，只要手上所有的存款人不在同一時間內提回款項就行。但直到十三世紀，這種活動仍然被認為是背叛了顧客的信任。有些威尼斯兌換商確實提供信貸，但只對他們最好的客戶提供，而且是偶爾才做。在佛羅倫斯，這種做法就更少見了。隨著時間推移，兌換商在商業交易上變得重要到威尼斯政府開始加以規範。這些兌換商群集於里奧托聖賈科莫空地上，這是位於威尼斯繁忙金融區的教區廣場。每個兌換商都坐在長板凳上，面前擺了一張小桌子，桌上放了一本分類帳簿、筆墨、驗錢幣的天秤、算盤，還有一袋錢幣。過了一段時間之後，這些人就因為他們坐的地方而被稱為「坐長板凳的人」（Bancherii），換句話說，就是現在說的銀行家（bankers）。雖然他們的長板凳和攤位早就消失了，但是當年為他們及顧客遮風擋雨的拱頂長廊仍環繞著這處廣場，至今仍以「流通銀行的有頂長廊」（Sotoportego del Banco Giro）而為人所知。

到了十三世紀晚期，威尼斯的兌換商（現在是銀行家了）開始更頻繁貸款出去。在拿到執照之前，政府要求銀行家要先存一大筆款項在政府處，做為公債，萬一銀行垮了，這筆錢就用來償付存款人。由於這些公債額度總是低於一家活躍銀行的總虧空額，因此垮掉銀行的存款人通常只能拿回一小部分的資金。顯然這差異導致了某些銀行家捲款潛逃而不見人影，讓政府留著那筆小得多的公債來分配給存款人。為了對付這個問題，一三一八年之前某個時候政府規定要由第三方來繳交公債，得要是銀行家本人之外的另一人。這個後盾通常是位投資者，跟這位銀行家關係密切，明顯很有興趣確保這名銀行家會守法、有償債能力，而且會待著做下去。

威尼斯銀行也提供其他多種各式服務，顧客可以將貴重物品或封口的一袋袋錢幣存在銀行家那裡，相當於保險箱服務，銀行家會為此收費。到了一三〇〇年，威尼斯銀行家也提供有條件的存款服務，在未來某個時候可連本帶利取回，就像現代的定期存款單。但是每天最常用到的功能卻是從一個戶頭轉帳到另一個戶頭。在佛羅倫斯，大部分時候是由一方寫張字條指示銀行家從他戶頭把錢轉到持此字條者的戶頭裡，換句話說，就是一張支票。不過在威尼斯，由於很容易就可去到里奧托銀行家的桌前，因此意味著很少會用到支票，反而雙方一起親自來到銀行家面前，指示他更改其帳簿紀錄。這種口頭交代的交易轉帳讓外人覺得很不尋常。日耳曼騎士兼旅行家阿諾德・馮・哈夫（Arnold von Harff）在一四九〇年代到訪過威尼斯，留意到「兌換商坐在廣場周圍，持有商家託付的錢，以避免計算現金。當一名商家要付款給另一名時，他是把銀行裡的一筆額數過給對方，因此商家之間少有現金過手的」。

到了十六世紀，威尼斯銀行在大張旗鼓中出生、死亡。一位新的銀行家開一家新銀行時，會先有遊行、飲食和狂歡來吸引注意力，以便吸引存款。一家銀行一旦成立，其存款人就會密切關注，包括銀行最大的客戶之一威尼斯國家在內。要驚嚇到存款人從而發生銀行擠兌並不難，最清晰的提示就是銀行家的去世。就算投資者承諾過，在銀行創辦者死後他們會繼續維持這家銀行，但由於害怕會損失部分或全部的存款，結果還是會導致擠兌，連最有償付能力的公司也會因此關門大吉。

存款銀行的發展大大增加了威尼斯的螢幕資金，從而也增加了經濟的整體規模與成長，但只有在將存款資金放貸收息才能做到。這點在中世紀就成了問題，由於基督徒通常是禁止收取利息的，因為放高利貸是罪孽。基督曾命其信徒要「你們倒要愛仇敵，也要善待他們，並要借給人不指望償還」（路加福音六章三十五節）。因此，基督教會一再於教宗公告中譴責放貸，例如教宗亞歷山大三世的公告；教規大公會議，例如一一七九年的拉特蘭第三次大公會議，以及一二七四年里昂的第二次大公會議；神學家的作品，例如聖湯瑪斯・阿奎那（St. Thomas Aquinas）。中世紀佈道時，放高利貸就是講道者很常提到要信徒清除的罪孽。在十二世紀經濟擴張之前，歐洲大多數借貸生意都是猶太人在做，顯然他們是不受教會法約束的。多數情況都是採用簡單的典當形式，按照抵押品的價值給一筆小貸款。然而有些猶太放貸人生意卻做得很大，貸款給主要的修道院、領主或甚至國王。雖然有利可圖，但這事本身卻帶有危險，勢力強大、債務纏身的領主會成為危險的人。就猶太人的例子，把猶太人驅逐出境然後就此賴帳不還，對國王來說就是很強烈的誘惑。事實上，這就曾經發生於一二九〇年的英格蘭，一三〇六年的法蘭西。

威尼斯並沒有驅逐過猶太人，但也沒有熱烈歡迎他們。猶太人獲准在威尼斯海外殖民地及大陸區的城市居住並工作，但威尼斯城市本身就是另一回事了。十六世紀之前，威尼斯根本就禁止猶太人住在市內，雖然偶爾也有例外。一三七九年基奧賈戰爭之後，由於政府需要更多信貸，因應此需要而准許猶太放債人進威尼斯，但危機過後就把他們移到大陸區的梅斯特雷（Mestre）。威尼斯歡迎猶太人來做生意，但他們每年在市內逗留時間不得超過十五天，並需配戴黃色徽章或戴黃帽。少數猶太人則有辦法避開這些法規，尤其是那些很受重視的醫生和有錢的商家。

結果由於另一場戰爭，猶太人又回到威尼斯居住。一五〇九年，康布雷同盟（League Cambrai）的軍隊遍布威尼斯的大陸區，引發難民潮湧向安全的潟湖首都。其中就有大批猶太人。緊急狀況過去後，威尼斯元老院決定准許猶太人逗留五年。理由很簡單：國庫空虛，而猶太人很樂意為取得放貸權，以及在威尼斯做其他生意而出手大方。此外，猶太人的典當業也為威尼斯的窮人提供了很需要的服務，因為他們負擔不起在銀行開戶。起初猶太人可以隨意住在任何地方，但這點很快就引來神職人員以及父母們的抱怨，因為父母發現自己的孩子跟同齡的猶太人稱兄道弟起來。城內到處發出了驅逐他們的呼聲，但元老院選擇了較溫和的途徑。一五一六年，政府命所有猶太人都遷到威尼斯北郊一處新地點，以前這裡曾是鑄造廠（ghetto）的所在地。雖然跟現代ghetto（聚居區、貧民區）一詞的內涵意義不同，但世上第一個ghetto卻既非貧民窟也非監獄，而是個繁榮的社區，威尼斯的猶太人就在這裡興旺起來。這裡的建築比威尼斯其他的都要高，簇集在中央廣場周圍，富麗的猶太會堂則成了觀光名勝。雖然放貸與醫藥是最明顯可見的猶太人專業，但多數威尼斯猶太人從事的工作其實跟他們的基督徒鄰居也差不多，尤其以二手店著稱，店裡有各種充滿異國情調的存貨，因品質高或稀有而深受上下階層人士歡迎。但對威尼斯國家而言，小規模放貸才是最重要的，這也是最終所以容忍猶太人的原因。正如一五五三年元老院立法時所大膽宣稱：「這個議會准許猶太人居於我們轄下，只有一個目的，就是防止基督徒觸犯天條與民法，犯下放高利貸的罪。」

北方歐洲人較不常見到猶太人或放貸者，因此不免抱持懷疑去看待威尼斯猶太人聚集區的居民，我們會想到寫於一五九七年的莎士比亞戲劇《威尼斯商人》，戲裡的壞人夏洛克就是個吝嗇的猶太放貸人，他借出一大筆錢給好心的安東尼奧，等到安東尼奧到時無法還債，夏洛克就要求按照協議用安東尼奧身上的一磅肉來還債。這個著名的夏洛克一角不僅呈現出了威尼斯猶太人，也呈現出了威尼斯本身。十七世紀以來，史學家、領導人以及作家都傾向於透過夏洛克這個有趣的視角，來看中世紀與現代早期的威尼斯人，就連今天，中世紀威尼斯人也經常被描述為貪得無厭的商人，以尋求利潤至上，總是很快就要他們的一磅肉。這個刻板印象並不正確，但卻照樣持久。

對於快速貸款，典當商就很管用，但文藝復興時期威尼斯富有又事業有成的投資者卻可在銀行找到更好的條件。雖然基督教會仍繼續譴責放高利貸，但在十三世紀期間卻開始轉變其定義。就連聖湯瑪斯·阿奎那也同意為金融服務而收費是合法的。因此，銀行貸款人大可將定期貸款所收的利息認作是集資、過戶或查看還款的費用。別的神學家則認定貸款人有權收取所貸出款項一定比例的費用做為補償，因為這筆款項本可讓貸款者用於投資而因此產生出收入的。實行起來時，這意味可以收取合理利率，雖然長期利率若超過百分之十通常還是會被視為高利貸，即使在威尼斯也如此。

基督徒如果投入金錢與人合夥從事某特定企業，也准許因此收款。換句話說，如果資金用於投資某個項目，而資金本身也存在著些風險的話，那麼投資者有權接受那項投資的成果。這對威尼斯另一項金融新創舉colleganza（一種合夥關係）至關重要。

有限責任合夥（colleganza）是解決一項持續已久問題的創舉。遠洋航運是威尼斯經濟的基礎，然而卻既昂貴又危險。威尼斯商家需要有一艘堅固的船隻，一群經驗老到的船員，以及一大筆錢，用來在各不同港口買貨。他還得應付這趟航行的種種無常。中世紀的海上之旅（事實上，是所有旅行）都是充滿危險的。風暴與迷霧肆虐地中海，尤其是在冬季月份，海員都會留在港口裡。海難很常見，雖然有威尼斯國家長槳帆船在亞得里亞海巡邏，後來更在主要路線上沿途提供護航服務，但是遇上海盜的風險卻從未消失，反而在威尼斯與其他海上強國作戰時更加猖獗。

因此，一趟商業航行構成了大風險，當然也有大回報的潛力。在科林斯或斯巴達市場上廉價買入的貨，可以在君士坦丁堡、阿卡或威尼斯攤子上以最貴的價格售出。因此，中世紀的威尼斯商人尋求能減輕風險的途徑，好讓他們不會因為一趟多舛之旅就前功盡棄。在古代世界裡，商家很典型會拿一筆「海運貸款」，這是高利貸，通常利息超過百分之二十，商家會用以資助其海上之旅。利息所以這麼高，是因為萬一遇上海難、海盜或其他大災難時，就會取消償付這筆海上貸款。雖然這減輕了商家一些風險，但卻不是完美的解決辦法，因為商家需要找到有充足資金的貸款人，資助一趟海上之旅，而且願意承擔重大風險。商家還得從這趟海上之旅賺到起碼百分之二十的淨利，不然這番冒險事業就會賠錢了。最後，雖然海上貸款可以減輕損失貨物的風險，但卻未包括損失船隻本身的風險。

由於威尼斯經濟仰賴於利潤豐厚又充裕的海運，因此在中世紀的威尼斯以及義大利其他航海城市開始出現為這些海運融資的新方法，也就不足為奇了。威尼斯的有限責任合夥在十一世紀很快就取代了海運貸款，不過，這類協議卻有各種不同版本，各版本都有些共通點。在最簡單的形式裡，投資者會資助某趟特定海運，那位商家通常就是船主，承諾會善加利用投資者的錢在這趟航程裡賺到最大利潤。商家在評估要停泊哪些外國港口、該進什麼貨、什麼時候回國這些方面有很大自由。等到完成這趟航海時（通常是一年內），就會做一項普通會計，扣掉所有開銷之後得出淨利。這時投資者可拿到當初投資金額，再加上所得利潤的四分之三，商家則取剩餘的四分之一利潤。透過這種方式，投資人與商家在這最大利潤上都各有既得利益，而非僅完成一項航運而已。因此，商家就不用再支付所有開銷，並可以賺取百分之二十的淨利以求收支平衡。任何淨利都使得這趟航程變得很值得。

但顯然，要是一趟航運根本沒有產生利潤的話，那麼有限責任合夥中沒有人能有所獲得。不過，這卻不像海運貸款，要是損失了船隻或貨物，投資者並不會自動損失了他們所有的投資。若還有任何資金剩下來，就扣除掉損失船隻的費用，剩下的錢（要是有的話）就退還給投資者。儘管如此，這種高風險程度與回報的對比，使得有限責任合夥成為有錢人才願意下的賭注。不過，到了十二世紀有了改變，商家開始採用讓多名而非一名投資者參與的有限責任合夥，透過此種方式，一趟成功海運回到威尼斯時，付給投資者們的四分之三利潤是根據他們個人出資多寡比例來分配。多名投資者在某特定海運購買份額，這就跟現代投資者在一家企業購得股份一樣。

這項創舉使得可用於海外貿易的資本大為擴大，同時又減少了投資者們的整體風險，現在他們可以從事多元化投資，而非把資金投注在少數幾項高風險投資上。威尼斯人可以同時投資於很多各種各樣的航運上，要是其中一兩趟海運結果很糟，還有其他的可以彌補損失。就以總督拉尼耶利·贊諾（Ranieri Zeno）為例，他在一二六八年去世時，就握有一百三十二趟不同海運的股份。雖然有限責任合夥的股份可以出售或交易，它們代表的卻是相對短期的風險投資，因此並未發展出市場來，不像其他的金融工具如市政債券那樣。然而，在單一的海運中有眾多投資者，大大降低了參與這項活動的金融門檻，即使入息較低的威尼斯人也可以在一趟海運投資中買小小的股份。這些小投資大大增加了可用於承銷海外貿易的資本。

中世紀商業有眾多固有危險，對於保險業來說，似乎是個好市場，有些保險業產品確實也是在中世紀威尼斯開發出來的。到了十四世紀，已可見到富有的投資者投保個人航海以防損失，那時並沒有保險公司，而是一群群願意賭一把的團體。一個為其航海投保的商家可以更容易吸引投資者，因為不可能拿不回投資。然而，高額保費又是另一項開銷，因此有保險的航海所賺利潤通常較低。實踐起來時，沒多少航海會去投保。因為多元化投資對大多數投資者而言就已經確保了整體上的利潤了。至於商家這邊，能夠把船隻或貨物的損失當作開銷從利潤中扣除而彌補掉，通常他們已經心滿意足了。

這些各種不同錯綜複雜的金融創舉都需要費心留存紀錄，企業的唯一擁有人可以在一個信封背面計算出利潤和損失，然而，牽扯到眾多投資者時，就非得要能清楚顯示出大家都拿到了應得的那份才行。此外，關於哪些貨可以海運、儲存，哪些不可以，或什麼可以從利潤中扣除，威尼斯政府都有嚴格法規。由於需要保有錯綜複雜交易的清楚紀錄，使得威尼斯產生了最深刻的金融創舉：複式簿記（double-entry bookkeeping）。

雖然看起來不是很令人興奮的事，但複式簿記卻從根本上改變了西方的商務。的確，要是沒有它，後來的工業革命就無法持續下去，而現代企業也是無法想像的。最初描述出這技術的是方濟會修士盧卡·帕西奧利（Luca Pacioli），他是一四六五到一四七五年住在威尼斯教學的數學家。雖然有時都將此發明歸功於他，但帕西奧利卻堅稱他只不過是描述了威尼斯商家之間一種很常見的做法而已。這種記帳形式的基本概念是所有交易本質上都有兩方，永遠有借方和貸方的帳戶紀錄，而這兩個帳戶總額必須永遠相等。因此，例如不僅只記錄收到的一筆服務費用，威尼斯商家會記錄這筆費用從現金到收入的變動過程。

複式簿記很可能正是為了因應擁有眾多投資者的有限責任合夥之錯綜複雜性，而研發出來的產物，因為它記錄了資產與虧空，以及交易對它們的影響，複式簿記使得商家很易算出在這些錯綜複雜系統中的盈虧，同樣重要的是，它使得檢測錯誤或作弊簡單得多，因為每天所有帳項的借貸必須相等才行。（帕西奧利本人就曾警告過說，商家沒有做完當天帳項的收支平衡之前，不要上床睡覺）。因此，等到一艘船的船長回到威尼斯時，其投資者以及國家不用只憑他的話知道究竟賺了多少利潤，因為每分錢、每項開銷或收入都在他的分類帳中列得清清楚楚，而審計也會仔細確認一切帳項都是平衡的。即使在今天更加錯綜複雜的企業系統中，通常仍可因為帳簿上未能收支平衡而找出侵占和盜竊。

複式簿記這件事本身就是歐洲採用阿拉伯數字的主要原因。這套數字符號系統最初是在印度發展出來，後經由波斯採用，然後傳入北非阿拉伯地區，於十一世紀期間從那裡傳入了中世紀歐洲。然而，阿拉伯數字就跟阿拉伯字母一樣，都是外國的東西，因此大多數歐洲人都不理解或不採用。由於在十二或十三世紀期間，威尼斯商家之間所需的數學技能水平很低，因此羅馬數字就夠用了。但隨著商務交易變得愈來愈錯綜複雜，這情況有了改變。就在十四世紀某個時期，威尼斯商家開始採用阿拉伯數字來記帳，不過還是保留羅馬數字來記日期或其他日常用到的數字。理由很簡單：用阿拉伯數字做數學容易得多。此外，簡潔的阿拉伯數字列用於複式簿記也更合理。

所有這些生意都在哪裡做的呢？威尼斯商家的船駛出忙碌的潟湖之後又去了哪裡？答案絕大部分取決於時期。一二〇〇年之前，威尼斯的船長是哪個港口最能獲利就自行將船駛去。一般而言，威尼斯商人帶著錢幣和布料離開威尼斯，希望能在東方買到絲綢、明礬，或許多其他商品。目標是以低價在一個港口進貨，然後駛往另一個可以較高價格脫手的港口，再從那個港口裝運更多貨物，然後重複這個過程，永遠盡量取得更大利潤。這不但得要有很好的生意頭腦，而且還要有源源不絕的消息。威尼斯商人除了靠市場上的八卦，也靠朋友、家人，以及國外合夥人的來信取得消息，其目標則是在有限責任合夥期結束，回到威尼斯之前，盡量從事許多有利可圖的交易。

到了十三和十四世紀，這種隨心所欲做生意的方式就大大緩和下來了。拜占庭帝國的崩垮使得愛琴海以及東地中海的水域變得危險得多，尤其是戰爭期間，為了提供安全給威尼斯商人，國家組織了定期前往君士坦丁堡、阿卡、賽普勒斯，以及偶爾其他目的地之護航隊，長槳戰艦起初是用來保護這些商船隊，但到了十三世紀末，威尼斯人將商船與長槳帆船結合，設計出大型長槳商船。這種大型船隻有三排長槳，以及很大批槳手船員，可以運載很多噸貨物，而且跟得上時間進度，就算風向不配合也沒問題。在船上還沒有大砲的這個時期裡，船隻最基本的防禦力就是船上的人數。威尼斯元老院負責管理生產這些船隻，並組織季節性護航船隊，以便讓威尼斯商人賺到最大利潤。

大型護航隊通常一年離開潟湖兩次，前往特定目的地，不隨便駛入一個在當時看來有利可圖的港口，而是像火車頭一樣，有特定的目的地及時間表要跟進，乘客可以沿途上船或下船，威尼斯商船也大可以在護航隊離開之後才加入，或者在它抵達目的地之前就離開，利用它所帶來的安全以及趁機打聽消息。運用護航隊並未結束掉獨立商人的運作，但確實顯著讓他們減少了。不管怎樣，在十三世紀中葉之後，東方政治局勢的變化已使得商人的跳島模式不再有利可圖，反而威尼斯本身卻成了幾乎所有離開東方港口的威尼斯航運最終目的地。隨著君士坦丁堡的衰落以及阿卡的淪陷，只有里奧托才具備必需的貿易聯繫而成為真正的散貨地。這點當然完全有利於威尼斯人，他們獲得豐厚利潤並徵收大量稅款。

到了一四〇〇年，威尼斯海外貿易已固定成了一套系統，這套系統在後來幾十年裡會一直很穩定。元老院仍然安排定期護航隊，前往希臘然後有時往塔納、賽普勒斯，亞歷山卓，以及法蘭德斯的羊毛市場。國家還是會提供長槳商船，但已不再由國家出資，反而是由商家競標取得將貨物裝載上船的權利，或甚至直接控有這些船。避開這些護航隊的商家則自行出航，通常前往希臘採購小麥或魚，或者前往黑海繁忙的市場。在位於頓河口的塔納，威尼斯商人裝載東方的奢侈品如絲綢與香料或皮草，這些永遠都可帶來可觀利潤。

塔納也是很好的販奴市場，事實上，奴隸（slave）一詞就是從塔納出售並被帶到西歐的斯拉夫民族（Slavic）而來。其中有些送到賽普勒斯去從事農耕，不過很多，尤其是年輕婦女，則用船運到威尼斯，做女傭、小妾，或兩者兼有。就像中世紀所有歐洲人一樣，威尼斯人對於奴隸這個概念其實是很不自在的，那些買得起一名奴隸者比較偏向於把他們視為僕役，將來有一天會賺得人身自由。十四世紀威尼斯人的遺囑中，千篇一律會還奴隸自由。事實上，還有留錢給獲得自由身的女奴作嫁妝的習俗。威尼斯人很明白擁有一名奴隸可不是進天國的資格，所以很小心讓自己在死時免責，甚至將之化為表現虔誠慈悲的良機。威尼斯政府於一三六六年關閉了公開販奴，不過透過私人合約形式，販奴行為仍可持續一個世紀。

由於如此多有利可圖的貿易路線都以威尼斯為終點，因此十四世紀期間一個旅行商人已不再需要千里迢迢到不同港口逐利了，這一來卻導致有限責任合夥迅速衰落下來。威尼斯商家開始不用離老家就可做生意，知道海外價格之後，他們會在里奧托下單進貨，然後付款以便貨物裝載上船前往某個特定目的地。船長也不再是商家本人，而只是收費來提供運輸服務的某人而已。這艘船的書記會將船上貨物的所有權分別仔細記錄下來，產生出一份文件，後來稱之為「提單」。之後商家會對目的地港口的代理商下達關於他發出的這批貨的指示，包括提貨、倉儲以及出售等。他也會叫那位代理商在該城市進某些特定的貨，然後運回威尼斯，該商家會在此提貨並出售。這些佣金代理商通常每項買進或賣出都可收到百分之三的費用，佣金代理商跟有限責任合夥人不同之處在於他們並不在意一項交易是否獲利，因為他分不到利。佣金代理商反而盡量博得有效、公平、能及時執行所有收到指示的美譽，藉此賺取更多佣金。

⁂

中世紀期間，歐洲人研發出許多農業創舉，例如新的犁設計以及輪耕法，增加了整體上的繁榮。同樣地，威尼斯百姓既不播種也不收割，卻研發出新的金融工具來擴展其財富。在這兩種情況下，日常工具都有了很明顯的改進，在資本主義蓬勃成長的威尼斯，結果是非常驚人的。自由以及自由企業在繁忙的潟湖打造出了奇觀，而潟湖卻是最不像會發生這種事的地方。

第十三章
成功的風險：威尼斯帝國盛世

很少有什麼能像共同敵人那樣更促進團結的了，這正是一四五三年歐洲人所面臨的局面。君士坦丁堡的陷落，加上蘇丹穆罕默德二世矢言會進軍義大利半島，西歐列強之間本來如火如荼的戰爭開始顯得微不足道又愚蠢。法蘭西與英格蘭的百年戰爭就在這同一年裡結束；威尼斯在義大利的長期戰爭幾個月前還看似棘手，現在也很快結束掉，因為義大利的目光都很恐懼地集中在土耳其人占據的東方。

一四五四年四月九日簽署的洛迪條約（Treaty of Lodi），使得義大利五大強權：威尼斯、佛羅倫斯、米蘭、那不勒斯以及教宗國，處於堅定和平之中，以便為一場預期中的土耳其人入侵而做準備。此條約設想了義大利未來的平衡，在此平衡中，列強各管自家事以及看顧較小的國家。威尼斯是這五強之中最大最強的，但也會是喪失最多的，因為威尼斯不僅統治義大利北部而已，而且也是直接擋了蘇丹路的海上帝國。

君士坦丁堡被征服在歐洲人之間引起了一片哀號，與注定一切將完蛋的預言，但其中也夾雜著不少怪罪，許多都很殘酷地落在威尼斯人頭上；要是他們有派出更多船隻、更多部隊、花更多錢，而且更快完成這所有一切，據說，君士坦丁堡可能就有救了。當然，那些指責威尼斯者通常都沒出過力去協助拜占庭，只有威尼斯與教廷派出過軍隊去協助君士坦丁堡，而且威尼斯還出了大部分。成百上千的威尼斯人捐軀去保衛這座古城，卻還聽到人家說他們做得不夠，實在很令人受不了。

等到君士坦丁堡的掠奪與屠殺告一段落，蘇丹穆罕默德二世宣告天下，此城將成為鄂圖曼帝國新首都，而他也立刻著手重建此城的工作。千年來，君士坦丁堡一直是一個基督教大國之首，接下來將近五百年裡，它將統治世上最大的穆斯林帝國。年輕又野心勃勃的穆罕默德二世下定決心要恢復這座破敗城市的昔日輝煌，於是號召天下營造商與建築師開始在首都工作。查士丁尼大帝所建的聖索菲亞教堂幾世紀以來一直是希臘東正教中心，很快就改造成了清真寺。不過，大部分其他尚存的教堂則都准許仍保持為基督教所用。君士坦丁堡普世牧首則遷到聖使徒教堂，幾世紀前，威尼斯的聖馬可教堂就是仿此教堂而建的。牧首在那裡只待了幾年，穆罕默德二世就命人將教堂拆毀，在原址上建了他自己的征服者清真寺（Fatih Camii），透過此種方式，傳統上拜占庭諸帝墳墓地點將會成為此城征服者的最後長眠之地。

要讓君士坦丁堡繁榮起來，就得要有人民，穆罕默德命鄂圖曼政府遷到那裡，但他需要振興廢棄的市場，用人口填滿空蕩的街道與鄰里，他用稅收優惠吸引土耳其人和希臘人來此城。事實上，所有希望在君士坦丁堡定居的希臘人他都予以大赦，於是成千上萬的希臘人都來定居了。不到十年，鄂圖曼君士坦丁堡的希臘人口就比土耳其人征服之前多出好幾倍，從此展開了土耳其人統治下的希臘人悠久歷史。由於羅馬天主教徒未能拯救希臘人免於征服，因此希臘人拒絕履行佛羅倫斯大公會議及其天主教與東正教聯合的協定。沒多久就很常聽到希臘人之間說君士坦丁堡所以被征服，是上帝對他們在佛羅倫斯叛教的懲罰。

然而並非所有的希臘人都跟土耳其人在一起，那些有錢或有影響力的希臘人都往西方逃難去了，事實上，在君士坦丁堡陷落前好幾年，許多希臘貴族就已經將錢財和財物裝船運往義大利，聖索菲亞教堂大部分黃金薄板都送到了威尼斯。一四五三年之後，許多希臘人抵達威尼斯尋求一個新家也就不足為奇了。這些定居在威尼斯的希臘人跟留在君士坦丁堡的希臘人不同，他們仍然挺佛羅倫斯大公會議，但卻向元老院請願，要求准他們有一所舉行希臘禮拜儀式的固定教堂。在威尼斯建立一套新的禮拜儀式是很複雜的事，主要是出於管轄權的理由，然而元老院最後還是將位於軍械庫附近的聖伯拉削教堂（San Biagio）分配給了希臘人。這座教堂很有用，因為威尼斯的希臘人口不斷攀升，到了一四七八年，已經有四千多人稱威尼斯為家園了。一五三九年，希臘人獲授威尼斯市中心的土地蓋新教堂，這就是今天的「希臘人聖喬治堂」。此教堂於一五七三年竣工，一直是希臘僑民在歐洲興建的最古老教堂。聖喬治堂裡舉行的彌撒是用希臘語唱出的，然而還保持跟羅馬教會往來。不過，到了十六世紀末某個時期，希臘人就回歸到從前的儀式，而且悄悄脫離了教廷。沒有人留意到。今天希臘人聖喬治堂仍是一所希臘東正教教堂，歸君士坦丁堡牧首管轄。

聖喬治堂並非威尼斯希臘僑民留下來的唯一遺產，紅衣主教貝薩里翁曾擔任尼西亞希臘東正教都主教，參與過佛羅倫斯大公會議，對威尼斯有深厚感情，在遺囑中將他龐大的希臘手抄本留給威尼斯人，這批手抄本是從君士坦丁堡挽救出來的，包括有柏拉圖、托勒密以及阿普列尤斯（Apuleius）等人的著作。這批寶貴的書籍成了新的威尼斯國家圖書館，聖馬可國家圖書館的基本藏書。這所圖書館位於新行政官邸大樓裡面，就在聖馬可小廣場對面，聖馬可國家圖書館一直是世上最重要的圖書館之一。今天在成群的鴿子、遊客以及咖啡館之間，仍可瞥見很不搭調的學者正靜靜走進那些很不起眼的門廊裡，門後仍然保存著古老的寶藏。

在穆罕默德二世征服君士坦丁堡之後，威尼斯曾跟他達成和平協議，但這協議卻脆弱無比。沒有人懷疑鄂圖曼存心向西逼進，這點自然會使得他們跟威尼斯在希臘以及愛琴海的殖民地發生衝突。歐洲的國王與諸侯經常口頭上說基督徒迫切需要停止彼此交戰，要團結起來對付這個共同敵人，話是說得很有誠意，但也只是說說而已，而空話是擋不住鄂圖曼帝國的洶洶來勢。

一四五八年八月，著名的人文主義者恩尼亞・席維歐・皮可洛米尼（Enea Silvio Piccolomini）當選教宗，取名為庇護二世（Pius II），自從英諾森三世以來，鮮有教宗強烈認為自己有義務要為基督教世界帶來和平，以便將穆斯林帶來的危險打回頭。對於庇護二世而言，君士坦丁堡的征服並未結束任何事，他認為，歐洲人必須停止彼此間的小戰爭，聯手組一支強大的十字軍來光復基督教的拜占庭，並迫使土耳其人全部離開歐洲大陸。庇護二世採取的初步行動之一，就是號召歐洲領袖們於一四五九年六月在曼托瓦（Mantua）開一場大會。然而，雖然他接到許多由衣冠楚楚信差所送來的引人信件，信上寫滿了好聽的話，但顯然曼托瓦並非庇護二世所希望能展現團結一致之地。大會的開幕就拖延了幾個月，到時來參加的代表也只有五、六人而已。庇護二世並不氣餒，宣告了要組一支新的十字軍。這是在現代世界的初期所做的中世紀舉動，有些如法蘭西人，還在為某些不相干的決定而對教宗不滿，因此拒絕加入任何十字軍。其他的如日耳曼人則允諾會提供大軍，結果卻從沒派過一個小兵來。還有些則挖苦指責教宗敲響聖戰之鼓是為了逃避改革教會的呼聲。

威尼斯並未表現出疑慮，做為歐洲最常加入十字軍的國家，這個共和國已準備好隨時宣誓加入十字軍去跟基督教世界的敵人作戰，然而，威尼斯不會單獨行動的。威尼斯代表在曼托瓦提醒與會者說，威尼斯已經派出過援軍到君士坦丁堡，它不會再捲入對抗土耳其人的戰爭中，打仗之前有很多歐洲人報名參加，到時卻只有威尼斯人出現去打仗。要是有明顯證據出現，庇護二世號召的十字軍會成真，威尼斯會是其中最強大的支持者，否則，威尼斯代表寧願不再討論此事。

威尼斯對教宗懇請的回應並不意外，事實上，教宗老早就對威尼斯人形成了相當強烈的看法，這看法注定要迴響多個世紀，甚至到今天我們的時代。庇護二世在其《聞見錄》中寫道：

> 威尼斯人從不想著上帝，只除了國家，他們視之為神明，其他沒有什麼是神聖的。對於一個威尼斯人而言，這正是對國家有利的。能對帝國有所增益之舉就是虔誠。

對於一個慣常打艱苦又昂貴戰爭以對抗穆斯林的民族而言，也可以說這正表明了歐洲人對這個潟湖之城的期望。一四六〇年的威尼斯仍然擁有一支艦隊以及版圖大得非凡的帝國，威尼斯不僅富甲一方，而是富到成了傳奇。其艦隊在地中海無與倫比，因此在法蘭西、英格蘭、日耳曼甚至義大利的宮廷裡，都愈來愈把土耳其人帶來的危險視為威尼斯的事。事實上，像米蘭和佛羅倫斯這樣的國家，人民還真希望土耳其人逼進，這樣說不定能削弱在義大利北部四面八方伸展的威尼斯勢力。

然而，這一切並未能讓庇護二世的十字軍更接近實現。這位滿腹怨恨的老教宗決定要讓歐洲領袖們感到不好意思而加入十字軍，於是昭告天下他自己會加入十字軍，並承諾會親自率軍遠征。他說，基督教世界的各路大軍與艦隊要在一四六四年於安科納會合，從那裡發動十字軍東征。來自勃艮地等邦國的承諾紛紛來到，不過顯然許多諸侯都在很小心觀望其對手動靜，而非在準備出發。然而在威尼斯，教宗以身作則讓百姓充滿希望與堅定的決心。以前曾加入十字軍的克里斯托佛羅·莫羅（Cristoforo Moro, 1462-1471）當選總督，大議會投票幾乎是一致通過要發動一支十字軍艦隊，並由莫羅掌舵。在備戰期間，元老院與匈牙利結盟，並通知鄂圖曼人，我們之間的脆弱和平到此結束了。

庇護二世聽說威尼斯加入十字軍，十分高興，送了一把祝過聖的寶劍給總督莫羅以示感激，兩位老人互相通信，期待陷入困境的西方能有比較光明的前途。正如他在當上教宗之前所寫的許多作品一樣，庇護二世開始認為他對威尼斯人及其信仰態度的看法是錯的。就在威尼斯備戰之際，教宗先行前往會合地點，然而他的身體卻每況愈下，等到一四六四年六月抵達安科納時已經臥病在床，飽受疾病與傷心折磨。從他下榻的主教府邸房間窗口可以望見下方遼闊的海港，本來準備容納一批龐大艦隊，但卻只有兩艘教宗的長槳帆船停泊其中。鎮上除了少數幾群傭兵之外，完全沒有軍隊紮營。那支全歐組成、會打斷鄂圖曼勢力背脊拯救基督教世界的十字軍，證實只是個異想天開，靠冠冕堂皇的謊言培育，只在一個絕望者的破滅希望中綻放出來。

然後，在八月十二日那天，安科納城裡響起警報，主教府邸的廳堂裡可以聽到傳來的歡呼聲，一支由二十幾艘主要船隻組成的威尼斯艦隊在總督莫羅率領下傲然駛入港口，準備展開十字軍東征。當威尼斯人發現他們是唯一信守對基督牧者所許承諾者時，也跟教宗一樣大吃一驚。莫羅要求見教宗，但卻被告知說教宗發燒病重到無法接見任何人。兩天後，教宗去世了。他所珍惜的夢想，歐洲各宮廷只不過為了順他意而陪他做的那個夢想，也隨著他而死去了。沒有一支十字軍會去挑戰征服者穆罕默德二世的計畫。

威尼斯人再度得回應捍衛歐洲的號召，而且再度發現自己得認真獨力承擔起來。安科納這種糟糕情況正是威尼斯人一心想避免的——去加入一支實際上並不存在的十字軍並對土耳其宣戰。但是他們現在已經開戰了，威尼斯百姓也決心要得勝。艦隊分批派往威尼斯各殖民地，奉命去擊退土耳其人的進攻。事實上，他們只能做到一面捍衛威尼斯的據地，一面這裡擋一下、那裡擋一下而已。偶爾威尼斯也進展得挺順利，那時他們能夠擴展在摩里亞半島（伯羅奔尼撒半島）的控制。但是像這類勝利通常在老家那邊得到的回報，是義大利強權之間的反威尼斯聯盟趁共和國忙著對付土耳其人時，試圖分割威尼斯在大陸的領土。戰爭的頭六年裡，威尼斯投注了生命與財力在戰爭上，但得到的回報很少，得到的感恩更少。教宗保祿二世（Paul II）提供贖罪券給願意協助威尼斯進行聖戰的人，但根本沒人予以考慮。

儘管付出了很大努力，威尼斯人所以能挺住對抗鄂圖曼人，只是因為蘇丹分心忙著跟巴爾幹基督教強權打其他戰爭而已。在征服波士尼亞並處決了該國最後一位國王之後，穆罕默德二世就去粉碎了阿爾巴尼亞的反抗力量，不久也把這塊領土納入了擴張中的鄂圖曼帝國。到了一四七〇年，他已經在計畫下一步西進行動。穆罕默德二世是個有長遠眼光的人，他全心全意打算要奪取義大利，這會為他征服整個西歐打開門路。他下令仿西方模式打造一支強大艦隊，目標是要成為第一個在愛琴海上叱吒風雲的穆斯林強權，這就意味要除掉威尼斯才行。這支土耳其艦隊偕同一批大軍以及強勁大砲登陸了尤比亞島，這是個自從一三九〇年以來就很繁榮的威尼斯殖民地。穆罕默德二世親自指揮鄂圖曼部隊轟炸城牆，並驅走了威尼斯人救援首府哈爾基斯的意圖。一四七〇年七月十二日，該城陷落，無人倖免，男女老幼都以最殘酷的方式販賣為奴或遭殺害，根據後來的記述，尤比亞島的總督保羅．艾里佐（Paolo Erizzo）哀求不要砍他的頭，他的願望獲准：結果是腰斬了他。

喪失尤比亞島促使威尼斯人加倍努力去對抗土耳其人，花了相當大的經費去擴建軍械庫，以便能更快生產更多船隻。跟土耳其人的戰爭相對變得非常昂貴，威尼斯人每年耗費一百多萬達克特金幣在這番努力上，需要賣額外的戰爭債券並徵收更多稅。這是威尼斯經濟實力的證明，可以承受得起年復一年的壓力。但是在沒有協助之下，威尼斯人無法無限期繼續下去。他們阻擋不住土耳其人開疆闢土，這時已經一路延伸到弗留利了。在某個時候，擠到聖馬可鐘樓頂上的威尼斯人甚至還可見到遠方土耳其征服者的烽煙。即使在海上，威尼斯人也奮力挺住，偶爾還得到來自羅得島醫院騎士團（Knights Hospitaller）、那不勒斯以及教廷的協助。

一四七五年，當名氣響亮的傭兵隊長巴爾托洛梅奧．科萊奧尼（Bartolomeo Colleoni）去世時，威尼斯得了一筆意外之財。科萊奧尼在四十幾年裡曾為威尼斯在義大利的戰爭中效勞，不過，就像所有的傭兵隊長一樣，他也為其他強權效勞。他在遺囑裡留給威尼斯百姓二十一萬六千達克特，以及價值超過五十萬達克特的土地，用來支持他們的十字軍對抗土耳其人。科萊奧尼請求在聖馬可教堂外的廣場上為他豎立一座雕像做為回報。大議會很高興有這筆錢，但卻無法完全賜准科萊奧尼的最後願望。威尼斯是個共和國，不是分布於義大利各地的那種獨裁政權，沒有人，甚至連總督在內，可以讓自己的雕像豎立在那座全民的廣場上。於是威尼斯人就做了退而求其次最好的事情。他們體認到科萊奧尼對威尼斯主保聖人的崇敬，於是就委案偉大的藝術家安德烈亞・德爾・韋羅基奧（Andrea del Verrocchio）製作了真人大小的科萊奧尼騎像，然後安置在一座很大的紀念碑基座頂上，放在聖馬可大會堂（今天的威尼斯醫院）外的空曠廣場上。許多導覽書以及歷史經常將大議會的這個決定描述為典型的威尼斯滑頭做法，精明的商人智勝富有的科萊奧尼。其實根本就不是這麼回事。在科萊奧尼遺囑中，雕像安放地點並非必要條件，只是個請求而已。把雕像安置在聖馬可大會堂外不但將雕像與這位聖人聯繫在一起，而且還放在緊鄰著聖約翰暨聖保羅教堂，這是總督與英雄人物的長眠之所。今天這座宏偉的雕像依然靜靜帶著威嚴審視著熙來攘往的廣場，要是放在聖馬可廣場上的話，它就會消失在鴿群與明信片中了。

即使有了科萊奧尼贈予的意外之財，元老院已斷定威尼斯再也無法維持與土耳其人的戰爭了。早在一四七五年元老院就開始跟穆罕默德二世談判，但這些談判直到一四七八年才有成果。蘇丹亟欲取得更多永久成果，於是在一四七九年一月跟威尼斯簽署了休戰條約，條約都要聽他意思來訂，威尼斯只好被迫喪失尤比亞島、利姆諾斯島（Lemnos），以及希臘大陸上大部分威尼斯以前的領土。之前遺贈給威尼斯人民的阿爾巴尼亞也全部交給了土耳其人，只除了杜拉佐一城。儘管蒙受了這些損失，但威尼斯其餘領土則安然無損，包括基克拉澤斯群島，還有最重要的克里特島。威尼斯商人獲准可以回到君士坦丁堡，並有他們自己的執政官，前提是每年要向蘇丹納貢一萬達克特。

一四八〇年，威尼斯已因為跟土耳其人打仗而力竭負傷，敵人卻勝利得紅光滿面。穆罕默德二世跟威尼斯簽下和約不久之後，就對羅得島上醫院騎士團的堡壘發動了一場大攻擊。醫院騎士團是仍活躍於東地中海區最後一個十字軍軍事修會。一百五十多艘船隻以及五萬人鄂圖曼部隊登陸羅得島，圍攻不到四千名醫院騎士。慘酷的包圍戰延續了一四八〇年整個夏天，結果醫院騎士團英勇擊退了一場全面進攻，迫使土耳其部隊落荒而逃。這是對抗鄂圖曼帝國罕有的反敗為勝，因此在歐洲備受矚目。穆罕默德二世顯然希望在西進歐洲之前，先消滅掉在東地中海區的某些基督徒勢力，也就是威尼斯以及醫院騎士團。雖然他失敗了，但卻做到了讓這兩大勢力耗盡力量，以致無法再成為他眼前的問題。蘇丹命已經襲擊過羅得島的部隊向西航進。

一四五三年，穆罕默德二世曾矢言要征服台伯河兩岸的古羅馬城，一如他已經征服了博斯普魯斯海峽兩岸上的新羅馬城一樣。隨後在巴爾幹半島以及達爾馬提亞的東征西討為他侵略義大利奠定了基礎。一四八〇年七月二十八日，這場入侵開始了，一百二十多艘土耳其船隻在義大利奥特朗托城附近登陸，此城位於義大利最東端，與土耳其人控制的阿爾巴尼亞隔著亞得里亞海相望。幾天之內，土耳其人就奪下了這個戰略性港口，並為其市民帶來了甚至對土耳其人而言也極之恐怖的暴行。目擊者描述老者遭圍捕斬首，兒童上了腳鐐販賣為奴。城內貴族被斬首，頭顱插在長矛上。土耳其人把教堂剝奪一空然後用來當馬廄。主教史提法諾・培迪內利（Stefano Pendinelli）及城內所有神職人員被綁在一起處決。修院遭洗劫，修女在教堂祭壇上遭強姦，而那些寶貴的聖人遺骸則都丟給了狗。後世永不會忘記奥特朗托「八百殉道者」的受難與死亡，事實上，到今天還有紀念慶典活動。

無人懷疑奥特朗托是土耳其人征服義大利的灘頭陣地，就跟他們入侵希臘曾利用加里波利為灘頭陣地一樣。教宗西斯篤四世（Sixtus VI）向歐洲的國王諸侯發出了這個大難臨頭的消息，呼籲他們前來義大利擊退這場入侵，然而沒有一個人，起碼是連教宗本身在內，相信這項呼籲會得到回應。在羅馬，教廷人員加入了成千上萬的外交人士匆匆打包往北方逃難去。雖然義大利許多邦國都聲稱聯盟驅逐土耳其人，但卻沒有任何具體行動。義大利，包括羅馬在內，幾乎全無抵禦力。由於威尼斯不久前才跟穆罕默德二世達成了和約，因此歐洲普遍認為這份和約有一個祕密條件是威尼斯人將支持這場義大利入侵。畢竟威尼斯對那不勒斯的統治者沒有好感，這點又再加上了自從土耳其人征服奧特朗托之後，威尼斯人就不願承諾或甚至談及對抗土耳其人的這個事實。對於威尼斯百姓來說，這種批評令人憤怒。他們拖住了土耳其人十五年有多，現在卻成了土耳其人攻擊瞌睡中歐洲的罪魁禍首。奧特朗托被攻占，威尼斯人跟任何其他基督徒一樣，都覺得很難堪，但他們堅持這回不會再在沒有盟友的情況下捲入對抗土耳其人的戰爭了。法蘭西人和英格蘭人現在為了土耳其人入侵而悔不當初捶胸頓足，當然很好，起碼眼前他們是在蘇丹勢力所及範圍之外，威尼斯卻不是。

幸好西歐人根本不用打那場對抗征服者的戰爭，一四八一年五月三日，在情況至今仍很可疑之下，四十九歲的穆罕默德二世去世了。威尼斯的教堂響起了慶祝鐘聲，更加上鳴放禮砲，狂歡者圍著篝火歡呼吶喊。隨著消息迅速傳開，歐洲各地也都爆發了類似的慶祝活動。穆罕默德兒子們之間展開了繼承權的爭奪，因此鄂圖曼的注意力也從蘇丹的宏圖大計轉移開了，使得奧特朗托的土耳其駐軍沒有了支援。當那不勒斯的部隊抵達該地時，駐軍迅速投降撤退回阿爾巴尼亞。來得快，去得也快，義大利與西歐已經躲過了這場危險。雖然只有少數幾位歐洲領導人允諾會跟土耳其人作戰，教宗西斯篤四世卻堅持要抓住這個時機，發動一場奪回巴爾幹的十字軍，以永保義大利的安全。「這是拯救、榮耀、勝利的時刻，」他寫道，「疏忽掉的話，我們以後就永遠無法再重新獲得了。」

但這場直接威脅化為烏有後，歐洲列強所鼓起的那一點對抗土耳其人的決心，也隨之化為烏有。不會有盛大的十字軍東征了。許多威尼斯人此時都恭喜自己沒有加入歐洲不久前的異想天開。

鄂圖曼的新蘇丹巴耶濟德二世（Bayezid II）太忙著與其兄弟兼對手傑姆（Cem）作戰，根本無暇來征服歐洲。當傑姆終於落到教宗英諾森八世（Innocent VIII）手中拘禁時，巴耶濟德二世索性放棄了對義大利發動一場戰事的念頭。同樣地，蘇丹也放寬與威尼斯的關係，降低威尼斯貨物的關稅，甚至還取消威尼斯的年貢。

儘管經過一個世紀的各種挑戰，到了一四九〇年，威尼斯實際上已抵達了權勢高峰。這組小小的列島已真正成為無遠弗屆的帝國。甚至連不久前喪失給土耳其人的部分，也因為收購了賽普勒斯而彌補回來，因為賽普勒斯的前任王后乃威尼斯貴婦卡特琳娜・科內爾（Caterina Corner）。威尼斯元老院監督東地中海區、希臘以及義大利中部的殖民地政府。它維持著一個很專業的外交團隊，活躍於歐洲多個宮廷。威尼斯的商業依然保持興旺，湧入此城的財富很可觀，大部分都用來付給了建築師、石匠以及藝術家，他們在大運河兩岸以及城內幾乎每條運河與水道旁建造了壯麗的家族府邸。威尼斯人的虔敬將樸素的木造教堂與修院轉型成為石造與大理石裝潢的名勝，擺滿了各種形式的宗教藝術品，充滿了虔誠信徒的讚歌與香火。令人驚艷的文藝復興時期的威尼斯，至今每年仍吸引了數以百萬的遊客，就是用這個充滿活力時期積累的財富打造出來。

⁂

然而，威尼斯本質上卻是個中世紀產物，誕生於羅馬帝國的廢墟中，在中世紀世界裡成長並欣欣向榮，當代地圖所描繪的這個世界是以耶路撒冷為中心，歐洲、地中海以及中東簇集於其周圍。那個世界此時正在消失中。如果在一四九〇年問一名威尼斯人，要他說共和國最大的威脅，他很可能會指出土耳其令人生畏的強大勢力。然而，土耳其人也同樣是中世紀的產兒。造成威尼斯後來衰落的因素並非任何一個民族或一個人，而是一個新時代的來臨，這個時代是威尼斯人和鄂圖曼人都永遠無法成功駕馭的。在法蘭西、英格蘭以及西班牙這些君主國家裡，都正在把之前不聽管教的封地收編到一起，成為強大的王國。結果就興起了強大國家，擁有的資源使得義大利那些城邦相形見絀，終而連威尼斯本身的資源也相形見絀。

世界本身也在成長。幾十年來葡萄牙人在航海家亨利王子（Prince Henry）贊助下，一直在探索非洲西岸，這些航行是對在東方興起的穆斯林勢力的直接反應。首先，亨利王子是在尋找祭司王約翰的王國，那位傳說中的基督徒皇帝，歐洲人希望有朝一日他會來將他們從伊斯蘭的威脅中拯救出來。其次，他這些航行也在尋求繞過穆斯林對遠東貨物的壟斷，穆斯林透過商旅隊西進，在君士坦丁堡、敘利亞和亞歷山卓的市場上高價出售這些貨物。東印度的奢侈貨品如錫蘭的肉桂、香料群島的肉荳蔻、馬拉巴爾（Malabar）的胡椒產量非常豐富，葡萄牙人希望能建立起直接通路，免除中間商。非洲似乎無止境地向南延伸，讓葡萄牙人每一次要找到其盡頭的嘗試都以挫敗告終，獲悉此事後，沒有一個威尼斯人為此掉淚，但是到了一四八八年，不可避免的事情發生了，迪亞士（Bartolomeu Dias）帶著他發現了好望角的消息回到了里斯本。非洲的確可以環航的。

四年後，熱那亞船長哥倫布（Columbo）說服了西班牙王室資助一趟遠航，繞開非洲而直接向西前往香料群島。哥倫布認為這個世界比古希臘人所計算出來的要小很多，他的結論是，南太平洋豐富的貨物其實就在西班牙西方海平線之外。他錯了，但是在他於一四九二年發現新大陸之後將近十年裡，仍不確定他找到的究竟是什麼地方。然後到了一四九九年，葡萄牙探險家達伽馬（Vasco da Gama）航行繞過非洲去到印度卡利卡特（Calicut，即現代的科澤科德〔Kozhikode〕）後又回到里斯本，帶回的貨物價值遠超過這趟遠航成本的五十倍。

葡萄牙與西班牙探險家轟動一時的發現成為好故事，但這些發現也證實成為對威尼斯的直接威脅，如果能在印度購得東方貨物，所費只有埃及或君士坦丁堡市場上價格的一小部分，那麼威尼斯錯綜複雜的貿易路線系統就有過時的危險了。但就像許多新的冒險事業一樣，很多人都認為這些前往東印度的路線難如登天，或只不過是抓不住的一時流行幻想而已，因此根本不當一回事。但威尼斯精明的商業領袖們心裡更有數。一五〇一年，一位前到里斯本的威尼斯特使寫信給元老院，確認了葡萄牙人的成就，並指出其非凡潛力會削弱威尼斯的貿易。貴族吉羅拉莫・普里烏利（Girolamo Priuli）所寫日記廣泛記錄了時事，日記中就寫道：

> 此事較諸與土耳其人之戰爭或任可能發生的戰爭對威尼斯都更重要……若此路線繼續下去（在我看來已經是很容易做到），那麼不妨稱葡萄牙國王為金錢之王……整個威尼斯如遭雷擊，因為今時今日竟然還會發現一條新路線，這可是我們的祖先根本不知曉或聽說過的。

普里烏利擔憂葡萄牙人的發現會「挖掉了威尼斯的心臟」，剝奪其商業收入，造成威尼斯「如一名被剝奪掉牛奶與食物的孩子」氣絕身亡。

並非所有威尼斯人都有普里烏利這種悲觀看法，他們指出葡萄牙和印度之間距離太遙遠了，需要龐大的經費來鞏固途中的貿易安全。畢竟，埃及的馬穆魯克蘇丹是不會坐視葡萄牙人繞過他的市場，他會運用強大的海軍去攻擊葡萄牙人在印度洋的航運，這片水域如此之大，小小的葡萄牙根本別指望能控制它。總之，他們爭論說，葡萄牙貪多嚼不爛，自不量力。威尼斯的傳統貿易路線是安全的。

悲觀者和樂觀者看著同一個問題的不同方面。幾十年下來，里斯本的碼頭貨倉裡堆滿了胡椒，售出價格比威尼斯的少四倍。但葡萄牙通往印度的路線持續成功卻有賴於其國王曼努埃爾一世，他投注了大量資源去維持防禦這些路線。他沿著幾千英里非洲海岸線建造了有大砲裝備的堡壘，還派遣戰艦在印度洋上巡邏。曼努埃爾一世付出這一切並非為了現代的經濟理由，而是非常中世紀的宗教原因。他決心利用這條新通往印度的新路線，使之成為打擊穆斯林在該地區勢力的十字軍戰略，重新奪回耶路撒冷。雖然他那些探險家們已經大大擴展了已知世界的規模，曼努埃爾一世卻仍視聖城為這個世界的中心。當曼努埃爾一世於一五二一年去世後，其繼位者約翰三世（John III）放棄了這個十字軍念頭，撤回了王室對印度洋路線的資助。結果葡萄牙香料成本飆升，因為葡萄牙商人被迫吸收更多維持這些路線的成本，或者維持不果而造成的損失。這一來，又使得威尼斯商人得以重新定位成為遠東區優質香料的可靠貨源。在整個十六世紀其餘時間裡，對威尼斯而言，香料貿易一直極之有利可圖。但是悲觀者繼續堅稱威尼斯已經將其繁榮賭在了注定失敗的商業模式上。

在一個歐洲探險家縱橫全球的時代裡，威尼斯人是無法指望事情保持不變的。未來是在大西洋，西班牙、英格蘭以及法蘭西的崛起，把威尼斯排除在那個大洋之外，將它鎖進了中世紀的地中海世界裡。悲觀者主張威尼斯必須將注意力放在打造成為一個強大的義大利邦國，以彌補未來在海上的損失。其中許多人也真的就這樣做了，富有的威尼斯人仿效法蘭西人的作風和習俗，開始在大陸區建造富麗別墅和豪華莊園，許多都留存到今天，其壯麗見證了威尼斯成就的顛峰，矛盾的是，也見證了威尼斯衰落的到來。悲觀者是對的，起碼到最後，葡萄牙確實無法充分利用到前往印度的新航線，但是荷蘭人和英格蘭人卻會。到了十七世紀中，遠東的財富注入了這些新市場裡，留下威尼斯要另覓途徑來創造收入。

有鑑於鄂圖曼帝國為威尼斯貿易帶來的潛在威脅，以及一五〇〇年的航海發現，元老院轉而採用將威尼斯主權擴展到義大利的政策，或許有些元老甚至想像一個在威尼斯統治下的統一義大利。無論是真的還是想像，這個欲望卻滋生出了許多敵人。十六世紀初，義大利分裂成無數邦國與城邦，對於已經統一的君主國家法蘭西、西班牙和神聖羅馬帝國來說，正是成熟了的目標。威尼斯則是義大利最大的單一邦國，卻擋了他們的路。威尼斯的非凡勢力也為義大利貴族們所憎恨，他們認為沒理由要他們向威尼斯的貴族低頭。所有這一切造成了競爭利益錯綜複雜的火藥桶，隨時一觸即發，元老院及其外交人員的工作就是要確保不會爆炸，或起碼萬一爆炸的話，威尼斯不會在爆炸中受傷。這些元老失敗了，雖然損害並未如預期嚴重。

這火花是在教宗國羅馬涅區（Romagna）北部邊界擦出來的，特別是法恩扎市（Faenza）以及濱海城鎮切爾維亞（Cervia）和里米尼。雖然理論上這些地區是在教宗統治之下，實際上卻已經獨立，因此鋪了一條讓威尼斯人進來的路。曾強烈反對威尼斯侵入的教宗亞歷山大六世（Alexander VI）於一五〇三年八月十八日去世，在羅馬的威尼斯外交人員以及間諜都在加緊努力，以確保選出的新教宗會比較支持威尼斯的利益。他們的願望於十一月一日實現了，紅衣主教朱利安諾．德拉．羅韋雷（Giuliano della Rovere）當選，取名為儒略二世（Julius II）。羅韋雷早就是威尼斯的支持者，也是亞歷山大六世（他是波吉亞〔Borgia〕家族的人）的對頭。回頭說威尼斯，元老們恭喜自己說現在可以不費周章就繼續進行取得羅馬涅與馬凱之事了。

但在歷史上被冠以「戰士教宗」的儒略二世卻另有想法。就像過去七個世紀裡的前任教宗一樣，這位新教宗堅持教宗國的獨立性，不管威尼斯如何奉承阿諛或賄賂，這點他是絕不動搖。當威尼斯駐羅馬大使提出建議，說威尼斯會為教宗保有並管理這些有問題的領土，就像威尼斯過去一直為教宗服務那樣，儒略二世反駁說：「威尼斯人想利用我們做他們的牧師，但他們永遠別想能這樣做。」從純粹軍事角度來看，威尼斯的軍力絕對足以取得它想得到的。但牽涉到一位教宗時，可就沒有什麼是純粹軍事方面的了。當威尼斯部隊開始向南進軍時，儒略二世對威尼斯處以破門律，並與西班牙、法蘭西與日耳曼開啟談判以為報復。

這一切都逃不過威尼斯的外交人員與間諜組成的網絡，無疑這網絡是世上最好的一個。然而，元老院認為這些強權之間的分歧就足以讓教宗的計畫無法實現，因此，就盡可能見縫插針擴大這些分歧。當日耳曼（神聖羅馬帝國）皇帝馬克西米利安一世（Maximilian I）於一五〇八年入侵義大利時，不但迫切想要把米蘭和熱那亞從法蘭西國王手中搶去，也想從威尼斯共和國那裡奪取維洛納與維琴察，到頭來兩者皆落空。在一些法蘭西人協助之下，威尼斯傭兵部隊不但能阻擋住馬克西米利安一世，甚至奪取了帝國在弗留利的領土以及第里雅斯特市（Trieste）。

威尼斯令人刮目相看的勝利只激起了教宗的怒火，也讓其他所有人都產生憂慮。儒略二世的回應是號召一支十字軍來對抗土耳其人以及教會所有的敵人。至於威尼斯是否屬於後者，暫時留待人去想像。隨後在法蘭西北部的康布雷召開了會議，皇帝馬克西米利安一世與法蘭西國王路易七世加入了無數其他較小的邦國，最終還有教廷本身，宣布成立神聖聯盟，一個決心要進行十字軍東征的權利聯盟。然而，康布雷聯盟卻忙著瓦解威尼斯帝國，而非計畫怎樣才能好好捍衛歐洲免於土耳其人的入侵。他們聲稱（雖然不是用這些字眼）只有摧毀十字軍最大的提倡者，才能讓這場十字軍東征成功。

當然，這些參與聯盟者根本就不打算去打亂蘇丹的計畫，不管那些計畫是什麼，他們只關心能從威尼斯獅肉般的領土中搶到哪一塊。根據康布雷條約，在威尼斯被打敗後，儒略二世會收回整個羅馬涅，而馬克西米利安一世則可取回弗留利和第里雅斯特，外加威尼托的其餘部分，包括特雷維索和帕多瓦。匈牙利國王會取得達爾馬提亞，薩伏依公爵會擁有賽普勒斯，已經統治了義大利南部那不勒斯王國的西班牙國王會取得威尼斯所屬的阿普里亞。由於法蘭西已經統治了米蘭與熱那亞，因此國王路易七世會占領倫巴底一帶所有的威尼斯領土。小小城邦如曼托瓦與費拉拉也都會分配到一點好處。簡言之，康布雷聯盟一心要讓威尼斯帝國的時光逆轉，把這個共和國送回它的潟湖去。

威尼斯元老院在列強之間散播不和的種子，此政策已化為烏有。威尼斯孤立無援，又成了歐洲最大規模之一十字軍的目標。就像之前在基奧賈戰爭期間做過的那樣，威尼斯百姓在這場對抗中傾注了精力與財力，其態度是那個時代裡很難想見的。一支由傭兵隊長尼可洛・皮蒂利亞諾（Nicolò Pitigliano）及其堂弟巴爾托洛梅奧・阿維亞諾（Bartolomeo d'Alviano）率領的龐大軍隊，在米蘭東面的阿尼亞德洛（Agnadello）迎戰同樣龐大的法蘭西軍隊。威尼斯戰情從一開始就很糟糕，陣線被打斷，傭兵四散。不久威尼斯大陸帝國的義大利城市紛紛如落葉般飄向了法蘭西人與日耳曼人。不管多少賄賂和哄騙都無法說服這些城市堅定地跟威尼斯站在一起，因其領導人認為外國人會占上風，而且他們也厭倦了威尼斯在任何情況下都標榜為義大利強國的自負。甚至威尼斯以民族主義來呼籲，也得不到回應，反而聯盟部隊繼續逼進，沒多久，威尼斯就只剩下了梅斯特雷、特雷維索以及弗留利。

威尼斯政府與百姓對於其義大利省分迅速瓦解感到很吃驚，接到消息後的幾天裡，百姓似乎陷入了恐懼與難以置信的麻木狀態中。阿尼亞德洛戰敗消息傳來兩天後，就是一年一度五月十七日舉行的海婚節，幾乎沒人出現，聖馬可廣場上空蕩蕩的，在這樣的慘敗之後，誰也沒心情去慶祝威尼斯的偉大了。而這場威脅絕對還沒有結束，雖然沒有一個聯盟成員國可以直接威脅到威尼斯潟湖，但卻可能會封鎖潟湖。很快地，威尼斯人就開始囤積食糧，做最壞打算。元老院下令在潟湖各入口處日夜戒備。

但出乎意料的是，有些威尼斯人認為大陸上的損失未必是壞事。普里烏利就在日記裡記載說，有些人預測要是威尼斯被趕出義大利，就會再度「全心全力去往海上發展，繼續航行，除了獲取利潤之外，還會藉由海上以及各項其他任務的磨練成為男子漢與專家，比起從大陸獲得的收入，這或許對威尼斯共和國更有利」。普里烏利感嘆威尼斯年輕貴族只顧著迷戀他們的豪華莊園，以致不再冒險到遠方去尋求利潤。威尼斯人的某些基本特質正在消失中，陷入了大陸的重重問題之中，而這個大陸卻正是從前建立威尼斯的祖先們所逃離的。一個海上帝國很賺錢，但威尼斯在義大利的領土卻非如此，事實上，這些領土除了耗掉威尼斯的錢去興建防禦工事，以及支付貪婪的傭兵隊長之外，沒什麼作用。普里烏利對此論點有共鳴，就像任何一個回顧其獨特歷史的威尼斯人說不定都會有的反應。但實際上，普里烏利知道威尼斯人絕不會接受喪失義大利屬地的恥辱，起碼沒打一仗之前是不會接受的。

事實上，威尼斯人才剛開始戰鬥，在威尼斯大量提高了徵兵人數，數以百艘的划艇橫越潟湖，對占領帕多瓦的日耳曼人發動突擊，他們得到來自梅斯特雷與特雷維索額外部隊相助，這些部隊乃由安德烈亞．古利提（Andrea Gritti）率領。他們在帕多瓦贏得的勝利扭轉了戰局。本來農鄉地區就已有很多人造反，妨礙了康布雷聯盟。鄉間的普通百姓發現他們寧可要威尼斯政府，也好過可憎的法蘭西人與日耳曼人的嚴苛統治。古利提偕同傭兵與在地部隊趁勝追擊，成功取得進展。由於聯盟的某些成員國體認到這場戰爭可能根本就沒那麼容易，他們也開始考慮到是否還要做成員。這給了威尼斯外交人員所有他們需要的牽引力。西班牙轉換了立場，儒略二世本人為了全面控制羅馬涅以及一大堆金錢，因此另行做了談和。不過這場戰爭後來還是又繼續了五年多。期間的故事充滿了轉換盟友、背叛、背信棄義，以及傭兵軍隊縱橫於義大利的情節。一五一六年，當康布雷聯盟戰爭終告結束時，一切並未改變。威尼斯收復了所有之前的義大利領土。

⁂

要是戰爭並未改變威尼斯人的情況，但卻讓他們的前景轉型了。他們運氣好，威尼斯帝國倖存下來了，但卻是只靠其市民的決心及其外交人員的手段。這場鬥爭讓威尼斯清楚看到，歐洲一盤散沙的勢力如何已經在它眼皮下輪替了。新列強，尤其是西班牙、法蘭西以及英格蘭，其財力與兵力可能都遠超出了威尼斯所希望能達到的地步，這些是全球第一批列強，其帝國遠遠延伸至威尼斯所熟悉的舊世界之外，未幾，威尼斯的外交政策就開始反映出這些嚴峻的真相。威尼斯人仍然保持以其十字軍傳承為傲，並繼續成為對抗土耳其入侵歐洲的堡壘。然而隨著十六世紀的進展，愈來愈不需要這項服務了，因為歐洲大王國都已發展到前所未有的顛峰，土耳其人與威尼斯人就慢慢落後了。威尼斯人仍然富裕，繼續縱情沉湎於法國文化，但他們無法改變法蘭西的勢力。一五一六年之後，他們也不再嘗試了。

第十四章
壯麗與太平之極：威尼斯與文藝復興

千年以來，人們一直來威尼斯做生意，此城是個充滿活力的商業中心，事實上，就是現代資本主義的誕生地。威尼斯不但錢淹腳而且擁有非凡勢力，是個行動的地方，無論是做出決策、達成交易，或者發大財、賠大錢。

今天人們為了藝術而來到威尼斯，說來諷刺，威尼斯財富所裝飾出的富麗，也就是此城闊綽豪華的藝術與建築，就是當年威尼斯的壯麗堂皇所留下的一切了，也是大家真正想看的。海關建築已經門禁深鎖，軍械庫不再聽到此起彼落的鋸槌聲，里奧托市場也沒有了大宗商品交易的吵雜人聲，總督府裡鍍金廳堂不再有政府駐於其中。威尼斯成了人去樓空的豪宅，打扮華美的遺體。為它帶來生命的那種生機早已離開了它，然而其外表的美麗卻仍長存。而且說真的，它真的很美。

今天我們所知的威尼斯絕大部分都是十五、十六和十七世紀期間，一窩蜂大量生產出的產物，那時期共和國已經開始慢慢走下坡。這倒不是說威尼斯在十五世紀之前不美麗，而是它具有的是另一種很不同的美。就像我們已經看到的，威尼斯居於西方，但其目光卻總是放在東方。身為拜占庭帝國的孩子，威尼斯當然採用了很有品味父母的藝術風格，今天從四散於拉文納那些逃過了征服者掠奪，以及狂熱聖像破壞者的教堂牆上鑲嵌畫，仍然可以看到這點。威尼斯人在第一個千禧年裡最欣賞這種風格的藝術，用此來裝飾他們的神聖場所。

中世紀的藝術家就跟金匠、鞋匠或鐵匠差不多，都屬於工匠，經過訓練後，創造出一個產品。鐵匠不會在打造好的馬蹄上簽名，中世紀藝術家與建築師也一樣，因此其身分幾乎無人知，然而其創作所留下來的美，依然證明了他們的技巧。雖然聖馬可教堂是仿君士坦丁堡聖使徒教堂而建，但監工者的身分卻仍是個謎。希臘藝術家肯定有被僱來製作裝飾聖馬可內部的鑲嵌畫，這些鑲嵌大部分都是在十二、十三和十四世紀期間貼製的。就像拜占庭所有的教堂一樣，聖馬可的美也是呈現於教堂內部。壯觀的幾個大圓頂下方通敞的空間，是設計來將禮拜者的注意力吸引向上空，朝向天國。聖經場景、聖人生平以及威尼斯史上重大事件，鋪滿了上半部牆壁以及天花板。在數百枝燭光輝映之下，教堂內部強烈地喚起了神聖存在感。

聖馬可的外觀則又是另一回事了。由於跟從拜占庭的做法，因此教堂外牆只有外露的磚塊以及很少裝飾。幾世紀過去，聖馬可教堂及其廣場變得對威尼斯人民重要起來，這情況改變了，最大的改進是發生在一二〇四年之後，滿載著從被征服的君士坦丁堡得來的寶藏之船抵達威尼斯時，大量的大理石及浮雕幾乎是以很隨意的方式，鑲上了聖馬可的外牆。同樣地，深色的四帝共治像（放在離地的一個角落）、阿卡圓柱（放在小廣場如今已封閉的一個入口處前面），還有青銅馬（放在教堂前陽台）這些東西，都用來裝飾這座威尼斯市民生活中心的教堂。

在聖馬可教堂以外的地方，就得很努力去找威尼斯十五世紀之前的藝術證據了。最佳例子就數托爾切洛島上的升天聖母堂，教堂後方牆上是令人嘆為觀止的鑲嵌畫《最後審判》，製作於十二世紀期間。曾經有一段時期威尼斯所有教堂都以這種方式來裝飾，但接著義大利文藝復興到來，這種藝術風格的熱情很快就將中世紀的鑲嵌畫以及濕壁畫掃到一邊去，少有教堂能逃過。然而，在威尼斯一處靜謐角落，還是有個地方可以感受到中世紀教區教堂：位於聖十字區的施洗聖約翰堂，就藏在門徒聖雅各堂與土耳其商館之間。這座小教堂起碼已有千年之久，是顆寶石，屋頂的支撐結構是傳統式宛如翻轉船隻的龍骨，配上拜占庭式圓柱。由於更大的門徒聖雅各堂使它黯然失色，在文藝復興或巴洛克時期被視為沒多大用處，因此大多沒人理。直到十九世紀初某個時候，這教堂索性整個廢棄了，內部牆壁全都抹上灰泥遮蓋住，用來當儲藏所。然而，施洗聖約翰堂經過大規模修復後，於一九九四年重新開放，宛如提供了一個窗口，讓人窺見一個消逝已久的威尼斯。剷除掉灰泥層之後，露出的是美麗的中世紀濕壁畫，描繪聖海倫娜、天使報喜圖、四福音書作者，還有聖米迦勒正在打敗化身為龍的撒旦。這是一個可以讓人靜心敬拜的地方，這點在這個現代城市裡幾乎已滅絕了。

威尼斯最早的一批大廈也是傳承了拜占庭風格而建，儘管很獨特地帶有威尼斯式的修改。最古老之一的法塞提府邸非常靠近里奧托橋，乃一二〇九年之前由拉尼耶利．丹多洛所建，這座華廈的整個門面展現了古典的圓拱，通往其後眾多的門、窗或陽台。法塞提府具有的很多特色，日後會成為威尼斯府邸的標準形式。地面層直接通往大運河，專為商業用途設計。一艘商船可以直接停泊在一樓裝貨或卸貨，並儲藏貨物。這個家族也在一樓停了多艘較小的船隻，連同划槳、風帆，偶爾也有一間給家僕或奴隸使用的臥室。一樓的後方有扇門通往私家天井，內有一口井以及樓梯通往上面樓層，那裡就是家族居住的地方。樓上可以見到寬敞的走廊，兩旁有舞會大廳、飯廳以及招待用的客廳。家族起居生活的地方則分布於好幾層樓，因為同一祖先所留下的各房家族都各有其居住部分。

威尼斯的華廈最令人矚目的是其門窗的開放性，專門設計來便於交流、商業以及讓空氣流通。在義大利其他地方，貴族興建的是加了防禦工事的建築群，有加了鐵條的門窗、厚厚的牆壁，以及高大的塔樓來保護家族，因為他們的城市常常會因為派系鬥爭而打得很激烈。像這種保護措施在威尼斯都是不必要的。沒有什麼能比一排排密集在威尼斯大運河，以及運河兩岸的富麗府邸更具說服力了，這些府邸的毫無防禦力足以道出威尼斯共和國系統的過人之處。這些華麗府邸的主人都是很有權勢的人物，連帶也有其權勢所帶來的一切敵人，然而他們卻從來都不會起念想到那些敵人會在老家對他們開戰，畢竟他們都是威尼斯同胞。威尼斯的政治很粗暴，往往也充滿詭詐，但卻很少轉為暴力。忠於共和國，而非忠於任何一個人或王朝，這點很適用於威尼斯。

到了十四世紀，威尼斯建築開始加入了兩種外國風格的影響，這是威尼斯見多識廣的商人們常常在國外見到的。哥德式的尖頂拱廊早已席捲了法蘭西，還進而涵蓋了位於敘利亞的十字軍諸國。同樣地，威尼斯商人在亞歷山卓看到的伊斯蘭建築也混入了威尼斯的設計，產生出來的結果常常被稱之為威尼斯哥德式。其特色是有尖頂拱沿著開放式立面而突出各種不同的設計。總督府就是此風格最主要的例子，但也可在無數其他私人府邸看到，例如黃金府，飾有彩色石材以及金色的華麗花窗格。

義大利文藝復興誕生於十四世紀的佛羅倫斯，而且很快經由帕多瓦傳到了威尼斯。其特色是古典模式的建築、雕刻與文學的再生（因此文藝復興字面意思就是「重生」）。文藝復興的藝術家就像文藝復興的人文主義者一樣，從過去的古代尋找一條向前進的路，他們排斥平淡的中世紀風格，而致力於磨練其新技術臻於完善，用此技術來將生命注入於其藝術中。這些新藝術家不同於中世紀的工匠，他們耕耘出一種名人地位，不僅在他們的作品上簽名，而且還監督著繁忙工作坊裡的學徒們。在佛羅倫斯，開創文藝復興的是像菲利普．布魯內萊斯基（Filippo Brunelleschi）、多那太羅（Donatello）、馬薩喬（Masaccio）、萊昂．巴提斯塔．阿伯提（Leon Battista Alberti）這類藝術家。

威尼斯採用這些文藝復興風格，這件事本身就是擺脫過去的一個顯著突破，因為只要涉及藝術表達，威尼斯人向來都青睞於品味精緻優雅的東方。但是時代變了，拜占庭的火焰逐漸微弱，甚至連威尼斯也將其注意力轉而放到了西方大陸。威尼斯最早一批文藝復興藝術家之中有雅各布．貝里尼（Jacopo Bellini），他是錫匠的兒子，曾在真蒂萊．達．法布里亞諾（Gentile da Fabriano）門下學藝，其師父在一四〇八年為大議會製作了各種作品，如今已遺失。貝里尼陪著師父到佛羅倫斯去，在那裡待了好幾年，學習在那裡所開創的新藝術技巧。後來他又前往布魯日（Bruges），因此首次學到了在帆布上使用油畫顏料的方式，這方法永久改變了威尼斯。

十五世紀威尼斯高雅文化的所在地並不在政府中心，而是在其郊區的帕多瓦。自從一二二二年以來，那裡就有一所大學蓬勃發展，吸引來歐洲最優秀的人才，並為威尼斯的菁英提供了非常良好的教育。貝里尼回到威尼斯後，就帶著兩個兒子真蒂萊與喬凡尼在帕多瓦成立了一所工作坊，他們很可能也受到了於一四四三年來到此的多那太羅所影響，他在帕多瓦大約住了十年。在這些年裡，他的傑作是人稱《蜜糖貓》（*Gattamelata*）的傭兵隊長埃拉斯莫・達・納爾尼（Erasmo da Narni）騎像，這尊壯觀真人大小的青銅像堪稱自古羅馬時代以來所製作的首尊。這尊青銅像至今仍留在當處，就在聖安東尼堂的正門外。

貝里尼跟兩個兒子後來搬到了威尼斯，發現那裡的市場對他們的新文藝復興風格的專業技術需求很大。在他們的影響之下，威尼斯人放棄濕壁畫，採用了帆布以及油畫。這純粹是實用性的關係。雖然濕壁畫通常較容易畫成，但卻不大禁得起威尼斯潟湖的潮濕、帶鹽分的空氣。為了避免老是侵害威尼斯壁畫的剝落與褪色問題，金主開始訂製在帆布上繪製的油畫。通常這些都是很巨幅的帆布油畫，專門用來覆蓋整幅牆壁。總督府二樓的大議會廳裡，用來描繪威尼斯和談、第四次十字軍東征，以及聖母加冕圖的十四世紀濕壁畫在過去幾百年裡嚴重褪色。真蒂萊與喬凡尼繪製了同樣主題的大幅帆布油畫，不過在風格上卻有所更新，然後這些油畫就掛在原來的濕壁畫牆上。

貝里尼兩兄弟在威尼斯及以外的地方都一直很搶手，真蒂萊為他所繪的細膩肖像開出額外價格，事實上，到了一四七〇年代，他已經成了歷任總督的肖像畫家。讓真蒂萊為自己畫像已成了很光采的事，因此元老院就利用這點來做外交。例如，真蒂萊被派到日耳曼去為皇帝腓特烈三世繪製一幅肖像。他不僅薪水豐厚，而且還獲得這位感激的君主封為騎士。同樣地，在一四七九年，威尼斯人同意把真蒂萊派到君士坦丁堡去為蘇丹畫肖像，以便跟土耳其人的和談更容易達成協議。一心想趕快統治義大利的征服者穆罕默德二世對於義大利文藝復興的革新大感興趣，渴望透過這種技巧讓自己永垂不朽。今天我們仍可在倫敦的國家美術館裡看到真蒂萊所繪的穆罕默德二世肖像，一直讓人著迷地透過此肖像來研究這位謎樣般的人物。

威尼斯文藝復興藝術家的富有金主也可在城中各個不同的大會堂（scuole）找到，儘管叫做scuole，其實是虔誠的兄弟會組織，專門膜拜某位特定聖人或遺物為主。雖然貴族與非貴族都可加入，但是到了十五世紀期間，威尼斯這些大會堂的成員都是很富有又有政壇人脈者。在大會堂的聚會及盛宴中，成員有機會拉關係建立人脈，而且通常很享受在一間大廳裡彼此為伴。大會堂也承擔無數慈善工作，為其成員提供一些死亡撫恤金，而且固定在城中舉行精心安排的遊行。換言之，除了宗教因素之外，大會堂與今天的兄弟會組織並沒有太多不同。

威尼斯各大會堂多少都在彼此競爭，這些競爭表現在其大會堂的規模大小，以及遊行隊伍與會堂廳堂之闊綽排場上。他們急於用最新、最美麗的藝術來裝飾牆壁，當然也此來捧自己的組織，於是他們都去找貝里尼。真蒂萊接到委案為聖若望大會堂繪製好幾幅油畫，描述該會堂最重大的遺物真十字架碎片之歷史場景。一四九六年左右，他畫了《真十字架在聖馬可廣場遊行》，幾年後又畫了《在聖洛倫佐橋重覓真十字架遺物》。委案所繪的這兩幅作品（如今藏於威尼斯學院美術館）都是講述奇蹟故事：第一個講的是療癒，第二個講的是關於發現的故事。然而這兩幅畫中要表達的奇蹟卻淹沒在威尼斯廣場上熙來攘往的全景中。《真十字架在聖馬可廣場遊行》真的就是在描繪聖馬可廣場，擠滿了該會堂的成員以及威尼斯其他各階級的人。《在聖洛倫佐橋重覓真十字架遺物》也差不多，只不過背景設在聖洛倫佐運河。兩幅畫的主體都是威尼斯本身及住在那裡的貴族。這種敘事風格：在畫布上畫滿人、各種活動，卻跟作品主旨離題的結構，會一直成為威尼斯文藝復興畫作的持久特徵，跟羅馬或佛羅倫斯的手法比起來是很矚目的變化，後兩者是以風格化的古典建築或理想的形式來填滿畫面。

喬凡尼的生涯也跟其兄同樣成功，不過他比較專注在為威尼斯的教堂與修院繪製宗教性主題，其中最有名的畫作是《耶穌顯聖容》（今藏於那不勒斯）以及《聖方濟》（今藏於紐約弗里克美術館〔Frick Gallery〕）。一五〇七年真蒂萊去世後，喬凡尼毫無疑問成了威尼斯的油畫大師，為了因應威尼斯機構以及菁英們對藝術不斷增長的需求，並受到此城非凡財富所推動，畫室裡擠滿了年輕藝術家。

喬凡尼最有名的學生是提齊安諾．維伽略（Tiziano Vecelli），也就是眾所周知的提香（Titian）。要用這麼小的篇幅道盡這位威尼斯藝壇巨擘生平及其產量是不可能的事。在他長壽的一生中，提香繪製了幾百幅油畫，名氣響遍歐洲。提香較諸其他任何藝術家更加鞏固了威尼斯的藝術領導者聲譽，他就像前輩畫家們一樣，為政府、教堂以及兄弟會堂創作作品。他那幅精采的《聖母入聖殿》是為慈悲聖母大會堂繪製的，至今仍在那裡，也就是從前會堂舊建築所改成的學院美術館。不過，提香最有名的畫作則肯定是《聖母升天》，完成於一五一八年。這幅畫要掛在聖方濟會榮耀聖母教堂的主祭壇上方，他在這幅龐大的畫布上畫了兩年多，此畫至今仍在原處。提香在這幅傑作上運用了大量光與色彩，吸引觀者不斷仰望，看著聖母在一群小天使簇擁之下，從人間飛往在天國的上帝那裡。

隨著提香名氣不斷散播，歐洲宮廷也紛紛召他前去為領導人物畫肖像，例如教宗保祿三世以及神聖羅馬帝國皇后葡萄牙的埃莉諾（Eleanor of Portugal）。他也被召到奧格斯堡（Augsburg），在那裡畫了一系列史上最大帝國統治者的肖像，也就是神聖羅馬帝國皇帝查理五世（Charles V）。他所畫的皇帝馬上英姿肖像很有名，是此類作品中的第一幅，為王室肖像風格建立了新流派。提香一直保持很活躍，直到一五七六年八月瘟疫肆虐威尼斯，他也是成千上萬受害者之一，去世時約九十歲。由於他名氣實在太大了，按照法規，瘟疫死者通常棄置於一座島上或扔到海裡，但政府卻破了例，以最高榮耀方式如他所願將他葬在聖方濟會榮耀聖母教堂裡，這座教堂則因他的作品而更添榮耀。

提香同輩的維托雷·卡巴喬（Vittore Carpaccio）雖然不如他有名氣，但也因為有貴族、兄弟會堂以及政府這些熟客，為他們供應畫作而興旺。卡巴喬為總督府畫的作品大部分已於火災中佚失，但一五一八年為財政部所繪名畫《聖馬可之獅》不但倖存下來，而且直到今天還成為威尼斯的象徵。卡巴喬就像其師真蒂萊一樣，用威尼斯的景象與人填滿背景，他畫的翼獅擺出熟悉的姿勢，一爪放在福音書上，然而卻可看到背景裡有船隻的聖馬可灣、遠處的鐘樓，以及總督府本身。卡巴喬最大的顧客群就是兄弟會堂，他為供奉聖烏蘇拉（St Ursula）的會堂畫了許多關於她的生平畫。就像貝里尼的作品一樣，卡巴喬的《瘋子療癒記》也包含有寶貴的小奇蹟在內，但畫面絕大部分卻是世俗的，以里奧托一帶為背景，畫面充滿了人、貢多拉以及古老的里奧托木橋，可以看到遠方有許多房舍以及林立的煙囪，就是那時的威尼斯天際線，就跟現在一樣。

⁂

在威尼斯的藝術文化因為羅馬時局而受益匪淺，儘管在當時並非立刻很明顯。話說教宗的闊綽資助使得羅馬成了文藝復興中心，但在一五二七年卻改變了，查理五世入侵義大利，手下士兵無法無天，絕大部分是新教徒，大肆劫掠破壞了羅馬。有才華者趕快逃離這座永恆之城，大部分都在威尼斯落腳，因為這裡有對藝術品的需求，給的價錢又好。其中一位移居者是傑出的建築師雅各布・塔提（Jacopo Tatti），也就是眾所周知的桑索維諾（Sansovino）。總督安德烈亞・古利提委託他去修理、更新並美化聖馬可周圍的主要市政中心。聖馬可廣場和小廣場已不再像從前那樣骯髒、吵雜或雜亂無章，但總督古利提希望讓它們轉型成為在羅馬所見到的，那種裝飾得很美麗的開放空間。政府開始花很大費用去向這區攤商買回空間，有些攤商在這裡已經做了幾個世紀生意。桑索維諾就在這地方興建了聖馬可國家圖書館，就在總督府對面，中間隔著小廣場。後來又擴建而包括了國家鑄幣廠。幾乎一施工後圖書館的正廳拱頂就倒塌了，以威尼斯時興的手法，桑索維諾因此被捕並被控以重大過失罪。他被迫以自費方式重建平頂的結構。

這次閃失並未損及桑索維諾的事業，事實上，他還被任命為聖馬可行政官邸大樓的建築顧問兼大樓管理，這在威尼斯是建築業中最高的地位，以此身分他重新設計了總督府好幾個部分。不過他最為人所知的補充設計則是階梯，以新的巨人階梯取代了總督府中庭裡舊有的儀式階梯，寬闊的大理石階梯兩旁有墨丘利與海神龐大的雕像，分別代表貿易與海洋。桑索維諾也設計了總督府東翼裡馳名的黃金階梯（Scala d'Oro），此階梯通往元老院與十人議會的議會廳。他的工作延伸到教堂，將其形式更新為最新風格，例如設計了葡萄園聖方濟堂、聖瑪爾定堂、聖儒利安堂以及聖吉米尼亞諾堂。桑索維諾為興建科內爾家族豪宅工作了二十年，這座豪宅如今簡稱為「大府邸」。他所有的設計還有他當代同儕的都是古典羅馬的風格，勾起了對古代人文主義的回憶，被用來盡可能取代了中世紀的哥德風格。

然而，在威尼斯建築師之中，論聲譽和留下的建築遺產，則無人能出安德烈亞・帕拉迪歐

（Andrea Palladio）其右。帕拉迪歐是帕多瓦一位磨坊主的兒子，少時曾在一名石匠那裡做學徒，石匠顯然對他很不好，因此他在一五二四年逃離帕多瓦，在維琴察住了下來。他在那裡引起了人文主義者詹·喬治·特里西諾（Gian Giorgio Trissino）的注意，看出這個年輕人的建築天分。由於安德烈亞沒有姓氏，特里西諾就稱他為「帕拉迪歐」，意思是「有智慧的」。在特里西諾贊助下，帕拉迪歐得以前往羅馬學習並測量廢墟，尋求再創古人的榮耀。他的閱讀範圍包括維特魯威（Vitruvius）的《建築十書》（*De Architectura*），這是關於羅馬建築手法的論文，寫於一世紀，也是古代唯一留存下來的建築學著作。一五四〇年特里西諾去世後，帕拉迪歐去了威尼斯，在那裡認識了有錢有勢的貴族達尼埃萊·巴爾巴羅，此君就像許多當年的威尼斯貴族一樣，受過良好教育，很有文藝素養。他曾擔任過大使，出使過英格蘭伊莉莎白一世（Elizabeth I）女王的宮廷，並做為代表出席特倫多（Trent）會議，這是在受到宗教改革的衝擊後，為了要替天主教會訂出改革議程而召開的大會。巴爾巴羅後來成了紅衣主教，甚至被選為阿奎萊亞宗主教。他鼓勵帕拉迪歐發揮其天才，於一五五四年把他帶到羅馬。兩年後，巴爾巴羅和帕拉迪歐出版了維特魯威版本的書。

帕拉迪歐的建築風格牢牢建立在古典模式上，這種模式以最充滿活力方式運用到富有的威尼斯貴族的壯麗別墅，他設計了十幾棟，包括巴爾巴羅自家的別墅在內。後來這種風格被稱為「帕拉迪歐式」，將在後來的幾個世紀裡成為西方建築的新面貌。簡言之，就是復古。在其堅固、簡潔的線條以及高聳的圓柱中，慶祝了古希臘羅馬的過去在一個充滿美德與自信的新時代裡重生。他在那本對後世深具影響力的《建築四書》（*Four Books on Architecture*）裡闡述了其元素與模式，該書出版於一五七〇年。在十八世紀期間的啟蒙運動中，帕拉迪歐建築成了建物理性的展現，祛除了中世紀

「哥德式」（也就是蠻人式的）迷信一面。這種風格遍及歐洲並進入殖民地，甚至抵達英屬北美洲，那裡受過良好教育的鄉紳擁抱帕拉迪歐，視其為一個新世紀的建築。湯瑪斯．傑佛遜（Thomas Jefferson）閱讀帕拉迪歐著作，並在設計位於蒙蒂塞洛（Monticello）自家莊園時，採用了帕拉迪歐式。同樣地，在設計首都華盛頓公共建物時，也大部分根據帕拉迪歐的作品而設計。美國政府大樓往往跟古代神廟很像，正是因為山寨版的帕拉迪歐建築風格。

說帕拉迪歐改變了威尼斯的面貌，一點也不誇張。隨著古典風格盛行，他的工作也排得滿滿的，要他設計新建物或將老建築重新設計過。在某些情況下，他乾脆就只為中世紀建物加上新的古典式門面，就像他在城堡區聖伯多祿聖殿（San Pietro di Castello）所做的，白色階梯、圓柱以及柱頭取代了中世紀建物光禿禿的磚面。在別的情況下，他則設計全新的建物，例如朱代卡島上的救主堂（Redentore），或聖路濟亞堂（Santa Lucia，也就是今天火車站矗立的地方）。不過，他最搶眼的傑作卻是聖喬治馬焦雷教堂，教堂面對著聖馬可灣，這是威尼斯城市景觀最明顯無誤的部分。這座教堂的創立，使得聖馬可灣成了今天這樣莊嚴的構圖。這組構圖裡最後一個元素安康聖母堂，則是在下一個世紀裡加上的。安康聖母堂就跟救主堂一樣，都是為了感恩可怕的瘟疫離去而建。雖然受到帕拉迪歐很大影響，但安康聖母堂是在一六八七年完成的，更像是巴洛克時期的產物，有著威尼斯所青睞的精緻裝飾。

一五七七年，總督府裡發生了一場大火，很快毀了面海的大部分部門，包括大議會的會議廳。威尼斯政府要求建築師提交修理、改建或重建總督府的想法。以當時的品味來看，也就難怪大多數建築師都認為這場大火是天賜良機，為他們除掉一個中世紀眼中釘。帕拉迪歐偏向於將全部拆掉並重建一座新的古典建物，若換了是另一個由喜愛藝術君主統治的城市，帕拉迪歐肯定能如願。但是威尼斯是個共和國，而威尼斯的百姓沉浸於保守的商業文化而且重視安定，根本就不願意聽到他們的總督府有這樣的大改造，總督府是他們歷史上珍貴的部分，屬於他們大家，而他們不會放棄。

就在建築師與官員爭論之際，大議會在軍械庫的一座儲藏艦隊划槳的倉庫裡舉行會議，成員當然都很迫切想見到事情有所進展。最後做出的決定是修理總督府，將燒毀的部分恢復原貌。他們也決定把監獄從總督府裡遷移出去，在隔著一條運河的地方建一所新監獄。為免獄卒和罪犯渡運河出問題，於是就在這兩座建築物之間搭建了有名的「嘆息橋」，雖然此橋外表裝飾得很美，但嘆息橋其實只是為求最大的安全度而建。修復大議會的會議廳到了裝飾階段時，出現了一個問題，因為描述威尼斯和談、第四次十字軍東征以及聖母加冕圖的油畫與濕壁畫，都已盡毀於大火中，這些場景曾裝飾過這間會議廳如此之久，似乎很難想像不去取代它們。今天裝飾在這間遼闊大廳四壁上的大幅油畫，就是政府要恢復毀於大火中的那些裝飾所訂計畫的結果。其中最可觀的當然是《天國》，由雅各布·洛布斯提（Jacopo Robusti）繪製，也就是大家所知的丁托列托。這是世上最大幅的油畫，《天國》占據了廳首整面牆。丁托列托那時已經七十幾歲了，祈禱他能因這份委託案而得到賞賜，說他是希望從繪畫過程中體驗到天國。這幅龐大的三十四乘三十英尺的油畫大部分是分開一部分一部分畫成的，作畫地點是離他家不遠的仁慈大會堂。然後再把這些畫好的片段運送到總督府，將之縫合起來就大功告成了。由於年邁的丁托列托爬梯子很困難，因此由其子多梅尼科完成了許多最後部分的細節。丁托列托將聖母置於作品中的焦點，但他也大大擴張了對天國及天國居民的描繪。事實上，此作品包含了人海般的臉孔，大多根據那些生前有功的人而畫，這些人都住在天國裡。這是對集會的議會成員不斷的提醒，提醒他們對上帝與威尼斯的良好與光榮的服務，是會獲得獎賞的。

顧名思義，丁托列托是名染匠的兒子，小時候就展現出藝術天分，後來其父送他到提香的工作坊去當學徒。出於某種原因，提香不喜歡丁托列托，結果不到幾星期，這個學徒就離去並開始自己的生涯。沒有了提香當靠山（而且，事實上，還加上提香支持者們的強烈不喜），丁托列托只好更積極去尋求作畫委案。他就像一股充滿活力的旋風，只要找得到項目就去競標，而項目則多得很。丁托列托不像提香，他是幾乎沒有離開過威尼斯，永遠忙著下一份工作，聖洛可大會堂就是他眾多最佳顧客之一。

丁托列托所畫的肌肉風格正是文藝復興全盛期所流行的矯飾主義的典型，但是色彩與光線的運用卻是他獨有的。他作畫的速度使得他贏得許多威尼斯政府的委託案，尤其是一五七七年大火之後，趕著要修復政府建物群時。其中包括著名的《威尼斯為酒神與阿里阿德涅加冕圖》，以及《火神的冶煉》。丁托列托與其他威尼斯派藝術家如保羅．委羅內塞（Paolo Veronese）在畫跟政治有關的作品時，都有一種共同風格，這種風格明顯呈現在總督府牆上，那裡掛有許多畫，有的畫了一群總督，只有幾幅肖像是單獨一位總督。身為共和國市民，威尼斯人是很小心永遠不要太過捧一個人的。這點和歐洲其他地方的藝術性主題很不同，後者通常會以宏偉風格去描繪一位國王、教宗或其他統治者。總督府畫作的焦點反而是放在威尼斯的機構和人民上。偶爾威尼斯人也會採用古羅馬人的手法，以寓言方式來描繪他們的共和國，這點可以從小帕爾馬（Palma il Giovane）那幅精采絕倫的《康布雷同盟戰爭托寓》或這幅畫所代表的懷舊之情看出來，還有喬凡尼．巴提斯塔．提埃坡羅

（Giovanni Battista Tiepolo）繪製的《海神向威尼斯獻上海洋財寶》。丁托列托對這類畫的貢獻《威尼斯，海洋女王》則可在元老院會議廳的天花板見到。

十六世紀也見證了威尼斯最著名橋梁的創造，而且是進入現代時代之前唯一橫跨在大運河之上的橋，這就是里奧托橋。由於里奧托市場繁忙無比的活動，因此起碼從十三世紀以來就需要有一座橋梁。在幾個世紀裡，也曾經先後在里奧托架設過幾座木橋，每一座都有滑輪系統可以將橋拉起，以便貨運船隻可以通過。然而，到了十六世紀就已經沒有這種顧慮了，因為大型帆船都在聖馬可灣附近的貨倉停泊卸貨。因此，威尼斯政府宣布一項新石橋設計競賽，這座橋只需高到能讓本地交通船隻以及國家長槳帆船從橋下通過即可。當時最偉大的藝術家包括帕拉迪歐與米開朗基羅在內，都提交了提案。但政府卻謝絕資助位於市場中心的藝術品，除非有其商業用途。結果政府把合約給了安東尼奧．達．龐特（Antonio da Ponte），他是一五七七年總督府大火之後負責監督修復工作的首席建築師。他的設計不僅優雅而且實用，橋上有三條獨立步道，可以迅速又有效移動人潮流量。朝內設在中央步道的市場攤位，可供政府在天文價格的物業地區出租新空間。簡言之，里奧托橋完美回應了威尼斯人既要美又要利潤的願望，同時又保持了過去的榮耀傳統。

文藝復興時期的威尼斯人對於藝術與建築產品的異常需求，動力來自於他們所擁有的兩樣非常充足的東西：教育與金錢。金錢向來都是透過國際商業與貿易而來，然而到了十六世紀，威尼斯有大部分財富已源自於本地的繁榮工業。大陸的戰爭對義大利工匠造成了極大破壞，他們發現很難在砲火以及傭兵軍隊的襲擊中營生。威尼斯這個從來不曾被敵人攻占的城市，對那些正在尋找新地方做其營生者，就似乎格外有吸引力。畢竟，以威尼斯為終點站的廣泛貿易路線就能確保每個工匠都可找到生產成品所需原料。人口眾多的威尼斯也有充分的熟手，有時還是受過教育的工人。

十六世紀在威尼斯扎根的最大產業是羊毛紡織，緊接著是絲綢生產。到了一六〇〇年，在這個明顯的時代標誌裡，威尼斯從事絲綢產業的人比造船的還要多。這個潟湖也發展出了無數很有特色的行業，包括皮革製品與珠寶。布拉諾島上生產的花邊很快就成為歐洲各地垂涎的產品，就跟今天在遊客之間一樣。這個世紀也見證了穆拉諾島上玻璃工業的迅速發展，威尼斯玻璃產品因為其絕佳程度而名揚天下，穆拉諾吹玻璃工人的藝術技能也成了傳奇。除了生產玻璃器皿與裝飾品之外，這些工匠也創造出精準的沙漏，這在一個海洋航行時代至關重要。

威尼斯的教育程度在歐洲向來都是最高的。畢竟，商人得要能讀、能寫、能算才行。到了十四世紀末，一套人文主義教育，最好是帕多瓦大學所提供的，已成了威尼斯貴族男性的教育標準。人文主義在古典文學的滋養下茁壯成長，這個商品在十五世紀之前可是非常昂貴的。然而，大約在一四五〇年左右，約翰尼斯・古騰堡（Johannes Gutenberg）在歐洲創造了第一部活字印刷機，印刷機大大降低了書籍成本，因為以前書籍都得用手抄的。再加上新的製紙技術，印刷機迎來了一個新的教育、傳播的新時代，以及會波及幾個世紀的思想。中世紀歐洲識字的人很少，因為根本就沒有什麼可供他們閱讀，而印刷機卻改變了這一點。

活字印刷機是在中國發明的，然而造成的影響卻一點也不像後來在歐洲造成的那樣。理由很簡單，在中國，印刷機是由帝國政府所控制，為一套複雜的官僚系統所需而用。在歐洲，印刷機不受人控制，反而是個創業良機。任何人只要有錢，對什麼書會大賣有些想法，就可以買一部印刷機自己開店。因此，對歐洲人而言，印刷術成了一種工藝，不像製作木桶、修補船隻縫隙或畫肖像，由於印刷術有很大的利潤潛力，於是迅速擴張。

因此，印刷術很快就傳到了威尼斯並蓬勃發展，也就不足為奇了。威尼斯政府在本質上是對經商很友善，而且威尼斯也肯定很安全。到了十六世紀，印刷商還不得不跟政府或教會法庭周旋，包括天主教與新教的法庭。威尼斯的宗教裁判所在留意該市流出了什麼印刷品之際，也傾向於慢慢採取行動，通常給了出版商懷疑的好處。在威尼斯隨處可取得紙墨，也有製造印刷機及維修的技術訣竅。最重要的是，威尼斯菁英分子之間的高識字率就足以為書籍撐起很強的本地市場。

到了一五〇〇年，歐洲所有出版品有將近四分之一都是在威尼斯生產，最有名或許也是最大規模的出版社，大概要算是阿爾杜斯．馬努提烏斯（Aldus Manutius）。馬努提烏斯是巴西亞諾人（Bassiano），是個人文主義者，他投資了大部分財產去出版希臘古典作品，以滿足在歐洲日漸增長的人文主義讀者。他在威尼斯開了出版社，不僅因為威尼斯已成了印刷中心，也因為擁有大量來自君士坦丁堡的希臘手抄本藏書，還有希臘人口可以協助出版這些藏書。阿爾杜斯出版社很快就因為生產歐洲最佳學術著作而贏得聲譽。一五〇一年，馬努提烏斯採用了如今著名的標誌做為他出版社的商標，一隻海豚纏繞在一把錨上。這個形象與出版業的卓越性變得如此密切關聯，很快就被各處的出版社抄襲，事實上，直到不久前還是雙日出版社的商標。阿爾杜斯的組織與能力真的很出眾，僱用了十幾名印刷工人、學者還有校對。

後者之中有年輕的德西德里烏斯．伊拉斯謨（Desiderius Erasmus），後來成了他那時代最有名的人文主義者之一。不過，在回顧他的第一份工作時，伊拉斯謨沒什麼好話說，抱怨工時長、工作環境很差、吝嗇的老闆，還有惡劣的食物（「只有在陰溝裡捕獲的一點貝類」）。不管伊拉斯謨對阿爾杜斯出版社有什麼抱怨，出版社似乎都帶著這名年輕學者大步踏出。忙碌的作坊裡永遠都需要協助，根據一位伊拉斯謨傳記作家的說法，阿爾杜斯出版社在門上掛了告示，上面寫著：

不管你是誰，阿爾杜斯都懇請你盡可能用最少話語說出你有什麼事情，然後走人——除非你是像赫丘力士對阿特拉斯那樣，願意伸出援手，我們會有足夠工作給你，以及所有抱此態度而來的人。

為了增加銷量，馬努提烏斯研發出了幾項創舉，從根本上塑造了西方圖書的生產方式。中世紀期間，書本大小不一，但通常都偏向於大開本。由於大多數書籍都是宗教性的，因此生產設計用來放在一座主祭壇或修院圖書館桌上的大開本法典也就很合理。由於第一批印刷的書籍要跟傳統的手抄本競爭銷量，因此也很大本，就不足為奇了。例如古騰堡聖經就是十二乘以十七英寸半，大多數印刷書籍都是以四開本生產，也就是說一張大紙每面印四頁，然後折成四部分、裁減、裝訂成書。馬努提烏斯想把書籍的開本連同成本一起降低，因此他出了世上第一本八開本的書，每張紙印上八頁，然後在裁減和裝訂之前再折疊一次。這樣生產出來的書比現代的平裝書大不了多少。為了在每頁上印上更多文字，阿爾杜斯出版社採用了一種新的緊湊斜體字，後來（到現在仍是）就稱為「義大利字體」，也就是斜體字。這些較小本的書不僅比較便宜，而且便於攜帶。八開本取得了巨大成功，大到馬上就被全歐洲其他出版社學走了。

到了十六世紀末，威尼斯堅定確立了藝術與文化中心的地位，當年那個由漁民、水手及商人組成的粗魯社群已經成長了。在後來的世紀裡，威尼斯將繼續在其他文化領域裡有所創新，尤其是音樂，稍後我們就會見到。然而，畫布上的創新大時期卻正逐漸消退，提香、丁托列托還有委羅內塞是令人難以步其後塵的。到了十八世紀，歐洲文化的震央顯然已經轉移到了巴黎，不過，威尼斯還是很重要，把天花板畫畫得很完美的提埃坡羅在威尼斯以外的地方還是非常搶手。

由於歐洲財富在十八世紀達到前所未有的地步，藝術收藏家也開始把目光投注在威尼斯。威尼斯人採用畫布而非濕壁畫，這點對於財力雄厚的藝術愛好者似乎是個好運，他們開始從家道中落的威尼斯家族以及教堂收購文藝復興的傑作。這個問題嚴重到十人議會後來下令詳細盤點威尼斯所有的油畫，並嚴格規範外國人的收購，這是要抓住從他們指縫間溜走的遺產所做出的拚命嘗試。

然而，威尼斯所有藝術傑作之中，最大的卻是威尼斯本身。這座潟湖城市有各時代最偉大的藝術家為之裝飾，已經成了獨一無二的名勝。十八世紀富有的遊客來到威尼斯，其中有許多都是英國遊客，為剛完成的該城油畫付出大筆金額。為因應此需求，興起了威尼斯風景畫家這個行業，直到今天依然蓬勃發展。這些畫家之中最有名的是喬凡尼．安東尼奧．卡納（Giovanni Antonio Canal），也就是卡那雷托（Canaletto）。卡那雷托是很有造詣的風景藝術家，將其可觀的才華都用來畫高度逼真的威尼斯場景，英國遊客搶購其作品，帶回家以便記得這趟旅行。一七四〇年代在大陸發生的戰爭阻斷了英國人來威尼斯旅行，卡那雷托就搬到英格蘭去靠近他的客戶。雖然他早期作品都是按實景而畫，但後期作品則顯然不是。事實上，卡那雷托畫了很多隨想式作品，是一個想像中的威尼斯的神奇景色，有巨大的雕像、古典神廟，還有根本不存在的橋梁。不過他其他的作品依然保存了威尼斯在十八世紀的形象，這形象跟今天的威尼斯驚人地相似。

※

威尼斯地貌的美是不同尋常的，因為它整個都是人工打造的。堂皇的建築似乎浮在一張水面畫布上，既框住卻又倒映出它們的輝煌。這是個凝結在時光裡的形象，一個保持不變、不動的文藝復興城市。它的壯麗是持久的紀念碑，紀念了這個在財富、權勢以及文化上都充滿活力共和國的歷史盛世。然而，與石頭和水的紀念碑不同處，這種偉大性不會持久。

威尼斯到了一千歲時，進入了老年時期。

第十五章
以神與聖馬可之名：對抗土耳其人的戰爭

正當威尼斯在十六世紀攀上了權力顛峰之際，鄂圖曼土耳其也是。然而土耳其的勢力之強大，威尼斯或當時任何其他歐洲國家窮盡一切也難以匹敵。

鄂圖曼帝國的蘇丹坐鎮君士坦丁堡威震八方，人稱「冷酷者」塞利姆一世（Selim I）。他已經擊敗了馬穆魯克傭兵所建立的帝國，也因此攻占了敘利亞、巴勒斯坦、埃及，還有多個位於阿拉伯的穆斯林聖城。如今地中海的海岸線有四分之三，還有一整個黑海，都被納入鄂圖曼帝國治下。幅員如此遼闊的一個帝國，使得土耳其人能取得的財力著實驚人無比。塞利姆一世從不遮掩他貪圖那些資源，是想一圓祖父穆罕默德二世的美夢；他勢在必得要征服西歐，進而消滅基督教王國在世上僅存的最後一絲光芒。

歐洲人陷入一片恐慌，理當如此。教宗利奧十世（Leo X）懇求諸位君王放下他們的戰爭，團結起來組成精良的十字軍來捍衛基督教。外交家與牧師往返穿梭於一個又一個的宮廷之間，終於取得英王亨利八世、法國法蘭西斯一世（Francis I）、神聖羅馬帝國馬克西米利安一世，還有西班牙國王卡洛斯一世（Carlos I）恩准，為了全面和平組建了一支新的十字軍。在歐洲的會議室裡草擬一連串的計畫，每一次的計畫都愈來愈樂觀進取。最後敲板定案的是一個三管齊下的方案，計畫攻打土耳其人，不只將他們趕出歐洲，還要徹底趕出中東，讓聖地耶路撒冷重新回到基督教的懷抱。

當然，這樣的事從來沒有發生過。馬克西米利安一世在一五一九年辭世，組建中的十字軍只淪為法蘭西國王與西班牙國王的紙上談兵，兩人只顧激烈爭奪著虛懸的王位。西班牙國王卡洛斯一世捷足先登（因而榮任神聖羅馬帝國的查理五世皇帝），法蘭西斯一世不願與可憎的哈布斯堡王朝聯手，還甚至與鄂圖曼的蘇丹展開了官方關係，一起反對共同的敵人。隔年，雖然年僅五十多，塞利姆蘇丹竟溘然長逝。他的子嗣與繼任者蘇萊曼一世（Suleiman I），咸以為是個博學的青年，對興兵作戰毫無興趣，歐洲人暫時得以稍事喘息。而威尼斯人，同樣拒絕參加教宗利奧十世號召的十字軍，除非計畫與紙上談兵以外還有更多行動，也暫時鬆了一口氣。

但是，後來人稱「蘇萊曼大帝」（Suleimanus Magnificus）的新蘇丹，既有學問又好動干戈。甫登基，他幾乎沒有浪費半點時間就開拔征討基督教歐洲。蘇萊曼一世在一五二一年八月，攻占了貝爾格勒（Belgrade），便大膽率領一支龐大的貝爾格勒軍隊，打開通往匈牙利與神聖羅馬帝國以外的渠道。

在歐洲大戰開打之前，蘇萊曼一世決定替自己掃蕩基督教勢力在東方的隱患。這些勢力的主力是「醫院騎士團」，這是一支根據地在羅得島的優良軍事修會，數百年來一直都在愛琴海與小亞細亞攻擊突襲土耳其人的產業財貨。先前，鄂圖曼人企圖將醫院騎士團趕出他們島嶼據點，都功敗垂成，可是蘇萊曼一世意志堅決勢在必得。令威尼斯人萬分沮喪的是，鄂圖曼帝國早在「冷酷者」塞利姆一世朝中便已成為貨真價實的海上強權了。蘇萊曼一世發揮了那把新武器的威力，派遣了將近四百艘船艦前往羅得島，帶著一支萬人大軍，御駕親征。七千名堅定不移的騎士頑強抵抗了幾乎六個月，最終不得不屈服。大獲全勝的蘇丹大發慈悲。為了回報投降的羅得島，蘇萊曼一世恩准騎士團在土耳其軍旗飄飄恭送下，保住顏面行軍離開堡壘。騎士團成員接著自由登上他們的船艦，暢所無阻地航向西西里島。最後，他們重新安頓在馬爾他島（Malta），直到一七九九年。

羅得島淪亡的消息傳出，震驚了全歐洲，但最感到驚駭莫名的非威尼斯莫屬，因為其帝國企業的「海上帝國」（Stato da Mar）勢力範圍，先前遭土耳其人接二連三猛烈攻擊，早已岌岌可危。威尼斯的戰艦能在地中海東部無憂無慮巡航的歲月，突然之間宣告落幕。事實上，在蘇萊曼一世的龐大艦隊，以及因一路追擊法國人或土耳其人等哈布斯堡王朝夙敵而日漸茁壯的西班牙艦隊，兩相排擠下，威尼斯的勢力早已日迫西山。一五三二年，問題變得更為棘手，因為蘇丹指派了北非海盜，人稱「紅鬍子」（Red Beard）的海雷丁・巴巴羅薩（Hayrettin Barbarossa）出任鄂圖曼帝國海軍艦隊司令。海雷丁採取先打再問的政策對付基督徒艦隊，顯然對威尼斯的運輸大業非常不利。

一五二六年，蘇萊曼一世率領一支無堅不摧的陸軍，帶著無數的大砲，入侵匈牙利。匈牙利國王洛約什二世（Lajos II）迅速武裝全國起而抗敵，可是，國勢太弱也為時已晚。在第一次摩哈赤戰役（Battle of Mohács）時，鄂圖曼軍隊擊潰了匈牙利，進而占領了首都布達（Buda），最終拿下匈牙利王國。威尼斯的長年夙敵，匈牙利從此走入歷史。

威尼斯人，和所有歐洲人一樣，只能哀悼以對。鄂圖曼人長驅直入基督教的歐洲，看似勢如破竹無人可力挽狂瀾。確實，雖難以遏止，最偉大的基督教國王法國的法蘭西斯一世，非但沒有遏止鄂圖曼人一再進逼，反而早與土耳其人聯手攻打哈布斯堡王朝與其國王查理五世。一五二九年，蘇萊曼一世率領一支超過十萬人的軍隊直搗奧地利，圍攻維也納。雨勢凶猛迫使蘇丹顧不了最大的一支砲兵部隊，也大大推遲了他的進展。要是能遇上好天氣，蘇萊曼一世說不定早已拿下了維也納，讓其他日耳曼人見識他的寬大為懷。未料，反抗軍頑強抵抗，蘇丹最後被迫撤軍。一五三二年他再次進犯，同樣功敗垂成。

威尼斯對付土耳其人的策略非常微妙。一方面，它樂於回應遠征軍的召喚，只要其他歐洲人也願意如此的話。威尼斯人之所以討伐鄂圖曼人，有太多次，單純只是出於他們自己很認真看待十字軍東征計畫。另一方面，威尼斯的地中海殖民地與它在東方經營的商賈們，如今就要淪入土耳其人之手。因此，威尼斯的元老使盡渾身解數，另闢一條中庸之道，力求和睦至上。對某些歐洲人來說，那麼做看似緩兵姑息之計，而且平心而論也的確如此。查理五世譴責威尼斯人拒絕加入他的艦隊，該艦隊隊長是曾在一五三五年攻占突尼斯的熱那亞艦長安德烈亞．多里亞（Andrea Doria）。不過，威尼斯人心知肚明，轉瞬即逝的突襲難以遏制鄂圖曼人的進攻之勢。蘇萊曼一世已經取得了北非的統治權，也已經得意洋洋發兵巴格達，並計畫著要攻占波斯。總而言之，蘇萊曼一世正逐步統一穆斯林的世界。想以卵擊石對付他，不啻有勇無謀，何況用的還是哈布斯堡這顆卵。

在占領突尼斯之後，蘇萊曼一世繼而擬定一個影響更深遠的計畫，企圖攻打哈布斯堡王朝，包括了西班牙、那不勒斯（義大利南部與西西里）、神聖羅馬帝國（奧地利與日耳曼）、荷蘭，以及西班牙的遼闊新世界領土。一五三七年，這位蘇丹王與法蘭西斯一世結盟，聯手進行襲擊，法軍入侵法蘭德斯，而鄂圖曼大軍則從匈牙利揮軍而入。同時，土耳其與法蘭西的聯合艦隊將從海路，奪取查理五世統治的那不勒斯王國。既然，在艱難的新掙扎之下，宗教不再是選邊站的唯一依據，於是，身為十字軍祖國的法國，便主動支持穆斯林進犯歐洲。

為了馳援凡此種種海軍任務，蘇萊曼一世派遣大使前往威尼斯，要求共和國加入法國與土耳其的陣線。總督安德烈亞．古利提客氣予以婉拒。除了與基督教王國的穆斯林仇敵結盟是個問題以外（因為這麼做有違威尼斯引以為榮的戰史），威尼斯人也不樂見鄂圖曼人（或任何其他強權）同時統治亞得里亞海的兩岸。蘇萊曼一世並不把總督的回覆當一回事。他對敘利亞的威尼斯商人增稅之後，又命令土耳其船艦得寸進尺不斷騷擾威尼斯的航運。直到有一艘威尼斯軍艦終於開火反擊，鄂圖曼帝國就順理成章向威尼斯宣戰。

蘇萊曼一世開戰的首要目標是攻下科孚島，那裡自一三八六年以來便是威尼斯帝國的疆域，這個具戰略地位的小島，是威尼斯統治亞得里亞海南部的重要關鍵。配備大砲的土耳其兩萬多重兵很快就登上科孚島。在沒有獲得即時救援下，看似科孚島鐵定要失守了，而且連進一步的馳援也付之闕如。多里亞靜悄悄駕著他的皇家艦隊，沒有挑釁土耳其人。最後，雖然科孚島搶救成功，但其實是拜天氣所賜，這是蘇萊曼競逐歐洲的災星。豪雨牽制了砲兵部隊，還讓他的軍隊遍染痢疾。三個星期後，土耳其人鎩羽而歸。

威尼斯在其他地區也連連受創。蘇萊曼一世逐一攻下威尼斯在愛琴海上的殖民地。斯基羅斯島、帕特莫斯島（Patmos）、伊奧斯島（Ios）、帕羅斯島（Paros）、埃伊納島，全數淪入海盜「紅鬍子」巴巴羅薩，還有威猛驚人的鄂圖曼帝國艦隊手裡。這些戰役無一不凶殘。舉例來說，在埃伊納島，男性全部遭到處死，而女性和孩童被送往土耳其的君士坦丁堡奴隸市場去。威尼斯同時也失去在希臘大陸上最後的兩塊殖民地：納夫普利翁和莫奈姆瓦夏（Monemvasia），它們都位於摩里亞的東岸，也就是伯羅奔尼撒半島上。只要這場一面倒的戰爭不罷手，威尼斯的海外殖民地莫不岌岌可危。終於，一五四〇年，威尼斯特使竭力設法與蘇萊曼一世談和，願意支付戰爭賠款三十萬達克特。這是一場慘痛的敗仗，但起碼降低了最嚴重的損傷，不過雖然如此，威脅猶存，牽連了包括賽普勒斯、克里特島、特涅多斯島和六個愛奧尼亞小島。

威尼斯人和蘇萊曼再無任何瓜葛。他們繼續和鄂圖曼帝國進行貿易往來，相安無事長達數十年。而隨著十六世紀中葉歐洲各王國勢力崛起，土耳其人更往西部進犯的可能性跟著變小了。蘇萊曼一世兩度攻打威尼斯都失之交臂，之後在一五六五年於馬爾他與醫院騎士團交戰，同樣功敗垂成。這位了不起的蘇丹國王隔年溘然長逝。王位由其生性放蕩不羈的兒子繼任為塞利姆二世（Selim II），因為性好美酒素有「酒鬼」稱號。新即位的蘇丹很快便與神聖羅馬帝國皇帝馬克西米利安二世（Maximilian II）簽下休戰協定。

塞利姆二世和他的參謀們決定要集中火力在比較虛弱的目標上，來進行開疆拓土的鴻圖大計，按理說來，威尼斯的海上帝國就是個好目標。一五七〇年，鄂圖曼帝國政府通知威尼斯共和國，要求它必須立刻交出賽普勒斯島。這座富庶且舉足輕重的島嶼一直都在威尼斯統治下，長達八十年。有此一說，說是塞利姆二世覬覦優良的賽普勒斯美酒，但那不過是惡作劇的玩笑，並沒有說出蘇丹的真實動機。倘若美酒真是他所追求的一切，只消向威尼斯人開口要，人家便會歡天喜地鋪天蓋地運到他餐桌上。儘管放蕩不羈，但塞利姆二世深知，身為蘇丹意味肩負聖戰，而唯有勝券在握才有可能興戰。

威尼斯的元老院公然起而反抗鄂圖曼使者，誓言窮盡共和國一切都要保衛賽普勒斯。軍械庫立刻動員起來進入備戰狀態，在短短數月裡成立了一支超過百艘軍艦的龐大艦隊，每一艘都刻著聖馬可的雙翼獅徽章。元老院同時也對整個歐洲的基督教世界發送警報，尋求奧援呼籲起而對抗土耳其的最新一次攻擊。可想而知，只有在鄂圖曼擴張勢力下會受牽連的那些國家才有所回應。教宗庇護五世（Pius V）組織了十二艘軍艦。哈布斯堡王朝繼承人、查理五世之子西班牙國王腓力二世（Felipe II）派遣了一支五十艘軍艦的艦隊，由熱那亞名將姪孫喬凡尼・安德烈亞・多里亞（Giovanni Andrea Doria）指揮。這支集結在克里特島的艦隊由將近兩百艘大型船艦組成，令人肅然起敬，可惜出航路上一再耽擱。有一部分原因要怪罪多里亞，因為他不信任威尼斯船艦的品質和人品。到頭來，艦隊根本到不了賽普勒斯，任憑威尼斯人自生自滅。

在圍城數月後，土耳其入侵的軍力終於拿下兩萬餘兵，攻占了威尼斯在賽普勒斯的都城尼古西亞（Nicosia），總督尼可洛・丹多洛（Nicolò Dandolo）被斬首，全城遭洗劫一空，百姓非死即賣身為奴。威尼斯艦隊將軍馬可・安東尼奧・布拉加丁（Marco Antonio Bragadin）決定移防到防禦最強的城市法馬古斯塔。深具領導魅力的布拉加丁知道他的人馬敵不過土耳其人的猛烈攻勢，但仍對據說集結在克里特島的那支艦隊寄予厚望。那些指望，不消說都付諸流水。

一五七〇年九月十七日對法馬古斯塔的圍城一役遙遙無期而疲累。威尼斯砲兵部隊轟炸侵略者的同時，也炸毀了他們自己所打造而今淪陷的塔樓。土耳其人採取的手段是在城牆下挖坑道，加上定期發動猛烈襲擊，兼之以火力強大的砲轟。布拉加丁和其手下兵卒勇敢保衛這座城市，然而，苦熬數月毫無西方奧援，他嚴重短缺糧食、火藥和人力。最後，在一五七一年八月一日，幾乎是圍城開始後將近一年，布拉加丁提出有條件的投降。土耳其司令拉拉．穆斯塔法．帕夏（Lala Mustafa Pasha）喜出望外；圍攻賽普勒斯比預期時間久，坐鎮在君士坦丁堡的蘇丹塞利姆二世早就心生不滿已久。帕夏對待法馬古斯塔百姓的手法，無異於當年交出羅得島的醫院騎士團，為了回報順利和平移交該城，百姓可以在不受騷擾下，保有尊嚴的自由離城。想要離開賽普勒斯島的其他威尼斯人，將會由土耳其艦隊護送到克里特島。合約條件十分優渥，還蓋了蘇丹本人的戒指圖章為憑。

八月五日安排了儀式，布拉加丁身著緋紅國袍禮服，由高官們陪同，還有將近兩百名儀隊隨行。在鄂圖曼軍隊的注視下，他們走出城門進入帕夏的行宮，身上帶著城門鑰匙與華麗的絲綢獻禮。布拉加丁坐在一張天鵝絨的凳子上，正式交出了城市統治權，並要求帕夏信守承諾將他們送往克里特島。帕夏提出一些事情，包括會想念土耳其戰俘，還會匯報城內受創的糧食、美酒與油料損失，但凡此種種無非瑣碎小事。真正令他擔憂的另有其事。

> 你們全都想要離開，而我也安排了蘇丹庇佑的槳帆船來運送你們。你們之中若有人想留下者，為求安心起見可與我一起等候這些槳帆船和其他船隻返航，但由於你們的艦隊不是還駐防在克里特島嗎？我需要一個人質，最好是一名威尼斯仕紳。

布拉加丁回答道：「可是，閣下，這不在我們的協議裡。你答應讓我們所有人自由離去，用船送走我們的。」帕夏對此坦承不諱，可是堅持條件必須有所修改。如果他派艦隊去了克里特島遭到摧毀的話，蘇丹肯定會砍了他的腦袋。他可擔不起那樣的風險。布拉加丁回答，意思是既然威尼斯人會信守協議，帕夏也應該如此。他指出，投降後，威尼斯的指揮官和士兵們如今都是一般老百姓了，他無權命令他們誰當人質。然而，帕夏似乎並沒有這樣的自由概念。他回道，倘若威尼斯人不留一名官員下來，那就官員們指派一名船長當人質。不過，布拉加丁又重申一遍，所有的船長，也全都是威尼斯人，都是自由人，不再有義務服從前任指揮官。除此之外，身為一名貴族，帕夏應該言出必行。人質不在協議條件裡。

聽聞此言帕夏怒氣沖天。他站起身來拍拍手鼓起掌，走向布拉加丁說：「你已經去信給克里特島，說明你的艦隊可能受到監控，因為你將投降，條件是被護送到克里特島，而根據這個安排，我們就會損失屬於蘇丹財產的整個艦隊。所以把他們統統綁起來！」一聲令下帕夏的隨從用粗繩把威尼斯人全數綁了起來。接著，帕夏再度擊掌，大屠殺應聲上場。除了少數幾個例外，在場的威尼斯所有指揮官和士兵全部罹難，連同前來觀禮看熱鬧的法馬古斯塔所有基督徒在內無一倖免。前往碼頭預備登船的數百名威尼斯人被銬上鐵鍊，送往奴隸市場。行宮裡，布拉加丁身旁散落部屬的死屍，他伸出他的脖子，口裡稱頌基督等著獻出靈魂赴義。帕夏命人割掉布拉加丁的耳朵和鼻子，然後將他扔進地牢任憑腐爛。

隔週，帕夏努力想平息他所掀起的暴動。畢竟，蘇丹不會樂見征服了這座城市，城裡卻沒半個能繳稅的居民。看情形，帕夏是接獲來自西西里島由威尼斯和西班牙組成的基督徒艦隊送來的訊息，他很可能以為這就是布拉加丁背信忘義的證據。他相信，假如他把威尼斯人遣送到克里特島，那支艦隊就會摧毀土耳其的船隻。布拉加丁常被人從地牢拉出來給士兵當消遣，被迫背上扛著一大麻袋土，以喇叭伴奏預告他即將出場。給他吃這麼大的苦頭無非是要他改宗伊斯蘭，但他拒絕，「我是基督徒，生死不移。但願我的靈魂能得救。我的身體歸你，拷打酷刑悉聽尊便。」接著他被綁在椅子上，吊在土耳其槳帆船的圍欄上示眾供人嘲弄。之後，他又被弄下來帶去市中心，綁在杆子上活生生抽打。他不吭一聲忍受著皮開肉綻，直到劊子手打穿了他的肚子，他才哀號出聲，「在你的手中，主啊，我讚美我的靈魂！」接著氣絕而亡。然後土耳其人剝了他的皮，裝填乾草後，懸掛在城門上。

後來，塞利姆二世知道帕夏不僅攻占賽普勒斯，還收到威尼斯指揮官們的首級和布拉加丁的皮囊時，龍心大悅。只不過欣喜轉瞬而逝。因為集結在西方的艦隊，的確將目標指向對抗鄂圖曼帝國。教宗庇護五世宣布十字軍誓師東征，號召那些素來愛好帶著十字架捍衛信仰的人。這支由兩百艘船艦組成的十字軍東征新艦隊，有半數是威尼斯人，其餘人士則來自腓力二世領地，由查理五世的私生子，魅力四射的青年將領唐・胡安（Don John）出任艦隊司令。稍後賽普勒斯傳來的消息令十字軍們群情激憤，布拉加丁的受難與死訊鼓舞了所有人，尤其是威尼斯人。

十字軍揚帆出征，一五七一年十月在希臘勒班陀遭逢大小相仿的土耳其軍艦。這便是史上最著名的海戰之一「勒班陀戰役」，持續將近五個小時。實際上，這是基督教世界的最後一次十字軍東征。有幾乎兩年之久，整個歐洲的天主教徒都念著玫瑰經祈禱征戰得勝，因為教宗庇護五世曾特別為此向聖母瑪利亞祈福。開戰前，船艦上所有的十字軍戰士曾念誦玫瑰經近七個小時之久，祈求天主能透過向聖母瑪利亞的祝禱應允他們凱旋而歸。當基督教的帆船接近土耳其的海岸線時，唐・胡安下令所有人降下所有的旗幟，所有船上的十字架要排列在同一高度上。此時此刻再無分威尼斯人、熱那亞人、那不勒斯人或西班牙人了，他們全都是基督徒。賽普勒斯淪陷的景象，仍在他們的心中熊熊燃燒，十字軍的熱情單一而純粹。十字軍的船艦衝破海防線，擄獲了土耳其的軍艦，其中包括帕夏的指揮船。那天日落之際，土耳其已經損失了一百一十三艘船隻，而基督徒只耗損了十二艘。十字軍攻占了一百一十七艘土耳其軍艦，釋放了一萬五千名船上的基督徒奴隸，尤其從帕夏的船上還有額外豐碩的戰果。在一次輝煌的交戰中，鄂圖曼的海軍潰不成軍。

勒班陀戰役在歐洲產生令人振奮的影響。史無前例，這是攻打鄂圖曼第一次真正獲勝。歐洲人長久以來認為土耳其人堅不可摧，可是勒班陀一役證明了其實不然。教堂的鐘聲響徹整個歐洲，就連厭惡十字軍的新教徒國度裡也不例外。在某個短暫片刻裡，歐洲重新因為共同的信念與勝利而團結起來。在威尼斯，對賽普勒斯英雄殞命的悲痛，被「勝利！勝利！」的喝采歡呼取而代之。威尼斯人以勒班陀戰役為榮，但如同唐．胡安一樣，他們將令人震驚的勝利歸功於向聖母的祈禱。教宗庇護五世宣布，從今往後將十月七日訂為「勝利女神節」。至今仍受到天主教徒慶祝，名為「聖母玫瑰節」。威尼斯則以保羅．委羅內塞驚心動魄的畫作《勒班陀戰役》將這份肯定化為不朽。畫中，在駁火交戰的船隻上空，差不多是構圖事後添加的素材，畫著天堂的圖像，裡面有參與十字軍東征的各國守護神，祂們祈求聖母能助底下的基督徒一臂之力。

數年過去，賽普勒斯有一名倖存的威尼斯人在君士坦丁堡經商，他企圖竊取一直放置在鄂圖曼船塢裡的布拉加丁皮囊。皮囊被帶回威尼斯，視為英雄榮歸般迎接，下葬於滿是英雄埋骨的聖若望及保祿大殿。這座漂亮的紀念碑至今仍保存著他的遺骸。

在心理層面上，勒班陀戰役對所有基督徒意味深遠，對威尼斯人尤其格外重要，雖然它其實沒什麼長遠作用。塞利姆二世號令重建艦隊，鄂圖曼帝國資源之豐沛，任務竟不到一年便達標。以當年的標準而言，這場戰役相當傳統老派。火砲在交戰中沒有起什麼作用，因為絕大多數的槳帆船根本無法駕馭。反而，真正發揮大用的是船上水手們之間用手槍（handgun）射擊和近距離搏鬥。這種戰爭型態，和中古時代海戰的方式差異不大。不像法國與英國海軍艦隊引以為傲的龐然西班牙大帆船，甲板下的船艙內配備著一排排厚實有力的火砲。這類火力強大的戰船並不直接與敵軍交戰，而是火力齊發炸毀船舷，從遠處摧毀敵方。雖說威尼斯軍械庫也能製造這類強而有力的船艦，但那是後來的事，而威尼斯的海軍水兵從來都不擅長發揮其用。

一六〇〇年之後的威尼斯，通常被形容是明顯進入衰退。不過值得記取的是，威尼斯的衰微和它的仇敵鄂圖曼帝國相同，是相對而言而非絕對。聖馬可共和國其實幾乎沒有退縮。沒錯這個海上帝國折損很多，但是精力充沛的工業彌補了那些耗損。威尼斯在貿易、文化與知識界依然保有一席之地。它的艦隊在十七世紀時，規模空前雄壯浩大。它的皇族貴冑泰半是最富有的貴族，在威尼斯坐擁華麗的府邸，在歐陸還有宏偉的別墅。它有傲人的穩定政府、健全的貨幣，以及滿足的人民。簡言之，威尼斯興盛繁榮。

然而，它不如法國和英國等新興強權那般興盛，這是隱憂。這些王國有自豪的殖民地帝國，遍布全球各地，財源滾滾，它們的市場裡有著形形色色的商品。它們的經濟興隆，相對地使它們得以打造更雄壯的軍隊，發展出威力更大的武器。相較於這些享有人類史上空前全球成長利益的強權，威尼斯真的嚴重衰微了。同樣地，鄂圖曼也是。雖然贏得一場又一場的戰爭，但土耳其人再也無法趕上西歐工藝、科學和經濟的快速成長腳步。西歐的成長無可匹敵，就連新世界、亞洲或非洲最富強的帝國也望塵莫及。對威尼斯人來說，居住在西歐但目光卻守舊地投注在東方，愈來愈顯而易見的是，單純就權力來說，他們早望塵莫及。

一方面看來，在革新上，威尼斯人相當滿足於落在人後。歐洲中產階級已然開始崛起。在十七世紀時，富有、高學歷卻非貴族的新社會階級興起，威脅中世紀的世襲制特權體系，導致改革需求與日俱增，有時日形激烈。一六四九年英國人處死了他們的國王查理一世，推翻了君主制度。威尼斯是個沒有君主制度的中產階級社會，坐擁土地的貴族或農民，對這類壓力毫無所感。可是它對改革並無免疫，改革十人議會的影響最大。十人議會一開始藉著調查，加上檢舉叛逆、貪污和間諜活動，擴張勢力插手國家經費，甚至外交事務上。由於十人議會的會員制度本質上是暫時性的，因此奪權要歸咎於政府議員和公職人員。如同現代美國的國會議員一樣，這些專職人員長期在政府任職，因此滋生個人權力擴張的欲望。

一五八二至一五八三年間，威尼斯大議會牽制著十人議會的權限，可是只拿回外交事務權。由於十人議會依然掌管各種層面的犯罪行為的調查權，因此它成立了一個三人小組委員會，來應付議會和總督。這三人小組稱之為國家調查官（State Inquisitors）。最後，他們的責任擴張到涵蓋貴族犯罪在內。十人議會和調查官持續在嚴苛的法條下運作，雖然按現代的標準來看，他們的做法令人質疑。因為保密是最重要的，因此被起訴者通常不會被告知他們究竟犯了什麼罪行。他們也沒有權利和原告面對面，更不准提出任何訴求。貴族階級天生就厭惡十人議會，但是對其有效性卻從無異議。議會有時也犯錯，譬如一六二二年對貴族外交官安東尼奧．佛斯卡利尼（Antonio Foscarini）

出賣國家機密判刑一事。不過它也很快就坦承不諱採取補救措施；在啟蒙時代裡，外國人都覺得十人議會、調查官神祕兮兮，也討厭告密郵箱「獅口」。比較有求新求變心態的威尼斯人也如此。然而，一六二八和一七六二年試圖改革十人議會卻徒勞無功，原因很簡單，因為制度運作良好。有了權勢很大的貴族階級，身分重要的原告唯有匿名才能確保所有威尼斯人得到平等的正義。數百年來十人議會始終維持政局穩定。身處動盪的世界裡，威尼斯人不願意失去它。

當歐洲強權在全球各地建立殖民帝國的時候，議會很自滿於維持現狀，一方面還努力盡其所能復興失去的一切。威尼斯在十七世紀時和哈布斯堡王朝和各種海盜打了幾場小型戰爭。一六四五年，土耳其人進犯威尼斯超過四百年的屬地克里特島。其首府坎地亞（Candia）遭圍城長達二十二年之久。威尼斯艦隊反擊鄂圖曼人取得驚人勝利，甚至要求收回達爾馬提亞的若干地區。由於征戰日久，保衛克里特島在歐洲成了值得大肆慶祝的理由，是很多交談和寫作的主題，但其實幫助不大。最終，一六六九年九月，克里特島的艦長弗朗切斯科・莫洛西尼（Francesco Morosini）棄島投降。威尼斯得以保有一些小型基地和其他兩座島嶼，提洛島（Tinos）和基西拉島（Cerigo）。連同科孚島在內，那就是威尼斯海上帝國僅有的一切。

一六八三年，鄂圖曼帝國對西歐發動自蘇萊曼大帝以來首次大規模攻擊。大維齊爾卡拉・穆斯塔法・帕夏（Kara Mustafa Pasha）率領一支大軍直搗威尼斯，但遭到奧地利與波蘭聯軍鎮壓。歐洲勝利者堅信時機已然成熟，該一舉解決鄂圖曼對西方的覬覦，因此號召威尼斯共襄盛舉。威尼斯議會百般不願與土耳其人開戰，但又想贏回失土。此外，有些人主張，假如威尼斯拒絕參與已經進行中的反抗土耳其運動，那麼日後萬一威尼斯需要援助對抗穆斯林仇敵時，就別忘了今日之舉。當波蘭與奧地利人解放匈牙利時，威尼斯人在莫洛西尼的統帥下在愛琴海和摩里亞半島宣戰。威尼斯人重新取回好幾個希臘島嶼，甚至在希臘大陸重新占有一席之地。在攻占科林斯之後，莫洛西尼的軍隊挺進雅典大肆攻擊。就在這個時候，土耳其的雅典總督用帕德嫩神廟（Parthenon）當作軍火庫；這座神廟在當時被改作清真寺。威尼斯的砲火誤入歧途射穿帕德嫩神廟的屋頂時，點燃了火藥，引發慘烈的爆炸。今日大家所見的帕德嫩神廟遺跡，就是當年的產物。莫洛西尼攻占雅典之後，下令將一些古物送到威尼斯去。這些是當時的威尼斯「獅子大收藏」（lion collecting），攻占的雕塑品通常都要送回家鄉當作獎盃。莫洛西尼從獅港（Porto Leone）運送了兩隻大型獅子雕塑回去威尼斯，至今猶雄踞軍械庫大門虎視眈眈。

這場對抗土耳其人的大戰在一六九九年以簽訂卡洛維茨條約（Treaty of Karlowitz）告終。威尼斯因為出了一份力，也有資格坐上談判桌。對土耳其人來說，卡洛維茨條約象徵戰敗恥辱，這是史無前例的，他們的蘇丹被迫接受永久的領土割讓。根據條約內容，奧地利接收了匈牙利，以及外西凡尼亞，而波蘭擁有了波多里亞[2]，而威尼斯收復達爾馬提亞與摩里亞半島（亦即伯羅奔尼撒）泰半地區。卡洛維茨條約給了鄂圖曼人一個教訓，那就是他們不再有能力挑戰歐洲強權。不過，威尼斯卻是另一回事。一七一四年，一支龐大的土耳其艦隊直下伯羅奔尼撒，迅雷不及掩耳襲擊了威尼斯人，進犯科孚島，但科孚島再度被救援成功，而這一次是靠威尼斯人出面解決，同時也拜奧地利

1 譯注：大維齊爾（Grand Vizier）的職位相當當時西方君主政體的宰相，是蘇丹以下權力最高者。
2 譯注：波多里亞（Podolia），今烏克蘭中西部和西南部一帶。

的查理六世（Charles VI）毅然向土耳其人宣戰所賜。雖然哈布斯堡王朝的奧援是一把兩刃劍，因為當查理六世在一七一六年倡議和談時，他強迫威尼斯也要照章辦事，即使威尼斯人強烈希望收復摩里亞半島。

如此這般，終結了威尼斯與土耳其人之間的征戰。事實上，他們所剩無幾可資爭奪。威尼斯喪失了希臘海上與大陸的殖民地，重返老家亞得里亞海。但即使如此它也不再擁有這個老家了。雖然亞得里亞海依法隸屬威尼斯海域，但是強權諸國經常無視於這個技術問題。一七〇二年五月，每年一度在耶穌升天節舉行的威尼斯與大海的「亞得里亞海海婚慶典」被取消，因為時值西班牙王位繼承戰爭（War of the Spanish Succession），法國軍艦曾駛近威尼斯危及當地。這個事件不是個好兆頭，見者有份豈會輕饒了嘲諷的機會。

威尼斯的商船在十八世紀期間雖持續衰微，但仍保有活力。英國、法國和荷蘭商人在君士坦丁堡進行直接買賣，在那裡他們的政治影響力足以從土耳其宮廷取得最優惠的稅率。威尼斯欠缺那種政治勢力，因此它的商人在東方的競爭力失利。雖說亞得里亞海的所有商船不必再停泊於威尼斯，但卻如往常照樣收稅。政府的這份重要收入來源在一七一九年遭受威脅，因為查理六世宣布第里雅斯特從此成為自由港，所有船隻毋須繳稅，就可以進出奧地利往北航行。威尼斯依然是這個區域裡卓越的港口，但再也不是該地區唯一的停泊港。

十八世紀時，威尼斯沒有能力對抗歐洲強權，再加上那些強國時不時互相挑釁，威尼斯議會採取了一項新政策，嚴守中立。這在義大利北部是很困難的事，因為法國與奧地利君王經常在那裡爭權奪利。可是威尼斯的外交官們竭盡所能做到。雖說在強國威力和經濟力下相形見絀，但威尼斯共和國依舊繁榮興盛。威尼斯城裡有將近十五萬人口，一如往昔規模龐大，縱然與如今巴黎、柏林或倫敦相比小很多。另有將近兩百萬人口住在威尼斯的大陸領土上，那裡以種植玉米為主農業發達。驚人的是，威尼斯共和國已經變成了食糧輸出國！

非僅止於此。獨一無二的美麗風貌，令人難忘的古色古香，以及豐富的文化底蘊，使威尼斯不只是一個地名，也是個目的地。它不光是座城市，還是個偶像。

第十六章

面具、歌劇、愛：遊人嚮往之威尼斯

威尼斯始終樂於接待外國人。中古時期，在這座摩肩擦踵的城市裡，青年旅社、市場和碼頭迴盪著嘈雜的南腔北調。舉世來自四面八方的知名遊客到威尼斯經商，或取道前往遠方的終站。當威尼斯陷入曖昧不明的政治狀態時，它本身又搖身變成旅人的目的地。隨著其面貌日益世俗，歐洲人不再把威尼斯視為前往君士坦丁堡或耶路撒冷途中的宗教朝拜聖地；十七至十八世紀時，新興遊客追尋非比尋常、趣味盎然又美麗的景點，不再造訪令人尊崇的歷史遺跡。威尼斯恰如其願。它便成了全然新穎的某種東西——觀光勝地。

到了一七〇〇年，威尼斯的樣貌看起來和今天已無二致。它用水波與光影反射營造令人讚嘆不已的人工美景迎接訪客。石砌而成的聖馬可廣場伸展在行政官邸大樓（Procuratie）的古典，與聖馬可教堂的拜占庭壯麗，以及總督府哥德式的富麗堂皇之間。水路航道上擠滿了貢多拉和駁船，經驗老到的船夫搖著槳，把乘客與貨物從城裡的一端載到另一端。奢華的府邸笑語迴盪連連，戴著面具縱酒狂歡的人徹夜跳舞宴飲。上自氣宇不凡的安康聖母堂，下至熙攘的里奧托橋，再到碼頭的巍峨立柱，威尼斯不只是一座熱情洋溢的城市，也是一座博物館。許多人來此一見展品讚嘆不已。

已失去傳統收益的這座城市，由衷歡迎歐洲旅客的造訪。畢竟，遊客並非全然是呆頭鵝。在十九世紀以前，只有最富裕的人有的是時間，也負擔得起國外旅行的花費。威尼斯的遊客，大多數都衣著光鮮、舉止文雅，也身懷巨款。他們絕大部分來自英國、法國和奧地利，帶著僕役、導遊隨行，有時候還有一批高級隨員作陪。沒多久，威尼斯的企業家就明白了這些新遊客的價值，開始安排新玩法來吸引更多這樣的人。

十七世紀在威尼斯最眾所周知的魅力就是威尼斯的藝術。旅人們引領觀賞城裡兩百座教堂，對著華麗的帆布油畫與雕刻驚嘆不已。他們在壯麗的府邸租屋而居，運河裡映照出哥德式、帕拉迪歐式和巴洛克式等建築物多采多姿的倒影，美得令他們瞠目結舌。他們還來觀賞威尼斯的慶典，消費著美妙壯觀的庶民空間。

到了一六〇〇年，威尼斯人已經發現到，在介於兩大特定慶典：嘉年華（也叫狂歡節）和海婚節之間，外國遊客數量下滑。海婚節是與大海成親的威尼斯獨特奇觀，年代可遠溯到十二世紀時，慶典在耶穌升天節當日舉行。在盛況之中，總督與高官要員登上「金畫舫」，一艘裝飾得富麗堂皇的多層槳帆船，只在國家慶典才派上用場。在無數其他船隻簇擁下，他們將船划到利多島去，那裡是威尼斯潟湖與亞得里亞海交會處。在那裡，總督會將一枚金戒指擲入大海，大聲說：「噢，大海，我們與妳共結連理，以此為憑永生永世不渝。」這個在暮春與初夏舉行的慶典，深獲外國人喜愛，因此威尼斯刻意延長了它的時間，並增添其奢華裝飾，來吸引更多外國人。一六〇六年，威尼斯換了一艘全新的金畫舫，飾以箔金雕像與圖案五彩斑斕，有海妖騎著海馬、跳躍的海豚、凶猛的九頭蛇、火神馬爾斯（Mars），當然，少不了一群聖馬可之獅。

來參加一年一度嘉年華的外國遊客更踴躍。嘉年華望文生義，意味「告別肉食」，是傳統節慶，在「肥胖的禮拜二」（Fat Tuesday，也稱懺悔節）達到最高潮，也就是聖灰節的前一天，然後便進入嚴酷的大齋期。歐洲幾乎每個城市都有大齋期前夕的慶祝活動。十四世紀時的某個時期，威尼斯人開始在嘉年華慶典戴上面具，這個裝扮方式早已盛行於其他義大利的大城市。面具讓人更自由自在擺脫社會約束與責任，增加更多歡樂。這個副產品也讓外國人能像本地人一樣融入慶典。威尼斯的嘉年華慶典為何如此深受觀光客青睞，原因不明，但毫無疑問的是它大受歡迎。

至於和海婚節扯上關係，是因為威尼斯人和他們的政府想要安排花招擴充嘉年華的活動規模與時間。這一點也不難。雖然海婚節只舉行一日，但嘉年華活動卻發生在大齋期來臨前的一段時間內，可以很合理的延長幾日、數個禮拜，甚至好幾個月為了留住在威尼斯花錢的消費大爺們，嘉年華慶典的新招花樣百出。

新招裡最名聞遐邇的就是歌劇表演。雖然有此一說，認為歌劇發源於威尼斯，不過應該可能是一六〇〇年左右，興起於佛羅倫斯或曼托瓦，在當地是私下在貴族宮廷裡的演出活動。不過，是威尼斯人想到要把歌劇變成一種通俗藝術形式的。確實，威尼斯的獨有特色，很快就將這項貴族消遣大眾化。在一六三〇年代時，威尼斯就有了開放給大眾的歌劇院，幾乎人人都能買得起票（至少負擔得起標準包廂）。一六一三年，偉大的作曲家克勞迪奧・蒙特威爾第（Claudio Monteverdi）來到威尼斯，之後為威尼斯大眾創作了令人激賞的歌劇，包括《尤里西斯歸鄉記》（*Il ritorno d'Ulisse in patria*, 1641）、《波佩亞的加冕》（*L'incoronazione di Poppea*, 1642）。

威尼斯的歌劇不論各方面都比生活來得重要。作曲家們，諸如弗朗切斯科・卡瓦利（Francesco Cavalli）、安東尼奧・切斯蒂（Antonio Cesti），都創作了氣勢磅礡的作品，配上令人讚嘆的管弦樂隊伴奏，加上驚人的獨唱曲，還有壯觀的場面。威尼斯人熱愛特效，諸如魔法詛咒、海難、暴風雨，舉凡讓人低迴不已的東西。在僅僅數十年裡，歌劇院便遍布全城。第一座歌劇院是特隆劇院（Teatro Tron），就在里奧托橋附近。接下來是聖約翰與聖保羅劇院（Teatro di SS. Giovanni e Paolo）、聖梅瑟劇院（Teatro San Moise），還有全新劇院（Teatro Novissimo）。到了一七〇〇年，威尼斯已經有十七座歌劇院。歌劇演出和嘉年華活動時間一致，其中一個暢銷，另一個也會跟著賣座。到了一六〇〇年代中葉，兩個活動都在一月初開鑼，或者，如果大齋期來得早的話，就在聖誕節隔日開演。來自歐洲各地有文化素養的權貴階級蜂擁至威尼斯欣賞音樂劇，出席數不清的面具舞會，這些活動一個比一個還要奢華。

威尼斯成了娛樂天堂，不僅是眼睛也是耳朵的饗宴。而且，歌劇是十七世紀時威尼斯最受歡迎的音樂演出，其類型也毫無疑問是絕無僅有的。威尼斯的能工巧匠打造出舉世最優異的管風琴，人群萬頭攢動擠進威尼斯的教堂聆聽琴聲。即使是孤兒療養院都成了新音樂類型的來源。這些慈善機構收容孤兒或棄兒。男孩子被訓練成工匠，等到滿十五歲就可以離開。在女孩療養院裡，孩子被教導各式各樣的藝術，幫助她們覓得良緣，或起碼能受僱於貴族之家。引領風騷的藝術項目正是音樂。女孩唱詩班在療養院裡吟唱美妙豐富的聖歌，訓練得非常成功，有她們擔綱演出的音樂會可以帶來收益。具有音樂特殊天賦的女孩們，甚至可以在自立年齡已屆之後，繼續唱歌賺取報酬。

威尼斯最負盛名的女孩唱詩班作曲家是神父安東尼奧．盧奇奧．韋瓦第（Antonio Lucio Vivaldi），也就是所謂的紅髮教士（Il Prete Rosso），因為他有一頭鮮豔的紅髮。他是女子皮耶塔慈善醫院（Ospedale della Pietà）的小提琴演奏家。一七〇三至一七三三年間，他為這個醫院知名的唱詩班，寫了十多首協奏曲、清唱套曲和其他宗教歌曲。他同時也譜寫歌劇（獨自就寫了九十多齣），都在威尼斯和海外各式各樣的劇院裡演出。不過，他最聲譽卓著的作品是小提琴協奏曲《四季》（*The Four Seasons*）。和威尼斯其他作曲家一樣，韋瓦第深受歐洲皇室需要。他在不同時間為法王路易十五世（Louis XV）和奧地利皇帝查理六世譜寫作品。

韋瓦第似乎擅長每一種威尼斯的音樂。然而就像這些類型本身，他受愛戴的程度最後也沒落了。歌劇在一七三〇年代之前，就傳播到威尼斯以外的地方了，而那不勒斯、巴黎和維也納則盛行新風格。威尼斯歌劇並沒有銷聲匿跡，只不過不再是音樂娛樂產業裡的翹楚。韋瓦第前往維也納找工作機會，卻發現他的專長一無是處。一七四一年辭世時他一貧如洗。

一六五〇年，威尼斯的歌劇幾乎是個壟斷事業，可是在一七五〇年時，歌劇遍布歐洲每一個大城市裡。為了因應日漸萎縮的市場，威尼斯的劇院開始轉為演出話劇，這種表演方式拜莫里哀（Molière）所賜，在巴黎大行其道。同樣地，在威尼斯的特色又是響亮怪異。劇院的觀眾可以對著角色大聲喝采歡呼。其實，貢多拉船夫經常收到免費入場票，就是要來增加演出的喧鬧氣氛。室內演出一直都是悲劇為主流。威尼斯人喜歡看喜劇，但喜劇被視為是不入流的演出，都是在戶外舞台上表演的。十五世紀時，威尼斯發明了義大利即興喜劇（commedia dell'arte），明顯就是庸俗膚淺的娛樂類型，由一班演員即興演出觀眾熟悉的定型角色。絕大多數這類喜劇都不脫戀人受父親阻撓的劇情，但最終都在聰慧機智的僕人相助下結為連理。演員們戴著清楚定義他們角色的面具演出：哈樂昆小丑（Harlequin）是聰敏幽默的花花公子、潘塔洛內（Pantalone）是長著鷹勾鼻的貪婪守財奴、柯倫巴因女丑（Columbine）是美貌的情人，諸如此類。無論如何，故事劇情不重要。群眾聚集觀賞雜耍鬧劇，聽音樂，被低俗笑話逗得哈哈笑。由於整齣戲是即興表演，很值得一看再看。一七三八年開始，威尼斯劇作家卡羅·哥爾多尼（Carlo Goldoni）起而淨化即興喜劇，把它帶進了劇院裡來娛樂觀光客與威尼斯的貴族，只保留少數幾個定型角色，但改掉了即興創作的特性。哥爾多尼的劇作吸引大批觀眾青睞，可是本地人始終覺得那不是威尼斯的東西，他們認為不管是什麼類型的話劇，都來自於法國。和韋瓦第一樣，哥爾多尼最後離開了威尼斯，一七六二年在巴黎另謀高就。

十八世紀時，威尼斯觀光客的地位更高，這要歸因於英國青年紳士群起從事壯遊之旅（Grand Tour），其本身就是個值得注意的文化現象。在一七〇〇年代期間，英國因為在全世界擴充帝國勢力，加上工業革命以來的科技進步達到顛峰，驟然致富。換言之，很多英國人不僅僅只是富裕而已，而且還是龐大帝國的傑出公民。好比英國歷史學家愛德華·吉朋所說的：「出國旅遊才能完成英國紳士的教育。」這件事儼然一般常識。套用英國哲學家約翰·洛克（John Locke）的話，之所以如此，「可能歸納為兩個原因，其一，語言；其二，透過觀看人，以及與不同性情、風俗與生活方式的人交談，有助於智慧與謹慎更上一層樓。尤其是每一個人都不相同，特別是從巴黎人和其他鄰國民眾。」因此，在完成基礎教育之後，大批的英國青年紳士都會離鄉背井，帶著家庭教師與僕役去旅遊，耗費數年時間到歐陸開開眼界。這件事也成了他們的階級資格檢定，其中有些規模至大，甚至遠赴北美。十八世紀的紳士若不能談論羅馬、米蘭、威尼斯或巴黎等地人事，不夠格稱為紳士。

羅馬始終都是壯遊首選之地。人們可以漫步於古蹟之間，驚嘆著文藝復興時期教宗的藝術珍寶。羅馬是永恆之城，最後一個世界帝國的首都。除了羅馬，英國壯遊家還有很多其他的旅遊目的可選，不過那不勒斯、佛羅倫斯和米蘭自然是任何義大利之旅的上選。人們也應該遊歷鄉村，學習平民百姓的古趣風俗文化。

僅次於羅馬，威尼斯是壯遊之旅最受歡迎的另一個目的地。要是哪個英國青年錯過它，簡直令人難以置信。畢竟在英國人的認知裡，威尼斯是個別具一格的地方，包括莎士比亞的兩齣戲在內，很多英國小說和劇作都以這裡為背景。英國人同時也是來此觀摩這個志同道合的共和島國。在一六八八年光榮革命（Glorious Revolution）之後，英國人建立了憲法政府，嚴格約束君主的權力。而威尼斯的「混合式」政府制度，由行政主管掌管的大大小小委員會組成，兩者很類似。就好比英國有國王、上議院、眾議院，而威尼斯有總督、元老院和大議會。更重要的是，威尼斯人已經維持這樣的政府長達一千年了。顯然這是有效的，給英國的新制度打了一劑強心針。英國來的觀察家們經常提及總督，不管如何光鮮奢華，他的權力非常有限。一如英國人，威尼斯人追求貿易與工業活動，也曾經統治過一個領地分散海外的帝國。和新教徒一樣，英國人對威尼斯的天主教信仰不以為然，但即使是宗教也令他們找到值得稱許之處。一六〇六年，威尼斯人在長年歷經教宗禁令下，拒絕服從羅馬教廷，當時英國人對此大加喝采。帶頭反抗的英雄弗拉・保羅・薩爾皮（Fra Paolo Sarpi）在英國廣為人知。有著千年歷史的威尼斯風俗，習慣將教會與世俗權威分開來，如今看來，是非常新穎又有啟發性的做法。也就是說，英國遊客通常在來到威尼斯之前，就對它耳熟能詳了。

這些「米洛爾迪」（milordi，對英國壯遊家的稱呼）會根據他們的狀況，住在青年旅社，或在貴族府邸租賃供膳食的屋舍而居。和其他遊客沒兩樣的是，他們都會在節慶和劇院季開鑼的日期抵達威尼斯。曾有英國的旅遊指南建議：「從羅馬出發，取道洛勒托（Loretto）前往威尼斯，記得在五月初抵達當地，這時耶穌升天節正要揭幕，在威尼斯這個慶典比嘉年華更值得一睹風采。」數以千計的遊客深信不疑，在慶典到來之前數日就蜂擁而至滿城水泄不通。海婚節期間曾短暫停留在威尼斯的英國貴族作家瑪麗·蒙塔古·沃特利（Mary Wortley Montagu）夫人寫道：「我難以精確訂下出發日期，雖然真心誠意心嚮往之，而理由豈止非比尋常：這座城市受大批出沒的英國人騷擾，他們令我苦惱萬分，猶如青蛙與虱子侵擾法老王的宮殿一般。」

到了耶穌升天節這天，聖馬可灣會充斥著貢多拉，其中有很多如今載運的是想靠近觀賞的壯遊觀光客。英國牧師理查·帕科克（Richard Pococke）曾在一七三四年目睹此一奇觀，寄信回鄉詳述了總督的槳帆船金畫舫；這種船是另一個新穎又更奢華的款式，參與慶典僅七年時間。牧師認為，它是「舉世無雙最精美的船……甲板以木飾板拼成漂亮圖案，裡裡外外所見的每一樣東西都是精工巧奪鍍了金，美麗絕倫……舵柄上是總督的鍍金皇冠，一眾貴族依次隨侍」。德國博學家約翰·沃夫岡·馮·歌德（Johann Wolfgang von Goethe）在一七八六年曾親臨海婚節慶典，描寫了金畫舫：「這艘船本身就是裝飾品，所以不能說它過度裝飾，也不能說它是一堆金雕細琢的無用之物。事實上，它是一項示範，為了展示給群眾看看他們的領導人確實很了不起。」

海婚節，是威尼斯人長久以來珍而重之的城市儀式，已經成為吸引遊客的盛大奇景。也正因為如此，它才會久而久之隨著威尼斯國勢衰微而愈顯精緻。不過許多外國人卻沒有輕饒了冷嘲熱諷的機會，尤其是英國人，他們深知威尼斯共和國再也無法擁有他們的新娘亞得里亞海了。英國牧師約翰．摩爾（John Moore）在一七七〇年代時曾造訪此地，這樣描述這項婚禮儀式：「大海，宛如謙虛的新娘，以無語默許婚配，而婚姻咸信有效，也確保對所有意圖與目的安全無虞。這一瞬間確保了總督徹底掌權，全然統治他的另一半。可是，經過一段可觀的時日之後，她有了其他眾多的愛慕之人。」英國詩人湯瑪斯．格雷（Thomas Gray）說得更簡潔：「接下來要在五月十一日前抵達威尼斯，去那裡看老邁的總督娶亞得里亞海娼妓。」

嘉年華活動較不壯觀，但吸引的群眾卻更踴躍，到了一七〇〇年有將近五萬人。身穿戲服，當然有其樂趣。十七世紀時，幾乎任何一種戲服應有盡有，雖然大家都青睞即興喜劇的那類款式。創造力延伸出來的問題是，狂歡者理應按戲服扮演其角色。比方說，打扮成羅馬人，就有義務講拉丁語，要不然可能得小心橫遭假面老百姓的鞭打。在一七〇〇年之後，導覽手冊建議遊客打扮得和威尼斯的貴族一樣，披上斗篷、穿上大氅，戴著白色面具和一頂三角帽。這身裝束很快就成了嘉年華慶典裡非官方的戲服。

除了面具和歌劇之外，還有大量的活動等著招待參加威尼斯嘉年華的遊客。十八世紀時，威尼斯有超過七十家賭場，當地話稱為ridotti，在大齋期來臨前開門營業。賭場絕大多數都是小型的，依附在聖馬可廣場附近形形色色的府邸裡。然而有些賭場，譬如豪華賭場（Ridotto Grande），簡直是巴洛克風格的奢華沙龍。賭場裡玩的唯一一樣遊戲是「低牌」（bassetta），一如今日百家樂的賭法，有著一擲致富的神祕色彩與聯想。兩種玩法其實都非常簡單，毫無戰略技巧可言。低牌根本就是碰運氣，憑著「按下你的好運」這樣一個關鍵，誘人一賭成癮浪擲千金。玩家下注壓在個別的紙牌上，巴望著莊家開出和你手上那副牌裡一模一樣的牌。贏的紙牌（和低牌遊戲相同）則彎折起來放上贏家的籌碼。理論上，單單一局的賠率就可能是六十七倍之多，甚至還不止如此。其實，這種賭法對莊家極為有利，因為依法莊家是貴族，而且往往是賭場的店東。也就是說，這簡直是完美的賭博遊戲。玩家可能覺得有贏面，但事實上只有賭場是贏家。

十七到十八世紀時的旅遊書，幾乎恆常不變勸誡遊客不要嘗試威尼斯的賭場，它們說賭場既危險又狡詐。可是遊客仍愛聚集在那些地方。其魅力之一是，所有玩家都必須戴上面具，使得賭博遊戲和詭計花招得以暢行無阻於朋友和情侶之間。的確，許多外國年輕貴族來到賭場，是希望能邂逅美麗的假面女貴族，這些女貴族只有在嘉年華慶典期間才會離開隱居的深宮現身公眾場所。最常見的謠傳是，威尼斯的小氣老丈夫們痛恨這個慶典，可是「威尼斯的夫人們卻迫不及待現身這些場合，她們的夫婿得一致警覺捍衛婚姻之床的榮譽」。旅遊書建議讀者們，要把持得住誘惑，因為這些人夫常常僱人監視他們的妻子，誰膽敢越雷池一步就要挨皮肉之痛。

雖然性飢渴的威尼斯女貴族為數可能極少，但威尼斯的娼妓卻非同小可。做為一個海港，威尼斯始終有引以為傲的生龍活虎性產業。在中古時代和文藝復興時期裡，尋常的妓女在里奧托橋一帶招攬生意，因為那裡靠近商人和水手。那裡也有一些高級的妓女，稱為「誠實的妓女」（cortigiane oneste）。這些女性都是有教養的人妻，備受貴族階級的愛慕，不論是在威尼斯或海外皆然。十六世紀聲名遠播的威尼斯寵妓維羅妮卡．弗朗科（Veronica Franco），不但是委羅內塞的畫中肖像人物，就連法王亨利三世都曾是她的客戶之一。十七至十八世紀間，兩類賣淫方式仍盛行於威尼斯，而確實，這樣產業早已大大擴充以滿足國外的需求。若說壯遊家前往威尼斯，尋歡的動機和追求文化一樣熱烈，實在並不誇張。在這數百年間，每一位遊客描寫威尼斯的遊記，幾乎都有相當大的篇幅貢獻給尋歡。

一六〇八年，英國遊客湯瑪斯・科里亞特（Thomas Coryat）估計，在威尼斯賣淫的妓女差不多有一萬兩千人，而這個數字只會多不會少。漸漸也不侷限於里奧托橋一帶，妓女的活動早已遍布全城。根據作家芬恩・莫萊森（Fynes Moryson）的說法，她們可以「自由居住在她們租得起的任何房子裡，不管在哪條街，還是她們想要的任何地方」。遊客在威尼斯的羊腸小徑閒逛，會看到形形色色的妓女無時無刻都在做生意。在湯瑪斯・紐金特（Thomas Nugent）寫於一七四九年的旅遊書裡，如此道來：

> 滿街都是妓女，來者不拒。相較於其他人習慣身穿黑色，沉悶無趣，這些人的服裝鮮豔亮麗，低胸大敞，臉上塗繪俗麗的油彩，一字排開十多人，倚門靠窗而立招攬她們的顧客。

英國和其他歐洲遊客都負擔得起在嘉年華活動期間遊覽威尼斯，也往往花得起錢找有教養的高級寵妓一親芳澤。他們毋須遠赴他處尋覓，因為寵妓之間競爭激烈，乃至於她們都有五花八門的渾身解數能擄獲顧客。科里亞特記錄道，如果你僱了一艘貢多拉來遊歷，船夫「一會兒就會帶你去某個寵妓的屋子，對方會付給他攬客的費用，彷彿除了玩女人，別無其他消遣娛樂似的」。壯遊家愛德華・湯瑪斯（Edward Thomas）在寫於一七五一年三月的一封信裡說：「每次走在聖馬可廣場時，就會看到好數名身披斗篷的傢伙接近我的僕役……糾纏他們把我帶去找這些女人；在穆拉諾島，一名不滿八歲的孩子也身負同樣任務靠近我們。」高級寵妓的另一項策略是假裝對遊客有好感，等到對方登門入室才露出職業嘴臉。湯瑪斯記載了這麼一次事件：

> 隔日我們去觀賞教堂，並欣賞一場音樂表演，但年輕的蓋蘭特按捺不住想與夫人翻雲覆雨；穿戴華麗配飾珠寶的夫人跪在地上，搥胸頓足。出乎我們意料，她就當著所有人的面前，掀開了面紗，對他拋起了媚眼，伸出手想帶他去她的貢多拉。魚餌上鉤了，他牽起她的手去了她的貢多拉，一旦他採取行動和她在一起，她便示意船夫離去；在眾目睽睽下，身著帥氣制服的船夫放聲大笑，說她是全城最棒也是最危險的蕩婦。

輕薄放蕩在威尼斯儼然是重大產業。因此，它們成了收益的重要來源，特別是在一個運輸業持續式微的年代裡。威尼斯政府對賣淫與賭博兩者嚴格控管並課以重稅。到了十八世紀，這些惡習迅速蔓延整個威尼斯，名聞遐邇，政府不得不宣布它們是非法活動，因為它們會讓威尼斯被踢出壯遊路線。一如一七八五年時，普魯士歷史學家約翰．威廉．馮．阿欽霍爾茨（Johann Wilhelm von Archenholz）如此道來：「在威尼斯貿易衰弱之後，旅行的遊客成了國家最重大的資源；因此有必要採取溫和的法令，但不驚嚇他們對造訪此地卻步，因為國家不能沒有他們。」

最足以代表這段威尼斯歷史的人物，莫過於著名的賈科莫．卡薩諾瓦（Giacomo Casanova）。出生於一七二五年的卡薩諾瓦父母都是演員。他在十八世紀的威尼斯留下大膽的驚人之舉。聰明又迷人的他吸引許多貴族金主，他們砸下重金供他讀書，並進入上流社會。最重要的是，卡薩諾瓦迷戀愛情。他征戰情場攻無不克。在最豪華的舞會和最喧鬧的賭場裡，經常可見他宣布：「不論栽培我什麼，只要帶給我感官歡愉，始終都是我的人生重要志業。再無任何職業比這個更重要的。」在教堂、軍旅和劇院的事業受挫之後，他投身賭博，也經營美容服飾沙龍和咖啡廳，夸夸而談啟蒙運動的最新思想。他對共濟會（Freemasonry）的熱情，使他備受國家宗教裁判所的注意。一七五四年，他被逮捕，被判刑五年監禁在總督府裡的監獄；這個老監獄因為就位於總督府的鉛皮屋頂下方，俗稱為「鉛獄」（Piombi）。入獄一段艱苦的日子之後，卡薩諾瓦大膽越獄，趁清晨四下無人時分，他爬上屋頂，鑽進側面的窗戶，找到通路穿越政府機構。他的餘生再精采不過了。他遍遊歐洲，見到當年最有權勢又有趣的人，包括龐巴度夫人（Madame de Pompadour）、盧梭（Jean-Jacques Rousseau），還有富蘭克林（Benjamin Franklin）。難以計數的冒險包括精心計畫的反對意見、令人激動的決鬥、外交任務，還有間諜偵察活動。他還創作劇本、散文，也寫了一部小說，當然，還有長篇大論的回憶錄，在在為他留名青史，也成就了威尼斯在現代世界裡享樂、文化與情色天堂的美名。

十八世紀的威尼斯是個富裕又敗德的城市，而兩者都是當時導覽手冊和自傳裡最動人的主題。它成了享樂之城，是那個年代的賭城拉斯維加斯。不過除卻種種毫無意義的狂歡，威尼斯對古老的遺產真心相待。共和國政體縱使有咆哮有制衡，卻始終維持穩定，堅若磐石。雖然絕大多數的航海帝國都已經沒落消失，但威尼斯依然統治著義大利陸地上相當大的一塊領土，包含重要城市帕多瓦和維洛納。而威尼斯的商業活動仍是商業。威尼斯人的財富泰半來自外國人蜂擁觀賞他們的城市奇景，但有一大部分也來自地方上的產業與國際貿易。世界不斷改變。一如他們的祖先數百年來所做的，威尼斯人很能適應那些變化莫測，以確保威尼斯的榮譽與利潤。

第十七章
現代世界裡的中世紀共和國：美國、法國，以及威尼斯的殞落

拜壯遊所賜，十八世紀中葉的威尼斯，法國和英國上流社會人士對它耳熟能詳。一般說來，英國人對它的觀感比法國人好。兩個國家裡的啟蒙運動思想家都相當讚賞威尼斯的古蹟和共和體制的穩定。十七至十八世紀時，啟蒙運動吸引了歐洲蓬勃發展的中產階級，在每個大城市的沙龍、咖啡廳和市集廣場滋長。根本上來說，這是新興富商階級對舊有貴族階級與君王特權的反動。他們要求以理性取代傳統建立秩序、人人生而平等，還有解放奴隸任其自由。他們想像的一個新世界，是用理性做為至高無上的主宰，拔除特權，並且賦予所有人自由。按照那樣的主張，威尼斯的立場似乎很有利，尤其是和專制王政相比之下。那些專制王政猶然統治著法國、西班牙與奧地利。

啟蒙運動被引進了現代世界。那些無法適應的國家最後都銷聲匿跡了。不過對威尼斯而言，根本沒必要適應，自千年前它便一直都擁抱這些重要的思想，而當時這些思想根本還不盛行。但對某

些人來說，比方說英國人，這個運動驗證了自由政府的有效性。對其他人而言，諸如法國哲學家，啟蒙運動有點刺激到他們，原來他們自以為走在時代前端的想法一點也不創新。結果，法國人在這個時期裡常常將威尼斯擺進中世紀史的泥沼裡，和他們一貫痛恨的陰險暴君攪和在一起。這個觀點很重要，因為威尼斯的存活，某一天將取決於法國人的看法。法國的作家們經常形容威尼斯是過著一段墮落的歲月直到最終毀滅。法國歷史學家阿梅洛·德·拉·胡塞（Amelot de la Houssaie）影響深遠的著作《威尼斯政府的歷史》出版於一六七六年，書中將威尼斯的衰亡歸咎於意志力薄弱的中立政策，愚昧的在大陸拓展勢力，低效率的行政程序，還有習慣妥協。雖然盧梭曾在威尼斯享受過一年的輕鬆歲月，聽歌劇、唱詩班，欣賞其他的「著名娛樂表演」，但他仍歸結說，這座城市「早已墮落衰敗」。伏爾泰（Voltaire）小說《憨第德》（*Candide*, 1759）裡的威尼斯不折不扣是個頹廢之地。兩大威尼斯主角是琵葵特：把梅毒傳染給潘葛洛斯的妓女；還有一個是波科居朗特，他抱怨周旋於太多女人厭倦不已，也厭倦太多的藝術、音樂與文學。孟德斯鳩（Montesquieu）簡單的聲稱，威尼斯已經「再也沒有利器、商業、財富、法律；那裡只有放蕩，卻掛了個自由的名號」。

不過如前所述，英國人享有憲法體制政府，又是全世界最自由的民族，他們在島國威尼斯共和國身上看到和自己很多相似處，難以對它的未來如此悲觀。英國作家經常稱許威尼斯政府的能力，肯定它千年以來維護其人民免於專橫暴虐又保障自由。雖然如此，和法國人一樣，英國人也譴責十人議會和國家宗教裁決所，他們認為這兩個機構的行為無法無天，也毫無正義可言。如約翰·摩爾在一七八一年寫道：「正當你讚賞著一部憲法能施行如此之久的當兒，卻又震驚於雙翼獅張大嘴斥責著。」

在歐洲咖啡廳和沙龍裡蔓延開來的啟蒙運動思想，受到十八世紀晚期至十九世紀革命運動的考驗。首當其衝的是美國革命。獨立宣言（Declaration of Independence）訂定了其原則，直接由啟蒙運動思想的哲學家們起草，例如約翰．洛克（John Locke）、亞當．史密斯（Adam Smith）等人。獨立宣言宣稱「人人生而平等，造物者賦予他們若干不可剝奪的權利，其中包括生命權、自由權和追求幸福的權利」。這份聲明是已經萌芽的自由主義宣言，主張人人都有自由追求他們的目標，不論出身。

美國的開國元勳們必須要建立一個共和政體，能從此以往長期運作下去，甚至要能比他們奉為最偉大共和國的古羅馬還要長命百歲。像湯瑪斯．傑佛遜、約翰．亞當斯和富蘭克林這些人，都熟讀古籍，和英國紳士同樣深知威尼斯的種種（雖然這三位元勳無一人曾在年輕時從事過壯遊之舉）。你或許會以為，威尼斯共和國非比尋常的長壽，足以成為新興國家的典範才對。但其實不然，起碼不完全如此。和英國作家一樣，傑佛遜和亞當斯都很推崇監察與制衡保護了威尼斯免於暴虐之害，可是，換個方式來看，它其實是個「貴族共和政體」（套句亞當斯的用語）。

亞當斯在一七八七年出版了《捍衛美國政府憲法》一書，書中他用了整整一大章詳述了威尼斯。這本書提供了威尼斯政府的一份簡史，並非全然正確，而且說不定還是根據阿梅洛．德．拉．胡塞的說法。亞當斯認為，早年威尼斯人開創了民主制度，但受到暴君似的總督百般阻撓。十二世紀時，他們成立了共和政體，每個島區（sestiere）選出代表進入大議會。然而，久而久之，議會的成員剝奪總督和人民的權利，最終還提出「塞拉塔法」，將議會會員變成了世襲制度。「商業與戰爭很快就轉移其他人的注意力，他們因此沒有去思索自己失去了什麼特權。」從亞當斯的觀點來看，這就是威尼斯開始衰落的地方。

「在威尼斯採取了非常謹慎的措施，以制衡一個法院與另一個法院之間的平衡，」他寫道，「並相互監察他們的權力。」不過，即使威尼斯政府有那個值得讚揚的特性，但亞當斯認為，其本身是貴族用以維持統治的一個機制。亞當斯主張，單純的共和政體，是要去制衡大法官、貴族階級和平民百姓之間的權力。「在威尼斯，貴族的熱衷於抑制王親貴族與百姓，已發揮到極致程度。」然而，亞當斯面臨了明顯的事實，那就是威尼斯的大法官與百姓並沒有挺身而出把權力從貴族手上奪走，不同於他們在歐洲集權國家的作為。亞當斯解釋之所以如此穩定，要歸因於十人議會的黑暗勢力，他相信是十人議會鎮壓所有反對憲法者。他徹底採信國家宗教裁決所的全能神話之說：

> 這個法庭只由三人組成，他們來自十人議會，有權力決定每個人民的生死，沒有申訴過程，連總督本人也不例外。他們可以為所欲為從事間諜活動，如果他們一致同意的話，也可以在拘留所絞死囚犯，或在運河裡溺死他，夜間或凌晨吊死他，任憑隨心所欲。如果他們意見不和，就要到十人議會面前去討論，但即使到了這裡，倘若罪行有疑慮，法規就是在夜間處死囚犯。這三人可以下令進入國內每個人的屋裡，甚至擁有鑰匙可以進入總督府裡的每個房間，也能進入其寢宮，打開他的櫥櫃，搜索他的文件。有了這個裁決所，總督無能為力，而人民敬而遠之，不敢作奸犯科，這可謂最長的貴族階級統治。

亞當斯提及十人議會擁有超乎現代自由主義國度所能寬容的權力，也擁有強勢機制監督國家，這一點是正確的。舉例來說，嚴苛的法條可以確保成員們不濫用可能很快就會用來對付他們的權力。亞當斯是對的——十人議會維繫了威尼斯的政局穩定。但是，那並不是因為它捍衛了貴族階級，反而是因為它提供了足夠的方法，強制統治家族在法規下得以安穩度日。

威尼斯曾有千年之久是舉世唯一共和國，在一個出滿國王、皇帝和暴君的年代裡富強興旺。它確實如此，如前所述，因為它曾是個純粹以商建國的國家。就像古代的雅典人建立過一個類似的商業帝國，中世紀的威尼斯熙熙攘攘全是商人在追求他們的財富。他們不會忍受有哪個制度不承認與他們經濟影響力匹配的政治權威。綜觀西方歷史，資本主義和代議制政府始終都是並行不悖的。前者茁壯，後者也必分一杯羹。

十七世紀時，歐洲思想家開始重新發現共和體制政府，但要到十八世紀才有新興國家根據那些法條建立國家。當大西洋彼岸的北美洲誕生了一個全新的共和國時，世上最古老的共和體制依然存活於地中海，這十分耐人尋味。威尼斯如何迎接美國革命這個新消息呢？在兩者各自歷史重疊的二十年間，美國與威尼斯共和國之間關係如何？

威尼斯人並非對新國家的誕生毫無所悉。他們派駐巴黎的大使達尼埃萊・朵菲（Daniele Dolfin）派送常規的公文快件返國，好讓元老院充分讚揚美國革命戰爭。朵菲經常與富蘭克林見面；富蘭克林盛讚威尼斯，表達造訪之意。他當時在巴黎和法王路易十六維繫聯盟關係，終在一七七八年完成任務。朵菲寫了好幾次信給元老院，請示該如何對待富蘭克林：是視其為外國使節，還是單純視為外國人？這之中的差別至關重要，因為它代表威尼斯內心對美國的認同。和美國代表對待其他皇室一樣，富蘭克林自然希望贏得威尼斯的認同。威尼斯派駐馬德里的大使安東尼奧・卡佩羅（Antonio Cappello）甚至在家中招待美國代表威廉・卡米克爾（William Carmichael）。從巴黎、馬德里和維也納寄出的公文快件，持續不斷請示該如何應答這個「新興共和國」的訴求。

元老院回覆道，威尼斯的外交使節不應該承認美國是個自由獨立的國家。這麼做會令他們與英國的貿易關係陷入僵局，更重要的是，會危及威尼斯做為中立國的地位。不論如何，它都必須保持中立。元老院主張，唯有如此才能確保聖馬可共和國在一個強權環伺的年代裡屹立不搖。要一直到一七八三年，簽署了巴黎停戰合約之後，大英帝國自己才承認美國，而威尼斯則跟進。

儘管威尼斯冷漠以對美國的獨立運動，也冷淡以對亞當斯自己對威尼斯的存疑，但美國仍很快就尋求與威尼斯建立官方關係。一七八四年十二月，亞當斯、傑佛遜和富蘭克林聯名去信朵棻：

閣下：

美利堅合眾國國會正商討所謂美國與威尼斯共和國之間，基於平等、互惠與友誼的基礎，彼此往來可為雙方帶來互利，於五月十二日此日，各州共同發布其委任授權給簽署人，做為它們的公使，全權代表政府，也授與他們所有權限與權威，為上述各州並以各州之名義，與威尼斯共和國之依法具有一切充分權限的大使或部長或公使，進行協商、處理並談判簽署一份和睦通商條約，以擬定並接收與此約相關之議案，並完成簽署，傳遞至上述之美國國會進行最後之官方批准。

吾等在此與有榮焉通知閣下，吾等已經收到這份共同委任狀，在此備妥一切，聽候上述威尼斯共和國之全權代表共商此大計。

吾等亦希冀有此榮幸呈請閣下將此訊息轉呈貴宮廷。

謹此恭請

閣下最順服謙卑之僕人

約翰．亞當斯

富蘭克林

湯瑪斯．傑佛遜

這是世上最古老與最年輕的兩大共和國之間唯一的書信。信寄到威尼斯時，立刻被拋諸腦後。朵棻他似乎早已與富蘭克林建立了友好的關係，也說不定和其他美國人士也如此；在得不到回音下，他再度去信元老院。他強調，在巴黎，美國與法國、荷蘭、普魯士與葡萄牙，都早已簽署了類似的條約，因此威尼斯沒有理由繼續冷處理。在早先的公文裡，朵棻對美國的前景表示樂觀，強調其幅員極其廣大（「是法國的三倍」），而且有潛力擴張（他相信美國與西班牙在佛羅里達一決勝負是難以避免的）。最起碼，元老院諸大老應該對美國所提的條件給予回應。

元老院給的回應令朵棻失望，也讓正打算返鄉的富蘭克林大失所望：威尼斯拒絕和美國簽署協定。雖然英國已經接納了美國獨立運動，但是兩國關係仍處於緊張。元老院擔心，與美國的友好合約可能會動搖威尼斯的中立地位，再度引爆戰爭。至於貿易，元老院諸大老們認為兩國毫無可能。威尼斯人從未在大西洋從事商業活動，而若美國船隻在地中海進行貿易，也與威尼斯無關。確實，元老院有充分理由認為兩國不可能有往來。地中海西部的物流一再遭到巴巴利海盜（Barbary）騷擾，這些海盜來自阿爾及利亞與摩洛哥，各國政府必須支付保護費才能換得各國國籍船隻安然無事。在美國革命期間，美國的船隻沒受到海盜鬧事，是因為美國當時是法國的盟邦。但是，自從美國獨立成功之後，美國就不再能安安穩穩躲在法國國旗後面。一七八六年六月，傑佛遜曾支付摩洛哥保護費確保轉運無恙，但是直到一七九五年前都沒有和阿爾及利亞達成協議。因為當時，懸掛美國國旗的船隻很難與威尼斯或其殖民地從事商業活動。

即使沒有海盜，威尼斯也覺得和美國從事貿易毫無吸引力。威尼斯擁有美國想要的商品，比方說玻璃與紡織品，但反之美國卻一無所有。英國駐威尼斯大使羅伯特．里奇（Robert Ritchie）曾如此記載：

> 美國人想要與這個國家（威尼斯）展開某種貿易活動；我所謂某種貿易，是因為他們並非是為自己下訂單……而是，他們羅列一長串歐洲商品清單，按好價格下單，但相反地，一長串美國商品即使送來也不符所需。這是行不通的；威尼斯商人不會輕易被這樣的謀算哄騙得逞。

威尼斯之所以回絕與美國建立關係，最後一個原因（或許是最重要的）是元老們懷疑這個新興共和國難以持久。美國想促成書面法規的首次企圖吃了閉門羹。一七八七年十月，威尼斯駐倫敦大使加斯帕羅．索德里尼（Gasparo Soderini）寄了一份美國新憲法的譯本給元老院。他告知元老院，這份憲法非常類似英國的政府制度，只是把「國王的名字改成了總統，而上議院改成參議院，下議院改成國會罷了（照抄原文）」。他向元老們保證，美國的法典也是如此，「和英國完全相同」。但威尼斯人做出的結論卻是，美國正在回歸其母國。確實，里奇早就曾經形容過這個新國家是「只在名號上獨立」。

威尼斯對這個「新興共和國」的興趣是真的，不過威尼斯千年固有的保守主義不認為對方能成事。威尼斯將美國拒之千里之外是因為，威尼斯人不從事長途海上旅行，而且他們對美國的商品不感興趣，也擔心這個新興國家很快就滅亡。威尼斯人對美國的普遍感受是，美國實在太年輕，太粗糙，也太不穩定難以存續。

但事情的發展卻是，難以存續的國家是威尼斯共和國。而最大的諷刺是，它亡於一個自由共和國的手裡，以中世紀暴虐的罪名被判處了死刑。在一七八九至一七九四年的緊張期間，所有的歐洲人眼睜睜看著，當時法國人受到美國經驗蔓延，鋪天蓋地充斥著自由主義思想，推翻了他們的君主專制建立共和政體。在此且省略複習這段漫長血腥的法國革命史，只補充說明，法國獨立之路走得沒有美國順遂。法國革命首要目標是針對君主專制，接著是貴族、天主教會，最後是大大催生革命運動的富裕中產階級。革命結果不僅僅造成一片混亂帶來殺戮。而嚴重傷害使得法國人產生的一股熾熱的新民族主義。

對威尼斯人而言，民族主義（國家主義）根本不新穎。的確，威尼斯人經常因愛他們的國家更勝於愛神而遭指責。由於民族主義在中世紀幾乎沒沒無聞，這樣的批評也沒什麼稀奇。大型王國，諸如法國或西班牙，都是各式各樣地區的集合體，各有其自己的語言、風俗與利益所在。它們結合在一起，無非是形式上與某個國王和它們的天主教信仰的一種結盟關係。法國大革命改變了這種狀態。遍布法國各地法蘭西民族已成為法國公民，在法律之前人人平等，沒有特權，也無貴族。他們深信，他們已經推翻了教會與貴族階層的束縛，正逐漸步入正義與理性的嶄新世界。接著，毫無疑問的，這個全新的革命法國不久便向幾乎所有鄰國宣戰，對方當然都是王政之國。舉凡反革命者，無論在法國或海外，都必須問斬於斷頭台。就某種意義來說，法國重現了他們中世紀的十字軍東征熱情，只不過這一回，他們要帶給世界的不是十字架，而是自由主義革命思想。

法國大革命將法國凝聚成一個非常危險的國家。它帶給歐洲第一批民族軍隊，也就是一支規模與效能之大史無前例的永久徵兵部隊。法國的領導人們發現這支軍隊不只在鎮壓外部敵人時很有效，在對付內部敵人時亦然。一七九四年，恐怖統治時期（Reign of Terror）在馬克西米連・羅伯斯比（Maximilien Robespierre）遭到處決之後告終，新的共和政體成立於巴黎，採行兩院立法制，並由五人決策委員組成督政府（The Directory）。由於在巴黎大街小巷慘遭杯葛，因此政府需要一名軍事指揮官來不計一切代價維持秩序。他們在貧窮的科西嘉島找了心目中的人選，此人從今爾後在國軍體系一路扶搖直上：他就是拿破崙・波拿巴（Napoleon Bonaparte）。身為內務部隊指揮官表現傑出的拿破崙，一七九六年三月被拔擢為義大利陸軍的總司令。他的任務是要「解放」義大利北部，擺脫中世紀哈布斯堡王朝帝王的壓迫，進而直攻其位於奧地利的首都，並一路傳播健全的「自由、平等與友愛」的信念。

威尼斯的歷史學家們總是認為拿破崙是「可怕之人」（bete noire，字面意思是黑獸），一心一意想摧毀聖馬可共和國，一如他想剷除其餘世上僅存的中世紀政體。事實上，拿破崙和督政府要的是更強盛的宏圖大業。哈布斯堡王朝一直都是法國的心腹大患。而今歷史（還有法國人）需要消滅哈布斯堡王朝這個絕對王政的擁戴者。攻取維也納不僅是對中世紀暴君獨裁統治的致命一擊，同時也是使拿破崙權力一飛沖天的一舉，甚至說不定會威脅到督政府本身。消滅貧窮衰弱又咄咄逼人的中立國威尼斯，幾乎不值得勞駕這位將軍。但這並非說拿破崙不樂見威尼斯滅亡。接踵而來的事件在在證明了，他一點都不喜歡那個國家。只不過，這件事不是其義大利任務的目標之一。

泰坦之戰在義大利誓師出征，威尼斯不幸被圍困在中間。拿破崙連戰皆捷進逼倫巴底，最後在一七九六年五月占領米蘭，他的大軍繼續東進，易如反掌就擊潰了哈布斯堡的軍隊，在義大利許多城鎮建立了自由體制。這些城鎮都被納入兩個義大利共和國內，但兩者皆是法國的傀儡。奧地利人在義大利的最後一處要塞是曼托瓦。拿破崙圍困了數月，始終攻不下曼托瓦。奧地利的武裝部隊直接越過威尼斯疆域直下南方，但連番努力都未能成功殺出重圍。而這事令這名法國將領十分惱怒。為什麼呢？拿破崙問，身為中立國的威尼斯竟容許法國的仇敵越過它的領土開戰？威尼斯元老院回覆，因為昔日曾協定准許奧地利人越境通往他們的屬地。拿破崙不理會這個說辭。他熟悉威尼斯跟它的歷史，起碼他知道威尼斯盛行的神話故事，那個被阿梅洛·德·拉·胡塞的史書和上千本導覽書大肆宣傳的傳說。他認為威尼斯根本不是共和國，而是一個殘暴的寡頭政體，就連最微不足道的異議，也會遭到十人議會和國家宗教裁決所的懲處。當然，他也信以為真，威尼斯的貴族統治者會支持王政的哈布斯堡王朝。

拿破崙自己也用了同樣的說詞，取道奧地利進入威尼斯的領土。當時，奧地利人被准許占用位於加爾達湖畔一處威尼斯的漁村要塞，而拿破崙揚言要攻下瓦爾納附近，將當地炸成平地。唯有投降將該城交給法國人才能倖免。威尼斯因而喪失了其大陸帝國裡的第二座城池。主張重新武裝威尼斯的貴族派系領袖弗朗切斯科·佩薩羅（Francesco Pesaro），稍早前曾規勸政府與奧地利結盟對付拿破崙。眼下，曼托瓦久攻不克，耽誤了拿破崙進攻維也納，因此他個人向威尼斯提議兩國結盟。威尼斯元老院措辭強硬否決了兩項提案，堅信中立才是威尼斯在險象環生的現代世界裡唯一的生存之道。

一七九七年二月二日，曼托瓦被攻破了，最後一批奧地利武裝勢力越過阿爾卑斯山，一路上跨越威尼斯的領地撤退至提洛（Tyrol）。拿破崙尾隨追趕，行前派遣法國駐巴黎大使讓—巴普蒂斯特·拉勒芒（Jean-Battiste Lallement）遞送一連串民主改革方案給威尼斯大議會。他提議，只要履行這些方案就能促進威尼斯與法國之間的友好關係。方案裡包含著代議士的選舉、撤除國家宗教裁決所，以及釋放所有政治犯（其中無一威尼斯人）。三月二十四日，千餘名大議會議員召開會議，投票決定是否贊成拿破崙的改革案，結果以五票勝出。

仍留駐在義大利的法國軍隊肩負起維持和平的任務，並監督義大利新共和國的創建。事實上，他們常常濫用權威，對百姓予取予求，有時候是零錢、住家，甚至是婦女。義大利北部，對法國人的深惡痛絕情緒逐漸蔓延開來，這股恨意激發了義大利的愛國情操。最激烈的莫過於威尼斯以前轄下各行政區，那裡的百姓習慣守法與穩定的政府。很快地，叛亂開始到處爆發，最嚴重的地方是維洛納，那裡的武裝樂隊開始穿堂走巷反覆吟誦著「聖馬可萬歲！」一有機會就挑釁法國軍人。在受難週（Holy Week）和一七九七年的復活節週期間，暴動更時有所聞。在亂局之中，數百名法軍陣亡，還有數百多人遭到逮捕。拿破崙聽到這個消息時勃然大怒。他堅信攻擊者的武裝是由威尼斯支援的。雖然確有一些武裝分子是威尼斯民兵，但他們並不聽命於元老院。深得民心的反抗法國人暴動，是威尼斯政府最不想見到的事情。

當法國人凶殘大發掃蕩復活節週的起義活動之際，拿破崙開始重新考慮他是否要攻打維也納。征戰耗費的時日超乎他的預期，而之所以落到這個局面，他現在全歸咎於威尼斯。基於各種政治理由，拿破崙想要速戰速決後返回巴黎。因此他決定和談。四月十八日，他同意了「萊奧本議約」（Preliminaries of Leoben），這是法國與奧地利之間的終戰協定雛約。約中，奧地利的皇帝弗朗茨二世（Franz II）同意放棄比利時，接受割讓倫巴底，並承認法國的新邊界是萊茵河。相對地，拿破崙要將威尼斯所有大陸領土都割讓給奧地利，甚至包括那些他目前尚未取得的地區。拿破崙相信，將威尼斯還給海洋的時候到了。

眼見喪失了大陸帝國版圖，威尼斯人逃難到已經庇護他們千年之久的潟湖上。但他們心裡也明白，這裡再也保護不了他們了。在拿破崙與奧地利協議後的兩天，三艘法國軍艦航行在亞得里亞海，進犯威尼斯的潟湖。位於聖安德烈的要塞以砲擊示警，兩艘軍艦撤退了。第三艘船名為「義大利解放號」，顯然無法很快掉頭。兩艘威尼斯的小型戰艦迅速包抄了它的航道，發生碰撞。接下來發生的狀況至今仍難以釐清。雖然法國指揮官讓—巴普蒂斯特．盧吉哈（Jean-Baptiste Laugier）大喊投降，但雙方仍陷入混戰。一陣撞擊聲響伴隨陣陣濃煙之後，大家終於冷靜下來。但那時，有五名威尼斯人和五名法軍已經殉難身亡，連同盧吉哈在內。

拿破崙早認為威尼斯人偷偷摸摸對他開戰。他們不僅支持他的仇敵哈布斯堡王朝，還透過他們的代表發動游擊戰對付他的軍隊。甚至在「義大利解放號」的消息傳到他耳中之前，拿破崙就已經對威尼斯代表表示強烈譴責，「我在（維洛納）如何……被你們威尼斯人殺害？……任何無法自我克制的政府都是低能政府，無權存活下去。」拿破崙完全採信諷刺漫畫描繪威尼斯是個冷血又目無法紀的暴政，用詭計暗劍控制人民戰戰兢兢畏首畏尾。但他可不會退縮。從奧地利返國時，拿破崙再度要求威尼斯人立刻釋放他們的政治犯。「倘若不從，我將親自前來踢開你們的牢房大門，因為我無法容忍你的裁決所，還有你的中世紀野蠻行為。人人都應該有其言論自由。」對於拿破崙如此不了解威尼斯與其政府，威尼斯代表大吃一驚。他們告訴他，威尼斯（不同於法國）沒有政治犯，而且國家宗教裁決所不只要在嚴苛的法規之下執行任務，還非常受到人民愛戴與信任。拿破崙毫無所知。他認為，神話裡的威尼斯，就是威尼斯。他大聲嚷著：「我受夠了裁決所，受夠了元老院！我是威尼斯國的『上帝之鞭』！」

拿破崙的「上帝之鞭阿提拉」一喻成了威尼斯史上的名言。寓意之妙遺漏可惜。不過，這句話並不是一般所解釋的那樣，是這位將軍對威尼斯宣判死罪。甚至，拿破崙對歷史的理解並沒有那麼差勁。數百年來，威尼斯的誕生要歸功於匈人的「上帝之鞭」在歐洲大陸興戰。對威尼斯人而言，阿提拉幾乎是城市建城者，因為他攻打了阿奎萊亞、帕多瓦和其他地區，直接促成了威尼斯諸島殖民地的肇建。至於拿破崙，他是言出必行的。他要成為剝奪威尼斯大陸所有權的上帝之鞭，把威尼斯大陸人民速速遣送回潟湖。畢竟，他已經承諾要割讓那些土地給維也納的皇帝。但是，拿破崙倒是沒有設想過威尼斯共和國會滅亡。

解放號的消息使他改變心意，如雷轟頂震驚了拿破崙，這不啻是宣戰之舉，而他勢必迎戰。他寫信給巴黎的督政府：「我確信，如今唯一之道就是摧毀這個凶殘嗜血的政府。」他召回駐威尼斯共和國的法國大使，通知威尼斯人若想避免與法國交戰，就必須即刻撤離義大利，並且準備好實施民主改革。極端絕望下，威尼斯政府只得順從，但仍守著它的中立主張。抵抗再也沒有指望了。和上帝之鞭不同的是，拿破崙擁有巨大的火砲，可以從海岸轟炸威尼斯。一七九七年四月，拿破崙整軍待發，在可看見威尼斯之處紮營。五月三日，他再度去信巴黎：「除了將威尼斯的名稱從地球表面上消滅，別無可行之道。」

威尼斯在隔週陷入一片慌亂。數以百計的貴族收拾好行囊紛紛逃出城外。他們有很多人都害怕出名的法國斷頭台不久就會移師到聖馬可廣場來，而他們將會是首批用戶。其他的貴族蜂擁避難於他們位於大陸的別墅，寄望著即使被法國占領後仍能保住別墅。威尼斯的大街小巷和運河水道裡，騷亂紛紛。威尼斯軍械庫向來都是最好戰的防禦陣線，堅持絕不未戰就投降。在廣場裡的咖啡廳，自由主義的支持者「憲法之友協會」（Jacobins，也稱為雅各賓黨）盛讚拿破崙是現代的先驅。絕大多數的威尼斯百姓只能觀望與等待。凡此種種充斥著怪異的不真實感。對威尼斯而言，這些真的是未知的海域。

五月九日，拿破崙的祕書約瑟夫．維勒班（Joseph Villetard）遞送了最後通牒給威尼斯政府。為了不被徹底毀滅，威尼斯人必須廢除他們的共和體制。長長的清單上羅列了條件：（再次）釋放政治犯、創建臨時市政府、設置民主選舉制的立法機構，以及在聖馬可廣場種下自由主義之樹（法國大革命的象徵物），民眾圍繞著樹一面歡欣載歌載舞，一面焚燒聖馬可的旗幟。為了維護秩序，市政府要邀請三千名法軍入城，交接所有重要的政府建物，包括總督府在內。

即使面臨生死交關之際，威尼斯共和國猶有條不紊，深思熟慮依法留下依舊生命力蓬勃且政局穩定的遺言。在一七九七年五月十二日這天，威尼斯大議會召開最後一次大會。由於近日出走之故，有半數議員缺席。總督盧多維科．馬寧（Lodovico Manin, 1789-1797）嚴肅步入會議廳，按照慣例站上講台，身後是丁托列托的雄偉油畫作品《天堂》。外邊的大街上和下面的廣場上，傳來民眾的陣陣吟誦聲：「聖馬可萬歲！聖馬可萬歲！」總督淚流滿面，擺好動作：為保全宗教、生命與威尼斯人的財產，大議會應該廢除共和國憲法，放棄議會所有權力，交給臨時的民主政府——當然，那是個法國人的傀儡政府。

毫無異議。事實上，已經沒有什麼需要討論的，決策已經幫他們都做出來了，一如他們數百年來一樣，大議會成員排好隊伍進行投票。最後得票是五百一十二票贊成，二十票反對，五票棄權。從此，史上國祚最悠久的共和政體結束了。歷經了一千三百多年之後，威尼斯共和國被獻祭給共和主義的聖壇。

一段新的紀元在西方歷史上已然展開，無舊人容身之地。然而，即使那個時代的能人智士根據古羅馬模式在建立新的共和政體時，他們卻鮮少注意到，一直以來與古代一脈相承的其實是威尼斯人。他們才是沒有殞落的羅馬，在古代世界告終時，移植到潟湖的一個共和政體。如今那根絲線斷了。送子鳥飛了來。又一次，新的世界誕生了。

⁂

威尼斯共和國是有史以來最大的奇蹟。它的消逝，如所有偉大國家與年代的消逝，都引發某種程度的悲痛，因為它提醒著我們，我們的一切不過也是鏡花水月。若要為聖馬可共和國找一首貼切的頌辭，非英國浪漫主義詩人威廉·華茲華斯（William Wordsworth）精湛的詩篇莫屬：

錦繡東方曾一度歸她主宰，
西方也靠她護衛，受她庇蔭；
威尼斯的身價無愧於她的身分——
她原是自由女神第一個嬰孩。
貞淑如處子，明豔且從容自由；
陰謀和暴力都對她絲毫無損；
當她有意為自己找一個情人，
她必選中了萬古如斯的大海。
後來呢，她權勢衰頹，榮華枯槁，
尊嚴淪落——這等事本屬尋常。
而當她悠長的生命終於不保，
我們卻難免別有一番惆悵：
我們是凡人，不能不傷感，
當看到昔日的龐然大物，
連影子也消亡。[1]

1 譯注：詩句出自〈為威尼斯共和國覆亡而作〉（On the Extiction of Venetian Republic）。譯文引自《華茲華斯抒情詩選》（書林出版社，二〇一二年九月出版），譯者是楊德豫。

第十八章
身分認同的危機：十九世紀的威尼斯

威尼斯共和國滅亡的數個鐘頭內，火砲被安裝在里奧托橋，舉凡有人搶奪或行不法勾當，就下令砲轟。這道預防措施絕非必要，因為威尼斯人非常習以為常政府的有條不紊，即使政府已亡也無法改變他們的習慣。有一些威尼斯的民族主義者追趕著雅各賓黨人或其他親法同情者，不過秩序很快就重建起來，而且傷亡極少。自古老的共和政體轉變成現代自治城，一切都在三日內就完成了。

威尼斯的身分認同危機則耗費相當長的時日。威尼斯國的滅亡對威尼斯人民造成長遠深刻的影響。威尼斯不再是世界舞台上的要角，而是成為受到操縱、觀察，甚至被外人定義的一個對象。威尼斯不再是自己命運的主宰，而是轉瞬變成世界強權股掌間的奇珍逸品或俗豔的小玩具。這並非是說威尼斯人變成了舉足無措的小卒，我們將會看到，在可能的範圍內，他們仍能替自己城市的利益有所做為。只不過他們的活動範圍已經大量減少，他們的機構連同他們的共和政體一起遭到剝奪。

在一七九七年之後，所謂威尼斯人甚至含意模糊，因為在那個國度裡的人民已不存在。基於這個理由，本書剩餘的篇章必須將重點從生活在威尼斯的人身上，轉移到與威尼斯互動的外國人身上。打造現代威尼斯人新的身分認同的，是這些外國人——將領們、政客、作家和藝術家。新認同全然迥異於中世紀聖馬可共和國的身分。

新自治政府的六十個成員，經法國人同意產生，包括了貴族與非貴族。一七九七年五月十六日，他們在大議會議事廳裡召開會議。這些人士都是奉行自由主義的威尼斯人，他們相信威尼斯的未來與新世紀的革命活動要攜手並進。但威尼斯的同胞們幾乎沒有人贊同他們的看法，不過在當時那一點也無關緊要。他們不認為新的自治政府切割了歷史，只是舊政府單純改造後的延續。但四處可見法軍駐防在威尼斯，卻代表另一回事。

自治政府的作為也是如此。它下令摧毀聖馬可的雙翼獅雕像，甚至不放過總督府外描繪總督古利提和總督佛斯卡利跪在雙翼獅前的那些雕像。（今日所見的當地雕像是現代的複製品。）光是嘟噥著「聖馬可萬歲」就足以被處死。新政府宣布，著名的威尼斯節慶嘉年華與海婚節都是非法的。聖馬可廣場正中央，種了一棵象徵法國大革命的自由之樹，一小群法國支持者在那裡載歌載舞歡慶「解放」威尼斯人。不遠處，《黃金名冊》被篝火吞噬，書裡記載著四百年來威尼斯貴族世家的名字，以及總督帽與彌撒祭服。絕大多數的威尼斯人看著這個典禮，帶著不可置信的鄙夷神情。一千多年來，他們是這世上最自由的人民。他們不需要被解放；只不過，有鑑於情勢如此，最好還是讓法國人狂歡，什麼都別說。有位威尼斯的旁觀者，因為無聲地嘲弄了一名親吻自由樹葉子的婦女，立刻遭到逮捕入獄。現在，至少威尼斯有了拿破崙要緝拿的政治犯了。

接下來的數個月，隨著威尼斯「革命黨人」熱情到達最高潮，事件的荒謬程度愈演愈烈。六月時，自治政府簽署了一份公告，讚揚貝雅蒙特．提埃坡羅（Bajamonte Tiepolo），差點成了專制暴君的提埃坡羅曾在一三〇九年企圖推翻共和政體，用自己的專制政體取而代之。自治政府成員主張，提埃坡羅事實上已然是自由國度的戰士，誓死顛覆由邪惡總督格拉丹尼格所領導的封閉貴族統治政體。當然，其實格拉丹尼格確實曾在共和國裡擴充勢力。但不要緊。自治政府宣布由他開始成為世襲的貴族，也因此同時製造出英雄兼無賴。自治政府派遣代表團前往穆拉諾島，在那裡種下一棵自由之樹，而總督格拉丹尼格的遺骸則拋入空中隨風四散。

支持自治政府的威尼斯人並不是賣國賊。他們是真心相信威尼斯會以民主之城的名號再度興盛。隨著民族主義瀰漫於歐洲，分布於支離破碎義大利半島上的義大利人無不懷著統一的美夢。威尼斯的民主人士沒有理由不相信，在法國人的支持下，重新憧憬著啟蒙運動的盛況，新的威尼斯將會崛起成嶄新義大利的領導者。然而，他們被嚴重的蒙蔽了。法國人帶來自由主義革命的甜言蜜語，但事實上他們留在威尼斯只是為了維護外交之便罷了。在一七九七年十月十八日簽署的「坎波福爾米奧條約」（Treaty of Campoformio）裡，拿破崙將前威尼斯的所有大陸領土割讓給哈布斯堡王朝，實現他數個月之前在萊奧本議約的承諾。他現在要在威尼斯城市實施良好的措施。坎波福爾米奧條約簽訂的消息傳到了威尼斯時，威尼斯民主人士強烈感覺自己被出賣了。他們的盟友拿破崙，這位傳播自由的偉人遺棄了他們，送給了中世紀貴族君主專制的哈布斯堡王朝。他們問，他怎能顛覆威尼斯共和國，只為了把它交到保守王政的手裡？其實，拿破崙從未曾仔細思考過這件事。威尼斯大陸純粹只是他為了與奧地利維持和平態勢所付出的代價。至於威尼斯，它惹火了拿破崙，活該淪落至此。

雪上加霜的是，拿破崙出發前命令他的人馬沒收威尼斯的二十幅畫作，還有五百份稀有的手抄本書。這些畫作包括了經典傑作如保羅．委羅內塞的《迦拿的婚禮》（*Wedding Feast at Cana*），用船運到巴黎，至今仍掛在羅浮宮內。可是拿破崙偏要拿走很多引人側目的紀念品。他下令將威尼斯在一二〇四年攻占君士坦丁堡時的象徵物——聖馬可的四匹青銅馬，從教堂的立面拆下來送到巴黎。一七九七年十二月十三日，法國士兵行軍而來完成了這件任務，古老的青銅馬被拆下來用滑輪拖到廣場上，裝入柳條貨箱送去法國。銅馬抵達巴黎時，拿破崙將它們裝在卡魯索凱旋門（Arc de Triomphe du Carrousel）上面，加上一段文字：「從科林斯到羅馬，從羅馬到君士坦丁堡，從君士坦丁堡到威尼斯，從威尼斯到法國：它們終於身在自由國度！」

搶奪還沒有到盡頭。古老的雙翼獅，自十二世紀以來便一直高踞在廣場的柱子上，也被拆了下來，尾隨銅馬去了巴黎。雙翼獅被放置在榮軍院（Hôpital des Invalides，也稱為傷兵院）附近的一根柱子上，尾巴夾在雙腿間。威尼斯軍械庫曾是西方世界最大的造船廠，被一絲不苟拆個精光。一個法國軍團帶著斧頭到奢華的金畫舫，那裡是數百年來威尼斯盛況與奇景的象徵。當然，還有名聞遐邇的聖馬可珍寶館（Treasury of San Marco）。十多個中世紀的無價藝術珍寶，包括因效忠教宗數百年而獲賜的金玫瑰（Golden Roses），上面的鑽石、珍珠和貴金屬全被拆散。令人驚訝的是，法國人卻饒過了聖馬可教堂裡九百年歷史的黃金屏風，只是因為他們以為它沒什麼價值。

一七九八年一月十八日，奧地利將軍奧立佛．馮．沃利斯（Oliver von Wallis）正式取得威尼斯統轄權，取道大運河進城來。民主人士和雅各賓黨派逃之夭夭，其餘的威尼斯人則盡職的歡呼喝采。身為一個保守主義國家，哈布斯堡王朝是自由主義的死敵。王政與貴族已經統治歐洲數千年之久。保守主義人士認為自由主義光是紙上談兵時聽起來尚好，但一旦消滅了舊的體制，取而代之的卻是殺戮與一片混亂。新的奧地利長官們「重建了」威尼斯共和國，卻重新採用它的法條，並且把貴族階級又放進了大議會，不過這些改革只是做表面工夫。事實上，威尼斯是奧地利統治下的一個城邦罷了。現在，威尼斯丟了帝國，沒有觀光業也沒什麼貿易活動，想要自給自足卻沒什麼選擇，經濟力迅速衰退。威尼斯人向哈布斯堡王朝請願，想拿回第里雅斯特和達爾馬提亞，但未能如願。

六年後，威尼斯再度易手。拿破崙戰勝哈布斯堡，簽下了「普雷斯堡和約」（Treaty of Pressburg），約定奧地利皇帝要將威尼托、威尼斯、伊斯特里亞半島和達爾馬提亞交回給法國。一八〇六年一月，奧地利人從威尼斯城撤退，法軍再度重返。可是自由之樹沒有重返，也沒有令人引以為傲的演說頌揚自由與民主。威尼斯的自治體制支持者早就逃光了。再則，拿破崙已經不再喜歡他早年打勝仗時的雄辯滔滔。解散了督政府和憲法之後，他已經成為法蘭西皇帝，比以往的法王更獨裁的統治者。威尼斯因此成了義大利新王國的一員，新王國的首都在米蘭，而義大利的國王，不消說就是拿破崙。他的總督是他的繼子，尤金·德·博阿爾內（Eugène de Beauharnais），後來被敕封為威尼斯親王。拿破崙計畫以威尼斯做為海軍基地，支援他在地中海的運籌帷幄。至於威尼斯本身，他打算視它為自己的財產。拿破崙堅持，威尼斯是「征服之國。除了勝利，我怎能取得它？勝利的權利一旦建立，如果威尼斯人當個好臣民，我就會做個好君王善待他們」。他宣布總督府做為總督官邸，而當發現太小時，「皇宮」又搬到坐落在聖馬可廣場南邊的行政官邸大樓。

法國革命始終以天主教的教會當目標，拿破崙也不例外。他認為教會有其必要性——確實，他自己就是位天主教徒。不過他認為教會必須更小更弱，不要妨礙他。在威尼斯和一眾島嶼，新的皇室政權下令關閉將近六十所修道院和女修院。將威尼斯原本超過一百個教區，縮減為只剩下三十四個。大量的教堂不是關門大吉、遭到拆毀，就是改作其他用途。比方說，聖亞納教堂（Sant'Anna）內的藝術品被清空，改作體育館。聖母聖殿（Santa Maria delle Vergini）的修道院搖身變為軍事監獄。每一年都有更多教堂關閉，其藝術品若非鎖進倉庫就是轉送他處，而大多數去了巴黎或米蘭。數以百計的威尼斯會堂被廢除，其建築遭到充公或拆毀，而它們的藝術珍寶被掠奪一空。有六座大會堂建築倖存了下來，但也被賦予更有用的工作。舉例來說，聖馬可大會堂改作醫院，至今猶然如此。法國政府同時也將威尼斯主教座堂，從有千年歷史的城堡區聖伯多祿聖殿移到聖馬可教堂。從而總督的小禮拜堂改作威尼斯宗主教駐地，同樣地維持至今。

凡此種種改革對威尼斯的宗教與虔信產生了深刻的影響。現代的威尼斯是個窄巷與廣場壅塞著戴棒球帽、穿短褲、腰纏霹靂包觀光客的地方。那些地區千年以來卻是豐富宗教習俗的所在。神父身著聖袍，道明會和方濟各會穿著別具一格的長袍，幾乎隨處可見信仰的行列。威尼斯鐘樓的鐘響召喚信徒前來望彌撒。他們聽見便過來。是法國人從威尼斯人的城市面貌上，開始剝奪他們豐富而鮮明的信仰生活。敬拜與禱告，曾幾何時對威尼斯人生命與身分認同至關重要的事，已經被效忠國家的世俗熱情取而代之。

一八〇七年，拿破崙皇帝／國王親訪威尼斯，法國統治的政府不惜一切代價來迎接它的統治者。場面壯觀，低三下四的諂媚，展現給「世紀英雄」的尺度，是共和體制的威尼斯前所未見的。大運河北面入口處擺放著巨大的漂浮凱旋門，以示歡迎這位救星。拿破崙暫時居住在皇宮（亦即行政官邸大樓），還在城裡與潟湖從事多次遊山玩水之旅。奇景如賽船會、雜技表演，還有奢華的宴會與招待會日日不輟。當然，皇帝也在鳳凰劇院（La Fenice）觀賞了歌劇演出，為此必須拆除民主平等大小的包廂，才能在劇院正中央挪出空間打造出寬敞的皇室包廂。

儘管一切盛況空前，但這個曾令一代又一代詩人與藝術家驚嘆不已的城市，卻讓拿破崙覺得冷感。他認為，這座城市是個老舊與新穎毫無特色或紀律的大雜燴。在他離去後不久，皇室政府宣布一項改革計畫，要更新它的市容。拿破崙想要把現代風格的都市計畫引進威尼斯，包括古典形式、幾何簡約，修整公園和大街。這些都是巴黎，也是其他都市如大洋彼岸的華府，據以改造的原則。在如威尼斯這樣已經徹底打造好的都市環境裡，這必然意味著破壞。

斯拉夫人堤岸（Riva degli Schiavoni）清理過，拓寬了，並一路延伸到城堡區。這麼做提供了一個宜人的徒步區，沿著聖馬可水道，從這裡看去，聖馬可區隨時歷歷在目。今天這條最宜徒步的威尼斯大街仍保留著，上面滿是遊客、餐館和紀念品販賣車。寬闊的城堡區填平造路，鋪成一條嶄新的大道，最初命名為「尤金大道」（獻給親王），今天改名為加里波底大道（Via Garibaldi）。再往東去，是人口密集的莫塔迪聖安東尼奧區（Motta di Sant'Antonio），是貧民區，住著漁民、粗活工和蕾絲工。法國人清理了整個地區，包括好幾座教堂，在那裡蓋了公園。雖然威尼斯曾有過（而且現在也有）數百座花園，但都藏在高牆裡的私人庭院內。公園是公共空間，從聖馬可灣任何一處都看得見，因此可以將一點大自然帶進威尼斯百姓的人工世界來。

在威尼斯的北邊，拿破崙給軍械庫蓋了一個新的大門，使它可以直通潟湖。他還堅持要建一座像樣的公墓。自十五世紀時便屹立在聖克里斯托佛羅島（San Cristoforo）的彼得·隆巴德（Pietro

Lombardo）教堂，被夷為平地改作公墓。新公墓不久就客滿為患，因此又拓寬直到與聖米凱萊島（San Michele）相連，也因而得名沿用至今。

有個拿破崙真心景仰處是宏偉的聖馬可廣場。儘管千百本導覽書異口同聲，拿破崙從未說過這個廣場「是歐洲最精美的畫室」，不過對它有很多表揚的方式。如同巴黎和倫敦的大型廣場，聖馬可是市民相約、到海濱散步時的宜人去處，人景為伴樂在其中。好比今天，油畫咖啡館（Caffè Quadri）與福里安花神咖啡館高朋滿座，日夜絲竹繞梁。皇宮是個愜意的環境，一望無際涵蓋整個行政官邸大樓和聖馬可國家圖書館，甚至一路延伸至一五五七年由桑索維諾設計的聖吉米尼亞諾教堂（San Geminiano）。教堂宏偉自不在話下，不過，皇宮需要得體的出入口，還要有壯麗的樓梯。儘管強烈抗議，聖吉米尼亞諾教堂仍遭拆毀，而今日通稱的「拿破崙翼」大樓（Napoleonic Wing）就佇立在廣場西側。拆除聖吉米尼亞諾教堂引發一陣緊張，因為它一直都與威尼斯庶民生活關係緊密。消逝的教堂，其紀念碑與梯廳今天仍在原處。

皇宮南側，沿著碼頭區海濱，聳立著一排大樓與帷幕，裡面的商埠還在營業。拿破崙計畫將此區打造成皇宮的新前庭。臭味四溢的魚市場，轉眼間就被拆光。威尼斯最古老的建物之一，新世界穀倉（Granari de Terra Nova）也淪落同樣下場。在它們的原址興建了皇家花園（Royal Gardens）——是個賞心悅目的休憩處，但今天附近廣場上的大批遊客卻很少駐足於此。在這些最後幾次的拆除工作之後，碼頭區終於倖免於沒有變成商業區。這裡改頭換面，成了法蘭西帝國的城市門面。為了強化這一點，一八一一年八月十五日拿破崙生日當天，雄偉的皇帝雕像在碼頭區揭幕，這尊雕像將皇帝形塑如希臘神話裡的美男子阿多尼斯（Adonis），手執象徵其統治世界的球體。拿破崙得到的尊榮，是任何總督，甚至叱吒風雲的將領科萊奧尼所望塵莫及的。

但好景不長。一八一二年，拿破崙入侵俄羅斯自困慘境，酷寒的俄羅斯冬天摧毀了他的大軍。英國、普魯士、俄羅斯，以及奧地利把握良機大舉進軍法國。巴黎在一八一四年三月淪陷，拿破崙被擄流放至厄爾巴島（Elba）。威尼斯、威尼托、伊斯特里亞半島和達爾馬提亞再度重回奧地利統治。但無人想重建共和體制，就連威尼斯人也不想。然而，對一個曾經如此自豪政局穩定歷史悠久的民族，被歐洲列強爭來奪去，不啻奇恥大辱。

一八一四年四月，奧地利人重返威尼斯，宣布堅決重建曾經遭到罪犯拿破崙奪去的一切。雖然事與願違，但他們踏出了好的起步。聖馬可的青銅馬從拿破崙的凱旋門移除，運回威尼斯，在一八一五年十二月七日安抵祖國，由總督丹多洛後世子孫迎接，在各種盛大儀式與慶祝活動中，重新安置在聖馬可教堂的門廊。奧地利人也送返碼頭區立柱的古老青銅雙翼獅。雖然在運送過程中嚴重受損，但威尼斯人勤懇修復重建了這件象徵他們城市的雕塑，即使國已不復其國。

奧地利人收復威尼斯之後重新穩定了它的政局，也相當維護威尼斯人的自尊，不過這座城市衰退的經濟持續低迷。人口萎縮至不足十萬，多數一貧如洗。陷入窘境的昔日貴族世家紛紛拋售別墅，還有的將府邸零零星星出租給外國人。英國人在拿破崙戰爭期間止步威尼斯，甚至在拿破崙被牢牢監禁之後，由於賭場、嘉年華、海婚節，當然還有妓女絕跡，威尼斯不再受壯遊青睞。但這並不是說英國人不再重返威尼斯，而是數量非常少，花費也相當少。

英國人缺席卻正合拜倫勳爵（Lord Byron）之意，他在一八一二年時來到了威尼斯。身為英國最偉大的詩人，又是浪漫主義運動的巨擘，拜倫此行是自我放逐之旅，希望擺脫在祖國的聲名狼藉。超乎常人的是，他和威尼斯的卡薩諾瓦有很多相似點：魅力無窮，健壯敏捷又極端聰明睿智，也很自以為是，衝動善變，性欲不滿。無疑的，他深陷嚴重抑鬱與焦慮，還可能罹患了躁鬱症。隨著拜倫聲名大噪，英國大眾對他的越軌舉措既有誹謗也有引以為樂者，他的劣跡包括了一堆與人妻的外遇緋聞，譬如卡羅琳．蘭姆女爵（Lady Caroline Lamb）。一八一五年，時年二十七的拜倫結婚了，但富裕的妻子安妮．伊莎貝拉．米爾班克（Anne Isabella Milbanke）難容他的不忠。一年後，她帶著襁褓中的女兒愛達離開拜倫。透過拜倫始亂終棄的眾多情人的協助，拜倫夫人控告丈夫連續通姦罪，包括和同父異母的姊姊，還有雙性戀。因此，這位了不起的詩人決心效法其詩作《恰爾德．哈羅爾德遊記》（*Childe Harold's Pilgrimage*）的榜樣，去他鄉另覓更青翠的草原。

之後三年，拜倫住在威尼斯，他在潟湖的轟動程度簡直和家鄉如出一轍。在實體輝煌背景下做亡國的研究，威尼斯是雄偉廢墟的具體化，而這是浪漫主義的至愛。威尼斯人民是偉大帝國的後裔，生活在他們所繼承的帝國瑰麗當中，只不過無力維持。拜倫在當地創作了《恰爾德．哈羅爾德遊記》裡的威尼斯長詩，還有《貝珀》（*Beppo*）、《唐璜》（*Don Juan*），以及兩部以中世紀為背景的劇作《馬力諾．法里埃羅》（*Marino Faliero*）、《兩個佛斯卡里》（*The Two Foscari*）。在這些作品裡，拜倫為英語世界卸下威尼斯古老神話色彩，普及化成一個充滿魅力、背信忘義與壓迫，既美麗又有豐富文化的國家。這個浪漫無比的形象，雖然多半是誤解，又受到拿破崙前任將領皮耶爾．達呂推波助瀾。他依據最新的國家檔案出版了一部威尼斯通史。雖然威尼斯的學者強烈排斥達呂對共和國的描述，但書非常暢銷。至於拜倫，威尼斯的一切他簡直無所不愛：城市的頹廢美，在歷史巨浪吞沒下力圖昂首抬頭，和他的浪漫主義脾胃相通一見鍾情。他寫信給出版社：「我愛貢多拉的陰鬱歡欣，也愛運河的幽寂沉靜。就連城市顯而易見的頹廢衰老也不討厭，雖然其消逝的風俗文化奇妙稀有的，令我惆悵。」連接總督府與監獄之間華麗的巴洛克式「嘆息橋」，是拜倫賜名的。他誤以為罪犯在橋的對岸由十人議會定罪後，在橋上望見威尼斯最後一瞥時的無奈輕喟。

拜倫在威尼斯住過好幾個地方，最後定居於大運河區的莫塞尼格宮（Palazzo Mocenigo，今為博物館，也稱唐璜宮）。這是一幢宏偉壯麗的建築，龐然大門巧飾精美，入口有個花團錦簇的園子，儘管未時時嚴加照拂也美麗動人。壯觀的梯廳直上豪華主樓，藝術品琳瑯滿目，馬賽克令人嘆為觀止，還能一賞大運河教人屏息的視野。而如今，莫塞尼格宮是個時髦的地點，出租給那些身懷巨款的人。在抵達威尼斯的區區數月內，拜倫就和威尼斯船東年芳二十二歲的妻子瑪利安娜傳出桃色緋聞。「來到威尼斯之後，我與她共度了大半時光，」他寫道，「一日二十四小時無時不刻送往迎來一至三次（經常還不止），有目共睹彼此甚歡。」不和瑪利安娜一起尋樂時，拜倫會在聖拉扎羅島（San Lazzaro），跟著帕斯誇萊・奧克瑟（Pasquale Aucher）神父研究美洲。他因為著迷於美洲文化，開始學習美洲語言，但沒堅持多久難以精通。當然，還有各色館子、咖啡廳、沙龍，還有鳳凰劇院的羅西尼（Rossini）歌劇讓拜倫眼花撩亂。

由於有一腳畸形導致拜倫不良於行，因此他偏好做一些不需要走路或奔跑的運動。他是游泳健將，曾經成功從歐洲橫渡達達尼爾海峽到亞洲。在威尼斯，他最惡名昭彰的是，衣冠楚楚從他的貢多拉跳進水裡游泳回家。一八一八年六月，出於長時間無聊所致，他以公開形式舉行了一場游泳比賽，從利多島游到碼頭區。唯一對手半途而廢，而拜倫則不僅一路游到聖馬可，還延伸到大運河。

拜倫也酷愛馬術，天天都在利多島上演練，有時候詩人朋友雪萊（Percy Shelley）會作陪。拜倫正是在騎乘冶遊之際邂逅了新戀人瑪格莉塔．科尼（Margarita Cogni），另一位年芳二十二且脾氣暴躁的女性，她丈夫是威尼斯的一名麵包師傅。瑪格莉塔「說她沒有理由反對與我交歡，因為她已婚，而所有已婚婦女都做愛」。他當然沒有放棄和瑪利安娜的羅曼史，而瑪格莉塔也毫無異議；她不在乎拜倫的其他情人，因為如她如言：「這都無關緊要，容或他有五百個情人，但他總是會回到我身邊。」可是對瑪利安娜狀況截然不同。瑪利安娜得知瑪格莉塔其人其事時正面對付了她，後者以激烈的威尼斯語回道：「你不是他的妻子，我也不是。你是他的女人，我也是。你的丈夫戴綠帽，我的也是。再說，你有什麼權利譴責我？若他傾心於我更甚於你，難道是我的錯嗎？」瑪格莉塔隨後便搬進莫塞尼格宮，可惜拜倫終究還是厭倦了她，要求她離開。雖然她拿刀相逼要脅拜倫，甚至劃傷見血，拜倫仍拒絕回心轉意。和之前的瑪利安娜一樣，瑪格莉塔被送回她丈夫那裡。

拜倫和他的癖好很快就傳遍威尼斯，無人不曉。由於他家財萬貫，大家也就發自內心加以容忍。他夜夜流連一個又一個的女人。「有些是女伯爵，」他坦承，「而有些是鞋匠的妻子，有些是貴族，有些中產階級，有些不入流，反正全是婊子……我來者不拒，但踢走的還有三倍之多。」最後，在一八一九年四月，拜倫邂逅了芳齡十九的德蕾莎．圭奇奧利伯爵夫人（Countess Teresa Guiccioli），她正陪同其五十八歲丈夫遊歷威尼斯。拜倫再一次無可救藥沉溺於愛情。那年其餘時光，在威尼斯也好，或之後三年在其他地方也好，伯爵夫人都是他生活重心所在。全城早已沸沸揚揚，年長的圭奇奧利伯爵不久就識破他們的姦情。雖然如此，他幾乎毫不在意，甚至偶爾還用來吹噓自誇，很高興與富裕的拜倫建立關係成為實質的家人。一八一九年底，拜倫待在威尼斯的時間接近尾聲。他將前往義大利的其他地區住個數年，與伯爵夫人常相隨，也鼓吹義大利獨立。一八二三年，他離開義大利為希臘獨立戰爭效力，隔年死於邁索隆吉翁（Missolonghi）。

拜倫在威尼斯的喧鬧冒險之旅，發生的時間點是這座城市的史上低潮期，雖然這一點絲毫沒阻礙他。和所有浪漫主義者一樣，他也稱頌支離破碎的廢墟，還有中世紀恢弘壯觀的仿效品，但拜倫覺得威尼斯的頹廢適得其所。不過光陰荏苒，雖然歲月腳步緩慢，可是這座城市還是開始復甦了。到了一八二〇年代，工業革命如火如荼，為歐洲與北美某些地區創造了出乎意料的繁榮。「進步」成了新的美德，而且持續整個世紀皆是王道。新的暴發中產階級開始現身於威尼斯，渴望一睹曾幾何時只有仕紳得見的景觀。為了迎合新遊客，威尼斯企業家將老舊的宮殿改頭換面成嶄新的旅館。比方說，一八二四年，斯拉夫人堤岸的丹多洛宮（Palazzo Dandolo）被朱塞佩・達爾・尼爾（Giuseppe Dal Niel）收購，改裝成旅館；新旅館以新東家名字命名，稱為「達尼爾豪華精選酒店」（Hotel Danieli），它很快就成為全城最出色的旅館，榮銜至今不墜。

觀光業，依然不及其前拿破崙時期的水準，不足以振興威尼斯病厭厭的經濟頹勢。值得稱許的是，奧地利政府發起多項威尼斯現代化計畫案。在一八三〇年代期間，瓦斯管線是貫穿城裡的，已供應街坊照明之用；從此以後，聖馬可廣場每夜都有九十八盞瓦斯燈一片通明。奧地利人最後賦予威尼斯自由港地位，甚至在海關大樓打造了新的鹽倉（Magazzini del Sale），距離安康聖母堂不遠。最具爭議的現代化計畫案是規劃中的鐵路橋預計將威尼斯與大陸連接起來。鐵路在西方社會裡引發革命性的影響，使長途旅遊更便捷，貨物運輸不再那麼昂貴。奧地利人鼓吹由義大利商人執行計畫，在米蘭與威尼斯之間建造一條鐵路，這兩座城市是奧地利倫巴底—威尼托行省的兩大首都。米蘭受惠於工業革命非常之多，正逐漸成為自給自足的經濟大城。但願鐵路也能將類似的繁榮帶給威尼斯。

絕大多數的城市都企盼能有鐵路線。雖然在威尼斯，這個想法簡直就是要往胸口插一把刀。威尼斯建造在海上。它的歷史，它的身分認同，它整個存在的理由，都來自於它與大陸不相連。如今現代工業世界想建一條長一英里半的鐵路橋，加上所謂的火車頭這種蒸氣妖怪，冒犯它的孤懸一方。威尼斯人因為這件事分裂成兩派：造橋派與反造橋派。後者堅持，威尼斯必須維持不變，因為唯有善加維護，它才能保有高貴感，持續吸引遊客。在城市重建與修繕議題上，這派人士高呼「在哪裡，就哪裡」（dov'era, com'era）主義。譬如，一八三六年鳳凰劇院慘遭祝融燒毀時，幾乎是以最小程度的改變加以迅速重建而成的。而另一方面，造橋派人士卻堅持，鐵路為威尼斯的「心臟注入新血」。最激進的造橋派人士希望鐵路能一路蜿蜒跨越朱代卡運河，讓乘客直接送到聖馬可廣場上下車。然而，最後無法妥協。一八四六年，這座鐵路橋竣工，連接大陸的梅斯特雷，以及威尼斯最西北境，換言之，是威尼斯的後門。壯麗的威尼斯門面毫髮無傷於「進步」。

諷刺的是，鐵路重創了陷入困境的壯遊，因為有羅馬、佛羅倫斯這個新目的地，也或許威尼斯不再是菁英階級的獨家享受，而是平民百姓這個新階級的去處。的確，他們來威尼斯。一八四〇年代期間，威尼斯的導覽書出現了各式各樣的語言版本，每一種都建議讀者去哪裡住、吃和購物。穆拉諾島的專長玻璃製造業復甦了，成了觀光客必買的新穎玻璃紀念品。暑假期間，聖馬可廣場又再度擠滿遊客，人山人海湧向福里安花神咖啡館和油畫咖啡館，喝咖啡找氣氛。一八四五年，就在鐵路落成啟用前，觀光客每年造訪的人次和威尼斯人口數一樣多，差不多是十二萬兩千人。這個數字在下個世紀又翻了一倍。

鐵路曾經帶給歐洲別的好處，改變了世界：民族主義。便捷的旅遊結合了增高的識字率，再加上即時通訊，在民族團體當中創造了新的意識。儘管它們之間歷經過數百年的交戰，但義大利人深知他們和法蘭西人與奧地利人是不相同的。他們渴望凝聚成一個獨立的義大利國家。類似的企圖在整個歐洲激起了民族主義。保守人士如奧地利的梅特涅（Metternich）就反對民族主義，言詞激烈程度不下於他們對抗自由主義。畢竟，奧地利帝國是眾多種族組成的大雜燴。波蘭人、匈牙利人、克羅埃西亞人、捷克人、斯洛伐克人、羅馬尼亞人，當然還有義大利人均紛紛有了新的身分認同而自我覺醒，渴望建立自己的政府。民族主義威脅了奧地利帝國將遭撕裂分崩離析。

威尼斯的沙龍和咖啡館充斥著民族主義的討論。雖然威尼斯重回奧地利的統治，但威尼斯人依舊與帝國法規下的嚴格審查制度時有摩擦。有些人建議將威尼斯併入那不勒斯或皮埃蒙特（Piedmont），但其他人卻一心一意只想重建聖馬可共和國。但不論哪種做法，兩群人都想把奧地利人趕出去。威尼斯民族主義真正的領導人是達尼埃萊·馬寧（Daniele Manin），他是個謙遜又孚眾望的律師，因致力建立直屬奧地利皇帝的獨立政府而入獄；寡言有學養，戴著厚厚的眼鏡、笑容迷人的他，幾乎看不出來是那種會發動革命的人。

一八四八年，一場結合了民族主義、自由主義和社會主義，又巧逢食物短缺價格高漲所引發的暴力革命，在歐洲遍地爆發開來。在義大利，武裝叛軍暫時推翻了那不勒斯和羅馬的政府。由於駐防在倫巴底—威尼托行省的奧地利兵力很多，因此米蘭和威尼斯可保平靜無波。不過，狀況在三月有所改變；有消息傳出，維也納陷入火海，奧地利皇帝早逃之夭夭。現在，看似是革命家該出擊的時機。群情激憤的威尼斯人齊聚在聖馬可廣場，一如他們數世紀以來那樣。歷史的風吹在他們的背上，他們衝進總督府附近的監獄，破門而入，把馬寧扛在肩上帶出來，大聲歡呼擁立他當新的領導人。威尼斯的革命於焉展開。

馬寧成立了一支由數千人組成的國民警衛隊，用一條簡單的白色披帶做身分識別。一八四八年三月二十二日（始終是威尼斯人的神聖一日）他們襲擊軍械庫，那裡貯滿了奧地利軍火，還有幾艘戰艦。就在同一天，薩丁尼亞—皮埃蒙特王國國王卡洛．阿爾貝托（Carlo Alberto），聽從卡米洛．加富爾（Camilo Cavour）的建言，向奧地利宣戰，並且和米蘭聯手，宣布獨立。在遭受嚴重打擊，加上祖國情況不明，奧地利大軍撤退，完全撤出威尼斯。這座城市終於自由了。在聖馬可廣場的集會情緒激動莫名，在萬眾歡呼聲中，馬寧宣布要恢復威尼斯共和國。人群中再次響起禁忌的吟誦聲：「聖馬可萬歲！聖馬可萬歲！」

然而，要收拾起昔日的秩序並非易事。一八四八年歐洲的所有革命很快就遭擊潰，或是變得無關緊要。六月時，斐迪南一世（Ferdinand I）皇帝重返維也納，承諾要制訂一套新憲法並恢復秩序。他的第一要務就是派遣奧地利軍隊去重建倫巴底—威尼托行省。到了八月，奧地利人已經鎮壓住郊區，也平定了城裡的叛亂，包含米蘭的。唯獨威尼斯堅持挑釁。新的威尼斯大議會（Venetian Assembly）投票通過由馬寧全權處理危機。他徵召一大批威尼斯男性，組成國民警衛隊，視死如歸。奧地利人計畫興築海陸屏障，用饑荒圍城戰術餓死威尼斯人。不過，維也納持續政局不穩，圍城時有鬆懈，反過來給了共和國喘息的空間。在總督府的大議會議事廳裡，大會向全世界宣布：「威尼斯會不計代價抵抗奧地利。」

它做到了。一八四九一元月，奧地利新上任的皇帝弗朗茨．約瑟夫一世（Franz Josef I）肅清了維也納的叛黨餘孽，在叛亂的匈牙利奪回軍事統治權。他的參謀史瓦岑貝格大公（Prince of Schwarzenberg）菲利克斯原本應該盡可能迅速鎮壓威尼斯叛亂。但革命運動爆發迅雷不及掩耳。潟湖的防守屏障吃緊，導致糧食嚴重短缺，幾乎每樣東西都要配給。五月二十九日，奧地利人開始採取只有法國人曾經挑釁過的舉動：他們縱火焚燒威尼斯。接下來數個星期之久，夜以繼日的砲轟，擊垮了威尼斯。這還不夠慘，八月時，大潮引起霍亂爆發，而圍城又造成衛生欠佳，重創了該城。數以千計的威尼斯人送了命。變戲法似的，古老黑死病景象重現，死屍成堆高高聳在城堡區聖伯多祿聖殿教堂外的曠野上。

歐洲的「革命之年」已經告終，只剩下威尼斯還持續絕望的困獸之鬥。終於，威尼斯人了解到，一切都結束了。八月十九日，一艘小船搖著白旗，划到了大陸，投降奧地利人。馬寧和其他共和國領導人們，逃的逃，流亡的流亡。但在所有其他方面，奧地利人沒有懲罰威尼斯。雖然馬寧後來命喪巴黎，但在一八六八年，他的遺骸終於在他夢想的獨立運動實現時，被送回威尼斯。史無前例，馬寧曾住過的聖帕特里安教堂（San Paternian），以他的名字重新命名。鐘樓和毀壞的教堂被拆除，原址豎立了一座英雄的雕像。雕像，還有老教堂的輪廓，至今猶存。

亡故者入土為安，可是威尼斯對奧地利人的反感卻沒有。奧地利軍樂隊天天在聖馬可廣場演奏，只換來咖啡館和商店裡的威尼斯人冷笑以對，從來都無人喝采。縱然城裡氣氛仍舊緊張，但幾乎沒有暴力事件發生。慢慢的，外國遊客回籠了，如今呼嘯而過棧橋不過區區數分鐘時間，不再是達達馬蹄緩緩踱步。第一批遊客當中有一位是英國藝術評論家約翰．羅斯金（John Ruskin）。他在年輕時就曾造訪過威尼斯，非常讚賞它的頹廢美。如今他重返而來身負重任，他要在繪畫與銀版攝影（一種原始的攝影顯像方式）的作品裡，保持威尼斯中世紀建築各方面的輝煌。和同年代的大多數浪漫主義人士一樣，羅斯金深惡痛絕在文藝復興時期復興古典建築，而且也認為其巴洛克式裝飾尤其糟透了。他所追求的是中世紀哥德式的美感，尤其是獨一無二的威尼斯哥德風格，它融合了東西方特色，是其他地方所沒有的。從一八四〇年代晚期至一八五〇年代初之間足足七年之久，羅斯金馬不停蹄站在梯子上、在搖搖擺擺的貢多拉上，還佝僂著身軀躲在攝影機的黑布底下。他想趁威尼斯的瑰麗消逝無蹤之前，記錄下來。

和拜倫一樣，羅斯金改變了英語世界對威尼斯的看法。然而，羅斯金在類型、風格和氣質方面，都迥異於拜倫。瘦削、敏感又帶著女性陰柔，羅斯金對威尼斯的已婚婦女絕不越雷池一步。的確，就連對他自己的妻子艾菲，也如柳下惠一般。經過多年因為無法治癒的性無能，他們結束了婚姻關係。他不接受這個判決，可是承認妻子裸露的肉體令他厭惡，因此從未圓房。

一八五一和一八五三年，羅斯金出版了三大冊巨著《威尼斯之石》（*The Stones of Venice*）。裡面涵蓋了威尼斯建築的三大時期：拜占庭、哥德和文藝復興。羅斯金記錄了一段威尼斯精選史，它們交織在度量衡、繪畫，還有狂想曲的形式，使這段歷史和其本身的建築風格緊密相符。對羅斯金來說，威尼斯在其拜占庭時期崛起而富強，接著在一二九七年「完結」期之後，攀上輝煌的顛峰，創造出哥德式結構。他認為，十五世紀之後，該城迅速衰退。捕捉了文藝復興的古典主義時尚，桑索維諾和帕拉迪歐以平淡無奇為由，破壞了威尼斯的面貌。

《威尼斯之石》在今日受到廣泛討論，但很少人讀過它。雖然資料豐富，但以現代的標準而言寫得過於繁瑣。譬如，裡頭所寫威尼斯的哥德風格是：

多刺獨立，冷酷堅韌，戳進了花葉浮雕，凍成了尖峰；在此怪獸成形，發芽成花，把自己編織成枝條，棘刺交替，跋扈，剛毛直立，或者扭曲成各種形式的緊張糾纏。

諸如此類。不過，羅斯金之所以重要，不僅是因為他將這座分崩離析的城市普及化並加以歸類，還因為他向全世界警示，威尼斯深陷危險之中。《威尼斯之石》響亮又清晰地發出這項警告。除非立即加以處理，否則一個無可取代的珍寶就要消失了。威尼斯「絕無僅有珍貴，無法複製的奇蹟，無法重新入夢的美夢」。羅斯金認為，威尼斯人自己並不了解這個危險。相反地，他們進行了實際上只是強拆的修復。他相信，威尼斯不只是威尼斯人的，而確實，威尼斯獨立於威尼斯人之外。威尼斯是屬於全人類的寶藏。羅斯金疾呼要改變威尼斯的身分認同。威尼斯是一座美麗的物質城市，一件藝術品，一個世界遺產，搖搖欲墜。羅斯金的那些讀者，包括數以千計到威尼斯參加套裝行程的遊客，都開始真的覺得這座城市真的是屬於他們的，真的屬於每一個人。而他們應該照顧好它。一八七五年，聖馬可廣場南側立面一個非常粗劣的改建揭幕之後，英國有關人士成立了「聖馬可古蹟建築保留協會委員會」，這是第一個致力於確保威尼斯能如舊保存的國際組織，但不會是最後一個。

義大利的民族主義，和其他所有地方一樣，持續侵入與它意見相左的國度。在義大利，朱塞佩．加里波底（Giuseppe Garibaldi）和他的共和黨鬥士們發動游擊戰反抗奧地利。對拿破崙三世（Napoleon III）治下的法國人而言，加里波底之流過於野蠻，在他們的南邊國界建立政府也太不牢靠。反而，他們支持薩丁尼亞和自由主義派國王，維克托．伊曼紐二世（Victor Emmanuel II）。一八六一年，加里波底攻下了中世紀的兩西西里王國和其首都那不勒斯。在法國人鼎力相助下伊曼紐二世占領了奧地利在倫巴底的領土。一八六一年三月十七日，兩者會合並建立了一個統一的義大利。只有依然由教宗統治，由法軍保衛的羅馬，以及威尼斯不在這個新義大利領土內。接著五年局面緊張，因為奧地利人一直統治著威尼托。絕大多數的威尼斯人都想要統一。這股情緒就連遊客都感覺到了，他們寫信回鄉描述威尼斯人揮之不去的恥辱，更別提和對方交友或結婚。逮捕入罪有之，炸彈爆破有之，時不時暴動也有之。終於，在一八六六年，第三次義大利獨立戰爭結束，奧地利割讓威尼斯和威尼托給拿破崙三世，而後者又割讓給了義大利。十月十九日，在統治這座城市超過半世紀之後，奧地利人離開了威尼斯，他們覺得威尼斯人用了不光明磊落的手段。奧地利人投注了龐大的資源在威尼斯上面，企圖要重建、現代化並保留威尼斯。而他們的種種努力，在離開返鄉時卻只得到背後的嘲笑。

一八六六年十月十九日，義大利軍隊踏進威尼斯時，受到欣喜若狂的歡迎。威尼斯人肯讚賞一支外國人的部隊，甚至是講義大利語的部隊，因為自共和體制當政以來，自由派人士只示範了這個世界改變了多少。威尼斯人歡慶他們的獨立，因為他們不再只是威尼斯人而已，他們是義大利人。十一月七日，他們迎接新國王，伊曼紐二世，典禮空前盛大無比。威尼斯人曾大張旗鼓迎接他們的法國和奧地利征服者，但一八六六年的慶祝活動是真心誠意的。的確，他們很快就決定要豎立一座伊曼紐二世的雕像，以凱旋姿態從斯拉夫人堤岸騎馬踏進未來。這件埃托雷・費拉里（Ettore Ferrari）的雕塑作品完成於一八八七年，今天還保留在原地。雖然主要的雕像很普通，但基座上的一組青銅雕刻鮮明地表達出威尼斯人對他們與義大利統一的感受。在國王的身後有個女人，象徵著筋疲力竭的威尼斯，扛著一支破旗，上面躺著聖馬可之獅，被上了鍊子，垂頭喪氣輸了戰爭。在國王雕像前，感恩創建義大利國，獅子與女人都甦醒了，滿懷熱情望向光明的未來。

那個未來很大部分仰賴著旅遊業。既然威尼斯安全無虞成了統一義大利的一部分，一波波外國人又開始新來乍到遊歷潟湖。他們泰半是參加「庫克旅遊」（Cook's Tour）公司的套裝行程、鐵路臥鋪之旅，還有義大利「意郵海運」（Lloyd Triestino）公司之旅。美國內戰結束後，海運汽船崛起，也使得威尼斯對愈來愈多美國人敞開大門。譬如作家亨利．詹姆斯（Henry James）這樣的人，帶著新的觀點，雖然和其他地方的菁英分子相差無幾。在一八六九年遊歷威尼斯期間，詹姆斯很激賞威尼斯的美麗，但也驚訝不已它的貧窮與不堪的狀況，他寫道：「威尼斯的悲慘就佇立在那裡，舉世皆可得見。也算是奇觀之一。」和數以百萬計追隨他的遊客一樣，他也譴責那些來到威尼斯的遊客，並且不滿的寫著：「一群野蠻的德國人在廣場上紮營」，「把這個地方視為窺視秀的一個窺視孔」。

但是，美國與威尼斯文化最僵硬的一次交流，要屬一八六七年六月美國文豪馬克．吐溫到訪的那一回。馬克．吐溫是密蘇里州本地人，還當過密西西比河河輪駕駛，沒辦法不對這個「亞得里亞海女王」產生濃厚興趣。當然，他受到無禮的對待，不過他所持的普通美國人觀點，卻是史無前例的。和詹姆斯一樣，馬克．吐溫對這個偉大城市的頹廢無比震驚。

> 她在錦繡年華當兒，號令半個商業地球，曾以強而有力的手指，彈指間為國家定歡喜悲傷，而今，卻成了舉世最潦倒的民族之一——一個賣玻璃珠、小學女生和兒童玩具的女販。這

位古老的共和國之母幾乎與輕浮言談或遊客閒聊格格不入。

一到威尼斯，馬克・吐溫就登上旅館準備的貢多拉，但卻無法滿足他對旅遊所期待的壯闊與輕靈如歌。

名聞遐邇的貢多拉和動人的船夫！但這是一艘黑漆漆鏽跡斑斑的破舊獨木舟，當中卬著一只黑貂靈體，另一個是打赤腳髒兮兮的流浪兒，衣衫襤褸暴露身上不該公諸於眾的部位。現下，他過了個轉角，拋出他的靈車滑入兩支長槳划動間的慘澹溝渠，空屋建築，娘娘腔船夫開始吟唱，真如其種族傳說那般。我忍受了一會兒，然後問：「喂，聽著，安吉洛，我是朝聖者，與你素昧平生，但我可不想被那種貓叫春搞得精神分裂。你再唱下去，不是你就是我得跳水逃生。……」

儘管他對貢多拉船夫的音樂天分大失所望，但這位馬克・吐溫船主卻發現他們的划船技術甚是迷人。的確，他可能是第一位詳細記載貢多拉船夫技巧的遊客。

這世上，怎有人可以如此後退轉向、往前直射或突如其來賣俏轉彎，還能把槳穩穩靠放在那些細小凹槽中，對我而言這是困難的，卻是我從來興趣不減的事。我研究船夫了不起的技巧，恐怕多過那些滑行而過的宮殿雕梁畫棟。他轉彎時角度如此之小，偶爾，與其他貢多拉擦身而過，相距不到一根髮絲之近，我都能感覺到一股「熱辣」，好比那個孩子說的，像馬車車輪擦過手肘一樣。可是，他工於計算精準無誤，如從容自信的出租車司機般，在交通混亂的大道上迅速變換技巧疾行如飛，分毫未失。

當然，馬克．吐溫看了所有重要的景點，包括數量龐大的繪畫作品。然而他並未如多數遊客那般歡天喜地讚揚威尼斯藝術。「我們看到夠多的殉道者畫作，也看夠了聖徒的，讓世界重生的……對我而言，看到這些殉道者當中的一員，彷彿也就看到了他們全部。」雖然如此，馬克．吐溫和幾乎所有的遊客一樣，對威尼斯的美，難掩震驚。對他來說，最大的樂趣就是救主堂的慶典，人們乘坐著張燈結彩五顏六色的貢多拉，划到平靜如鏡的海上去觀賞夜間煙火。「像極了一座五彩繽紛的大花園，只不過這些花朵不是靜止不動的；它們不斷滑進滑出……這樣的遊園會非常壯觀華麗。它們徹夜通明，而我從未曾有過比此時更樂在其中的時光。」

跟著遊客一起來到威尼斯的還有藝術家。威尼斯已經成了非畫不可的城市。馬內（Edouard Manet）在一八七五年造訪威尼斯，一八七九年來的是惠斯勒（James Whistler），一八八一年來了雷諾瓦（Auguste Renoir），還有一九〇八年莫內（Claude Monet）來了。這些是最出名的一批而已。愈來愈多人群起蜂擁，渴望購買較不知名的練習生畫作；幾乎只要有個畫架和一點天分，就有現成的顧客上門。更多的遊客，意味著旅館和餐館的生意更興隆。不過，對威尼斯數百名貢多拉船夫而言，好運就快要到盡頭了。一八八〇年代，第一批蒸氣動力的水上巴士被引進了威尼斯，從此改變了威尼斯的面貌。遊客和威尼斯百姓不必再僱貢多拉才能從一處到另一處，只消登上這種鬧哄哄但快速的水上巴士就行。貢多拉很快就不再是交通工具，只是體驗之旅。

進步還是另闢蹊徑入侵了十九世紀晚期的威尼斯。大運河上有兩處新地點建造了兩座鐵橋，學院橋（Ponte dell' Accademia）和鐵路車站，使得城裡的步行交通大幅增加。一八六七年爆發霍亂，帶動了水流更改，讓污水更容易排放到海裡去。水管線路從布倫塔谷（Brenta Valley）通往威尼斯，提供室內管路，最後流進蜚短流長文化興盛的井裡。工業革命以位於朱代卡島尖端的史塔基家族磨坊的形式進入威尼斯。喬凡尼．史塔基（Giovanni Stucky）的父親是瑞士人，母親是威尼斯人，他以古老工業模式建造了巨大的麵粉磨坊和穀倉，其風格與運河對岸的威尼斯背道而馳。當地政府之所以容許它是因為這座工廠提供了市民迫切需要的工作機會。類似的紀念性建築也在利多島上拔地而起。歐洲的時尚海水浴場對威尼斯再合適不過，也帶動營造業在空蕩蕩的沙洲上建起了面向亞得里亞海的奢華新旅館。一度是拜倫與雪萊賽馬的地方，愛克賽希爾宮殿酒店（Excelsior Palace）和貝恩思酒店（Hotel des Bains）開幕了。

到了二十世紀，威尼斯在很多方面都兜了一圈又回頭。被外國強權一手交過另一手，最後回歸義大利手裡，要不然就是威尼斯的統治。在現代世界裡尋找目的，它又重新回到觀光業，至少在共和國衰亡之前是它維繫了命脈。不過，遊客來到這裡不再是看歌劇或買春，也非為了賭博。相反地，他們來是為了，看看威尼斯。

第十九章

戰爭，海洋，還有觀光客：二十世紀之後的威尼斯

二十世紀之於威尼斯，是轟然一聲巨響展開的。名副其實。高三百二十三英尺的聖馬可鐘樓，竣工於十二世紀多梅尼科·莫洛西尼總督任內；一九〇二年六月初，在對它的基座，桑索維諾創作的桑索維諾前廊（Loggetta）進行修繕工事時，鐘樓出現了一個大裂縫。接下來數日，令人擔心的裂痕往上曲折蠕動，終於到達了第五扇窗。儘管有過無數次警告，也做過相當多討論，但無所作為。七月十二至十三日的週末，遊客甚至還能爬上鐘樓階梯。然而，到了週日下午，所有人都很清楚看到這座中世紀建築的結構出了問題。市政府禁止在廣場上奏樂，怕管弦樂隊的音波震動會使鐘樓搖晃得太厲害。

隔日早上九點四十五分，一條裂縫穿透了聖馬可廣場，剎那間鐘樓已經崩塌，大量灰塵與煙霧凌空而上。所幸，倒塌影響是局部的。有幾家商店，還有聖馬可國家圖書館的一角，受到了波及損

壞。桑索維諾前廊，不用說，完全被壓垮了。不過附近的聖馬可教堂和總督府安然無恙。驚人的是，無一人受傷，只有威尼斯人的驕傲受創。不止一位觀察家都以這次的倒塌事件做為威尼斯持續毀滅的證明，或至少證明了義大利政府無能為力去維護這座偉大的城市。在印刷品和報紙很便宜的年代裡，聖馬可地區的形象，早已如大笨鐘或巴黎鐵塔那樣，是國際公認的地標。全世界此起彼落哀嘆鐘樓倒塌，呼籲要重建它。

市政府迅速採取行動。倒塌的當天，一致同意要重建鐘樓，原地原樣。不過，營造商決定寬鬆解釋「原樣」。新的鐘樓在一九一二年四月二十五日，聖馬可節落成，模樣和舊的毫無二致。桑索維諾前廊的碎片被煞費苦心收集起來，重新組裝回去。金光閃閃的大天使加百列被修復好，重新放回鐘樓頂端。新鐘樓的磚塊甚至經火燒灼，讓它有中世紀風貌。然而，在它的外觀底下，聖馬可的新鐘樓徹頭徹尾是現代的。它的骨架以鐵製成，而它的舊樓梯，類似托爾切洛島聖母升天聖殿（Campanile of Santa Maria Assunta）的那種舊樓梯，被現代升降梯取代了。

現代建構的中世紀建築物，成了引發更大爭議的象徵，在整個二十世紀影響了威尼斯，其中現代主義派與保護主義派爭議不休。蜂擁而至的國際旅客呼求的是後者。畢竟，他們來是為了看威尼斯最知名的景點——聖馬可、安康聖母堂、里奧托橋，諸如此類。公然竄改其中任何一項都不行。但城裡的其他部分呢？能不能不要現代化？二十世紀初霍亂持續威脅威尼斯愈來愈貧窮的地區，然而，改善住家和環境衛生永遠都有古蹟維護的顧慮。即使電力也遭抵制，因為有些人害怕人工照明會玷污威尼斯大運河上聞名於世的月光。

威尼斯現代主義人士在城市的邊緣推動最大的進展，比方說，朱代卡島的史塔基磨坊。在荒蕪的利多島上，以石板留白的方式呈現。而愛克賽希爾宮殿酒店和貝恩思酒店吸引了一群富有的新客戶到這些豪華的度假村來旅遊，高端的住家與商店很快就將沙洲填滿。十年內，利多島從一塊空無一物的防波堤，改頭換面成了時髦現代的社區，聖馬可的美景就在眼前。利多島擁有威尼斯欠缺的一切——汽車、有軌電車，還有寬廣筆直的三線林蔭大道。

這塊夾在新與舊之間的荒涼地帶，成了二十世紀以威尼斯為背景的最著名小說的創作靈感：湯瑪斯．曼（Thomas Mann）的《魂斷威尼斯》（*Death in Venice*）。一九一一年，湯瑪斯．曼留宿在貝恩思酒店。小說主角古斯塔夫．馮．奧森巴哈是功成名就卻刻苦寫作的小說家，到利多島上度過了一個非常假期。住宿在奢華旅館的期間，他暗中監視著一名來自波蘭的男孩，男孩與其家人一同旅遊威尼斯。出乎意料的，奧森巴哈對這位名叫達秋的少年一見傾心不可自拔。不久，他開始在沙灘上和旅館裡悄悄跟蹤達秋，但行跡太過以致於其他人，包括少年，都發現了。湯瑪斯．曼利用利多島進步的氣氛，暗喻一個理性現代化的環境，也是奧森巴哈深陷於迷戀達秋而拋諸腦後的世界。雖然舊城區裡爆發了霍亂，但奧森巴哈仍在那裡不由自主跟蹤達秋與其家人，甚至以化妝品和染髮意欲美化自己，可憐的想讓枯木回春。受到古老的威尼斯黑色神祕事物所吸引，奧森巴哈整日流連不返，最終因為吃了腐壞的草染上了霍亂。他死在利多島的沙灘上，仍注視著他的至愛達秋。湯瑪斯．曼的這部中篇小說在一九一三年於德國出版，一九二四年被翻譯成英文，一夕變成了暢銷書，數量與日俱增的高學歷讀者趨之若鶩，他們很欣賞小說用一個舉世欽佩的度假村為背景，來描述冷靜與情感之間的交戰。湯瑪斯．曼的故事是紀律與自由之間，是壓抑欲望與表達禁忌之愛兩者間的掙扎。其精髓，一點都無關乎威尼斯。可是湯瑪斯．曼將背景設定在威尼斯卻非常重要。達秋的年輕純真在明亮嶄新的利多島上，強烈對比著促使奧森巴哈來到被疾病腐蝕舊城區的祕密欲望。雖然威尼斯官方試圖掩蓋傳染病，奧森巴哈卻知道真相，「這座城市的犯罪祕密，與他自己見不得光的祕密，同時發生」。威尼斯在湯瑪斯·曼的作品裡，成了衰敗與死亡的象徵。《魂斷威尼斯》的大受歡迎卻讓人放心，這樣的聯想是可以忍受的。

一九一四年，一次大戰爆發，威尼斯與歐洲其他地方都憂心忡忡。義大利政府加入協約國，以對抗奧匈帝國、德國和（後來的）鄂圖曼帝國。威尼斯人認為，大戰可能會重現之前的痛苦陰影，對抗他們的占領者哈布斯堡王朝，以及他們的世代仇敵土耳其人。但這次的戰爭是一場新的戰爭，用新的武器作戰，用工業效率殺人。如同數百萬遍布歐洲的其他人一樣，威尼斯人整軍趕赴戰場殺敵，在地獄般的戰壕裡送命。

對於威尼斯的經濟而言，戰爭的第一個犧牲品是旅遊業。第二個是運輸業，因為威尼斯仍是個小型商港。奧地利人控制著亞得里亞海，很快就封鎖了潟湖。就在數年前由美國萊特兄弟（Wright brothers）發明的飛機，不久就被迫投入大戰提供服務。從一九一五年五月開始，奧地利人的空襲戰略目標在威尼斯，特別是針對軍械庫與鐵路車站。可是砲火準確度很差，子彈如雨卻都下在至美聖母堂和聖若望及保祿大殿醫院，甚至炸毀了赤足教堂（Scalzi church，亦即拿撒勒聖瑪利亞堂）裡提埃坡羅畫的天花板。一九一五至一九一八年間，有超過四十次空襲攻擊，在威尼斯投下了將近一千顆砲彈，雖然很多（包括那些擊中聖馬可的在內）都沒有爆炸。要是威尼斯人沒有對這類猛攻有所防備，損失會更慘重。空襲前數個月，聖馬可廣場上的青銅馬雕像就被拆下來藏好，科萊奧尼的雕像被裝進木箱塞滿乾草，提香的《聖母升天》圖用貨車運到大陸去，同時無數的教堂都已鋪上墊子和舊床墊來保護其貴重珍寶。威尼斯人甚至採取了某種程度的報復行動，詩人作家兼早期航空狂熱分子加百列・鄧南遮（Gabriele D'Annunzio）駕著他那裝飾著聖馬可之獅的飛機，在威尼斯領空投下了羞辱奧地利人的傳單。

威尼斯人在戰爭期間所經歷的折磨也得到了彌補。義大利人在維托里奧・威尼托戰役（Battle of Vittorio Veneto, 1918.10）大敗奧地利人，隨後攻克特倫多、烏迪內，還有第里雅斯特。義大利領土收復派主張，奧地利人必須返還所有曾屬於義大利得領土，最大面積的領土就在威尼斯境內。等到停戰協定簽妥，他們高度希望威尼斯能擺脫貧窮，重建成為威尼斯共和國治下的疆域。

但事實並非如此。戰後，威尼斯人和他們在羅馬的協約國，說服義大利政府把已失去活力數百年的威尼斯重建成工商業兼得之國度。這項新議案的核心與靈魂是要興建馬格拉港（Porto Marghera），一個技術最先進的巨大海軍港口，和工業區，就建在大陸上，離梅斯特雷的鐵路橋不遠。百年多以來，威尼斯人一直爭議不休，究竟要不要將威尼斯的主要港口，從舊有地點聖馬可水道遷走。確定該地區無力提供服務給大型現代船隻時，遂在威尼斯極西端的薩萊諾海事站（Stazione Marittima）興建了第一個新的港口。不過馬格拉港規模還要更大。它建在原本毫無用處的濱海濕地上，其設計是為了工業與貿易活動，要打造威尼斯成為一個現代的商業中心。而且，各方面都是威尼斯的風格。它不是要摧毀世上最美麗的城市，而是要讓威尼斯在大陸能完全自由進行現代化。大規模的挖掘、疏浚和開墾再利用，幾乎耗費了十年之久。到了一九四〇年，馬格拉港已經有超過六十家工廠在營運，每一家都在猛烈噴發濃煙，但也帶來收益和就業機會。一九二六年，威尼斯市政府幅員擴大合併了馬格拉港與梅斯特雷，連同潟湖諸島穆拉諾和布拉諾。至少，威尼斯已經重返大陸了。

一九二〇至三〇年代期間，由墨索里尼（Benito Mussolini）法西斯主義人士入主義大利政府。雖然實際上威尼斯和古羅馬毫無淵源（這點始終是法西斯黨人講究的重要元素），但威尼斯卻得利於法西斯主義的現代化計畫。馬格拉港的產業令梅斯特雷城迅速擴充。威尼斯工人很快就發現，在那裡的生活比搭火車過橋通勤來得輕鬆，而觀光客也再度蜂擁而來。為了讓巴士與汽車在威尼斯和大陸之間交通順暢，法西斯政府出資興建了另一座橋，這一次直接蓋在與鐵道橋相連處。於是，利托里奧橋（Ponte de Littorio）就從鐵路接近威尼斯處分岔出去，一路通往新的羅馬廣場（Piazzale Roma）；方形的羅馬廣場到處都是巴士站，還有一座龐大的停車場，但幾乎當下就遭到訕笑，嫌它醜陋討人厭。它至今猶存，只是不再極其繁忙罷了。

威尼斯的法西斯世紀裡，最有權勢的人是朱塞佩．沃爾庇（Giuseppe Volpi）伯爵。沃爾庇是名優秀的實業家，也是威尼斯本地人，靠著將電力帶進義大利北部和威尼斯而致富。一九一二年，他代表義大利與鄂圖曼帝國談判，為他的祖國贏得了利比亞，以及蘇萊曼一世致贈的獎品羅得島。由於他的努力，義大利因而成為殖民地強國裡會員專屬俱樂部的一員。沃爾庇是馬格拉港的重要擁護者，也因此經常贏得讚譽。在大運河畔建造舉世聞名的古利提皇宮酒店（The Gritti Hotel）之後，他協助成立「義大利大酒店協會」（Compagnia Italiana dei Grandi Alberghi），這是豪華酒店連鎖體系，利多島上的度假村也是其中一員。一九二五年，墨索里尼任命他為義大利的財政部長。一九三〇年法西斯政府接收威尼斯雙年展這個在花園區舉行的國際藝術展覽活動時，沃爾庇被指派出任會長。

一九三四年六月，沃爾庇在威尼斯主持墨索里尼與希特勒（Adolf Hitler）第一次會談。六月十四日，希特勒的飛機降落在利多島，這位德國元首現身時身著一件簡單的夾克，打了個領帶，再加上一件風衣，就來見墨索里尼；墨索里尼則一身華麗戎裝。據說，是因為溝通不良，才會使得一人穿得像老百姓，另一人像軍官，不過希特勒懷疑墨索里尼是故意的，想令他自己在新聞短片和照片上看起來比較有份量。在銅管樂團奏樂中，希特勒與墨索里尼走進了雄偉的皮薩尼宮酒店（Villa Pisani），是威尼斯前貴族的豪華莊園，之後再回到威尼斯遊覽大運河，並在總督府內欣賞了一場韋瓦第和華格納的音樂會。六月十五日，希特勒被帶去參觀雙年展裡的德國館。但德國館的希臘風格不是他所喜歡的。數年之後，德國館被改成納粹風格；精緻的愛奧尼亞柱被條頓人的方形柱取代，門上還裝飾著一隻帝國之鷹，和一個納粹黨徽。若除去那些符號，其實德國館依然維持著一九三八年時的樣貌，雖然經常有人要求要將它拆除乾淨。一九九三年，德國藝術家漢斯・哈克（Hans Haacke）拿了一支自動霰彈槍放在墨索里尼和希特勒會晤處的地板上。這件碎片藝術題為「沒有基礎」（Without Foundation）。

雖然法西斯主義在義大利北部遭到反抗，但威尼斯人卻沒什麼抵抗，也鮮少批評。畢竟，有沃爾庇這麼一位擁護者，威尼斯在法西斯治理下繁榮得很。反猶太主義的法令在一九三八年陸陸續續開始從羅馬發出來，可是猶太人在威尼斯人口裡比例不到百分之二。法律禁止猶太人在威尼斯做生意，也不准進館子用餐，只在口頭說，往往無人理會。

二次大戰在一九三九年九月爆發，義大利並沒有參戰。墨索里尼態度繼續曖昧不定，大耍花樣想趁鷸蚌相爭中坐收漁翁之利。他相信，希特勒會速戰速決終結這場戰爭，因此一九四〇年六月，義大利終於向法國與英國宣戰。墨索里尼希望在預期中的和談裡面可以有所收益。可是，追求和平並非希特勒衷心所願。希特勒接著入侵蘇聯，不僅震驚了史達林（Joseph Stalin），墨索里尼震驚的程度亦不在話下。結果，義大利只好準備再發動另一場漫長又血腥的戰役。

一次大戰期間，威尼斯男性離開潟湖去殺敵。他們絕大多數都被派去希臘或達爾馬提亞，去那裡的計畫是為了「收復」那些義大利舊有領土。雖然義大利軍隊很快就困在阿爾巴尼亞停滯不前，但德國人一抵達當地，攻勢仍能順利推進。達爾馬提亞是威尼斯古老帝國的核心，轉瞬就被拿下移交給義大利法西斯政府。克里特島與愛琴海諸島長久以來隸屬於威尼斯，也被納粹占領了。

對義大利而言，一九四三年戰爭的趨勢急速扭轉，當時美國與英國軍隊入侵西西里島，預備拿下義大利半島。到了七月，法西斯黨信用徹底破產。義大利國王伊曼紐三世（Emmanuel III）下詔逮捕墨索里尼，後來，義大利政府與同盟國簽署了休戰協定。不過，希特勒不願意如此輕易就失去義大利。八月，德國發動一次猛烈的入侵行動，從北部進犯義大利，與盟軍決戰。雖然希特勒企圖力挺墨索里尼，但是絕大多數義大利人不再接納他。因此，德國就這麼占領了義大利。希特勒下令解除所有義大利人的武裝，並掌握了地方政府的統治權。納粹部隊在一九四三年九月八日抵達威尼斯。有數名反法西斯人士遭逮捕，但為數不多。在納粹侵門踏戶之前，威尼斯的猶太人泰半逃的逃，躲的躲。由於自一七九七年以後，猶太人並未被侷限於猶太隔離區裡，要藏身比以往更易如反掌。威尼斯真正的猶太人領袖是朱塞佩．喬納（Giuseppe Jona），因為不願意服從納粹命令交出猶太人名單和住址，選擇自我了斷。在一九四三年十二月五日至一九四四年夏末，被逮捕送進集中營的威尼斯猶太人超過兩千人，大多數去了奧斯威辛（Auschwitz）集中營，其中包括了威尼斯猶太人的首席拉比阿道夫．奧托倫吉（Adolfo Ottolenghi）。在那個滅絕營裡，只有八人苟活下來。

就算你不是猶太人，威尼斯也是大戰期間義大利最安全無虞的地方。一有機會，盟軍就會堅決保護義大利境內的歷史珍寶，而威尼斯坐擁著大量寶藏。盟軍和德國間的戰爭，撕裂了義大利半島，舉凡能逃的人，都投奔到這個潟湖之城的美麗與相對安全懷抱裡。正當二戰如颱風撕裂了歐洲，威尼斯是颱風眼，就好比第一批威尼斯人，大家在它的鹹淡參半的海域裡，都能安身立命。威尼斯當地也時有所聞反抗納粹運動，但不多。想和德國戰鬥的人，儘管加入帕多瓦游擊隊。偶爾，威尼斯會發現反抗軍，一九四四年有七人在城堡區的帝國堤岸（Riva dell'Impero）遭槍決，這裡從此改名七烈士堤岸（Riva dei Sette Martiri）。一九六八年這裡的海濱豎立了一座威尼斯反抗軍婦女雕像。這座青銅雕像描繪一名垂死的婦女躺在水泥平台上，潮水來回有時淹沒它、有時露出它，非常像威尼斯的抵抗。

戰火並未破壞威尼斯城，可是它的新工業中心被炸毀了。聯軍的轟炸機瞄準梅斯特雷的馬格拉港，以及所有通往帕多瓦北上的鐵路。德國人的回應是，直接派遣油輪開進威尼斯，卸下貨櫃，裝進較小的船隻裡，再取道運河與河流北上。這項戰術導致聯軍在大戰期間對威尼斯發動了唯一一次空襲。一九四五年三月二十一日，英國艦長喬治・韋斯特萊克（George Westlake）下令採取「鮑勒行動」（Operation Bowler），砲轟德國在威尼斯的船艦。這就是我們今日所謂的外科手術式攻擊[1]。

1 編按：外科手術式攻擊（surgical strike），意指使用十分精準的飛彈或炸彈摧毀目標物，摧毀目標的效果可以達到如同外科手術切除的那樣精確乾淨，而不會傷及目標以外的物體。藉此避免大規模的地毯式轟炸所造成的大量無辜傷亡、不必要的建物損毀和武器的浪費。

盟軍指揮官們要昭告世人，誰若損壞威尼斯，就叫他戴上「紳士圓頂帽」（bowler hat），意味從軍中解職。韋斯特萊克下令大肆發射潛水炸彈，從一萬英尺高空幾乎是垂直落下，成功炸毀了德國船隻。威尼斯人站在附近的頂上觀看整個空襲行動，全部毫髮無傷。

然而，到了那個時候，義大利的戰事已經急轉直下。美軍在艾森豪（Dwight D. Eisenhower）將軍指揮下，在一九四四年六月五日占領了羅馬。從此以後，德國人愈來愈難以阻擋聯軍的進攻。到了一九四五年四月，美國陸軍第五連和英國陸軍第八連已經抵達波河河谷，而義大利突擊隊也已經占領了帕多瓦。四月二十九日，就在墨索里尼被處死刑的隔日，英國陸軍第八連在紐西蘭第二步兵師少將伯納德．弗雷伯格（Bernard Freyberg）率領下，解放了威尼斯。在前往第里雅斯特之前，弗雷伯格「占領」了達尼爾酒店，他在一九二二年曾在那裡度蜜月。

※

二戰結束，新世紀展開。滿目瘡痍的西歐努力重建，而勝利的美國成了西歐對抗蘇聯的防禦者。美國勢力驟然崛起，加上橫渡大西洋的可靠航運同時期快速發展，意味美國遊客不再是威尼斯的罕見奇葩，而是常客。的確，在二十世紀晚期和二十一世紀初，美國人對威尼斯的觀點，在塑造這座城市與其形象上，有著重要地位。（你大可爭辯這段美國學者寫的歷史，又是那座高牆上的另一塊磚，是來洗腦的。）在威尼斯有影響力的美國人數以千計。比方說，二次大戰後緊接而來的那些年，海明威（Ernest Hemingway）來了，他在一九四八至一九四九年間在威尼斯住了好幾個月。一如海明威所到之處經常有的現象，到處流傳著有關「爸爸」和他在威尼斯停留的一連串故事。海明威是哈利酒吧（Harry's Bar）的常客，這裡經常有富豪和名人流連消磨時間，他把經歷寫進了小說《渡河入林》（*Across the River and into the Trees*）。和湯瑪斯．曼的《魂斷威尼斯》一樣，海明威的故事千絲萬縷交織成威尼斯的死亡與美麗的概念。小說主角是美國上校理查．坎特威爾，曾協助把威尼斯從納粹手中解放出來，最後回到威尼斯來思考他的人生。

評論家都認為《渡河入林》是一部失敗的作品，儘管如此，仍讓哈利酒吧成了威尼斯遊客們的朝聖地。酒吧的創辦人朱塞佩．奇普里亞尼（Giuseppe Cipriani）那時在豪華的歐羅巴酒店（Hotel Europa）當服務生，遇見一位美國長住客人哈利．皮克林（Harry Pickering）向他借一萬里拉。奇普里亞尼借給他這筆錢，完全不指望對方會還錢，但對方竟還了四倍之多。皮克林提議奇普里亞尼開一家自己的高級酒吧，還建議店名就叫作哈利酒吧。酒吧開幕於一九三一年五月，旋即生意興隆，大受有錢遊客的歡迎。海明威在此有專屬的角落座位，喝著各式各樣的馬丁尼。到了一九五〇年代中葉，美國人都大排長龍等著進哈利酒吧，喝一杯貝里尼——店裡的特調酒，一開始就是以義大利氣泡葡萄酒普羅賽柯（Prosecco）、白桃果泥，加一點覆盆子果汁調製而成，至今不變。

對一九五〇至一九六〇年代美國上流社會人士而言，威尼斯可堪媲美巴黎，是世上最浪漫的都會。紐約的出版社不斷印出導覽書，建議遊客去哪裡吃、住，以及體驗在地魅力。美國電影反映出這種無處不在的形象。在賣座電影《羅馬之戀》（*Three coins in the fountain*, 1954）裡，由梅姬．麥可納馬拉（Maggie McNamara）飾演美國祕書瑪利亞．威廉斯，對行色匆匆的迪諾迪．賽西親王一見鍾情；由路易斯．喬丹（Louis Jourdan）飾演的賽西用私人飛機載著梅姬去威尼斯。《羅馬之戀》是第一批大銀幕電影的作品，場景令人驚艷，預告片中吹噓它是「傳說中神話般的義大利」。同樣地，在電影《激情夏戀》（*Summertime*, 1955）中，另一位美國單身女子珍・哈德遜，由凱薩琳・赫本（Katharine Hepburn）飾演，陶醉在威尼斯，也對迷人的雷納托・德・羅西神魂顛倒。《激情夏戀》是在故事裡取材威尼斯風光為要素的第一部大眾電影。珍漫步於聖馬可廣場，買穆拉諾島的玻璃藝品，逛時髦的服飾店，遊歷五光十色的布拉諾島。而如同十八世紀神祕的陰鬱威尼斯一樣，浪漫的羅西有著不可告人的祕密。他已婚。雖然珍懷疑他是否只是在利用她，但她仍在離開前和羅西在一起。這些電影裡，無異於三百年來的小說作品，威尼斯始終保有它那令人陶醉、神祕又頹廢的形象。它是個強烈吸引遊客的地方，大家很快就拜倒在它誘人的咒語下。

《激情夏戀》裡最負盛名的場景是，由凱薩琳・赫本想拍張照片，一面拍一面向後倒退跌入聖巴爾納伯教堂（San Barnaba）附近的運河。導演大衛・連恩（David Lean）堅持赫本自己要做特技演出，連拍了四次他都不滿意。後來沒多久，赫本眼睛感染了罕見病菌，可能會導致她後半生失明。她歸咎於是因為她跌落骯髒的運河裡時，要一直張大著眼睛，雖然也有可能是每次開拍前劇組把大量消毒水倒進運河的緣故。

赫本擔心威尼斯運河水危及她的健康，這反映出一個極端的轉變，因為早年人們咸信在運河裡游泳有益健康。二十世紀初，豪華的漂浮式浴池就停泊在安康聖母堂下面。之後數十年，夏季時威尼斯的兒童們經常跳進運河涼快一下。之所以轉變不單是因為後來的衛生標準更高。潟湖的水在一九五〇年代真的變得比較髒。雖然新的農耕技術大幅提高威尼托一帶的作物收成，但也導致化學肥料和農藥排放到河裡，再流進了潟湖。馬格拉港的重工業也將廢棄化學品傾倒在河水。當然，威尼斯的運河始終如此，是都市的下水道。在威尼斯，所有東西都排進水道或沖進馬桶裡，最後一股腦流進潟湖。

在威尼斯共和國時代，這件事從來不是問題。雖然城裡居住人口後來增長到十五萬，但潮汐每日兩次都會有效地清除污水和廢物。確實，威尼斯是中世紀歐洲最清潔的城市（無可否認，不是用高標準來看）。那並非巧合。是因為威尼斯政府很注重潟湖的健康，經常維護運河、疏浚深海渠道，並興築防波堤使水流更順暢。可是十九世紀城裡和潟湖的改變，卻使它自我恢復能力變差。其中最主要的原因是，十多條威尼斯的運河被填掉造陸。加里波利大街和新街（Strada Nuova）只是這些造街中最知名的兩條。每一條新建的人行道（通常稱為步道）都有其不得不建設的理由。有時是要開設讓遊客更容易接近的區域。有時，是想要免除運河在低潮期的惡臭或節省維護經費。而有時候，單純只是美觀取向。不管怎麼說，每一個案例裡，填掉運河造陸都會在未來限制水流進出城裡，導致其他水道愈來愈緊張。一八六七年，馬克·吐溫曾描述威尼斯是「舉目四望看不見一塊乾燥的土地，更別提人行道；想上教堂，只能搭貢多拉。它大概是跛子的天堂，因為在此地，人真的用不到雙腳」。到了二十世紀初，威尼斯已經變成一座步行之都。

在一九六〇年代初期裡，有愈來愈多呼聲警告著潟湖正處於危急存亡間。由於解決方案所費不貲，認真考慮的幾個方案都要符合這個地區的兩大經濟命脈：威尼斯的觀光業和馬格拉港的重工業。有段時間，遊客一直都抱怨龐大的油輪和駁船攪亂了他們通往朱代卡運河，也妨礙他們去馬格拉港與亞得里亞海間的聖馬可廣場。這些工業巨獸不光是醜陋難看，也讓許多人擔心萬一出了意外，會傷及城裡的建築物，或甚至造成漏油事件。不過，路徑是必要的，因為朱代卡運河是唯一夠寬夠深的水道能行駛這些船隻。遊客到威尼斯常會想像潟湖是塊水汪汪的帆布，每一處水深都相同。事實上，潟湖絕大部分相當淺，甚至深不及腰。在那裡航行只限於行駛在有當局保養、清楚標示的渠道。數世紀以來，威尼斯之所以堅不可摧，原因是入侵者無法行駛在那些渠道上，尤其是沒有標示又填滿了瓦礫的地方。

一九六五至一九六六年，威尼斯潟湖的古老首都馬拉莫科附近的一條新渠道進行疏浚。它經由潟湖南部通到位於大陸的一個新興第三個工業區。就像馬格拉港一樣，它被奉為可以兼顧維護該地區工業現代化與威尼斯旅遊之美的途徑。

然而，洪水來襲。

一九六六年十一月三日，強烈風暴襲擊整個義大利。傾盆大雨加上強力西洛可風[2]從南部猛襲亞得里亞海，捲起滔天巨浪，堪稱世紀大風暴。十一月四日早晨，劇風捲起的巨浪湧向威尼斯潟湖，海平面驟升，比平素漲潮還要高出大約六英尺。威尼斯人驚覺他們的城市下陷泡進了水。供電被切斷，燃油油輪被淹沒，地板進了水，交通幾乎動彈不得。由於風勢持續了一整天，潮水帶不走半點東西。威尼斯大約連續癱瘓了二十四小時之久。等到海水終於退去，留下滿目瘡痍，到處可見家具、垃圾、動物死屍，還有未經處理的污水。威尼斯脆弱的建築物的低樓層不但受到海水重創，高樓層也因毛細作用濕答答。

一九六六年洪水災情對人們仍有的威尼斯觀點有何影響，很容易被低估。今天，最常見的意見是那些對威尼斯一無所知的人所提出的，認為威尼斯逐漸在陸沉。一九六六年以前，這種看法幾乎不存在。其實，慘絕人寰的洪水讓威尼斯煥然一新。以往它始終是個嬌貴的地方，美得精緻又青春永駐。如今遇此險況。在全心全意刷洗的浪濤下，威尼斯正在陸沉，必須採取行動，即刻不能等。

「即刻」這個用詞，在正常情況下不會和義大利政府、其他行動大膽積極的機構與機關，聯想在一起。但驚人的是，這場洪水確實結束了對外界應為保存威尼斯負起多大責任的爭論不休。聯合國立即在威尼斯設立了「聯合國教科文組織」辦公室，撥給經費研究這場洪水與其損害。始終關愛威尼斯的民間有錢人士成立慈善組織來援助這個城市。第一個組織是由英國駐義大利大使阿什利・克拉克（Sir Ashley Clarke）爵士成立的，後來命名為「瀕危的威尼斯」（Venice in Peril），是同類組織最大型的機構，挹注了數千英鎊在全城進行保存與修復工作。一九七一年，知名的英國作家約翰・朱利葉斯・諾里奇（John Julius Norwich）出任「瀕危的威尼斯」主席，直到一九九九年才卸任。它最成功的募款計畫是與英國連鎖餐廳「披薩快遞」（PizzaExpress）聯名合作，每賣出一個威尼斯披薩，餐廳捐出一部分所得投入威尼斯保存計畫。

「瀕危的威尼斯」是第一個，但絕對不是最後一個因應需求的慈善組織。全球有十一個國家，共有二十九個類似的組織，共同成立「保衛威尼斯民間委員會」，這是個非營利組織，密切與聯合國教科文組織、市政府合作，從事有價值物件的鑑識工作。這些組織裡的巨頭，不奇怪，正是美國人。其「拯救威尼斯公司」在一九七一年成立於紐約，之後又在洛杉磯和波士頓設立了分部。它靠一己之力每年籌措大約一百萬美元給威尼斯保護計畫，比所有其他保衛委員會的總額還要多。它的主要捐款並非來自銷售披薩，而是來自為美國富豪所舉辦的蒙面舞會、會員專屬講座，還有威尼斯

2　編按：西洛可風（Sirocco），起自撒哈拉沙漠，吹過南地中海或北非，凡向東吹的南風或西南風，稱為「西洛可風」。這種風乾燥而燠熱，多挾帶沙塵，常見於七、八月。

旅遊。拯救威尼斯公司因為訴諸極端富裕的菁英人士而經常遭受批評，因為那些人對威尼斯本身一無所知也毫不在意。當然，倘若一個人想要打扮得花枝招展去參加紐約廣場飯店（Plaza Hotel）的嘉年華慶典，是真的該有慈善為懷的目標才行。不過也不能否定拯救威尼斯公司曾經資助並持續捐助所做的好事。如果那些社交名流不能牢牢掌握他們的錢去向何方，他們就會想花在更有價值的東西上。他們很多人也確實能牢牢掌握，要不提意見，要不擺擺美國紳士架子。不論是哪種情況，威尼斯肯定對財大氣粗毫不陌生。如果有些奢侈的成果仍能一路進到總督之都，那麼也就沒什麼東西不適合。

自一九六六年起，外國的慷慨解囊並沒有全數投入物質性的保存計畫中。有些民間委員會贊助藝術史學家尋求更好的保存之道。對威尼斯進行學術研究的最重要組織是「葛萊蒂斯．克里伊博．德爾瑪思基金會」（Gladys Krieble Delmas Foundation），由德爾瑪思和她的丈夫尚．保羅．德爾瑪思（Jean Paul Delmas）成立於一九七六年，主要是致力於對威尼斯歷史與文化做各方面研究。雖然與拯救威尼斯那類組織比較起來相形見絀，但德爾瑪思基金會發動了數以百計美國與英國聯邦的學者，在威尼斯的檔案館、聖馬可圖書館和其他歷史文化資料庫裡進行原始與革新的研究。半點也不誇大其詞，德爾瑪思基金會促使英語系學術研究在威尼斯這個議題上格外興盛，直到今天亦然（確實無誤，甚至催生了本書）。

外國組織協助修復了一些洪水災情的損壞，但無法給予如何避免再次傷害的解決之道。幾經爭吵，義大利政府通過了一九七三年的特別法案，保證基金都會留作「威尼斯城與其潟湖的歷史、建築與藝術環境之用」。不消說，至於這一點要如何徹底落實，仍在威尼斯人和其他義大利人之間有所爭議。立法機構的一致意見，以及政治團體如「我們義大利」（Italia Nostra）的看法，是馬格拉港是洪水的罪魁禍首。大家認為，十多年來將水從含水層抽取出來以供應工業使用，使潟湖陸沉。此外，開闢馬拉莫科渠道和第三個工業區，使潟湖吸收多餘水量的能力變得有限。為了對抗這些問題，地方上抽取地下水要加以禁止，還要制訂嚴格法規限制工業污染。特別法同時也提供資金更新威尼斯的住宅，加裝瓦斯以減少空氣污染和燃油外洩污染潟湖的機率。

並非人人都認為錯在馬格拉港。歷史學家瓦地米羅．多利戈（Wladimiro Dorigo）在他的著作《和威尼斯作對的法規》（*Una leggo contro Venezia*）裡，堅持主張工業現代化是威尼斯的救贖，而特別法僅僅只是反動分子企圖維持這個地區停滯於歷史中永不腐朽罷了。另有一些人主張馬格拉港不是直接肇因，人工島如特隆凱托島（Tronchetto，汽車和遊覽車的專用停車場），還有供汽車與鐵路行駛通往大陸的橋梁建築，才該負起責任。自從二〇〇〇年起，由於海平面的問題明顯加劇，威尼斯變成了氣候變遷爭議裡的一顆皮球。其實，對於洪水氾濫的真正原因為何，至今仍無共識。科學很快就陷入政治與經濟議程的泥沼，雖然每個議程各都支持保護威尼斯。

然而，毫無疑問的是，有些事在進行著。中世紀時，雖然威尼斯也經常洪水氾濫，譬如在一一〇年或一二四〇年時，淹水比一九六六年那次更嚴重，但都沒有自一九七〇年以來那般頻繁。在一九八〇年之前，「高水位」每一年發生超過五十次，有時甚至更多。在冬季數月裡，每當南風吹起，警報器就會響起告訴現代威尼斯人高水位來了，這很快變成常有的事件。在全城最低處聖馬可廣場，會架設棧橋好讓大家毋須涉水通行。此後棧橋變成這裡的永久設備。

由於對於引起高水位的肇因莫衷一是，應該如何處理就引起了激烈的爭執。可想而知，事情進展拖拖拉拉。一直到一九九四年，公共工程高級委員會才通過一筆大約六十億元的議案，亦即所謂的「摩西計畫」（Modulo Sperimentale Elettromeccanico），這名稱令人想起摩西分開海水的偉大事蹟。等摩西計畫完成之後，在潟湖通往亞得里亞海的三個開口處（馬拉莫科、利多和基奧賈）的海床，將設置平放水中閘門網狀系統。只要潮水上漲至一一〇公分（三點六英尺）高，閘門就會充氣，浮起成四十五度角，完全關閉潟湖。反對者卻堅持說，摩西計畫製造的問題會比它解決的更多。如果潮水被止住了，潟湖要如何維持清新活力？它會變成無法沖洗的馬桶。環保人士也不退讓，認為摩西計畫會擾亂潟湖微妙的生態系統，導致魚類和水鳥生態循環中斷，引起有害水藻滋生。摩西計畫的支持者反駁說，閘門只浮起短暫一些時間，不足以造成任何環境上的問題。他們公然否決環保人士把潟湖描述成自然保護區，反駁說潟湖根本是人工產物，要是大自然有其道，威尼斯早在數世紀前就會如拉文納那般變成內陸了。和摩西計畫一樣，潟湖也是人造的。

之後數年，摩西計畫依舊爭議性極高。法案、訴願，還有要求額外環保影響研究，更拖慢了它的裝置進程。大量的替代方案紛紛出現，從提高威尼斯的路面，到沿著島豎立障礙物，再到將地下水抽出再倒回含水層，無所不包。全數遭到否決。義大利總理西爾維奧·貝盧斯科尼（Silvio Berlusconi）和摩西計畫之間的密切關聯，使問題更加困擾。總理已經在二〇〇三年為該計畫舉行了奠基典禮，他是堅強的擁護者。那些反對貝盧斯科尼的人，還有他所屬的中間偏右政黨，也都反對摩西計畫。雖然如此，這項計畫持續進行下去。它何時（或說假如）能完成，目前誰也說不準。

縱使警示很可怕，但高水位並沒有延誤威尼斯的旅遊業，如今這個地區的產值有超過一半來自觀光收益。確實，淹沒聖馬可廣場的海水成了旅遊趣味，是造訪這座最非凡城市的另一個理由。二十世紀下半葉威尼斯遊客數量驚人大增，和世界經濟富裕增長有直接關聯，特別是美國、日本和西歐。當美國觀眾看到赫本無助地跌落威尼斯運河裡時，很少人能希望有朝一日來到威尼斯。但情況有所改變了。根據聯合國世界旅遊組織的研究，一九五〇年國際遊客數是兩千五百萬人。二〇〇五年，那個數字已經一飛沖天到八億零六百萬人。到了二十一世紀，你不必非常富有才能看到威尼斯。當然，你一點也不必很有錢。

一九五〇至一九六〇年代期間，威尼斯的觀光業泰半僅限於夏季數月，當時的團體旅遊會把它們的團體客分散到威尼斯眾多家旅館。遊客一般都會把時間花在分別遊覽城裡的歷史重點和利多島海濱度假村。一九七〇至一九八〇年期間，自助型遊客（很多都抓著他們買的導覽書就來了）人數穩定增加，但沒有相應增加觀光收益。在沒有廉價班機之前，阮囊羞澀的人根本不可能去威尼斯。到了一九七〇年代，局面改觀了。學生遊客和其他預算有限的觀光客經常住宿在帕多瓦或梅斯特雷的廉價青年旅社，只要再搭乘火車進入威尼斯。這些一日遊徒步客想去威尼斯，看重大的景點，然後趁天色已晚前離開，否則就會花太多錢。他們擠在火車站裡、里奧托橋與聖馬可廣場之間的窄巷內，還有能縱覽大運河的壹號水上巴士航線。他們湧進聖馬可廣場，萬頭攢動於那裡的教堂，擠進碼頭區拍照，留下數噸三明治包裝紙和紙袋垃圾。在一九七〇年代，頒布了好幾條新法規，禁止睡在窄巷和火車站裡，也不准坐在聖馬可廣場上，還有在多數情況以有礙市容觀瞻的方式閒逛。麥當勞的店鋪甚至被禁止提供外帶食物。

威尼斯人也開始思考各式各樣方法來吸引更有品質的顧客，並能在夏季以外的時段來遊玩。結果想出來的辦法既是舊的也很新穎：嘉年華慶典。

一七九七年被拿破崙禁絕的嘉年華曾在十九世紀時重新恢復，不過並未真正持續下來。缺乏現成的壯遊客源、奢華的歌劇院、黑暗的賭場，以及一大群或三三兩兩的妓女，這個舉世聞名的慶典根本無施展空間。但隨著更多富裕觀光客回籠，說不定是時候應該再度一試。一九七九年二月舉行了一次為期四天的小型慶典，但吸引的遊客不多，他們只是對當地節慶感到好奇。但口耳相傳速度很快。一九八〇年的嘉年華擴大為一週，各式活動分散全城到處皆有。那年的懺悔節大約有五萬人，絕大多數是義大利人，遊客蜂擁到聖馬可廣場欣賞夜間音樂會、跳舞、參加化裝派對狂歡。經威尼斯日報《加澤蒂諾》（*Gazzettino*）大肆讚揚，將慶典譬為陰鬱灰暗冬季威尼斯的一束光。

到了一九八〇年代中葉，嘉年華的人潮多到冬季通常關門歇業的旅館和餐廳都開門營業。但遊客迅速攀升也導致它本身出問題。嘉年華沒有入場費，因為理論上它在威尼斯到處都有。可是市政府卻花費愈來愈多經費在盛會期間的警力、收垃圾和街道維護上。為了支付那些花費，政府必須徵收更多的稅，自然就激怒了威尼斯人，他們認為商店、旅館和餐廳負責人應該要負擔那些花費。一九八八年這件事變成一大爭議，因為政府決議完全不再資助這個活動。也就是說，嘉年華取消了。但不要緊。遊客無論如何還是會上門，而且是數以千計的來。此外媒體也是如此，架好閃光燈和相機拍攝舉世最知名的派對。雖然《加澤蒂諾》很開心下了個標題「人群聚集但什麼也無」，可是主辦單位和官方卻崩潰了，於是為有所期待而前來威尼斯的數千民眾準備了幾場舞台秀。

嘉年華接下來延長為差不多兩週，直到懺悔節前夕。人潮矢志相隨。一九九四年，將近有四十五萬人為了嘉年華來到威尼斯。一九九五年，那個數字躍升為六十萬，到了二〇〇〇年高達七十萬。在二〇一〇年之前，嘉年華吸引了超過一百萬遊客。由於要應付這些人潮需要額外花費，市政府開始接受企業贊助。在一百萬雙眼睛注視下，不乏拍攝者。十多家企業傾注重金在這個活動上，盡其所能把企業標誌和廣告放在能放之處。其中最大的贊助商是福斯汽車，有時會將新車款放在這座無憂無慮城市的不同地點，還有可口可樂，差不多無處不在。確實如此，在二〇〇九年，可口可樂贏得一紙合約，可以將可樂販賣機擺在威尼斯各個重要地點上。有些威尼斯人抱怨他們的嘉年華已經變成「私營化」，但毫無爭議的是，這些收益都有助於威尼斯的商業活動。二〇一〇年，多數估計總收入大約有一億元。

威尼斯每天可以合理應付大約兩萬名遊客，不至於使狹窄的街道動彈不得，公共汽艇客滿。在二〇一〇年嘉年華期間，在懺悔節來臨前每天大概有十五萬人踏進城裡。結果是，久而久之真正的威尼斯人不再參加盛會。當地居民根本被外國人潮淹沒無蹤。反而，在嘉年華期間毋須工作的威尼斯人紛紛逃出城外，迴避一切。媒體的威尼斯嘉年華照片一貫都是戴著金色面具，身著絲綢戲服打扮華麗縱酒狂歡的人。他們都是遊客，圍觀拍照的人也是。和其他每個人都一樣，他們是為了這個派對而來。那是個有威尼斯主題，但卻沒有威尼斯人的嘉年華慶典。

不足為奇的是，在懺悔節之後，卻很少有人在嘉年華後轉身返家去守戒為期四十天的大齋節。他們有些仍留在威尼斯，有些則遞補前人的空缺。由於威尼斯又小又是世上頂尖觀光目標，因此自一九八〇年代以來全球旅遊大狂潮開始，已經使得威尼斯是個外國人數量大大多過本地人的地方。二〇一〇年，據估計有一千八百萬遊客來到威尼斯。而那個時間城裡的人口不過區區六千。夏季的幾個月份裡，不消說情況更糟，因為特隆凱托島或羅馬廣場的遊覽車能載運更多人，而且火車也加開班次使然。還有郵輪，有些一艘就能容納三千名乘客。這些高達十五層樓的海上郵輪，有些就在馬格拉港製造，停泊於威尼斯西側的薩萊諾海事站。每年有超過百萬遊客搭乘郵輪來到威尼斯。為了使他們更便捷進入市中心，類似用於大型機場的輕軌電車在二〇一〇年四月啟用。這列新奇的「旅客捷運系統」行駛在特隆凱托島、薩萊諾海事站和羅馬廣場之間的高架軌道上。二〇〇七年，羅馬廣場和火車站之間的大運河上也增建了一座時髦的步行橋，名為憲法橋（Ponte della Costituzione）。

郵輪之旅的其中一個魅力是，觀光客搭船在離開潟湖時，會通過朱代卡運河並橫渡聖馬可灣。由於這些船隻十分龐大，乘客可以觀賞到整座城市的壯麗全景。當然，這些海上高山破壞了其他人的視野。因此，一直以來都有人呼籲要取締郵輪進入威尼斯的歷史中心。反對郵輪者提出，萬一出意外，它們會危及威尼斯的建築物和海水。這些警告聲在二〇一二年一月之後，變得更為可信，因為當時歌詩達協和號（Costa Concordia）觸礁，部分翻覆擱淺在托斯卡尼海邊。激進分子堅稱，類似的事件也可能發生在威尼斯，其結果將是大災難。雖然種種計畫隨即紛紛提出想禁止郵輪在威尼斯行駛，但是否有朝一日會付諸行動，還是個未知數。那是一大筆錢，風險也大。而且其危險程度未必如激進分子所想的那麼嚴重。郵輪都是以拖曳方式通過威尼斯，駕駛沒有犯錯的可能。由於深水渠道相當狹窄，任何船隻漂離航道只會陷入泥沼受困，就像二〇〇四年聖喬治馬焦雷教堂附近發生的蒙娜麗莎號（Mona Lisa）擱淺事件一樣。難以想見威尼斯的建築物會受損。鑑於現代威尼斯還有其他眾多爭議，這一個看似比較攸關美學而非實際。

新建的橋梁與輕軌是為了增加交通流量而設計，它們都只設置在城市的外圍處。深入威尼斯的羊腸小道，重大的瓶頸毫無因應作為。絕大部分遊客都會遵循車站、里奧托橋與聖馬可之間無所不在引導他們的黃色標誌行進。介於聖馬可與學院美術館之間的道路也可能會糾纏堵塞。旺季期間，這些街道摩肩擦踵根本進退不得。對於要外出上班、赴約或單純返家的威尼斯人來說著實苦惱。威尼斯人，不消說，都知道抄小路走捷徑或改道，但偏偏在半途某些地方，例如里奧托橋附近，他們卻不得不投身人潮隨波逐流。這好比通勤上班途中，卻在公路上遇到駕駛頻頻煞車暫停，去看有趣的商店或漂亮的景色。

基於這些和很多其他理由，威尼斯人對遊客有一股強烈的愛恨交織情仇。一方面，威尼斯城沒有他們難以存活。它真的別無產業，除了觀光，以及服務遊客或旅行社而已。另一方面，威尼斯人看見他們的城市經常人滿為患擠滿數百萬遊客。雪上加霜的是，大約有百分之七十五的遊客都是一日遊徒步客，對當地經濟幾乎沒有貢獻。當然，剩下百分之二十五在威尼斯停留超過一天的遊客，貢獻了總體觀光收入裡的六成收益。自一九九〇年起，市政府嘗試以各種方法說服遊客留下來。二〇〇一年對民宿的限令提高。同時，水上巴士票價也突然上漲，尤其是最多遊客搭乘的壹號線，想方設法要從短期遊客身上賺更多錢。

在如此小地區內旅遊如此熱絡，使得許多觀察家將現代威尼斯喻為主題樂園，一大群員工都在維護標誌與服務遊客，別無其他事可做。逃出去的威尼斯人前往大陸也讓有些人做出結論說好比迪士尼度假村，威尼斯已經變成一座虛構的城市，人們在裡頭工作不是過日子。迪士尼世界裡明日世界仿造的威尼斯，還有拉斯維加斯的威尼斯人酒店，也同樣讓許多威尼斯人紛紛在問，主題樂園複製版和原版兩者到底有何不同。二〇〇八年開幕的迪士尼冒險樂園，真的可以讓遊客透過迪士尼演藝人員的雙眼體驗真正的威尼斯。

當然，這些比較當中有相當程度誇大其實。人們確實生活在威尼斯。雖然他們之中有愈來愈多是「居住遊客」，一群想永久追尋「真正威尼斯」的觀光客，遠離人潮，探訪《紐約時報》旅遊版特稿經常提及的隱藏版城市。儘管時不時抱怨連連，那樣的風貌確實存在也真的找得到。每一年會看到與日俱增的威尼斯的住宅區充斥著外國人。有錢的居住遊客往往會在威尼斯購買第二棟住家，通常由舊宮殿府邸翻修而成。由於這些都是度假用屋舍，所以一整年裡大多數時間都空空如也。而且，由於這些都是限量商品，因此自一九九〇年開始，售價飆漲直上雲霄。比方說二〇一一年時，聖馬可附近的兩房公寓一戶足足喊價超過兩百萬美元。

購買威尼斯住宅空間引發兩個附帶的後果：威尼斯本地人的住房愈來愈少，價格愈來愈貴。一旦生活在某個沒有汽車可用的城市遭遇其他困難時，大量的威尼斯人做出合理的選擇，遷居到大陸。在那裡，你可以用一點錢找到一間房子，擁有一部車，在超級市場購物而毋須和一波又一波的遊客人潮奮戰。自一九五〇年以來，威尼斯的人口已經從大約十五萬下降到大約六萬。隨著學校關閉兒童減少，威尼斯同時也在老齡化。雖然這是義大利，不只是威尼斯的問題（義大利的出生率在二〇一一年是千分之九點一八）[3]，但它對威尼斯傷害特別嚴重。二〇〇九年有一群威尼斯人舉行了一場模擬送葬遊行，抬著象徵威尼斯遺體的靈柩。他們主張，由於人口下降到不足六萬，威尼斯不再是個城市，而是個村子。當局稱他們的數字有異，爭辯還有十二萬人住在其他島上。但抗議者已經說出了他們的訴求。在一波波高水位和遊客人潮雙重紛來沓至下，威尼斯正在逐漸陸沉。

令威尼斯人口萎縮的原因，還不止這些。多年來大家始終猜疑，市政領導人一直在販賣威尼斯給出價最高的買家。有個案例是一九八九年聲名狼藉的「平克．佛洛伊德」（Pink Floyd）演唱會，在救世主節慶典當晚，煙火秀表演之前舉行。這個人氣很高的搖滾樂隊，在聖馬可灣的水上舞台上演出，吸引了大約二十萬喧鬧的歌迷，人山人海擠在廣場、小廣場，以及整個海濱沿線的斯拉夫人堤岸上。數千人甚至攀上屋頂，踩破了屋瓦。等到隔日人潮終於散去，留下了恣意破壞的公物、超過千噸的垃圾。

有些人也指責二〇〇九年時開始出現的巨大告示牌，懸掛在用來整修威尼斯建築物的鷹架上。這些大如網球場的廣告招牌遮住了建築物，例如總督府（可口可樂）、行政官邸大樓（Breitling手錶），還有小聖西滿堂（Calvin Klein牛仔褲）。最為聲名狼藉的是一塊大廣告牌遮住總督府正面兩個角落和監獄，以及它們兩側的運河。沿著運河兩岸，大型廣告牌描繪著藍天白雲的全景。嘆息橋被密實擠在廣告牌之間，變身為廣告牌裡的一部分，稱之為「嘆息的天空」（Il Cielo dei Sospiri）。這個大型廣告牌可供廣告商刊登內容，比方說可口可樂和希思黎化妝品（Sisley），或是其他品牌。儘管抗議聲無數，但威尼斯市長喬治・奧爾索尼（Giorgio Orsoni）辯護說，城裡到處可見的鷹架廣告牌可以有效支付費用，以進行建築珍寶迫切需要的恢復與修繕工程。也沒錯，二〇一〇年他還准許廣告牌可以在夜間點燈。全球各地的博物館館長聯名寫信，以及來自瀕危的威尼斯的抗議，聲稱廣告違背了威尼斯做為聯合國教科文組織世界遺產的身分。二〇一一年，義大利新任文化部長堅持，這種「巨型廣告」必須拆除，然而經濟狀況吃緊使它們依舊文風不動。

3　編按：此處作者是採用粗出生率（crude birth rate），指該年出生人數與總人口的比率。義大利在二〇一一年是每千人中有九點一八位新生兒，台灣二〇一八年的數字是千分之七點五六。

※

威尼斯人有句諺語說：「始終搖搖欲墜，卻永遠不倒下。」在上兩個世紀裡，死亡與威尼斯是一體兩面的概念，很難想像將它們分開。二十一世紀初，威尼斯的敗落歸咎於全球暖化（還有別的）、生態環境惡化、工業污染、企業貪婪、市民逃離，還有橫衝直撞的魯莽遊客。威尼斯似乎總在只差一步錯就萬劫不復的狀態。在〇〇七賣座電影《皇家夜總會》（*Casino Royale*）裡，刺激的劇情高潮就發生在威尼斯大運河上的宮殿。一如所有電影中出現的威尼斯，這座宮殿是漂浮在多個巨大的貯氣筒上面。（畢竟，如果威尼斯逐漸在陸沉，不也意味著它必然會漂浮著嗎？）槍響擊破了貯氣筒，整座建築掉進了浪濤中無蹤無影。在現代的思維裡，威尼斯已經變得如此不堪一擊，只消一顆子彈瞄準目標，就能讓最富麗堂皇的建築應聲沉沒。

它的確已經變成瀕危物種，要靠國際出力恢復其自然棲息地才能存活下去的東西。

一方面來說，威尼斯早已死亡。聖馬可共和國，威尼斯存在的理由，早已在兩世紀前滅亡。總督府不再是政府所在地。威尼斯共和國也不再指揮這座城市或它所打造出來的大帝國。取而代之，這些建築物由其他人在維持著，有些是共和國子民的後裔，有些則不是。那麼，從那個觀點來看，威尼斯不折不扣是行屍走肉，是一具骷屍，但仍是具死屍。

更重要的是，從另一個角度來看，威尼斯依然生龍活虎。締造威尼斯不光是大議會、元老院和共和國的威尼斯精神，依然生氣蓬勃。現代威尼斯面臨許多難題，真是如此。但是哪個都市沒有呢？而對威尼斯來說，這些難題與生俱來便已存在。今日，潟湖的水威脅這個城市，一如它自建城之初至今始終皆然。做為人與大自然之間的鬥爭，威尼斯的潟湖是個永遠都在進行中的工程。

外國人對威尼斯而言亦非新難題。它一直都是個滿溢著世界各地人士的都市。中世紀期間，陌生人來做生意或找尋通道前往遙遠偏鄉。可是他們同時也到這裡來生活。當然，中世紀會有大批外國移民安居在威尼斯，最後成了威尼斯人。一一九二年時，總督丹多洛第一次採取行動要將居住威尼斯不足兩年的外國人驅逐出境，使得這個問題曾經變得很尖銳。雖然威尼斯的人口在中世紀期間超過了十萬人，但很大比例都是外國人。事實上，威尼斯人的基因檢測證實，二〇〇九年參加「模擬葬禮」（mock funeral）的威尼斯人有三分之二具有歐洲血脈，其餘大部分則來自巴爾幹半島或亞洲。該研究首席科學家、美國伍斯特理工學院（Worcester Polytechnic Institute）教授法比奧．卡雷拉（Fabio Carrera）的結論是，威尼斯是個「熔爐」。

威尼斯人離開威尼斯也並非新鮮事。從中世紀到近代早期，多數的威尼斯人都居住在城外。他們分散在帝國各處，一直到中東並橫越義大利大陸。有些威尼斯人一生當中連一次都沒有到過威尼斯！威尼斯是世上最熟悉旅行的民族，始終都歡迎全球其他遊客拜訪他們的家鄉。

他們依然如故，數百萬外國人每年遊覽威尼斯便是鐵證。但這並不表示，遊客和本地人之間的關係始終都很融洽，看總督丹多洛的法規便知。不過這確實代表他們持續如此，為了一個極其重要的理由：獲利。威尼斯歷任總督都誓言要提升威尼斯的「榮譽與利潤」。現代威尼斯仍忠於那個承諾。儘管面臨種種挑戰，但威尼斯依然是個壯麗絕美、商業活動生氣勃勃的地方。攤販車上兜售的明信片和廉價塑膠面具吸引不了有品味的遊客，但它們有利可圖。中世紀的威尼斯商人也應該很明瞭那種商業模式，而且會讚賞有加。今天有這麼多人覺得現代的威尼斯太商業化、低俗，這不足為奇。悠久歷史上曾造訪此城的教宗、國王、貴族、騎士和朝聖者也曾經這麼覺得。不過，這並未阻止威尼斯人放棄他們的生意。

做為君主王政時代裡的共和國，又在農業封建制度下實施著資本主義經濟體制，威尼斯一直都和世界保持距離，但又同時投其所好。從那個角度來看，什麼都沒有改變。

就這樣，如現在這般，威尼斯仍是榮譽與利潤之都。

謝辭

由於我已經花了二十幾年用不同形式來寫這本書，應該要謝的人實在太多了，如果要全部列出來，差不多就得再寫另一章。不過，還是有幾位非得感謝的人。

首先也最重要的，是感謝我的益友兼導師，已故的唐諾·奎樂教授，最初就是他為我介紹了威尼斯豐富的歷史，儘管我偶爾抗議，他還是說服了我把精力投入到研究威尼斯上。奎樂教授在臨終之前開始寫一本關於威尼斯歷史與文化的新書，遺憾的是，他未能活到寫完這本書。我不知道他留下來的筆記後來如何了，但我很確定，要是他再多活幾年，就不需要有我現在這本書了。我也要感謝唐諾的老同學、已故的露意絲·布溫格·羅伯特（Louise Buenger Robbert）教授，她一直是我在研究威尼斯時的指導與支持來源。就像其他學者一樣，我也深深獲益於該領域同僚們所給予的建議、忠告以及善意。特別要感謝阿弗雷德·安德烈亞（Alfred J. Andrea，佛蒙特大學）、安德烈亞·貝托（Andrea Berto，西密西根大學）、派翠西亞·福迪尼·布朗（Patricia Fortini Brown，普林斯頓大學）、米凱拉·達·波戈（Michela Dal Borgo，威尼斯國立檔案館）、羅伯特·戴維斯

（Robert C. Davis，俄亥俄州立大學）、布雷克・德・瑪利亞（Blake de Maria，聖克拉拉大學）、羅尼・艾倫布魯姆（Ronnie Ellenblum，希伯來大學）、西西莉亞・葛波斯金（M. Cecilla Gaposchkin，達特茅斯學院）、凱羅爾・希倫布蘭德（Carole Hillenbrand，愛丁堡大學）、班傑明・克達（Benjamin Z. Kedar，希伯來大學）、碧安卡・蘭弗蘭基（Bianca Lanfranchi，威尼斯國立檔案館）、賽班・馬林（Serban Marin，羅馬尼亞國立檔案館）、莎莉・麥基（Sally McKee，加州大學戴維斯分校）、克里斯多福・帕斯托雷（Christopher Pastore，賓州大學）、喬納森・賴利—史密斯（Jonathan Riley-Smith，劍橋大學）、尤根・舒茲（Juergen Schulz，布朗大學）、阿倫・史塔爾（Alan M. Stahl，普林斯頓大學）、黛安娜・吉莉蘭・萊特（Diana Gilliland Wright，獨立學者），以及聖馬可國家圖書館、科雷爾博物館（Museo Correr）與威尼斯國立檔案館的所有職員。

由於威尼斯消費很昂貴，因此沒有一個外國學者能在欠缺重大支持下住在那裡做研究。因此，我要感謝所有資助我的人，尤其是聖路易大學梅倫校內研究發展基金（Mellon Faculty Development Fund），以及葛萊蒂斯・克里伊博・德爾瑪斯基金會。我的編輯凱文・道頓（Kevin Doughton）對此項目格外用心，值得特別感謝。他的專業眼光以及啟發性的建議協助了我從歷史的枝葉後面挖掘出更多人性故事。一如既往，我深深感激我的經紀人約翰・桑頓（John Thornton），感謝他的熱心與不懈的支持。我也由衷感謝格拉德尼哥夫婦米凱勒和卡拉，以及他們的女兒瑪妲與茱莉亞，他們一直都以真正威尼斯式的客氣與慷慨歡迎我和家人到威尼斯。

最後，我要謝謝我的家人。我太太當初嫁給一個史學家時，必然沒想到要捱這麼多，因為後來連帶她還有一個嬰兒和一個幼兒都跟著住到威尼斯。她無緣乘坐浪漫的貢多拉，反而要在天寒地凍中晾衣服，每天拖著兩個孩子去買菜，面對不斷發生的水管問題，而且還樂在其中，泰然自若以幽默感承受下來，儘管如此，她還愛上了威尼斯。我最大的樂趣之一，是看著女兒海蓮娜和梅琳達在我們逗留威尼斯時期的環境中長大。我最美好難忘的回憶並非於檔案中有了歷史性的發現，而是兩個孩子在小廣場上騎三輪車，或者在公園裡玩得很開心。對我而言，很難想像這個城市沒有了她們會是怎樣的。千言萬語道不盡我對這三名女子的愛、感激還有讚美。

延伸閱讀

自從十九世紀初期，威尼斯國家檔案開放以來，大批學者精心研讀其中的浩瀚資料，寫成數以千計威尼斯的歷史著作。這件工程對現代英語世界的讀者可能是難題，因為這些著作絕大多數若非術業有專攻，就是非英文寫成（或者兩者皆是）。此處所羅列的作品，是萬中選一的合適之作，多半有深度探討，讀者能輕易進入其主題掌握威尼斯的基本歷史。它們大部分是以英文寫成，但我同時也涵蓋了其他語系的重要著作。這份書單絕對稱不上是威尼斯史的全面參考書目，不過，對於有志於學習更多關於威尼斯迷人又獨特歷史的人而言，可堪做為起步入門之用。

威尼斯通史

Cessi, Roberto. *Storia della Repubblica di Venezia.* 2 vols. Giuseppe Principato, 1968.

Crouzet-Pavan, Elisabeth. *Venice Triumphant: The Horizons of a Myth. Johns* Hopkins University Press, 2002.

Diehl, Charles. *Venise: Une république patricienne.* Flammarion, 1915.

Horodowich, Elizabeth. *A Brief History of Venice*. Running Press, 2009.

Howard, Deborah. *The Architectural History of Venice*. Yale University Press, 2002.

Kretschmayr, Heinrich. *Geschichte von Venedig*. 3 vols. F. A. Perthes, 1905-34.

Lane, Frederic C. *Venice: A Maritime Republic*. Johns Hopkins University Press, 1973.

Norwich, John Julius. *A History of Venice*. Knopf, 1982.

Romanin, Samuele. *Storia documentata della Repubblica di Venezia*. 3rd ed. 10 vols. Filippi Editore, 1972-75.

——, *Storia di Venezia*. 12 vols. (thus far). Istituto della Enciclopedia Italiana, 1992-.

Zorzi, Alvise. V*enice, 697-1797: A City, A Republic, An Empire*. Overlook, 2001.

早年的威尼斯

Ammerman, A. J., and Charles E. McClennen, eds. *Venice Before San Marco: Recent Studies on the Origins of the City*. Colgate University Press, 2001.

Carile, Antonio, and Giorgio Fedalto. *Le origini di Venezia. Pàtron*, 1978.

Cessi, Roberto. *Le origini del ducato veneziano*. A. Morano, 1951.

Dale, Thomas E. A. *Relics, Prayer, and Politics in Medieval Venetia: Roman esque Painting in the Crypt of Aquileia Cathedral*. Princeton University Press, 1997.

Dorigo, Wladimiro. *Venezia origini: Fondamenti, ipotesi, metodi*. Electa, 1983.

Hodgson, Francis Cotterell. *The Early History of Venice from the Foundation to the Conquest of Constantinople*

A.D. 1204. George Allen, 1901.

中世紀

Borsari, Silvano. *Il Dominio veneziano a Creta nel XIII secolo. Fauso Fiorentino*, 1963.

Cessi, Roberto. *Venezia Ducale*. 2 vols. Deputazione di Storia Patria per le Venezie, 1963-65.

Crouzet-Pavan, Elisabeth. *"Sopra le acque salse": Espaces, pouvoir et société à Venise à la fin du Moyen Age*. École Française de Rome, 1992.

Fees, Irmgard. *Reichtum und Macht im Mittelalterlichen Venedig: Die Familie Ziani*. Max Niemeyer, 1988.

Fotheringham, John Knight. *Marco Sanudo: Conqueror of the Archipelago*. Clarendon, 1915.

Hodgson, *Francis Cotterell. Venice in the Thirteenth and Fourteenth Centuries*. George Allen and Sons, 1910.

Kedar, Benjamin Z. *Merchants in Crisis: Genoese and Venetian Men of Affairs and the Fourteenth-Century Depression*. Yale University Press, 1976.

Larner, John. *Marco Polo and the Discovery of the World*. Yale University Press, 1999.

Madden, Thomas F. *Enrico Dandolo and the Rise of Venice*. Johns Hopkins University Press, 2003.

Nicol, Donald M. *Byzantium and Venice*. Cambridge University Press, 1988.

——, *The Last Centuries of Byzantium*. Cambridge University Press, 1993.

Ortalli, Gherardo. *Petrus I. Orseolo und seine Zeit*. Centro Tedesco di Studi Vene ziani, 1990.

Queller, Donald E., and Thomas F. Madden. *The Fourth Crusade: The Conquest of Constantinople*. University of Pennsylvania Press, 1997.

Rando, Daniela. *Una chiesa di frontiera: Le istitutzioni ecclesiastiche veneziane nei secoli VI-XIII*. Il Mulino, 1994.

Romano, Dennis. *The Likeness of Venice: A Life of Doge Francesco Foscari, 1373-1457*. Yale University Press, 2007.

Rösch, Gerhard. *Venedig und das Reich*. Max Niemeyer, 1982.

Thiriet, Freddy. *La Romanie vénitienne au Moyen Age*. E. de Boccard, 1959.

文藝復興時期的威尼斯

Bouwsma, William J. *Venice and the Defense of Republican Liberty.* University of California Press, 1968.

Chambers, David S. *The Imperial Age of Venice, 1380-1850*. Harcourt Brace Jo vanovich, 1970.

Chojnacki, Stanley. *Women and Men in Renaissance Venice: Twelve Essays on Patrician Society*. Johns Hopkins University Press, 2000.

Davis, Robert C. *Shipbuilders of the Venetian Arsenal: Workers and Workplace in the Preindustrial City*. Johns Hopkins University Press, 1991.

——, *The War of the Fists: Popular Culture and Public Violence in Late Renais sance Venice*. Oxford University Press, 1994.

Eglin, John. *Venice Transfigured: The Myth of Venice in British Culture, 1660-1797*. Palgrave, 2001.

Finlay, Robert. *Politics in Renaissance Venice*. Rutgers University Press, 1980.

Geanakoplos, Deno. *Greek Scholars in Venice*. Harvard University Press, 1962.

Gilbert, Felix. *The Pope, His Banker, and Venice*. Harvard University Press, 1980.

Hale, J. R. *Renaissance Venice*. Faber and Faber, 1973.

King, Margaret. *The Death of the Child Valerio Marcello*. University of Chicago Press, 1994.

——, *Venetian Humanism in an Age of Patrician Dominance*. Princeton Uni versity Press, 1986.

Labalme, Patricia. *Bernardo Giustiniani: A Venetian of the Quattrocento*. Edizioni di Storia e Letteratura, 1969.

Lane, Frederic C. *Venetian Ships and Shipbuilders of the Renaissance*. Johns Hopkins University Press, 1934.

Lowry, Martin. *The World of Aldus Manutius: Business and Scholarship in Renaissance Venice*. Cornell University Press, 1979.

Muir, Edward. *Civic Ritual in Renaissance Venice*. Princeton University Press, 1981.

Pullan, Brian. *Rich and Poor in Renaissance Venice: The Social Institutions of a Catholic State*. Harvard University Press, 1971.

Queller, Donald E. *The Venetian Patriciate: Reality Versus Myth*. University of Illinois Press, 1986.

Redford, Bruce. *Venice and the Grand Tour*. Yale University Press, 1996.

Rosenthal, Margaret F. *The Honest Courtesan: Veronica Franco, Citizen and Writer in Sixteenth-Century Venice*. University of Chicago Press, 1992.

藝術、音樂與建築

Bellavitis, Giorgio. *L'Arsenale di Venezia. Marsilio*, 1983.

——, and Giandomenico Romanelli. *Venezia. Laterza*, 1985.

Brown, Patricia Fortini. *Art and Life in Renaissance Venice*. Prentice Hall, 1997.

——, *Private Lives in Renaissance Venice: Art, Architecture, and the Family*. Yale University Press, 2004.

——, *Venetian Narrative Painting in the Age of Carpaccio*. Yale University Press, 1988.

——, *Venice and Antiquity: The Venetian Sense of the Past*. Yale University Press, 1996.

Cessi, Roberto, and Annibale Alberti. *Rialto. Nicola Zanichelli*, 1934.

Concina, Ennio. *L'Arsenale della Repubblica di Venezia*. Electa, 1984.

——, *A History of Venetian Architecture*. Cambridge University Press, 1998.

Cooper, Tracy. *Palladio's Venice: Architecture and Society in a Renaissance Republic*. Yale University Press, 2005.

Demus, Otto. *The Mosaics of San Marco*. University of Chicago Press, 1984.

Denker, Eric. *Whistler and His Circle in Venice*. Merrell, 2003.

Glixon, Jonathan. *Honoring God and the City: Music at the Venetian Confraternities, 1260-1806*. Oxford University Press, 2003.

Goy, Richard J. *The House of Gold: Building a Palace in Medieval Venice*. Cam bridge University Press, 1993.

——, *Venice: The City and Its Architecture*. Phaidon, 1997.

Hocquet, Jean-Claude. *Venise: Guide culturel d'une ville d'art, de la Renaissance* à nos *jours*. Les Belles Lettres, 2010.

Howard, Deborah. *Jacopo Sansovino: Architecture and Patronage in Renaissance Venice*. Yale University Press, 1975.

——, *Venice and the East: The Impact of the Islamic World on Venetian Archi tecture, 1100-1500*. Yale University Press, 2002.

Huse, Norbert, and Wolfgang Wolters. *The Art of Renaissance Venice*. University of Chicago Press, 1990.

Lorenzetti, Giulio. *Venezia e il suo estuario*. Bestetti & Tumminelli, 1926.

Muratori, Saverio. S*tudi per una operante storia urbana di Venezia*. Istituto Poligrafico dello Stato, 1959.

Pincus, Debra. *The Tombs of the Doges of Venice*. Cambridge University Press, 1999.

Rosand, David. *Painting in Cinquecento Venice: Titian, Veronese, Tintoretto*. Yale University Press, 1986.

——, *Titian, His World and His Legacy*. Columbia University Press, 1982.

Rosand, Ellen. *Opera in Seventeenth-Century Venice: The Creation of a Genre*. University of California Press, 1991.

Schulz, Juergen. *The New Palaces of Medieval Venice*. Pennsylvania State Uni versity Press, 2004.

——, *Venetian Painted Ceilings of the Renaissance*. University of California Press, 1968.

Tassini, Giuseppe. *Curiosità Veneziane.* 9th ed. Filippi Editore, 1988.

Wolters, Wolfgang. *Der Bilderschmuck des Dogenpalastes*. Franz Steiner, 1983.

經濟史

Borsari, Silvano. *Venezia e Bisanzio nel XII secolo. I rapporti economici*. Deputazione di Storia Patria per le Venezie, 1988.

Heynen, Reinhard. *Zur Entstehung des Kapitalismus in Venedig*. Union Deutsche, 1905.

Hocquet, Jean-Claude. *Le sel et la fortune à Venise*. 2 vols. Lille, 1978-79.

Lane, Frederic C. *Andrea Barbarigo, Merchant of Venice, 1418-1449*. Johns Hopkins University Press, 1944.

——, and Reinhold C. Mueller. *Money and Banking in Medieval and Renais sance Venice*. Johns Hopkins University Press, 1985.

Luzzatto, Gino. *Storia economica di Venezia del XI al XVI secolo*. Venice, 1961.

MacKenney, Richard. *Tradesmen and Traders: The World of the Guilds in Venice and Europe*. Routledge, 1990.

Mueller, Reinhold C. *The Venetian Money Market: Banks, Panics, and the Public Debt, 1200-1500*. Johns Hopkins University Press, 1997

Rapp, Richard *T. Industry and Economic Decline in Seventeenth-Century Venice*. Harvard University Press, 1976.

Stahl, Alan M. *Zecca: The Mint of Venice in the Middle Ages*. Johns Hopkins University Press, 2000.

現代威尼斯（一七九七年至今）

Berendt, John. *The City of Falling Angels*. Penguin, 2005.

Cipriani, Arrigo. H*arry's Bar: The Life and Times of the Legendary Venice Landmark*. Arcade, 2011.

Davis, Robert C., and Garry R. Marvin. *Venice, the Tourist Maze: A Cultural Critique of the World's Most Touristed City*. University of California Press, 2004.

Del Negro, Piero, and Federica Ambrosini. *L'aquila e il leone: I contatti diplo matici per un accordo commerciale fra gli Stati Uniti d'America e la Repubblica Veneta, 1783-1797*. Programma e 1+1 Editore, 1989.

Fletcher, Caroline, and Jane Da Masto. *The Science of Saving Venice*. Paul Holberton, 2005.

Gianfranco, Pertot. *Venice: Extraordinary Maintenance*. Paul Holberton, 2005.

Ginsborg, Paul. *Daniele Manin and the Venetian Revolution of 1848-49*. Cambridge University Press, 1979.

Keahey, John. *Venice Against the Sea: A City Besieged*. St. Martin's Press, 2002.

Norwich, John Julius. *Paradise of Cities: Venice in the 19th Century*. Doubleday, 2003.

Pemble, John. *Venice Rediscovered*. Oxford University Press, 1995.

Plant, Margaret. *Venice, Fragile City: 1797-1997*. Yale University Press, 2002.

Preto, Paolo. *Il Veneto austriaco, 1814-1866*. Fondazione Cassamarca, 2000.

【Historia歷史學堂】MU0026

威尼斯共和國：稱霸地中海的海上商業帝國千年史

Venice: A New History

作　　者❖湯瑪士・麥登（Thomas F. Madden）
譯　　者❖黃芳田、王約
封面設計❖兒　日
排　　版❖張彩梅
校　　對❖魏秋綢
總 編 輯❖郭寶秀
責任編輯❖邱建智
行銷業務❖許芷瑀

發 行 人❖凃玉雲
出　　版❖馬可孛羅文化
104台北市中山區民生東路二段141號5樓
電話：02-25007696
發　　行❖英屬蓋曼群島商家庭傳媒股份有限公司城邦分公司
104台北市中山區民生東路二段141號11樓
客服服務專線：(886) 2-25007718；25007719
24小時傳真專線：(886) 2-25001990；25001991
服務時間：週一至週五9:00～12:00；13:00～17:00
劃撥帳號：19863813　戶名：書虫股份有限公司
讀者服務信箱：service@readingclub.com.tw
香港發行所❖城邦（香港）出版集團有限公司
香港灣仔駱克道193號東超商業中心1樓
電話：(852) 25086231　傳真：(852) 25789337
E-mail：hkcite@biznetvigator.com
馬新發行所❖城邦（馬新）出版集團 Cite (M) Sdn. Bhd.(458372U)
41, Jalan Radin Anum, Bandar Baru Seri Petaling,
57000 Kuala Lumpur, Malaysia
電話：(603) 90578822　傳真：(603) 90576622
E-mail：services@cite.com.my
輸出印刷❖中原造像股份有限公司
初版一刷❖2019年11月
初版三刷❖2022年 1 月
定　　價❖540元

ISBN：978-957-8759-89-3

城邦讀書花園
www.cite.com.tw

國家圖書館出版品預行編目（CIP）資料

威尼斯共和國：稱霸地中海的海上商業帝國千年史／湯瑪士・麥登（Thomas F. Madden）作；黃芳田、王約譯. -- 初版. -- 臺北市：馬可孛羅文化出版：家庭傳媒城邦分公司發行，2019.11
面；　公分 --（Historia歷史學堂；MU0026）
譯自：Venice: A New History
ISBN 978-957-8759-89-3（平裝）
1. 義大利史
745.2　　108015298